浪岡城跡
(青森市)

中町伝統的建造物群
(高橋家住宅とこみせ, 黒石市)

盛美園(平川市)

木造阿弥陀如来坐像
(南津軽郡大鰐町大円寺)

# 東青・西北五地区の歴史探訪

太宰治記念館「斜陽館」(五所川原市)

千石船の絵馬(西津軽郡鰺ヶ沢町白八幡宮)

船絵馬
(円覚寺奉納海上信仰資料、
西津軽郡深浦町円覚寺)

旧平山家住宅(五所川原市)

青磁浮牡丹文香炉
（青森市青森県立郷土館）

棟方志功「門世の柵」
（財団法人棟方板画館・青森市棟方志功記念館）

青森県立美術館（青森市）

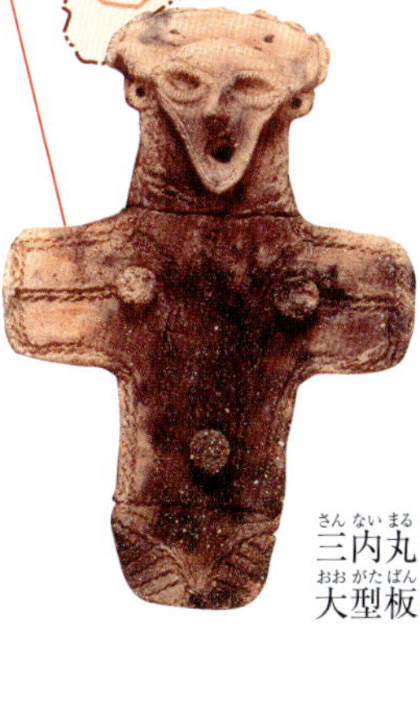

三内丸山遺跡出土
大型板状土偶（青森市）

# 三八地区の歴史探訪

赤糸威鎧 兜大袖付
（八戸市櫛引八幡宮）

白糸威褄取鎧 兜大袖付
（八戸市櫛引八幡宮）

清水寺観音堂
（八戸市）

南部利康霊屋
（三戸郡南部町）

根城跡(八戸市)

蕪島(八戸市)

八戸えんぶり(八戸市周辺)

三戸城跡(三戸郡三戸町)

# 下北・上北地区の歴史探訪

仏宇多(ほとけうた)
(仏ヶ浦(ほとけがうら)、下北郡佐井村(しもきたぐんさいむら))

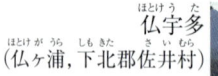

恐山(おそれざん)(むつ市)

〈小田子不動堂(こだこふどうどう)〉

〈見町観音堂(みるまちかんのんどう)〉

南部小絵馬(なんぶこえま)(上北郡七戸町(かみきたぐんしちのへまち))

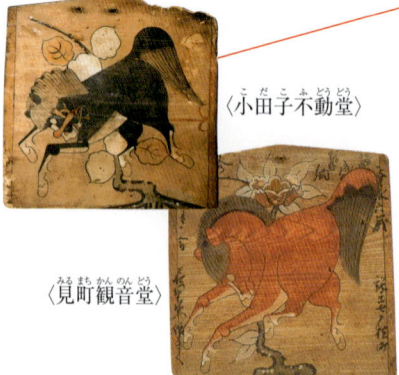

十和田湖畔乙女の像(とわだこはんおとめのぞう)(十和田市(とわだし))

「蝦夷地場所図(鰊地引網漁図)」絵馬
(下北郡風間浦村大石神社)

木造阿弥陀如来坐像
(むつ市常念寺)

三沢市寺山修司記念館
(三沢市)

十和田市立新渡戸記念館(十和田市)

もくじ　赤字はコラム

# みちのくの小京都—弘前

❶ 城下町弘前 ------------------------------------------------------------------- 4

弘前城跡／城下町弘前／弘前の四大まつり／石場家住宅／揚亀園と津軽藩ねぷた村／弘前市仲町伝統的建造物群保存地区／津軽塗・コギン刺し・アケビ蔓細工／熊野奥照神社／弘前八幡宮／弘前ねぷたまつり／東照宮と薬王院／和徳稲荷神社／青森銀行記念館／追手門広場と旧弘前市立図書館・旧東奥義塾外人教師館／日本基督教団弘前教会教会堂／誓願寺／長勝寺と禅林三十三カ寺／天満宮／最勝院五重塔／りんご公園と旧小山内家住宅／報恩寺と新寺構／リンゴの歴史／久渡寺／時計台と日本聖公会弘前昇天教会教会堂／旧弘前偕行社／弘前学院外人宣教師館／堀越城跡／弘前で出会う前川國男の建築物／小栗山神社／大仏公園

❷ 岩木川上流の史跡 ------------------------------------------------------------- 44

上皇宮／持寄城跡／国吉の板碑群／多賀神社／乳穂ヶ滝／美山湖／乳井貢の碑

❸ 百沢街道に沿って ------------------------------------------------------------- 50

革秀寺／大浦城跡／橋雲寺／高照神社／岩木山神社／お山参詣／求聞寺／岩木山

❹ 岩木山東麓の史跡 ------------------------------------------------------------- 57

瑞楽園／中別所の板碑群／鬼神社／義民民次郎の墓／大石神社／巌鬼山神社

# 津軽の東根—黒石・平川周辺

❶ 中世の町藤崎・浪岡 ----------------------------------------------------------- 66

藤崎城跡／唐糸御前史跡公園／水木館跡／梵珠山／高屋敷館遺跡／玄徳寺／浪岡八幡宮／浪岡城跡／西光院／伝北畠氏墓所（一）・（二）

❷ 黒石とその周辺 ------------------------------------------------- 73

法峠／長谷沢神社／御幸公園／黒石神社／しし石／中町のこみせ／妙経寺／黒石よされ／法眼寺／温湯温泉／中野神社／大川原の火流し／浄仙寺／垂柳遺跡／生魂神社／盛美園／猿賀神社／獅子踊り・津軽神楽

❸ 平川に沿って ------------------------------------------------- 88

五輪堂遺跡／乳井神社／大光寺城跡／大鰐温泉と大円寺／国上寺／碇ケ関関所（面番所）

# 津軽新田地帯と西海岸

❶ 木造新田と海岸線を旅する ------------------------------------- 96

木作御仮屋・代官所跡／亀ヶ岡遺跡／屏風山／高山稲荷神社／弥三郎節／つがる市森田歴史民俗資料館／柏正八幡宮／石神遺跡／高沢寺／リンゴの木／白八幡宮／来生寺／種里城跡と光信公の館／関の古碑群／円覚寺／深浦町歴史民俗資料館・深浦町美術館／大間越関所跡

❷ 十三湖・小泊を訪ねて ----------------------------------------- 116

海童神社／太宰治記念館「斜陽館」／雲祥寺／芦野公園／中里城跡史跡公園／福島城跡／日吉神社／唐川城跡／十三湖／十三の砂山（砂山節・砂山踊り）／尾崎神社／正行寺

❸ 五所川原駅を中心にして --------------------------------------- 129

旧平山家住宅／虫送り／前田野目窯跡群／飯詰高館城跡／五所川原（元町）八幡宮／立佞武多／教円寺

# そとが浜─陸奥湾周辺

❶ 夏泊半島を歩く ----------------------------------------------- 140

藩境塚／野内関所跡／椿山の自然／雷電宮と浅所海岸／麻蒸湯

❷ 青森湊の繁栄 ------------------------------------------------- 144

三内丸山遺跡／善知鳥神社／いにしえの寺町／青森県立郷土館／青森ねぶた祭／みちのく北方漁船博物館／天明の大飢饉と青森町の打ちこわし／諏訪神社／棟方志功記念館／大星神社

もくじ

❸ 八甲田の山並み ---------------------------------------------------------------- 155
　横内城跡と常福院／幸畑陸軍墓地と後藤伍長像／酸ヶ湯温泉／小金山神社

❹ そとが浜を行く ---------------------------------------------------------------- 159
　明誓寺と浄満寺／青岸寺／尻八館跡／正法院／蓬田城跡／観瀾山館跡／大平山元遺跡／平舘台場跡／赤根沢の赤岩／今別八幡宮／本覚寺と貞伝上人／青函連絡船と青函トンネル／厩石と義経寺／アイヌ語地名／竜飛岬周辺

# 下北半島

❶ 半島の起点むつ市 -------------------------------------------------------------- 176
　田名部神社／下北の祭りと芸能／常念寺／円通寺／恐山／恐山信仰の広がり／常楽寺／川島雄三記念室／下北と海運／旧海軍大湊要港部水源地堰堤／旧斗南藩史跡

❷ 下北丘陵と東通り -------------------------------------------------------------- 188
　尻屋崎と寒立馬／下北のおもな遺跡／砂丘と埋没林／下北と原子力開発

❸ 陸奥湾沿岸と西通り ------------------------------------------------------------ 192
　泉竜寺／川内八幡宮／悦心院／下北の天然記念物

❹ 津軽海峡と北通り -------------------------------------------------------------- 196
　八幡宮／下北の温泉／大安寺／笹沢魯羊記念資料室／大石神社／大間崎／佐井村海峡ミュウジアム／下北所在の蝦夷錦／長福寺／箭根森八幡宮／仏宇多（仏ヶ浦）／下北への来遊者

# 三本木原周辺と十和田湖

❶ 三沢付近 --------------------------------------------------------------------- 212
　三沢市歴史民俗資料館／基地と航空機の町三沢／斗南藩記念観光村先人記念館／太平洋無着陸横断飛行記念標柱／気比神社／聖福寺／海伝寺と月窓寺

❷ 十和田市を訪ねて -------------------------------------------------------------- 217

三本木稲荷神社／太素塚と十和田市立新渡戸記念館／青森県農業試験場藤坂支場／伝法寺一里塚・八幡神社／池ノ平の一里塚／十和田市称徳館／三本木原開拓と新渡戸3代

❸ 十和田湖周辺 ------------------------------------------------------------------ 222
稲生川取水口／十和田湖民俗資料館／蔦温泉・大町桂月の墓／十和田湖の魅力／十和田神社／奥入瀬渓流と十和田湖／幕末の計画都市―人と街

❹ 七戸付近 --------------------------------------------------------------------- 227
青岩寺／七戸城跡／瑞龍寺と小田子不動堂／馬産地七戸／見町観音堂／二ツ森貝塚／七戸町文化村／天間舘の一里塚／千曳神社

❺ 野辺地湊 --------------------------------------------------------------------- 237
野辺地町立歴史民俗資料館／海中寺／愛宕公園／野辺地八幡宮／常夜燈／野辺地戦争戦死者の墓所

# 八戸市とその周辺

❶ 三戸から八戸へ --------------------------------------------------------------- 246
三戸城跡／黄金橋／唐馬の碑／戦国時代の南部氏の攻防／長栄寺／泉山の登拝行事／千人塚／南部地方の戸の地名／田子城跡／聖寿寺館跡／恵光院／法光寺／住谷野／斗賀神社

❷ 八戸藩の城下町とその周辺 ------------------------------------------------ 261
龗神社／八戸城跡／旧河内屋橋本合名会社／来迎寺／八戸三社大祭／本寿寺／天聖寺／八戸城下の町割と市日／神明宮／禅源寺／安藤昌益と八戸／長者山新羅神社／南宗寺／大慈寺／根城跡／櫛引八幡宮／是川遺跡／清水寺観音堂／十日市の一里塚／新井田城跡／松館大慈寺／対泉院／館鼻公園／蕪嶋神社／小田八幡宮／長七谷地貝塚／七崎神社／えんぶり

❸ 五戸の史跡 ------------------------------------------------------------------ 288
五戸代官所跡／中世の五戸川流域の開発／五戸町消防団第一分団屯所／江渡家住宅／宝福寺／旧圓子家住宅

あとがき／青森県のあゆみ／地域の概観／文化財公開施設／無形民俗文化財／おもな祭り／有形民俗文化財／無形文化財／重要伝統的建造物群保存地区／散歩便利帳／参考文献／年表／索引

もくじ

## [本書の利用にあたって]

1. 散歩モデルコースで使われているおもな記号は，つぎのとおりです。なお，数字は所要時間(分)をあらわします。

   ················· 電車　　　　　　　　======= 地下鉄
   ——————— バス　　　　　　　··········· 車
   ------------- 徒歩　　　　　　　〜〜〜〜〜 船

2. 本文で使われているおもな記号は，つぎのとおりです。

   🚶 徒歩　　　🚌 バス　　　✈ 飛行機
   🚗 車　　　　⛴ 船　　　　Ⓟ 駐車場あり

   〈M▶P.○○〉は，地図の該当ページを示します。

3. 各項目の後ろにある丸数字は，章の地図上の丸数字に対応します。

4. 本文中のおもな文化財の区別は，つぎのとおりです。

   国指定重要文化財＝(国重文)，国指定史跡＝(国史跡)，国指定天然記念物＝(国天然)，国指定名勝＝(国名勝)，国指定重要有形民俗文化財・国指定重要無形民俗文化財＝(国民俗)，国登録有形文化財＝(国登録)
   都道府県もこれに準じています。

5. コラムのマークは，つぎのとおりです。

   泊　歴史的な宿　　　憩　名湯　　　　　食　飲む・食べる
   み　土産　　　　　　作　作る　　　　　体　体験する
   祭　祭り　　　　　　行　民俗行事　　　芸　民俗芸能
   人　人物　　　　　　伝　伝説　　　　　産　伝統産業
   ‼　そのほか

6. 本書掲載のデータは，2013年8月末日現在のものです。今後変更になる場合もありますので，事前にお確かめください。

*Hirosaki*

# みちのくの小京都―弘前

岩木山

弘前公園

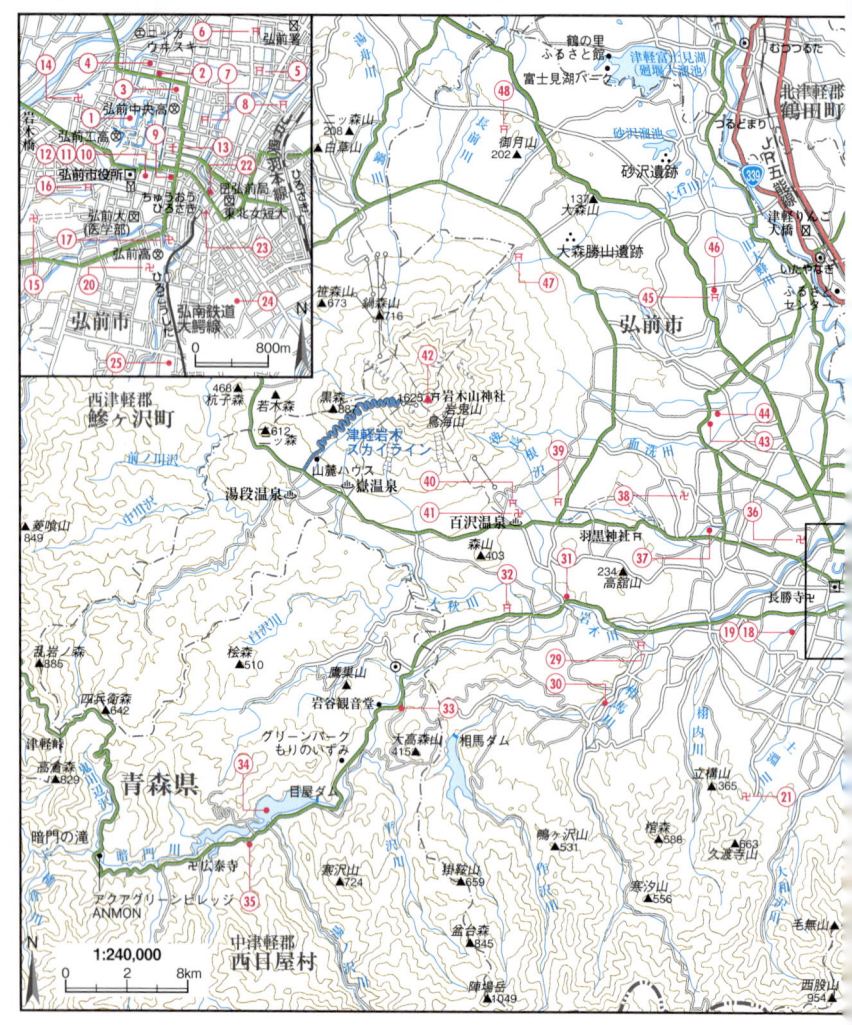

① 弘前城跡
② 石場家住宅
③ 揚亀園・津軽藩ねぷた村
④ 弘前市仲町伝統的建造物群保存地区
⑤ 熊野奥照神社
⑥ 弘前八幡宮
⑦ 東照宮・薬王院
⑧ 和徳稲荷神社
⑨ 青森銀行記念館
⑩ 追手門広場
⑪ 旧弘前市立図書館
⑫ 旧東奥義塾外人教師館
⑬ 日本基督教団弘前教会教会堂
⑭ 誓願寺
⑮ 長勝寺・禅林三十三カ寺
⑯ 天満宮
⑰ 最勝院五重塔
⑱ りんご公園
⑲ 旧小山内家住宅
⑳ 報恩寺・新寺構
㉑ 久渡寺
㉒ 一戸時計店の時計台

## ◎弘前市散歩モデルコース

1. JR奥羽本線弘前駅__15__青森銀行記念館__3__日本基督教団弘前教会教会堂__3__弘前カトリック教会__3__東照宮・薬王院__10__熊野奥照神社__4__弘前八幡宮__20__JR弘前駅

2. JR奥羽本線弘前駅__10__弘前市立観光館・弘前市立弘前図書館・旧弘前市立図書館・旧東奥義塾外人教師館__2__弘前城跡__2__石場家住宅__3__津軽藩ねぷた村__3__弘前市仲町伝統的建造物群保存地区(旧岩田家住宅・旧伊東家住宅・旧梅田家住宅)__10__誓願寺__15__革秀寺__25__JR弘前駅

3. JR奥羽本線弘前駅__15__胸肩神社__10__旧弘前偕行社__10__住吉神社__3__日本聖公会弘前昇天教会教会堂__1__一戸時計店の時計台__1__弘南鉄道大鰐線中央弘前駅__4__弘南鉄道大鰐線西弘前駅__3__弘前学院外人宣教師館__20__JR弘前駅

4. JR奥羽本線弘前駅__15__最勝院五重塔__3__旧青森県尋常中学校本館__2__新寺構__15__黒門・六角堂(栄螺堂)__3__長勝寺・禅林三十三カ寺__20__JR弘前駅

5. JR奥羽本線弘前駅__30__大浦城跡__10__高照神社__15__求聞寺__10__岩木山神社__60__JR弘前駅

6. JR奥羽本線弘前駅__30__瑞楽園__5__中別所の板碑群__15__鬼神社__2__義民民次郎の墓__20__巌鬼山神社__40__JR弘前駅

㉓日本聖公会弘前昇天教会教会堂
㉔旧弘前偕行社
㉕弘前学院外人宣教師館
㉖堀越城跡
㉗小栗山神社
㉘大仏公園
㉙上皇宮
㉚持寄城跡
㉛国吉の板碑群
㉜多賀神社
㉝乳穂ヶ滝
㉞美山湖
㉟乳井貢の碑
㊱革秀寺
㊲大浦城跡
㊳橋雲寺
㊴高照神社
㊵岩木山神社
㊶求聞寺
㊷岩木山
㊸瑞楽園
㊹中別所の板碑群
㊺鬼神社
㊻義民民次郎の墓
㊼大石神社
㊽巌鬼山神社

# 城下町弘前

本州最北の小京都弘前。江戸時代の城下町の風情と，明治時代の近代建築物がとけ合う。

弘前城跡 ❶ 〈M▶P.2,4〉弘前市下白銀町
JR奥羽本線・弘南鉄道弘南線弘前駅🚌駒越線・茂森線市役所前公園入口🚶3分，または🚌土手町循環市役所前🚶3分

弘前藩主津軽氏12代の居城跡

　市役所前公園入口または市役所前バス停でバスを降りて，市役所前の北側横断歩道を渡り，堀に沿って行くと，左手に城の入口追手門がみえてくる。

　弘前城(津軽氏城跡，国史跡)は，東に土淵川，西に岩木川が流れ，西から南にかけては急崖，東はゆるやかな傾斜の細長い洪積台地上にある，3重の堀をめぐらす平山城である。東西約800m・南北約1km・面積約49万m²の広大な地域を占める。

　弘前藩初代藩主津軽為信がこの地に築城を計画したといわれているが，本格的な築城は，2代藩主信枚の1610(慶長15)年からで，

弘前城周辺の史跡

みちのくの小京都—弘前

# 城下町弘前

コラム

本州最北の小京都

　弘前城築城直後の城下は、東は土淵川(同川が外堀の機能をもった)、西は誓願寺の通り、南は南溜池、北は小人町の辺りを結んだ範囲であった。それが、寛文〜元禄年間(1661〜1704)から、東の方へ発展して行き、幕末を迎える。

　城下町は、重臣の屋敷は城郭付近や郭内に、軽輩の屋敷は町屋を囲んで、城下の末端に配置されるのが普通である。弘前の場合は、二の丸・三の丸に重臣の屋敷があり、城郭周辺にある徒町・若党町・小人町・五十石町・百石町などの武家屋敷を、親方町・本町・鍛冶町・鞘師町・亀甲町などの町屋が囲む形をとっている。

　また、寺社は城下の外縁部に集められ、有事の際は軍事的構えとする一方、信仰を通じて、領内の精神的統一を図るのが一般的である。弘前の場合は、東に寺町(のち南の新寺町へ移転)、西に誓願寺・革秀寺、南に大円寺(現、最勝院)・牛頭天王(現、八坂神社)、南西に長勝寺構、北に八幡宮・神明宮・熊野奥照神社が配置され、防衛線が引かれた。

　長勝寺構には曹洞宗寺院が33カ寺集められ、その門前には盆や正月に詰市が立つ。今もその名残りがあり、新寺町も同様であるところから、寺社集中が在郷の商業を抑制する策をになっていたことがうかがわれる。

　現在もある五十石町・百石町・代官町・在府町・鷹匠町・若党町・小人町・徒町などは、かつての武家町の名残りである。土手町・本町・親方町・塩分町(塩飽町の転訛)・馬喰町・紺屋町・桶屋町・鍛冶町・鞘師町・白銀町・大工町・銅屋町・紙漉町などは、商人・職人町の名残りである。また、禰宜町・蔵主町・馬屋町・桝形なども、城下町特有の名称である。

　一方、主要な道路は、直進せずいく度か曲折し、丁字に交差しているなど、城下町独特の形態が残っている。仲町の伝統的建造物群保存地区は道幅が江戸時代のままで狭く、サワラの生垣や薬医門が、当時の雰囲気をよく伝えている。

　しかし、かつてあった「こみせ」(雪国特有の雁木)は、ほとんど姿を消してしまった。

　本丸の石垣に使用した石は、近くの山や、大光寺(現、平川市)・浅瀬石(現、黒石市)などの古城館から運んだ。天守や隅櫓の建造に使用した鉄は、外ヶ浜の小国・蟹田(ともに現、外ヶ浜町)方面で製鉄し、材木は碇ケ関(現、平川市)から平川へ流して運んだという。翌1611年にほぼ完成し、信枚は堀越城(現、弘前市)から移った。

弘前城三の丸追手門

　城内は本丸・二の丸・三の丸、四の丸、北の郭、西の郭の6郭で構成されている。

　廃藩置県によって、弘前城は当初兵部省、のち陸軍省の管理となったが、城内の破却は本丸御殿や武芸所などに限られ、天守・城門・櫓は残された。1894(明治27)年弘前市に貸与され、翌年5月から公園として開放された。1908年、皇太子(のちの大正天皇)の行啓の際、「鷹揚園」と命名された。城地がほとんどそのままの規模で維持されているのは全国的に珍しく、貴重な遺構といえる。

　三の丸追手門(国重文)は、築城時には搦手門であったが、1665(寛文5)年4代藩主信政のとき、参勤交代路を西浜街道から羽州街道へ変更したため、追手門となった。屋根に鯱を載せ、2階の白壁には鉄砲狭間をつけている。間口5間・総高約12mである。追手門の向かい角は追手門広場と命名され、左手に弘前市立観光館・笹森記念体育館・山車展示館、右手に弘前市立弘前図書館・弘前市立郷土文学館があるほか、正面奥に旧弘前市立図書館と旧東奥義塾外人教師館(ともに県重宝)が移築されている。

　追手門を入って左手奥に、コンクリート打ち放しの外壁をもつ弘前市民会館と、レンガを埋め込んだ茶褐色の外壁をもつ弘前市立博物館(猪形土製品〈国重文〉・津軽塗8点・津軽漆塗手板514枚・国広作の短刀・新井晴峰筆紙本著色観桜観楓図屛風〈いずれも県重宝〉などを収蔵)が並んで立っている。ともに前川國男の設計である。

　追手門を直進すると、堀に突き当る。右手が弘前城植物園の入口になっており、堀を隔てた東角に二の丸辰巳櫓(国重文)がみえる。城跡内に残る櫓は3棟現存するが、すべて3重3階櫓である。左折すると、右手前方に杉の大橋がみえてくる。

　橋を渡るとすぐに、二の丸南門(国重文)がある。大きさは追手門とほぼ同じである。南門を通ると、前方松林の奥に二の丸未申櫓

# 弘前の四大まつり

コラム

四季を彩る弘前のまつり

　弘前の四大まつりは，夏のねぷたまつりをのぞき，弘前公園内で開かれる。

　さくらまつり（4月下旬～5月上旬）のサクラは，1882（明治15）年に旧弘前藩士の菊池楯衛が，自費で城内に1000本植えたのが始まりである。1918（大正7）年「観桜会」と名づけられたのが最初の花見で，以後毎年開催されてきた。1961（昭和36）年から「さくらまつり」と名称をかえた。

　さくらまつりでは，ソメイヨシノを中心に，シダレザクラ・ヤエザクラなど約2600本のサクラが，城跡の白壁と老松の緑ととけ合い，多くの観光客を引きつける。ゴールデンウイークにかけての人出は，200万人をくだらない。

　ねぷたまつり（8月1～7日，国民俗）は，本来旧暦の七夕の行事で，ナヌカビ（7日）に灯籠や人形を川や海に流すものであった。このとき，「ねぷた流れろ，マメの葉はとまれ」と唱える。ねぷたとは睡魔を指したものと思われ，夏の労働の妨げとなる眠気を防ぎ，盆の精霊迎えに先立って，目にみえぬ災いを村外に送り出すことが目的であった。

　ねぷたは『国日記』によれば，1722（享保7）年に弘前藩5代藩主津軽信寿が上覧している。勇壮な武者絵の大型扇灯籠の行列が，「ヤーヤドー」の掛け声とともに練り歩く姿は，城下町の気風を伝えている。昭和30年代から現在の日程になった。

　菊と紅葉まつり（10月中旬～11月上旬）は，1962（昭和37）年に始まった。現在は植物園を主会場とする。秋の朝夕の急激な気温の低下によって，約1000本のカエデを中心に，公園内の樹木が紅葉し，菊人形とともに，春のサクラとは異なった古城の情緒を感じさせる。

　雪灯籠まつり（2月上旬）は，弘前市が四季を通した観光の定着を図るため，1977年から北の郭を主会場として開催しているものである。弘前市にある明治時代の洋風建築物などの大雪像のほかに，ねぷた絵をはめ込み，ローソクの明かりにゆれる雪灯籠や，ミニかまくらが，幻想の世界へ導いてくれる。

（国重文）がみえる。右に歩いて行くと，右奥に先ほどの二の丸辰巳櫓がみえ，堀沿いに進み左折すると下乗橋と天守が目に入る。本丸へあがらず，直進するとまもなく右手に二の丸東門与力番所がみえてくる。弘前城の番所としては唯一の遺構で，江戸時代中期の様相（初期のものを中期に修築した可能性が高い）を示している。

　番所の手前右には二の丸東門（国重文）が立っている。この門をく

城下町弘前　7

弘前城北の郭北門

ぐり，石橋を渡ると，正面向こうに三の丸東門(国重文)がみえ，その右手に弘前城植物園がある。園の一角には，大きなサワラの木に囲まれた三の丸庭園がある。1810(文化7)年の築庭といわれ，枯山水回遊式庭園の枯滝石組が残っている。

下乗橋まで戻ると，橋の右手に3層の天守がみえる。橋を渡って直進し右折すると，右手石垣の中に「亀石」とよばれる大きな石と，左手に「鶴の松」とよばれる老松がある。ここを過ぎると本丸で，天守(国重文，史料館として公開)が東南隅に聳えている。3重3階の独立天守で，破風や懸魚を白漆喰塗とした切妻屋根をもつ張出を，二の丸側の東と南2面の1・2階に設けているが，本丸側の北と西面は質素な造りになっている。

天守は，初め本丸南西隅に5階建てのものが造営されたが，1627(寛永4)年落雷によって焼失した。その後，再建されず櫓で代用してきたが，9代藩主寧親のとき，蝦夷地警備の功によって，7万石，10万石と石高が昇格したのを契機に，1810(文化7)年に隅櫓を改造する形で新築され，翌年完成したのが現在の天守で，東北地方に残る唯一の遺構である。

本丸から北におりると北の郭である。正保年間(1644〜48)の「津軽弘前城絵図」では小丸と記されており，東南の隅には，館神(神体の後ろに豊臣秀吉の坐像を安置)をまつる小社があった。道を東にとり直進すると，正面に二の丸丑寅櫓(国重文)がみえる。この櫓を右手にみて左折し，土橋を渡り坂をくだると四の丸に入る。

左手には護国神社の大きな鳥居があり，その奥に社が立っている。同社は1910(明治43)年上白銀町から移転した招魂社が，1936(昭和11)年に青森県招魂社となり，1939年に青森県護国神社となったものである。四の丸の右手は，憩いの広場になっている。まっす

ぐ進むと，北の郭（四の丸）北門（国重文，通称亀甲門）に出る。この門は藩祖為信が攻略した大光寺城（現，平川市）の大手門を移築したものと伝えられている。間口6間・総高12.7mとほかの門にくらべて少し大きく，鉄砲狭間はないが，柱などに矢の突き刺さった痕跡があり，城内で唯一戦火に遭った建物といえる。

　弘前城跡は現在，弘前公園として整備されている。公園内では，4月下旬から5月上旬にかけて「さくらまつり」が開かれ，明治時代以後に植えられた約2600本におよぶサクラと，江戸時代以降の老松が調和し，全国から200万人以上の観光客が訪れる。秋には植物園でも「菊と紅葉まつり」が行われ，冬には「雪灯籠まつり」でも賑わう。

## 石場家住宅 ❷　江戸時代を代表する弘前の商家

〈M▶P.2,4〉弘前市亀甲町88
JR奥羽本線・弘南鉄道弘南線弘前駅🚌浜の町・石渡線
亀甲門前🚶1分

　弘前城の北門（亀甲門）を出て亀甲橋を渡ると，右手に石場家住宅（国重文）がみえる。石場家は屋号を⊕（マルセ）といい，代々清兵衛を名乗った商家で，弘前藩内の藁工品や日用雑貨品を扱っていた。現在は地酒を中心とした酒類の販売をしている。建物の建造年代は明らかでないが，形式・手法から，江戸時代中期と推定されている。
　桁行18.1m・梁間18.2m，一部2階建ての大きな建物で，南面は入母屋造，北面は切妻造で，南面と西面に「こみせ」（雪国特有の雁木）がついている。屋根は鉄板葺きであるが，もとは柾葺きであった。この建物は規模が大きく，釿で角材に仕上げた大きな梁や指物を使用するなど，豪壮な構えとなっており，屋内の土間や井戸跡などに，江戸時代の雰囲気が漂う。座敷の造りもすぐれており，津軽地方の数少ない商家の遺構として貴重である。

石場家住宅

### 揚亀園と津軽藩ねぷた村 ❸

0172-39-1511(ねぷた村)

〈M▶P.2,4〉弘前市亀甲町61 P
JR奥羽本線・弘南鉄道弘南線弘前駅🚌浜の町・石渡線亀甲門前🚶3分

弘前ねぷたを常時見学できる施設

　石場家住宅から堀に沿って100mほど東に進むと，右手の向かい角に「津軽藩ねぷた村」の建物がみえてくる。その一角に揚亀園がある。明治時代後期に小幡亭樹が作庭を開始し，後に池田亭月が手を加えたとされる大石武学流の近代庭園である。

　庭園の構成は，敷地の東端に茶室を配し，複雑な汀線を持つ池をはさんで西側に築山を築いている。築山の左手奥に滝石を組み，出島を出して庭の主木としてクロマツを植え，右手には枯滝を造って，これらを拝石から一望するようになっている。茶室・揚亀庵は明治16年に百石町に建てられた角三宮本呉服店の離れ座敷であったといわれ，大正7年に現在地へ移築された。

　この揚亀園を取り囲む形で，弘前ねぷたの館，津軽三味線「山絃堂」，津軽蔵工房「たくみ」，独楽処「ずぐり庵」などが配置された「津軽藩ねぷた村」がある。金魚ねぷたの絵付や津軽塗の箸研ぎなどの津軽の民・工芸制作体験もでき，広い駐車場を完備するため，弘前城跡見学の観光拠点となっている。ここから長勝寺やりんご公園などをめぐる巡回バスためのぶ号が出ている。

津軽藩ねぷた村

### 弘前市仲町 伝統的建造物群保存地区 ❹

〈M▶P.2,4〉弘前市馬喰町全域，若党町・小人町の一部
JR奥羽本線・弘南鉄道弘南線弘前駅🚌浜の町・石渡線亀甲門前🚶3分

弘前城下の雰囲気を今に伝える住宅街

　石場家住宅の北側，東西の通り一帯約10.6haが，弘前市仲町伝

コラム

# 津軽塗・コギン刺し・アケビ蔓細工　産

弘前の伝統的な工芸品

**津軽塗**は、江戸時代前期、弘前藩が産業振興のために招いた塗師などによって技法が磨かれ発展し、受け継がれてきたものである。とくに若狭（現，福井県）からきた池田源兵衛の子源太郎（のちの青海源兵衛）は、若狭塗や当時の最先端の江戸漆芸を習得するなかから、すぐれた唐塗りの技法を定着させた。藩政時代には、藩主や武士の家具・調度品として使われ、明治時代以降、津軽塗として一般に広まった。元来、これらは「変わり塗」技法によるもので、千変万化の創造性を発揮するのが本来の姿とされる。津軽塗（唐塗）として完成してはいるが、その技法・製法は、ななこ塗・錦塗・紋紗塗・ひねり塗など現在でも多様であり、青森県を代表する工芸品として認められている。

**コギン刺し**は、庶民が着用した麻の仕事着を保温や補強のために全体に縫い取りしたものから、しだいに技芸も進歩し、さまざまな装飾的模様が考案され、紺の地に白い木綿糸を、胸から肩・背へと刺すようになった美しい刺繍のことである。コギンとは小衣のことで、麻の単衣のことだという。

コギン刺しの着物は仕事着だが、農民の晴れ着でもあり、嫁入り仕度の衣類でもあった。江戸時代まで遡ると考えられ、名もない女性たちの手で完成された高度で繊細な技術は、一時途絶えかけたが、やはり熱心な女性たちにより技術が復元され、現在では南部菱刺と並び、伝統的な手工芸として注目されている。

**アケビ蔓細工**は、津軽の山野に自生するアケビの蔓を材料にした、籠類などの編物細工で、江戸時代からの伝統がある。現在でもバスケットや小物入れなど、手作りの素朴な味わいが人気をよんでいる。

統的建造物群保存地区（重要伝統的建造物群保存地区）である。弘前城は、当初北門を追手門としていたため、亀甲町とこの仲町（城の西の下町と、東の上町との中間に位置することに由来）は、追手先の守りとして町割された。黒塗りの薬医門と武家屋敷の遺構

旧岩田家住宅

城下町弘前

旧伊東家住宅

が残り、細い通りのサワラの垣根や黒板塀が、江戸時代の武家町の佇まいを感じさせる。

旧岩田家住宅(県重宝)は、最初の東西の通りの東端(2つ目の十字路から東へ約50m)に位置し、約700m²の宅地に立つ、桁行約11.5m・梁間約6.7mの寄棟造で、茅葺きの建物である。寛政年間(1789〜1801)末から文化年間(1804〜18)初めにかけて建てられたものと推定されている。玄関から続く広間と座敷が接客部分で、常居から北側が日常生活の部分になっている。数度の改造を経ているが、主要構造部材や屋根などはほぼ建造当初のもので、その他の部分は、第1次改造時の姿に復元されている。弘前城下の中級武士の住宅として、当時の生活を知ることのできる貴重な遺構である。

旧岩田家住宅の通りを西へ300mほど進むと丁字路に突き当り、左折すると右側に旧伊東家住宅(県重宝)がある。代々藩医をつとめた伊東家の居宅として、200年ほど前に元長町に建てられたものを、1978(昭和53)年に移築したものである。正面玄関を敷台構とし、広間・座敷・次の間・常居をほぼ正方形に配置した造りとなっている。当初は西裏側に、台所・便所などがあったと考えられるが、明治時代に改造されて、原形不明のため復元されていない。中級武士の居宅に似た構造・特徴をもった遺構である。

この裏に旧梅田家住宅がある。嘉永年間(1848〜54)に建てられ

旧梅田家住宅

た下級武士の住宅で、在府町にあったものを、1985(昭和60)年に移築・復元したものである。木造真壁造の2階建て、屋根は寄棟造の茅葺きで、南向きに柾葺きの玄関があり、広間と座敷、常居と台所、寝間が続く。天井は張られておらず、屋根の茅がとめられている様子をうかがうことができる。岩田家住宅・伊東家住宅にくらべると、質素な造りになっている。

## 熊野奥照神社 ❺

〈M▶P.2.4〉 弘前市田町4-1
JR奥羽本線・弘南鉄道弘南線弘前駅🚌浜の町・石渡線
弘前文化センター前🚶15分

弘前城下成立以前から鎮座する神社

北門(亀甲門)から堀沿いに東に進み、「津軽藩ねぷた村」を右手にみて1kmほど進むと、田町バス停がある。ここの十字路を左折し、北へ250mほど行くと、右手に旧県社の熊野奥照神社がある。伊弉諾尊・伊弉冉尊・事解男命・速玉男命をまつるこの神社は、弘前城築城以前からこの地に鎮座していたといわれる。同神社には、8世紀の全長約64cmの蕨手刀(県重宝)が伝えられているほか、境内には、南北朝時代の「建武三(1336)年」の紀年銘を刻む板碑がある。

神社は、1588(天正16)年に津軽為信が修理し、1610(慶長15)年に弘前藩2代藩主信枚が再建したという。1869(明治2)年に、熊野宮から現社名に改められた。

本殿(国重文)は、1613(慶長18)年信枚によって再興・造立された。素木の三間社流造で、屋根は柿葺きである。建築の細部に桃山時代の様式が認められ、弘前市に現存する建物のうち、棟札から確認できる最古の遺構である。

熊野奥照神社

城下町弘前

**弘前八幡宮** ❻  〈M▶P.2,4〉 弘前市八幡町1-1
JR奥羽本線・弘南鉄道弘南線弘前駅🚌浜の町・石渡線弘前文化センター前🚶20分

弘前藩の総鎮守

　熊野奥照神社から北へ400mほど行くと，旧県社の弘前八幡宮(祭神誉田別尊・息長足姫命・比売大神)がある。二の鳥居の直前を東西に走る道路が開通し，参道が遮断されて景観は悪くなった。もと，賀田(八幡とも，現，弘前市賀田)にあったという。社伝では，津軽家の祖大浦光信が1509(永正6)年に再興し，その後，大浦為則が1545(天文14)年に再建したという。大浦城(現，弘前市賀田)の鬼門の押えとして重視されたが，1612(慶長17)年に弘前藩2代藩主津軽信枚が同じく弘前城の鬼門の押えとして現在地に勧請した。別当の最勝院(真言宗)も賀田から移転し，参道を挟んで東西に最勝院やそのほかの塔頭寺院が配置されていた。明治時代初期の神仏分離で，最勝院は銅屋町の大円寺(現，大鰐町)の跡に移り，塔頭寺院はすべて廃寺となった。参道にその面影はなく，中ほど右手にある八幡宮神官の墓地が，わずかに往時を偲ばせる。最勝院は弘前藩の僧録所として300石を給され，藩内の寺社の監督にあたった。

　唐門と本殿(ともに国重文)は，1612年の完成当時のものといわれ，唐門の軒の唐破風や軽い反り，本殿の蟇股・手挟・虹梁・木鼻などの様式手法に，桃山時代の特徴がみられるところから，当時の建造に間違いないものと推定されている。唐門は四脚門で入母屋造・柿葺き，本殿は三間社流造で銅板葺きである。

　祭礼は4代藩主信政時代の1682(天和2)年に始まり，山車が運行された。京都祇園祭の系統を引く大型人形屋台の山車で，城下各町の富商が中心となって作製し，人形・衣裳なども京都から取り

弘前八幡宮本殿

みちのくの小京都—弘前

# 弘前ねぷたまつり

コラム

青森に残る「ねぷた」「ねぶた」のルーツ

弘前ねぷたまつり(8月1〜7日、国民俗)は旧暦の七夕行事で、昭和30年代から月遅れの新暦8月7日を最終日とする。

県内のねぶた行事の記録でもっとも古いとされるのは、弘前城下で1722(享保7)年に、時の藩主が「ねむた」を観覧したというものである。

1788(天明8)年の『奥民図彙』には、素朴な箱形の灯籠をかついで練り歩いた様子が描かれ、人形など複雑な形の灯籠が登場するのは幕末頃と考えられ、現在の特徴的な扇型灯籠は、明治時代中頃からのものとされている。

元来はナヌカビ(7日)に、灯籠を岩木川に流す「ねぷた流し」がクライマックスで、「ねぷた流れろ、マメの葉はとまれ」と唱えたことが知られており、災いを払い流す農村の素朴な七夕行事「眠り流し」の要素を伝えている。

弘前ねぷたは、庶民の年中行事を母胎として、藩政時代の神社祭礼(弘前八幡宮の神輿渡御に各町の山車や練り物が付随する祭り)の影響も受けながら、灯籠自体や行列が華やかなものに発展していった。

港町の開放的な青森ねぶたを「柔」とすれば、城下町の気風を今に伝える弘前ねぷたは「剛」であり、現在でも「ヤーヤドー」の気迫あふれる掛け声で、扇の面に描かれた洗練されたねぷた絵が、夜の町をゆっくりと揺れながら練り歩いている。

寄せたものであった。1882(明治15)年に祭礼が中止になったが、近年では、山車の一部が文化財として修理・保存され、弘前市立観光館の山車展示館でみることができる。

八幡宮の西方700mほどの所に、旧県社の神明宮(祭神伊弉冉尊ほか)が鎮座する。1602(慶長7)年、藩祖為信が、伊勢(現、三重県)の宗廟から城内に分祀したといういわれをもつ。1627(寛永4)年の天守焼失の際に難を避け、2代藩主信枚が現在地に移転した。

## 東照宮と薬王院 ❼

本州最北の東照宮と別当寺院

〈M▶P.2,4〉弘前市笹森町38
JR奥羽本線・弘南鉄道弘南線弘前駅🚌浜の町・石渡線弘前文化センター前🚶7分

弘前文化センター前バス停から東へ歩いて東長町へ入り、中弘教育会館の前を過ぎ、2つ目の変形十字路の信号を左折すると、旧県社の東照宮(祭神東照大権現)があり、西に薬王院(真言宗)が隣接している。

東照宮　　　　　　　　　薬王院

　1617(元和3)年弘前藩2代藩主津軽信枚は，正室満天姫(徳川家康の養女)の願いを聞き，上野寛永寺(現，東京都台東区)の天海僧正を通じ，幕府に対して東照宮をまつることを願い出た。幕府は北方の押えという政策意図から弘前藩を重視し，これを許したことから，城内の本丸に勧請された。のち，1624(寛永元)年現在地に遷座した。

　<u>本殿</u>(国重文)は1628年の建立で，他藩の東照宮にくらべて，外観は素木造で簡素であるが，鬼板や妻飾りの蟇股に彫られた葵の紋が，本社の由緒をあらわしている。桁行3間・梁間3間，入母屋造・柿葺きである。

　薬王院は東照宮の別当寺院として200石を与えられ，社家6家と神職2家を支配して，東照宮の寺務を司っていた。初め東照院と称していたが，改称して薬王院となった。明治時代初期の神仏分離で，一旦廃寺となったが，1877(明治10)年に再建され現在に至っている。

**和徳稲荷神社 ❽**　〈M▶P.2, 4〉弘前市和徳町217
JR奥羽本線・弘南鉄道弘南線弘前駅🚌五所川原線和徳北口🚶3分

＊板碑の所在する稲荷神社

　和徳北口バス停で降り200mほど戻ると，十字路手前の右手に鳥居がみえてくる。ここが旧郷社の<u>和徳稲荷神社</u>(祭神宇賀之御魂命・猿田彦大神・大宮能売神)の入口である。創建は不詳であるが，室町時代にこの地域の領主であった小山内伊賀が再興したという。1571(元亀2)年，伊賀の子讃岐が弘前藩祖津軽為信に討たれ，その首を稲荷神社の下に埋めたと伝えられている。元和年間(1615〜24)

に，2代藩主津軽信枚が再建したともいわれている。

現在の境内一帯は，小山内讃岐の居城地の1つに比定されており，社務所の近くには，津軽地方唯一の南朝年号である「天授五(1379)年」の銘を刻む板碑がある。なお，隣家の庭にも「元亨四(1324)年」の銘を刻む板碑がある。

## 青森銀行記念館 ❾

0172-33-3638

〈M▶P.2,4〉弘前市元長町26
JR奥羽本線・弘南鉄道弘南線弘前駅🚌駒越線下土手町🚶5分

名工堀江佐吉の最高傑作

下土手町バス停で降り一番町の坂をのぼり，津軽塗の店田中屋の十字路を左折すると，右手前方に青森銀行弘前支店がみえる。その西隣に，青森銀行記念館(旧第五十九銀行本店本館，国重文)がある。青森銀行は第五十九国立銀行を前身とし，本町に創設されたが，1897(明治30)年普通銀行に転換し，1904年に親方町にある現在の弘前支店の場所に壮大な新店舗を建造し，移転した。この建物が青森銀行記念館である。木造2階建て・建築面積約371m², 桟瓦葺きの建物で，設計および施工は，名匠といわれた弘前の棟梁堀江佐吉である。外観はルネサンス風の意匠を基本とし，正面に展望台を兼ねた屋根窓を開くなど，和洋折衷のすぐれた明治の建築物である。

第五十九銀行は，1943(昭和18)年に県内6行と合同し青森銀行となり，本店は青森市へ移った。1943年以降は，青森銀行弘前支店として営業してきたが，1965年の弘前支店改築に際し西側へ移動し，正面を東向きから北向きに変更して現在に至っている。

記念館の角を左折し南へ進むと，丁字路の右手に大きなマツがみえ，養生幼稚園がある。この幼稚園の前に松陰室がある。1852(嘉永5)年3月，幕末の志士吉田松陰が宮部鼎蔵とともに，弘前藩士で儒学者の伊東広之進と国事について対談した所である。

青森銀行記念館

城下町弘前

松陰室内部

　下土手町バス停まで戻り，スクランブル交差点を左折して百石町の通りを100mほど北へ行くと，左手に百石町展示館がみえてくる。現在，美術展示施設として利用されているこの建物は，旧青森銀行津軽支店で，2001（平成13）年に弘前市に寄贈された。古くは角三宮本甚兵衛呉服店として，1883（明治16）年に土蔵造店舗として建造され，1917（大正6）年，津軽銀行（1943〈昭和18〉年に青森銀行と合併）に敷地とともに売却された。その後，銀行店舗として改装され，さらに1977年にも改修されたが，明治洋風建築物の当初の特徴を残す貴重な建物である。

## 追手門広場と旧弘前市立図書館・旧東奥義塾外人教師館 ⑩⑪⑫

観光地弘前の情報ステーション

〈M▶P.2,4〉弘前市下白銀町2-1
JR奥羽本線・弘南鉄道弘南線弘前駅🚌駒越線・茂森線弘前市役所前公園入口🚶3分，または🚌土手町循環線市役所前🚶1分

　弘前市役所前公園入口または市役所前バス停で降りて，市役所前の東側横断歩道を渡り階段をあがると，追手門広場がみえてくる。ここはかつて藩校稽古館があった所で，明治時代以降は後身の東奥義塾があった。ここに立つ弘前市立観光館は，市内の観光情報ステーションとして，観光プランの案内をしてくれるほか，郷土料理「追手門」，ねぷた展示コーナー，津軽塗コーナー，民・工芸品コーナーがある。東隣の笹森記念体育館は，東奥義塾の塾長をつとめた笹森順造の名前を冠した旧東奥義塾の体育館である。その東隣に山車展示館があり，4代藩主津軽信政時代の1682（天和2）年8月15日に始まった，弘前藩総鎮守の八幡宮祭礼の際，神輿の露払いとして各町内から繰り出された山車を展示している。和徳町・茂森町・紺屋町・浜の町・東長町・本町・土手町・鍛冶町の山車があ

旧弘前市立図書館

　観光館の南にあるのが弘前市立弘前図書館で，一般の図書館として利用されているほか，『弘前藩庁日記』（『国日記(くにのにっき)』と『江戸日記』が約4000冊）を始めとする，弘前藩の基礎的資料が数多く所蔵されているため，全国の研究者が訪れる。付属して弘前市立郷土文学館(きょうどぶんがくかん)があり，陸羯南・佐藤紅緑・葛西善蔵・高木恭造(きょうぞう)・太宰(だざい) 治(おさむ)や石坂洋次郎(いしざかようじろう)らの作品や資料が展示されている。

　市立観光館と市立弘前図書館の向こうに，旧弘前市立図書館（県重宝）がみえる。日露(にちろ)戦争（1904〜05年）にかかわる弘前第八師団の施設建設などを手がけた実業家斎藤(さいとう)主(つかさ)や棟梁堀江佐吉らが，利益を還元するため，1906（明治39）年に現在地の近くに建設し，弘前市に寄附したものである。1931（昭和6）年に，弘前大学近くの富野(との)町(ちょう)に移築され，のち個人所有のアパートとして利用されていたが，1987年，弘前市に寄贈され，1990年に現在地へ移築(いしづき)された。

　設計・施工は堀江佐吉である。木造3階建て，外観は石積基礎に白漆喰壁，屋根は煉瓦(れんが)色の鉄板で覆われている。教会を思わせるドームを載せた八角形の双塔(そうとう)を左右に配し，正面のドーマーウインドウ（屋根窓），玄関の屋根のペディメントなど，ルネサンス様式を基調としながら，2階と八角ドームの庇(ひさし)を意匠的に大きく出さず，木鼻を用いてせり出させて処理するなど，堀江の創意と工夫が随所に配された，弘前市を代表する洋風建築の1つである。

　この建物の後ろに，旧東奥義塾外人教師館（県重宝）がある。東奥義塾は藩校で

旧東奥義塾外人教師館

あった稽古館を母体とし，1872(明治5)年，初代弘前市長や衆議院議員をつとめた菊池九郎らによって創立された私立学校である。新時代をになう人材養成のため，英学主体の教育を実施し，メソジスト派宣教師ジョン・イング(弘前市のリンゴ栽培にも貢献)を始め，同派の宣教師がつぎつぎに教師として着任した。その成果は，イングの母校であるアメリカのインディアナ・アズベリイ大学(現，デボー大学)へ留学生を輩出したことでも知られる。

同校は東奥義塾高校として，稽古館がかつてあった現在の弘前市立観光館の所に校舎が建てられていた。1987(昭和62)年12月に市の南郊，石川字長者森へ校舎は移転したが，外人教師館はそのまま残され，翌年弘前市に寄贈された。

現在の建物は，1900(明治33)年に焼失した初代外人教師館にかわって再建されたものである。延面積約353m²，擬洋風木造2階建て住宅で，イギリス積みの煉瓦基礎，キングポストトラス組みの小屋組み，下見板張ペンキ塗りの外壁，ベイウインドー(張出窓)など，弘前における外国人の生活様式を知るうえで，貴重な建物である。

## 日本基督教団弘前教会教会堂 ⓭

〈M▶P.2,4〉弘前市元寺町48
JR奥羽本線・弘南鉄道弘南線弘前駅🚌浜の町・石渡線文化センター前🚶3分

明治のキリスト教会の傑作

文化センター前バス停で降り，文化センター沿いにバスのきた方へ戻ると，右手に日本基督教団弘前教会教会堂(県重宝)がみえてくる。高さ20mのフランスゴシック風の双塔形式で，外観は白のオイルペイントで仕上げている。パリのノートルダム大聖堂に，規模は違うもののよく似ており，そのデザインを木造で表現した技巧と技術の高さは見事である。弘前における明治洋風建築の秀作である。

1875(明治8)年横浜から帰弘し，東奥義塾の塾長となった本多庸一は，一緒に来弘した義塾のアメリカ人教師ジョン・イングとともに弘前公会を設立した。現在の教会堂は1906年に再建したもので，設計はクリスチャンで棟梁の桜庭駒五郎といわれている。桜庭は弘前学院外人宣教師館(弘前市稔町)も設計している。

この教会堂から80mほど文化センターの方へ戻り，右折して直進

日本基督教団弘前教会教会堂　　　　　　　　　弘前カトリック教会

し，丁字路に突き当った左角に，弘前カトリック教会がある。弘前におけるカトリックの本格的な布教は，1878(明治11)年に始まるが，この建物は1910年の竣工である。ロマネスク様式の建物で，切妻屋根の正面に尖塔があり，壁にはイエズス会を示すIHSのマークがついている。外壁の左右にも柱塔が立っている。玄関「ルナサス」を入ると，身廊「ネーヴ」があり，その突き当りに「アプス」がある。「アプス」の祭壇は，1866(慶応2)年につくられ，オランダの聖トマス教会にあったものを，1939(昭和14)年に譲り受けたものである。

**誓願寺** ⑭　〈M▶P.2, 23〉弘前市新町247
JR奥羽本線・弘南鉄道弘南線弘前駅🚌駒越線工業高校🚶10分

江戸時代の鶴亀門が今に残る寺院

　工業高校バス停で降り，進行方向へ300mほど歩くと十字路がある。右折し400mほど直進すると，光明山誓願寺(浄土宗)の山門(国重文)に着く。1560(永禄3)年，大浦(津軽)為信が，大光寺村(現，平川市)に貞昌寺(弘前市新寺町)を創建したとき，京都の誓願寺52世及山の弟子，円蓮社岌禎法庵を招いて開山とした。1596(慶長元)年に岌禎の隠居所として大光寺村に建立されたのが，誓願寺であるという。1610年弘前藩2代藩主津軽信枚の命により，今の場所に移った。

　信枚は京都誓願寺の本尊に似せた大仏を造立したが，寺そのもの

誓願寺山門(鶴亀門)

は数度の火災で焼失し，山門だけが残った。山門の建造年代を特定できる史料はないが，様式から江戸時代中期と推定される。

　この門は，四脚門のような柱配置をとりながら，正面中央に高く切妻造の破風をあらわし，下の左右に片流れの招破風をもつという，きわめて珍しい構造様式がとられている。全体に彩色がなされ，上層の四周板壁には十二支の絵が描かれている。懸魚はツルとカメの彫刻を用いており，鶴亀門ともよばれている。

　境内には「応安四(1371)年」の紀年銘をもつ図像板碑と，藩祖為信の軍師であった沼田面招斎の墓がある。山門の手前には，誓願寺の末寺であった龍泉寺(浄土宗)と専求院(浄土宗)がある。

### 長勝寺と禅林三十三カ寺 ⑮

弘前藩主津軽氏の曹洞宗菩提寺

〈M▶P.2, 23〉弘前市西茂森1・2
JR奥羽本線・弘南鉄道弘南線弘前駅
🚌茂森線茂森町 🚶10分

　茂森町バス停で降り，信号のある丁字路を右折すると，道はクランク状に曲がり，十字路を越えて進むと，正面に黒門がみえる。黒門は，1677(延宝5)年から1687(貞享4)年の間に建てられたものと推定されており，長勝寺の総門(表門)にあたる。ここから，南北両側に曹洞宗寺院が立ち並んでおり，約600m進んだ正面に大平山長勝寺(曹洞宗)がある。

　弘前城迫手門の南にある市役所から南

長勝寺三門

みちのくの小京都—弘前

部一帯は、かつて茂森山といわれた。しかし、城よりも高度があるということで、1615(元和元)年に山は削られ、長勝寺門前と茂森山の間に堀を通し、土塁を築いた。これが長勝寺を中心とした寺町の長勝寺構(弘前城跡の一部として国史跡)で、土塁はクランク状の道の途中と茂森町にある弘前市水道部の事務所の裏手に現存している。かつては古堀町・古堀新割町という町名が残っていた。

長勝寺は、1528(享禄元)年に大浦盛信が、父光信の菩提を弔うために、種里(現、鰺ヶ沢町)に創建した寺である。津軽為信の代に、種里から賀田(現、弘前市賀田)に移り、寺領100石を給された。津軽家の菩提寺として、また弘前藩領内曹洞宗寺院の僧録所として重視された。津軽氏の本拠が堀越(現、弘前市)へ移ると、同寺も堀越へ移り、1610(慶長15)年の弘前城築城にともない、現在の禅林街の最奥へ移され、寺領は200石となった。

境内に入ると正面に、1629(寛永6)年に弘前藩2代藩主津軽信枚が建立した、高さ16.2mの三門(国重文)がある。1809(文化6)年の大修理の際、門の下層の両側には花燈窓を設け、仁王像が安置された。弘前市百沢にある岩木山神社楼門(1628〈寛永5〉年建立)と同じく、柱を上から下までの通し柱とする特徴をもち、江戸時代初期の重要な建築遺構となっている。楼上には、寛永年間(1624〜44)頃につくられた木造の薬師如来三門本尊(県重宝)が安置されている。

三門を入った右手に鐘楼があり、「嘉元四(1306)年」の銘をもつ嘉元鐘(銅鐘、国重文)がある。高さ103.5cm・直径76.5cmで、「皇

帝万歳」で始まる銘文は、鎌倉円覚寺の銅鐘と同じである。寄進者に崇演(鎌倉幕府14代執権北条貞時の法名)、見阿弥陀仏、安藤氏を始めとする、この地方の有力武士の名前が刻まれている。

鐘楼の右手奥にある茅葺き・切妻造の庫裏(国重文)は、旧大浦城の台所として、1502(文亀2)年につくられたものを、移築したと伝えられている。側柱と中央通りの柱を揃えて立て、各柱に登梁をかけ渡すという、中世まで遡る構造様式を残している遺構として貴重である。

三門を入った左手の蒼龍窟(旧禅堂)に、三尊仏及びその厨子堂(県重宝)がある。元来は、岩木山百沢寺大堂の内陣に安置されていたが、神仏分離のため、1873(明治6)年にここに移された。中央が阿弥陀如来、左が薬師如来、右が十一面観音菩薩の三尊で、2代藩主信枚が1610年に寄進したものである。厨子は三尊安置のため、3代藩主信義が建立したものと伝えられている。

三門の正面突き当りが本堂(国重文)である。1610年に建立されたもので、現存する日本最古の曹洞宗寺院建造物である。創建以来、たびたび改造・修理がなされてきたが、2005(平成17)年から2008年に復元大修理を行い、創建当時の姿に戻した。玄関は正面左となり、入ると土のたたきがあり、板敷廊下にあがる。仏間は畳敷となった。屋根はヒバの柿葺きとし、柱などに古い形式を残し、津軽氏の菩提寺本堂として重要な遺構である。

本堂内陣奥の左手にある、位牌堂は藩祖為信の位牌を正面に、左右に歴代藩主と正室のものが安置されている。その奥にある御影堂(国重文)は、津軽為信木像(県重宝)をまつった堂で、方3間、屋根を宝形造の銅板葺きとし、建造は三門と同じ1629(寛永6)年と伝えられている。1805(文化2)年に正面を、南向きから東向きに改め、全面的な彩色工事が実施された。この建物は、本堂の南に配された津軽家霊屋と一体になった御影堂と考えるべきものである。

なお、為信木像は、1607(慶長12)年病気治療のために京都にのぼった為信が、仏師に命じてつくらせたものといわれ、死後、革秀寺に安置されたが、同寺の火災により長勝寺に移したと伝えられている。衣冠束帯に威儀を正した姿のものである。

本堂左手奥の杉木立の中に，5棟の津軽家霊屋（国重文）がある。御影堂から南へ一直線に環月台（藩祖為信室，1672〈寛文12〉年造），碧巌台（2代藩主信枚，1631〈寛永8〉年造），明鏡台（2代藩主信枚室，1638〈寛永15〉年造），白雲台（3代藩主信義，1656〈明暦2〉年造），凌雲台（6代藩主信著，1753〈宝暦3〉年造）と並ぶ。いずれも東面して玉垣で囲まれ，正面に門をおいている。5棟とも方2間，入母屋造・柿葺き，妻入である。外面に津軽家の家紋杏葉牡丹が描かれているが，明鏡台だけは信枚室の満天姫が徳川家康の養女であったため，外面には葵紋がつけられている。内部には石造無縫塔が安置され，壁に板卒塔婆が張りめぐらされているほか，白雲台の鏡天井には「天女」，そのほかには「龍」が描かれている。

この霊屋と向かい合う，藩主家の墓である五輪塔は，もとは新寺町の報恩寺（天台宗）にあったものを，1954（昭和29）年に改葬・移転したものである。長勝寺の三門北側には仏舎利塔が立っている。1941（昭和16）年につくられた忠霊塔で，1948年にタイから贈られた仏舎利を納めている。

禅林三十三カ寺は，長勝寺構の中にある寺院の総称で，ほとんどが慶長年間（1596～1615）にこの地に移ってきた寺院である。黒門から長勝寺までの間にある寺院は，上寺とよばれている。長勝寺からみて右手（南側）には，隣松寺・陽光院・宝泉院・蘭庭院・長徳寺・清安寺・照源寺・宝積院・海蔵寺・泉光院の10カ寺が並んでいる。

このうち，隣松寺はもと賀田にあった。4代藩主信政の生母久祥院の菩提寺で，久祥院殿位牌堂（県重宝）と妙法蓮華経8巻を浄書した久祥院殿写経（県重宝）を安置している。長徳寺には，1635（寛永12）年に朝鮮との外交文書改竄の罪で弘前藩に流罪となった，宗義成の家臣柳川調興の墓がある。長勝寺の境内にも大きな調興の墓があり，なぜ2つの墓があるかは謎である。

蘭庭院の境内の墓地を通り南に通じる小道をのぼっていくと，普門院（通称山観）がある。茂森山にあった観音堂を移したものという。1870（明治3）年に全昌寺が海蔵寺に吸収されたときに，三十三カ寺の1つになった。現在は津軽三十三観音第33番札所で，精進料

六角堂(栄螺堂)

理(要予約)を食べさせてくれる寺院としても有名である。

泉光院の東隣,黒門の左手に六角堂(栄螺堂)がある。実際は八角形の堂で,堂全体が阿弥陀如来の仏体を意味し,右まわりの回廊をくぐり抜けることによって,罪を消滅させ,新しく生まれかわることができるという信仰を体験できる建物である。1839(天保10)年頃の建造であるが,和算の普及により,規矩術の技術を導入して建てられた貴重な遺構である。

一方,長勝寺からみて左手(北側)には梅林寺・万蔵寺・福寿院・高徳院・嶺松院・勝岳院・寿昌院・鳳松院・京徳寺の9カ寺がある。このうち,万蔵寺は鎌倉幕府5代執権北条時頼の廻国伝説にちなむ,愛妾唐糸御前の悲話が伝えられており,1262(弘長2)年に藤崎(現,藤崎町)に創建されたといわれている。慶長年間(1596～1615)に現在地に移転したという。京徳寺は1530(享禄3)年に五本松(現,青森市浪岡)に創建された。浪岡城領主の北畠具永が開基という説もある。北畠氏の滅亡とともに衰退したが,慶長年間に現在地に移転したという。

六角堂から黒門を通り,100mほど戻ると,左手に赤門がある。ここからまた両側に寺院が並び,長勝寺門前の上寺に対して下寺とよばれている。赤門のすぐ左手に藤先寺,右手角に月峰院が位置し,藤先寺の後ろ,西に向かって永泉寺・正伝寺・安盛寺が続く。一方,月峰院の側は西に,天津院・常源寺・恵林寺・盛雲院・川龍院・正光寺と続き,道路の突き当りの一番奥に宗徳寺がある。

藤先寺は1573(天正元)年,藤崎に創建され,大光寺(現,平川市)を経て現在地に移ったという。藩祖為信の室戌姫(仙桃院)の弟で,幼くして亡くなった五郎と太郎を開基とする。月峰院は1580年に沖館(現,平川市)に創建され,堀越を経て,現在地に移ったという。

宗徳寺はもと耕春院といい,加賀国金沢(現,石川県金沢市)の

宗徳寺の末寺で，寺領100石を拝領し，禅林街においては長勝寺についで寺格(じかく)の高い寺であった。明治時代に火事に遭い，廃寺同然であったが，本寺の宗徳寺も同様の状態であったため，両寺を合寺させ，耕春山宗徳寺として，1912(大正元)年に復興した。境内には，藩主家一族や家老(かろう)の大道寺家(だいどうじ)・隈部家(くまべ)などの墓がある。

## 天満宮(てんまんぐう) ⑯ 〈M▶P.2, 23〉弘前市西茂森1-1
JR奥羽本線・弘南鉄道弘南線弘前駅🚌茂森線茂森町 🚶5分

*江戸時代の修験大行院の名残りを伝える神社*

　茂森町バス停で降り，信号のある丁字路を右折すると，道はクランク状に曲がり，十字路となる。そこを右折(黒門方向からは左折)して，狭い道を右手に長勝寺構の土塁をみながら250mほど進むと，天満宮(祭神菅原道真朝臣命(すがわらのみちざねあそんのみこと))に着く。

　弘前藩4代藩主津軽信政の生母久祥院が，1689(元禄(げんろく)2)年に植田(うえだ)村(むら)(現，弘前市植田)の橋雲寺に天満宮を勧請したことに始まるという。1870(明治3)年，修験で京都醍醐寺三宝院(だいごじさんぼういん)の末寺であった大行院(だいぎょういん)が廃寺になったため，大行院があった現在地に移った。また，境内にあった若木神社を天満宮としたという説もある。境内に残る江戸時代の句碑は，大行院時代の名残りである。

　また，境内には樹齢500年以上という，樹高約11m・幹周2.6mのシダレザクラ(県天然)があり，古くからこの地に植えられていた可能性が高い。

天満宮

## 最勝院(さいしょういん)五重塔(ごじゅうのとう) ⑰ 〈M▶P.2, 33〉弘前市銅屋町(どうやまち)63
JR奥羽本線・弘南鉄道弘南線弘前駅🚌金属(きんぞく)団地・桜(さくら)ケ丘(がおか)線弘高前(ひろこう) 🚶3分

*津軽統一で戦死した人びとを供養する塔*

　弘高前バス停で降り，進行方向と逆に東へ歩いて日暮橋(ひぐれ)を渡ると，最勝院(真言宗)に着く。境内に入り，右手に八坂(やさか)神社をみて道を進むと仁王門があり，そこをくぐり抜けると左手に五重塔(国重文，

城下町弘前　27

最勝院山門(仁王門)

大円寺の五重塔ともよばれる)がある。もとは大円寺の五重塔であったが、明治時代初期の神仏分離で大円寺が大鰐町に移り、その跡に城下の八幡宮の別当寺院であった最勝院が移ったため、こうよばれるようになった。大円寺は文亀年間(1501〜04)に津軽氏発祥の地種里(現、鰺ヶ沢町)に創建され、1647(正保4)年にこの地に移転したといわれている。

この塔は、津軽統一の過程で戦没した敵味方を供養するために建立されたもので、1656(明暦2)年に着工したといわれてきた。しかし1991(平成3)年9月の台風で大きな被害を受けた際、全面解体修理をした結果、「寛文四(1664)年八月」の刻銘が初層の内法貫から発見され、この頃から建てられ始めたことが判明した。

塔の総高は31.2m、地盤から相輪の最下部までが21.8m、露盤から宝珠までの相輪部分が9.4mである。心柱は角柱で、二重目でとまっている。江戸時代のわが国最北の五重塔であり、均整のとれた美しい塔である。初層には大日如来が安置されている。

最勝院は、1536(天文5)年に堀越(現、弘前市)に創建されたといわれ、1612(慶長17)年に賀田(八幡とも、現、弘前市賀田)から八幡宮と一緒に弘前城下に移転した。同院は明治時代初期の神仏分離まで八幡宮の別当寺院として寺務をつとめたほか、「津軽真言五山」の筆頭でもあり、領内寺社の総取締りを行う僧録所として最高の寺格を誇り、弘前藩から

最勝院五重塔

みちのくの小京都―弘前

寺領300石を給された。そのため，領内の天変地異や蝦夷地出兵などに際しては，たびたび祈禱をとり行っている。

同じ敷地内にありながら，塀を介して最勝院とは分離している八坂神社(祭神素戔嗚尊・櫛稲田姫命ほか)は，もと大円寺の牛頭天王としてまつられていた。神仏分離で現社名になったが，旧暦6月13日の宵宮は「大円寺の宵宮」として，宵宮では市内最高の人出で賑わう。境内には石碑も多く，なかでも青森銀行記念館を始め，多くのすぐれた明治洋風建築物を建てた棟梁堀江佐吉の顕彰碑は，高さ約7mにおよぶ巨大なものである。

この八坂神社を背にして日暮橋の方を眺めると，右手の道路脇は崖になり，弘前大学医学部附属病院の病棟などで囲まれた野球場がみえる。ここは南溜池(鏡ケ池ともよばれた)のあった所で，弘前藩2代藩主津軽信枚は，1613年から翌年にかけて，この地に土居を築き，貯水した。有事の際には，この土居を破って南溜池と寺沢川を結び，弘前城の南の防御線にしようとしたのである。

## りんご公園と旧小山内家住宅 ⑱⑲

〈M▶P.2〉弘前市清水富田字寺沢125
JR奥羽本線・弘南鉄道弘南線弘前駅🚌ロマントピア・相馬・藍内線りんご公園入口🚶8分，または津軽藩ねぷた村🚌ためのぶ号りんご公園🚶5分

弘前のリンゴのことがすべてわかる施設

バスを降りて案内板が立つ南に入る道を進み，突き当りを右折し，さらに左折すると，りんご公園である。面積約5.2ha，公園内のりんご生産園には品種見本として約60種・1000本のリンゴの木が植えられており，秋にはりんご狩りなどの体験ができる。一角に「りんごの家」があり，りんご体験コーナーなどが設けられている。

美空ひばりの「りんご追分」歌碑や，郷土出身の作

りんご公園石坂洋次郎文学碑

城下町弘前

家石坂洋次郎文学碑もあり,「物は乏しいが空は青く雪は白く,林檎は赤く,女達は美しい国,それが津軽だ。私の日はそこで過され,私の夢はそこで育くまれた」と刻まれている。

この碑の近くに,高さ20m・長さ50mほどの,衝立のような細長い人工の小丘があり,すり鉢山とよばれている。幕末に洋式鉄砲の試射などをした所で,常盤坂から樹木・小沢一帯に広がるりんご園を望めるほか,その南方には,藩政時代の演習場であった大開野もみることができる。遠くは,岩木山・八甲田連峰も一望できる。

この展望台のすぐ南には,旧小山内家住宅が復元・移築されている。棟札により,1863(文久3)年に小山内佐治兵衛によって建てられたことがわかる。江戸時代末期の津軽地方の農家住宅で,桁行22.5m・梁間9.5m,一部2階建ての寄棟造・茅葺き屋根で,数次の改修がなされているが,構造上大きな変化はなく,民俗資料や農家住宅を知る施設として活用されている。

りんご公園入口のつぎのバス停が常盤坂である。ここは悪戸(幕末に陶磁器が焼かれた所)への入口にあたり,坂の北側の小高い丘(右手前方)が,藩主の別荘があった所で,「唐(中国)にもないほどの景勝地」という意味で唐無坂,唐無山とよばれた。文化年間(1804~18)に,現在の常盤坂と改称された。

### 報恩寺と新寺構 ⑳

〈M▶P.2, 33〉弘前市新寺町
JR奥羽本線・弘南鉄道弘南線弘前駅🚌金属団地・桜ケ丘弘高前🚶5分

弘前城下のもう一つの寺院街

弘高前バス停から道が西方に直進し,その左側(南側)約800mに寺院が立ち並ぶ。城の東側にあった寺町(現,元寺町)が,1649(慶安2)年の大火で類焼したのを機に,翌年これらの寺院を城下南端に移して成立したのが新寺町である。最勝院を含めると,真言宗1・天台宗2・浄土宗6・浄土真宗9・日蓮宗6の計24寺院がある。

弘高前バス停近くに袋宮寺(天台宗)がある。江戸時代は樋口村(現,弘前市茜町)にある熊野宮(本殿は県重宝)の別当寺院であったが,明治時代初期の神仏分離により現在地に移った。袋宮寺の本堂(県重宝)は,隣接する報恩寺の無量院観音堂であった建物である。3間四方の境内仏堂で,外部に彩色はないが,内部の柱などに

# リンゴの歴史

コラム 産

リンゴ栽培の歴史

　青森県に西洋リンゴが入ったのは，1875(明治8)年に勧業寮から苗木が配布されて以来である。現存する最古のリンゴは，つがる市柏字桑野木田にある紅絞と祝で，樹齢130年を超す。

　東奥義塾の教師ジョン・イングが，1875年のクリスマスの夕べに，義塾の塾生に西洋リンゴを馳走した。このリンゴの種を植えたところ，結実したのが印度という品種だという伝説があるが，定かでない。ただ，イングがリンゴの苗木を取り寄せたり，リンゴを産業として育成することに貢献した点は，確かなようである。

　リンゴ栽培の先駆者の大半は，弘前の士族たちであった。明治時代初期から中期頃までの指導者の代表は，菊池楯衛と楠美冬次郎である。後期になると，「リンゴの神様」とよばれる農民出身の外崎嘉七(弘前市樹木に頌徳碑がある)があらわれる。リンゴ栽培は，嘉七によって画期的な進歩を遂げ，虫害防止のため，実に袋をかける作業が行われるようになる。

　リンゴの商品価値が確立したのもこの頃からで，1910年には作付面積約3800ha，全国1位になった。リンゴ畑は飛躍的にふえ，「青森リンゴ」の名声は年とともに高まっていった。

　1931(昭和6)年，三沢の淋代海岸から米国人バングボーンとハーンドーンの両名が，初の太平洋無着陸横断飛行に飛び立ち，成功した。出発に際して世話になった礼として，翌年リンゴの苗木が送られてきた。これがリチャード・デリシャスという品種である。

　近年は，このデリシャスやスターキング・国光・紅玉といった品種はつくられなくなり，ふじや陸奥・北斗・王林・つがるといった品種が多く作付けされているが，栽培者たちは，さらに新しい品種の更新に懸命に取り組んでいる。

彩色が施され，裳階付きの形態をとっている。

　本尊の十一面観世音立像(県重宝)は，もとは無量院の本尊であり，県内最大の木造仏(像高5.75m)として，背高観音とよばれている。1677(延宝5)年，弘前藩4代藩主津軽信政が父の3代藩主信義の菩提を弔うために，城内の老木を用いて制作させたと伝えられている。前後割矧ぎの技法でつくられ，頭・腕・足は別木である。正面のみが箔仕上げされている。

　袋宮寺の左に隣接する県立弘前高校の敷地には，旧青森県尋常中学校本館(県重宝)が移築されている。1893(明治26)年に建てられ，

城下町弘前

翌年に開校した同中学校の主棟の玄関を含む中心部分を残したもので，「鏡ケ丘記念館」とよばれている。

袋宮寺の右に隣接する一輪山桂光院報恩寺（天台宗）は，1655（明暦元）年に亡くなった3代藩主信義を供養するために，翌年4代藩主信政が創建した寺で，信義から11代藩主順承までの歴代藩主の菩提寺として崇敬を受け，寺領300石を給された。「津軽天台四山」（報恩寺・猿賀の神宮寺・薬王院・袋宮寺）の筆頭として，天台宗の僧録所でもあった。本堂（県重宝）は，新寺町の通りから奥まった所にあり，1704（宝永元）年の信義の五十回忌に再建されたものである。

報恩寺は現在の弘前高校の入口から，桔梗野通りの地蔵堂までの広大な境内をもっていたが，明治維新後に参道両側の塔頭寺院はすべて廃寺となり，歩兵第三十一連隊設立のため道路が通され（これが桔梗野通り），1954（昭和29）年に弘前高校の校地拡張にともない，歴代藩主の墓石は長勝寺へ移された。このとき，承祜（11代藩主の順承の世嗣）の遺体がミイラとなって発見され，話題となった。

寺内には霊拝堂と御影堂があり，藩主・正室の位牌が安置されていたが，これも長勝寺に移された。御影堂には，8代藩主信明と9代藩主寧親の坐像が安置されているほか，寧親時代の家老津軽親守と薬王院13代住職伝覚範法印の坐像もある。境内には，津軽永孚（家老・藩校初代総司）・長泉院（悪戸御前，3代藩主信義の側室）らの墓もある。

報恩寺参道の向かい北側（北新寺町）に，赤い鳥居が並び，稲荷神社（祭神宇賀魂命ほか）がある。1708（宝永5）年に4代藩主信政が，霊夢に基づき勧請したもので，別当寺として白狐寺もあったが，神仏分離で廃寺となり，神社のみが残った。このため，同社は白狐稲荷ともよばれている。

桔梗野通りへ曲がらず西に進むと，円明寺（浄土真宗）がある。念西坊宗慶が，1499（明応8）年油川（現，青森市）に創建したのが始まりという。1606（慶長11）年に城下の寺町に移り，寺町の火災の翌年に現在地に移った。1603（慶長8）年に藩祖為信が念西に与えた13石余りの墨付が，弘前市立博物館に収蔵されている。現在の本堂（県重宝）は，1764（明和元）年に再建されたものと伝えられており，

弘前駅南西部の史跡

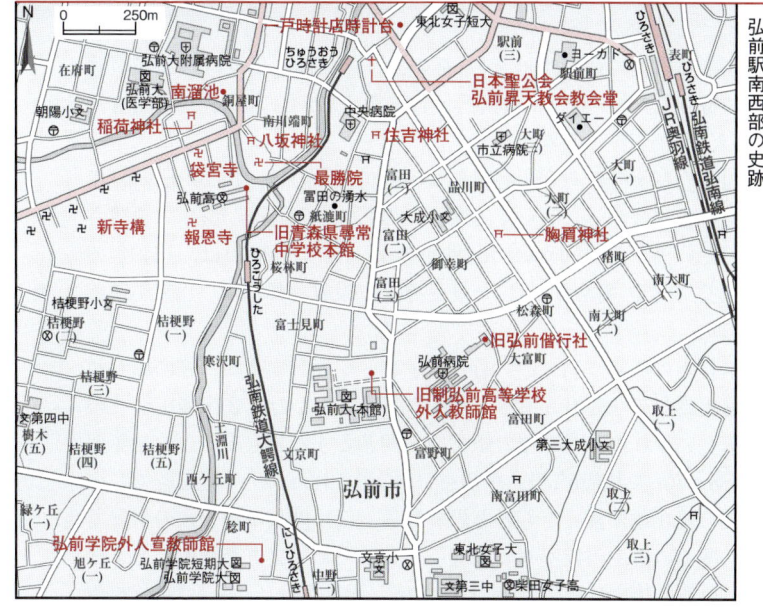

県内に現存する浄土真宗の本堂建築としては最古のものである。

円明寺の手前右側に，元塔頭の浄徳寺(浄土真宗)がある。1670(寛文10)年の創建という。

円明寺の西隣にあるのが，法立寺(日蓮宗)である。1533(天文2)年に賀田(現，弘前市賀田)に創建され，堀越(現，弘前市)を経て1611(慶長16)年に寺町へ移り，寺町の火災後に現在地に移ったものと思われる。同寺の右手前に元塔頭の本迹院(日蓮宗)がある。1662(寛文2)年の創建という。また，その東向かいの元塔頭の南栄院(日蓮宗)は，1664年の創建という。

法立寺の西隣にある本行寺(日蓮宗)は，藩祖為信を開基とし，江戸時代は日蓮宗の僧録所であった。1580(天正8)年に堀越に創建され，1611年に寺町へ移り，寺町の火災後に現在地に移転したと思われる。同寺の護国堂(県重宝)は，1716(享保元)年頃に建てられたものと思われ，沿革は不詳であるが，内部は各柱筋に円柱を立て，凸型の内陣をとり，側まわりは丹塗りで，内部の柱や組物などには極彩色の文様が施されている。

本堂東側の一部は，藩校稽古館の講堂を移築したものといわれて

城下町弘前　33

おり，境内奥には野本道玄(京都の人，4代藩主信政時代に殖産興業に寄与した)，毛内有右衛門・竹内衛士(ともに用人)，鶴屋有節(俳人・国学者)らの墓がある。

同寺の右手前にある元塔頭の受源院(日蓮宗)は，1645(正保2)年に創建されたが，しばらく退廃したのち，1673(延宝元)年に再興されたという。その向かいの元塔頭の満行院(日蓮宗)は，1649年の創建で，1870(明治3)年に一旦受源院に吸収されたが，1874年に独立した。

本行寺の西隣が貞昌寺(浄土宗)である。寺号はこの寺に葬られた藩祖為信の生母桂屋貞昌大姉の法号にちなむ。2代藩主信枚の開基といわれるが，為信の娘富姫を開基とする説もある。永禄年間(1558～70)に大光寺(現，平川市)に創建されたが，寺町を経て，火災後に現在地に移ったものと思われる。江戸時代は浄土宗の僧録所で，多くの藩主の側室や娘を葬っているため，裏方菩提所ともよばれている。境内には栄源院(為信側室，信枚生母)，荘厳院(信枚側室，3代藩主信義生母)，笠原家・喜多村家(ともに家老)，平尾魯仙(画家・国学者)らの墓がある。

野本道玄がつくったという一文字の庭(貞昌寺庭園，県名勝)は，縮景式築山泉水庭で，全国的にみても珍しい様式をとっている。また，寺宝として鎌倉時代の作と推定される，絹本著色当麻曼荼羅図(県重宝)がある。

貞昌寺の参道左右には，元塔頭の4カ寺が並ぶ。右奥の徳増寺(浄土宗)は，天正年間(1573～92)に三世寺(現，弘前市)に創建され，1650(慶安3)年に現在地に移った。境内に私小説作家葛西善蔵の墓がある。右手前の天徳寺(浄土宗)は，天文年間(1532～55)に田舎館(現，田舎館村)に創建されたが，大浦(現，弘前市賀田)へ移転，慶長年間(1596～1615)に弘前城下に移った。現在地には，寺町の大火後に移転したものと思われる。

左奥の西福寺(浄土宗)は，1597(慶長2)年の創建で，堀越にあったが，寺町を経て，火災の翌年に現在地に移った。円空作の木造地蔵像(像高142cm)と十一面観音像(像高149cm，ともに県重宝)がある。境内には3代藩主信義のとき，幕府から預けられた肥後国(現，

熊本県)人吉藩家老相良清兵衛の墓がある。清兵衛の城下での居住地は，今も相良町という地名に残る。

　西福寺の北隣が西光寺(浄土宗)である。寺伝によれば，宗祖法然の弟子金光上人を開基とし，布教のため中野(現，青森市浪岡)に寺庵を結んだのが始まりという。浪岡城主北畠氏によって代々保護され，同氏の滅亡後は荒廃したが，藩祖為信が1599(慶長4)年に再興し，寺町に移り，火災後は現在地に移転した。

　本尊の木彫阿弥陀如来立像(県重宝)は，金光が布教の途中，外ヶ浜の阿弥陀川(現，外ヶ浜町)から託宣により引き上げたといういわれをもつ仏像であるが，室町時代末期頃の作と考えられている。

　貞昌寺の参道の反対側，道路を隔てた北に遍照寺(浄土宗)がある。新寺町の通りの北側にあるのはこの寺だけで，1572(元亀3)年と，1654(承応3)年の創建説がある。もとは貞昌寺の塔頭で，境内の閻魔堂は，かつて東隣にあった白道院が，1872(明治5)年に廃寺になったとき，同寺に引き継がれたものである。

　貞昌寺の西隣が真教寺(浄土真宗)である。1540(天文9)年に坪貝(現，弘前市坪貝)に創建されたという。津軽氏が本拠を大浦から堀越，さらに弘前へ移すとともに，同寺も寺町に移ってきた。現在地には1651(慶安4)年に移転したという。江戸時代は浄土真宗の僧録所であり，境内には宝暦の改革を指導した乳井貢の墓がある。

　真教寺の参道右手に，元塔頭の教応寺(浄土真宗)がある。1644(正保元)年，寺町に創建され，寺町の火災後は現在地に移ったという。参道左手には，元塔頭の正蓮寺(浄土真宗)がある。1646年の創建というが，寛永年間(1624～44)に寺町に創建されたともいわれる。寺町の火災後，現在地に移ったものと思われる。

　真教寺と道路を隔てて西隣にあるのが，専徳寺(浄土真宗)である。1532(天文元)年に一町田(現，弘前市一町田)に創建され，慶安年間(1648～52)に寺町に移り，大火の2年後の1651年に現在地へ移転した。境内に，明治時代に洋風建築を手がけた棟梁堀江佐吉の墓がある。専徳寺の手前右に，元塔頭の浄龍寺(浄土真宗)がある。1644年もしくは1648(慶安元)年の創建という。専徳寺の手前左に，元塔頭の明教寺(浄土真宗)がある。1654年に賀田(現，弘前市賀

城下町弘前

田)に創建されたという。

　専徳寺の西隣が法源寺(浄土真宗)で，新寺町寺院街の西端にあたる。1481(文明13)年に油川に創建され，1582(天正10)年浪岡(現，青森市浪岡)に移ったという。その後，大浦を経て慶長年間に寺町に移転し，火災後は現在地に移ったものと考えられる。丸柱の旧山門は，大浦城(現，弘前市賀田)の裏門を移築したもので，現在は本堂右手の墓地入口に残されている。境内に，進藤庄兵衛(家老・青森城代)・内海草坡(俳人)らの墓がある。

　法源寺の前の通りを西進し，変形十字路を左折すると，成田家庭園(県名勝)がある。この庭園は，母屋の西側に設けられた，書院前の70坪(約231m²)ほどの大石武学流庭園で，正面に岩木山を遠望できる。小規模ながら，池田亭月がつくった枯山水庭園の代表作ともいえる。

### 久渡寺 ㉑

〈M▶P.2〉弘前市坂元字山元1
JR奥羽本線・弘南鉄道弘南線弘前駅🚌久渡寺線終点🚶5分

　久渡寺バス停で降りて右手へ進むと，右手に久渡寺の石柱と227段の石段がある。久渡寺(真言宗)の本堂は，石段途中の左手にある。のぼりきると，正面が津軽三十三観音第1番札所の観音堂と奥院である。

　円智が現在地の南西にある檜山(久渡寺山のことか)に一宇を開創したが，道円・寛照によって小沢に移転し，慶長年間に寛海が現在地に移したといわれている。1626(寛永3)年，最勝院・百沢寺・国上寺・橋雲寺とともに，津軽真言五山に定められた。寺宝に伝円山応挙筆の「幽霊の図」がある。公開すると必ず雨が降るという言い伝えがあり，雨乞いの霊験が期待されてきた。

　毎年5月15・16日にオシラ講の習俗(国民俗)が行われる。「オシラ様」

久渡寺観音堂

「オシラ様」信仰の霊地

は北関東・東北地方に広く分布する民間信仰で，各家で春秋の祭り
をするほか，5月16日には数百の「オシラ様」を本堂にもち寄って，
集合祭祀を盛大に行う。住職が護摩を焚き祈禱し，大幣で「オシラ
様」は清められ，イタコとよばれる巫女が「オシラ祭文」を語って，
神の託宣を告げる。境内を埋める参詣人がイタコに口寄せを頼み，
また歌い踊るなど，15日から夜を徹して賑わう奇祭である。

## 時計台と日本聖公会弘前昇天教会教会堂 ㉒㉓

〈M→P. 2, 33〉弘前市土手町87／弘前市山道町7-1
JR奥羽本線・弘南鉄道弘南線弘前駅前🚌駒越線中土手町🚶1分

大正レトロを今に伝える時計台と教会

　中土手町バス停で降り，進行方向右手(北側)をみると，道路の向
かいに一戸時計店があり，その屋根に時計台がある。仙台の三原
時計店が，1899(明治32)年にこの場所で弘前店を開業した。店舗は
木造平屋建てで，四角錐の屋根をつけた時計塔が高く聳えていたこ
とが，当時の写真でわかる。

　1920(大正9)年に一番町の一戸時計店がこの店を譲り受け，現
在に至っている。建物は2階建てに改造され，時計塔も補修されて
いるが，明治時代以降，同じ場所で時計店が営まれているのは貴重
である。

　一戸時計店前の横断歩道を渡り，小道を
南に直進すると，日本聖公会弘前昇天教会
教会堂(県重宝)がみえてくる。1896(明治
29)年の日本聖公会の宣教を始まりとして，
1920年に現在の教会堂が建てられた。設計
者は，博物館明治村(愛知県犬山市)にある
聖ヨハネ教会堂(国重文)と同じアメリカ人
宣教師J. M. ガーディナーだといわれて
いる。イギリス積みの赤レンガが印象的で，
全体はゴシック様式でまとめられている。
正面右上にある三角塔の鐘は，トルフォイ
ルという三葉形のアーチに納められている。
教会堂内部にあるオルガンは，アメリカの

一戸時計店の時計台

城下町弘前

日本聖公会弘前昇天教会教会堂

ショーニンガー製である。

　教会堂右手の道を南に進むと、敷地の一部が市の公園となっており、吉井酒造煉瓦倉庫がみえてくる。道が変形十字路になった突き当りの角に、住吉神社(祭神保食神)がある。この地には、かつて五智如来堂(廃寺)・普光寺(廃寺)があったが、神仏分離で護穀神社となった。境内には、ほかに松尾大社もあり、3社を総称して住吉神社とよんでいる。

　また、弘前昇天教会教会堂のある山道町をまっすぐ南東に進み、富田大通りの交差点を越えて、品川町に入り約400m進むと、左手に胸肩神社(祭神市杵島比売命・田心比売命・多岐都比売命)がある。市民には「弁天様」として親しまれている。

## 旧弘前偕行社 ㉔

陸軍第八師団の将校倶楽部

〈M▶P.2, 33〉弘前市御幸町8
JR奥羽本線・弘南鉄道弘南線弘前駅🚉小栗山・狼森線弘前大学前🚶8分

　弘前大学前バス停で降りると、正面が弘前大学で、大学の校内右手に旧制弘前高等学校外国人教師館(国登録)がみえる。進行方向の逆に戻ると、信号の右手に弘前病院(通称国立病院)がみえてくる。

病院前の調剤薬局右手の道を右折すると、4車線の道路にぶつかる。さらに右折して歩道沿いに進むと、右手に旧弘前偕行社(弘前厚生学院記念館、国重文)がみえてくる。

　偕行社とは陸軍将

旧弘前偕行社

校の親睦および厚生施設で、師団の設置場所を中心に設けられた。1897(明治30)年に弘前に第八師団が設置されたとき、弘前偕行社も設立された。当初は仮住まいで、1907年に現在地に竣工された。この場所は江戸時代、九十九森(つくもり)とよばれ、弘前藩9代藩主津軽寧親(やすちか)の別荘があった所である。

　敷地面積約2万2000m²で、イタリア・ルネサンス風を基調とした翼棟付平屋建ての洗練された意匠(いしょう)をもつ建物である。屋根は瓦葺きの寄棟造、第八師団を示すハチのレリーフ飾りのあるポーチ付きの玄関は、雪止めのついた鉄板葺きである。内部は天井・上壁とも白漆喰塗りで、旧師団長室の壁はクロス張りである。弘前の洋風建築の棟梁堀江佐吉の遺作となった建物である。

　第二次世界大戦後、弘前女子厚生学院(現、弘前厚生学院)に払い下げられ、一時校舎として使用されたが、1980(昭和55)年以降は使用が中止され、庭園(逍止園(こうしえん))とともに記念館として保存されている。

## 弘前学院外人宣教師館(ひろさきがくいんがいじんせんきょうしかん) ㉕

〈M▶P.2, 33〉弘前市稔町13-1
JR奥羽本線・弘南鉄道弘南線弘前駅🚌小栗山・狼森線三中校前🚶8分、または弘南鉄道大鰐線西弘前駅🚶3分

アメリカから派遣された女性宣教師の住宅

　三中校前バス停で降りると、向かいに市立文京(ぶんきょう)小学校がある。ここには、かつて第八師団の兵舎が建っていた。バスの進行方向と逆に北に歩いて、文京歩道橋を渡ると、左手に弘前警察署桝形(ますがた)交番がある。道路が放射状に分かれているこの辺りが、弘前城下の固め、枡形があった場所である。交番を左手に曲がり、西に歩いて行くと、信号機のある変形五差路になる。左手前方の弘南鉄道大鰐線の踏切を渡って右折すると、弘前学院大学の正門がみえてくる。門の右手に、弘前学院外人宣教師館(国重文)がある。

弘前学院外人宣教師館

城下町弘前

弘前学院は，日本メソジスト教会初代監督であった弘前出身の本多庸一が，1886(明治19)年に弘前教会内に函館遺愛女学校の分校として，来徳女学校を開設したのが始まりである。翌年，弘前遺愛女学校と改称し，1889年に元大工町に校舎を新築し，さらに1901年に坂元町に新築・移転した。1906年，アメリカ伝導本部から派遣された女性宣教師のために，敷地内に宿舎として建設されたのがこの外人宣教師館である。1981(昭和56)年，稔町の弘前学院大学敷地内に移転・復元された。

　木造2階建て，建築面積約159m²，設計・施工は弘前のクリスチャンの棟梁桜庭駒五郎である。現在，屋根は鉄板葺きであるが，もとは柿葺きであったらしい。南西隅に突針飾りをつけた八角錐の尖塔があり，外壁は下見板張ペンキ塗りで，窓に鎧戸がつく。天井・壁は漆喰塗りで，1階が食堂・集会室・書斎，2階が寝室で，上品で繊細な造りになっている。

## 堀越城跡 ㉖

〈M▶P.3〉弘前市堀越字川合・柏田
JR奥羽本線・弘南鉄道弘南線弘前駅🚌大鰐・碇ケ関線堀越
🚶3分

津軽為信の居城

　堀越バス停付近は信号のある三差路で，正面の赤い鳥居のある熊野宮の境内が，堀越城跡(津軽氏城跡として弘前城跡などとともに国史跡)の本丸跡である。曽我貞光が，1336(建武3)年に堀越楯を築城したのが最初で，1427(応永34)年に大浦秀則の居城になったという。大浦為信(のちの津軽為信)はここを拠点にして，南部高信を城代とする石川城(現在の大仏公園)を攻撃し，落城させた。為信は津軽平定を成し遂げた後，1594(文禄3)年に大浦城(現，弘前市賀田)からここに移り，2代藩主信枚が，1611(慶長16)年に弘前城へ移るまでは，17年間津軽氏の本城であった。

　城は西に大手をとり，東および南は平川沿いの低湿地を利用した平城である。この周辺は，為信が大浦から城下機能をすべて移したため，短期間ではあるが，津軽氏の城下町として賑わった。現在は，熊野宮の境内となっている本丸以外は水田や畑になり，二の丸と三の丸の堀跡や土塁がわかる程度である。史跡公園として整備を図るため，1998(平成10)年から弘前市教育委員会による発掘調査が継続

# 弘前で出会う前川國男の建築物

コラム

日本に最初に近代建築をもたらした建築家

　前川國男は新潟県出身で，第二次世界大戦の前後を通じて，日本近代建築史に大きな功績を残した建築家である。代表的な建築物に東京文化会館・東京海上ビルディングや弘前市民会館がある。

　前川は，東京帝国大学工学部で建築学を学んだ後，1928（昭和3）年フランスに留学し，ル・コルビジェのアトリエでモダニズム建築の理念を学んだ。前川の母は外務大臣や参議院議長をつとめた佐藤尚武の妹であった。フランス留学中，伯父の佐藤は，国際連盟帝国事務局長としてパリに滞在しており，前川の後見人となった。

　また，前川は伯父の佐藤を通じて，駐在武官としてパリに在任していた木村隆三と親しくなった。木村の祖父は，幕末から明治時代にかけて弘前藩の財政にかかわり，12代藩主津軽承昭の信任の厚かった木村静幽である。維新後，静幽は大倉喜八郎（ホテルオークラの創立者）のもとで会社経営を学び，のち大阪土木会社や広島電力の社長をつとめた。静幽は，弘前に地場産業振興のため研究所の設立を決意するが，実現する前にこの世を去ってしまう。

　2年間のフランス留学から帰国した前川は，1930年，東京のアントニン・レーモンド建築設計事務所に勤務した後，1935年に独立し，自分の建築設計事務所を設立する。この間，祖父の遺志を実現しようとした木村隆三から依頼を受けて，弘前市に建設する木村産業研究所の設計を行う。1932年に竣工した同研究所は，前川の処女作であった。現在同研究所は国の登録文化財に指定されている。

　第二次世界大戦後，県立弘前中央高校の創立50周年記念事業の1つとして，1950年，講堂建築の設計が前川に依頼される。これは木村隆三の兄新吾が記念事業の代表をつとめていたためである。しかし，朝鮮戦争の影響で，講堂の竣工は1954年になってしまった。

　その後，前川の設計に心酔した弘前市長藤森睿は，弘前市庁舎の建築設計を依頼し，1958年に竣工した。これを始めとして，1964年の弘前市民会館，1971年の弘前市立津軽病院（現，弘前市立病院），1974年の弘前市庁舎の増改築，1976年の弘前市立博物館，1980年の弘前市緑の相談所，1983年の弘前市斎場と，弘前市の公共建築物のおもなものは，前川の設計によって竣工された。

　このため，人口19万人の都市弘前には，前川の設計した建築物が初期から晩年に至るまで，8件現存する（2006年4月1日現在）。建築当初の姿そのままでないものもあるが，前川の設計した建築物を，竣工年代順に見学するのも一興であろう。

的に行われており、あらたな発見が期待される。

### 小栗山神社 ㉗ 〈M▶P.3〉弘前市小栗山字沢部217
弘南鉄道大鰐線小栗山駅🚶20分、またはJR奥羽本線・弘南鉄道弘南線弘前駅🚌小栗山・狼森線小栗山🚶15分

*岩木山神社・猿賀神社と並ぶ津軽三社の1つ*

　小栗山駅から南に進み、小栗山神社の石碑を右折し、小栗山集落から約1km坂道をのぼると、白い鳥居がみえてくる。鳥居の手前をアップルロードが通っており、そこを横切ると小栗山神社(旧郷社、祭神伊弉諾尊・伊弉冉尊ほか)に着く。もと熊野十二所大権現と称し、旧暦8月17日の例祭は、岩木山神社・猿賀神社とともに津軽地方の三大祭の1つであった。

　同社には3人の女神にまつわる伝説が伝えられている。末の女神が岩木山神社の神となり、次姉が大坊(現、平川市大坊)の神になったので、長姉は岩木山のみえない小栗山に納まったという。このため、小栗山集落の人びとは、岩木山へのお山参詣はしない。境内に眼病に効くという神泉が湧いている。

### 大仏公園 ㉘ 〈M▶P.3〉弘前市石川字大仏
JR奥羽本線石川駅🚶10分、または弘南鉄道大鰐線石川駅🚶5分

*戦国時代南部氏の津軽統治の拠点石川城跡*

　石川駅で降りると、平川の上流左岸にある小丘と断崖が目につく。ここが大仏ケ鼻で、現在は大仏公園になっている。頂上が石川城跡で、大仏ケ鼻城ともよばれた。

　公園の入口にある大仏院(曹洞宗)は、山号を岩淵山といい、本尊は木造の釈迦如来像で、弘前市の禅林街川龍院の末寺である。寺伝によれば、岩館曽我氏の菩提寺岩淵寺を、慶長年間(1596〜1615)に再興し、1952(昭和27)年、石川の川原田から現在地に移転したという。寺宝の木造十一面観音坐像には、「天正五(1577)年」造立の墨書銘があり、津軽地方最古の在銘仏である。

　この地は古来より、石川十三館とよばれ、大仏ケ鼻城のほかに、岡館・猿楽館・月館など12の館が連なる、東西約850m・南北約550mの大規模な城跡である。13の館のうち、大仏ケ鼻城だけが横にそれているところから、大仏ケ鼻の名称がついたという。城跡の最高所は97.9mある。

1334(建武元)年におこった石河合戦では，石川楯によった鎌倉幕府方は敗れ，朝廷方が勝利を得た。この石川楯が石川城跡の前身であることは間違いなく，当時は岩館曽我氏の勢力下にあったものと考えられる。その後，1533(天文2)年に南部高信がこの地に築城し，南部氏の津軽支配の一大拠点となった。しかし，大浦(津軽)為信によって，1571(元亀2)年に陥落させられたという。ただし，南部側の記録では，高信の死は1581(天正9)年である。

　為信は城代として板垣兵部をこの城においたが，1600(慶長5)年関ヶ原の戦いに為信が出陣した留守中に，兵部は尾崎喜蔵・三ツ目内玄蕃とともに謀反をおこし，堀越城(現，弘前市)を占拠しようとして失敗し，敗走途中に討死した。その後の石川城については明らかでなく，廃城になったと伝えられている。

# ② 岩木川上流の史跡

弘前を流れる岩木川の上流には、南北朝の動乱に翻弄された持寄城や、板碑など中世の史跡があり、郷愁を誘う。

**上皇宮** ㉙　〈M▶P.2, 44〉弘前市紙漉沢字山越174
JR奥羽本線・弘南鉄道弘南線弘前駅🚌相馬・藍内線紙漉沢🚶8分

南北朝時代の長慶天皇御陵参考地

　紙漉沢バス停からリンゴ畑に囲まれた小高い丘をのぼって行くと、その中ほどに上皇宮がある。807(大同2)年、坂上田村麻呂の勧請と伝えられ、もとは宝龍権現がまつられていた。明治時代初期に龍田神社(祭神天御柱命・国御柱命)に改められ、1965(昭和40)年に上皇宮と改称し、祭神を長慶天皇とした。天皇は南北朝の戦乱を避け、都から逃れてきたという伝説が青森県各地にあり、ここもその1つである。

　伝説によれば、天皇が紙漉沢にたどり着いたのは、1385(元中2)年11月10日の夜という。ここで、修験常照院盛賢として過ごし、1403(応永10)年に崩御、上皇堂(上皇宮)に葬られたという。

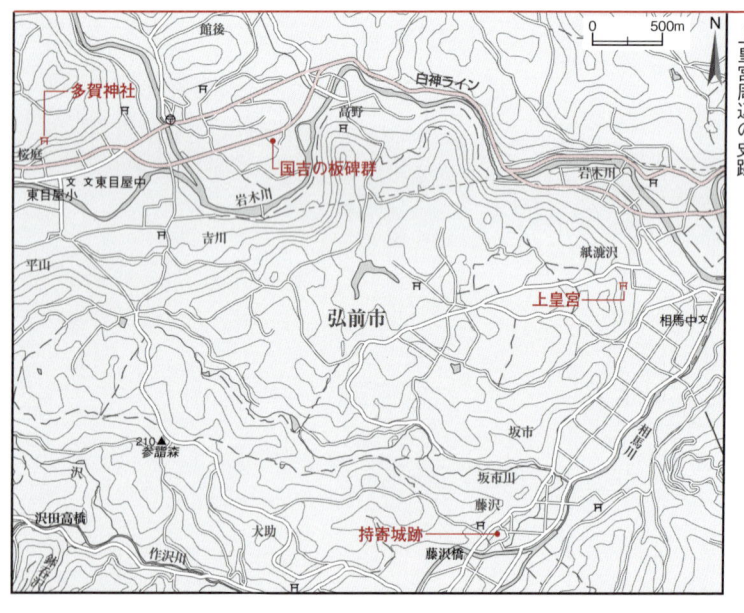

上皇宮周辺の史跡

上皇宮

1944(昭和19)年、長慶天皇陵が京都の慶寿院跡と決定するまで、ここは明治時代以来、御陵参考地の1つとなっていた。

なお、周辺の地名にもこの伝説の影響がみられる。たとえば、五所(弘前市役所相馬支所の辺り)は天皇の御所があった所とされ、紙漉沢は天皇に供奉してきた高野山遍照光院(和歌山県)の僧秀明が、紙の製法を村人に伝えたことにちなむという。

## 持寄城跡 ㉚

〈M▶P.2, 44〉弘前市藤沢字野田
JR奥羽本線・弘南鉄道弘南線弘前駅🚌相馬・藍内線坂市沢
🚶1分

**南北朝時代の合戦の地**

坂市沢バス停で降りて藤沢の集落方向へ向かうと、右手にみえる小高い丘が持寄城跡といわれ、道路脇には持寄合戦跡の碑が立っている。

持寄は「もよせ」「もちより」「もちよせ」「もより」と、読み方がはっきりとしない。鎌倉幕府の滅亡で、津軽に逃れた名越時如・安達高景ら北条氏の残党が、大光寺城(現、平川市)の合戦に敗れ、石川城(現、弘前市)を経て、この城に立てこもった。陸奥守として奥州に派遣された北畠顕家は、多田貞綱・伊賀真光・南部師行らを動員して、激戦の末にこの城を落としたという。この合戦の結果は、1334(建武元)年12月の北畠顕家宛の南部師行の報告書「津軽降人交名注進状」(『遠野南部文書』)に詳細に記されている。

持寄城跡については諸説あるが、この丘陵地(地元では藤沢館跡、または女子館跡とよばれる)もその比定地である。標高は120m。館は主郭・西郭・東郭の3つの郭で構成される。主郭はもっとも高い所にあり、東西約40m・南北約80mの広さで、一隅から焼米が出土した。

岩木川上流の史跡

### 国吉の板碑群 ㉛

〈M▶P.2,44〉弘前市国吉字村元
JR奥羽本線・弘南鉄道弘南線弘前駅🚌大秋・川原平線
国吉🚶13分

中世目屋郷の武士団のありし日を伝える板碑

国吉バス停から弘前方面に戻り，保育園の辺りから右に入る農道を行くと，広い水田の中に国吉の板碑群がみえる。

板碑は12基あるが，この近辺に埋没していたものを1カ所にまとめたものである。

国吉の板碑群

そのうちの6基が完全な碑で，1基が金剛界大日如来をあらわす種字(梵字)があり，5基は無文である。完全な碑の中で年代が判明するのは，「正和五(1316)年」がもっとも古く，あとは「文保元(1317)年」「元応三(1321)年」「嘉暦四(1329)年」で，全部で4基。いずれも鎌倉時代末期のものである。被供養者・造立者ともに，近郷にいたこの時代の小領主と考えられている。

なお，この板碑群の東側には，古屋敷跡とよばれる城館跡がある。水田からの比高は1.5mで，近年，果樹園として削平されたためか，遺構は確認できない。さらに北方の台地上には，国吉館(山伏館)跡・坂本館跡・高野館跡が点在している。

### 多賀神社 ㉜

〈M▶P.2,44〉弘前市桜庭字外山948
JR奥羽本線・弘南鉄道弘南線弘前駅🚌大秋・川原平線桜庭
🚶6分

弘前藩2代藩主津軽信枚の創建
津軽三十三観音第2番札所

桜庭バス停から弘前方面に戻ると，多賀神社(祭神伊弉諾尊)の石碑がみえてくる。そこから左へ入ると桜庭集落の東端となり，神社への登り口を示す鳥居がある。スギやクスノキに覆われた急な参道の階段を200段ほどのぼると，本殿に着く。

多賀神社は，もとは清水観音堂とよばれ，坂上田村麻呂の創建と伝えられるが，実際は，1605(慶長10)年，弘前藩2代藩主津軽信

枚の創建と考えられる(「最勝院支配堂記帳」)。神仏分離により，1870(明治3)年多賀神社と改称した。その後，観音霊場の復活により，津軽三十三観音第2番札所となった。

本殿の高楼は，1663(寛文3)年，4代藩主津軽信政が，京都清水寺の舞台を模してつくらせたといわれる。本殿の背後には巨岩があり，そこから飛瀑となった清水が参道沿いに流れ落ちている。境内には「寛文四年卯月吉日」銘の笏谷石(福井県でのみ産出)の石造狛犬一対がある。同じ紀年銘で，同じ工房の作と考えられる狛犬が，弘前八幡宮(弘前市八幡町)，熊野奥照神社(同市田町)にもあり，いずれも弘前市の文化財に指定されている。

## 乳穂ヶ滝 ㉝　〈M▶P.2〉中津軽郡西目屋村田代字名坪平
JR奥羽本線・弘南鉄道弘南線弘前駅🚌大秋・川原平線名坪平🚶10分

*津軽の豊凶を占う氷結の滝*

名坪平バス停で降りて前方に進むと，やがて左手に鳥居がみえる。その奥が乳穂ヶ滝である。高さが約30mで，滝幅は60cmくらいのものであるが，冬になると氷結し，大小2つの氷柱となる。それが乳穂(稲の新穂)を積んだ形に似ていることから，乳穂ヶ滝とよばれている。年によっては，2つの氷柱がくっついて1つにつながることもある。

古来，旧正月17日には，弘前藩の使者が結氷の様子をみて藩主に報告し，その年の豊凶を占っていたことから，「世の中の滝」ともよばれた(「世の中」は稲作のこと)。1796(寛政8)年にこの地を訪れた菅江真澄は，滝の絵と「豊年の　徴も水も　ふる雪も　千束に氷れ　新穂のたきなみ」という歌を残しており，滝の前にはこの歌碑がある。

滝の裏には自然の洞窟があり，奥には不動尊がまつられている。氷結の様子で豊凶を占う神事は，今もなお付近の住民によって続けられている。

## 美山湖 ㉞　〈M▶P.2〉中津軽郡西目屋村居森平・藤川
JR奥羽本線・弘南鉄道弘南線弘前駅🚌大秋・川原平線美山湖入口🚶1分

*目屋ダムの人造湖*

岩木川沿いに走るバスが居森平の集落を過ぎると，右手に目屋ダ

岩木川上流の史跡　47

ムがみえてくる。ここから上流が，ダムでせきとめられた人造湖で，美山湖と名づけられた。

　岩木川は白神山地の雁森岳(986.7m)を源とし，弘前市を過ぎて津軽平野をうるおしたのち，十三湖を河口に形成し，日本海にそそぐ。全長約102km，津軽の人びとにとって「母なる川」であり，多くの恩恵をこうむってきた。しかし，同時にたびたび洪水をおこし，人びとの生活を脅かす厳しい川でもあった。

　目屋ダムは1953(昭和28)年着工，1960年に完成した。洪水調節を主目的とし，灌漑・発電を行うダムである。100戸に近い砂子瀬の集落が湖底に沈んでおり，渇水期にはかつての集落の道の一部があらわれることもある。湛水面積は約2km$^2$で，夏には青い空と緑の木々を湖面に映し，秋には紅葉の彩りが湖水と一体をなして見事な光景をあらわす。

　美山湖にそそぐ湯ノ沢川の渓流沿いに山道を約12km遡ると，秋田県境に迫る辺りに尾太岳(1038m)がある。この山麓一帯にかけて，江戸時代から続く尾太鉱山があった。おもに銅鉱石を産出し，かつては弘前藩の収入源でもあったが，1978年に閉山した。

　目屋ダムの完成後にも，洪水や渇水に見舞われたことから，現在，あらたに目屋ダムの機能を大幅に向上させた津軽ダムの建設が進行している。完成後は，目屋ダムも美山湖も役目を終え，湖岸に移動した新砂子瀬地区は再び湖底に沈む。周囲には，縄文時代の川原平(1)遺跡を始め，いくつかの遺跡が存在しており，発掘調査が行われている。また同時に，付替え道路の工事も進められている。

## 乳井貢の碑 ㉟

〈M▶P.2〉中津軽郡西目屋村川原平字福岡
JR奥羽本線・弘南鉄道弘南線弘前駅🚌大秋・川原平線終点🚶2分

*宝暦改革の推進者 乳井貢の顕彰碑*

　バスの終点から西へ少し歩くと，左手に稲荷宮の鳥居がみえ，その横に，1935(昭和10)年建立の乳井貢の碑がある。乳井貢は，弘前藩7代藩主津軽信寧のときに，勘定奉行・御元司役(藩の総元締め的な役目)として，弘前藩の宝暦改革(1753〜58年)を推進し，1755(宝暦5)年の大凶作を無事に乗り切ったといわれている。しかし，翌年の標符(後払いを認めた通い帳)の発行と，貧富の調節を

乳井貢の碑

図る貸借無差別令の公布で,領国経済が混乱したため,1758年に失脚した。1778(安永7)年,再び勘定奉行に登用されたが,家老の抵抗により1780～84(天明4)年まで川原平村に蟄居を命じられた。この期間に,朱子学・老荘学,荻生徂徠や太宰春台の経済学,それに算学・農学・史学,さらに和歌・随筆などの著述を進めた。一方,村人たちには算学・漢学を教え,多くの人びとの尊敬を受けた。毀誉褒貶のはなはだしい面があったものの,有能な実務官僚であり,またすぐれた思想家でもあった。

　後世,その業績が見直され,顕彰碑がつくられた。そこには「津軽の地たる山高く,水長し此処に乳井貢先生の出しは洵に偶然ならず」と刻まれている。また著書は『乳井貢全集』(全5巻)として,1935(昭和10)年に刊行された。

　碑から西へ約500m歩くと大沢橋があり,ここから左手にみえる丘陵の上に,細長い塔が立っている。この橋よりさらに500mほど行くと,左に入る山道があり,約1kmで丘陵の塔に着く。塔の高さは約20.5m。1913(大正2)年に,弘前市出身の事業家斎藤主が建てたもので,崇敬する上杉謙信の庵号「不識庵」にちなみ,「不識塔」(主の塔ともよばれる)と命名された。麓には,謙信ゆかりの広泰寺(曹洞宗)を山形県米沢市から移し,主はみずから住職となった。

　暗門の滝は,バスの終点川原平から車か徒歩で,暗門川沿いに西へ県道岩崎西目屋弘前線(旧弘西林道)を約9km進み,暗門大橋の脇からブナの原生林に包まれた暗門川を遡って約3km,峡谷の終わる所にある。暗門大橋の近くには暗門ビレッジが開設され,コテージや温泉もあり,夏は賑わう。上流から第1の滝(42m),200m下流に第2の滝(37m),160m下流に第3の滝(26m)の3つの滝がある。

岩木川上流の史跡

## ③ 百沢街道に沿って

弘前城の北東には革秀寺があり、その奥には高照神社と、古来よりの聖地であった岩木山神社が、百沢街道沿いに並ぶ。

**革秀寺** ㊱　〈M▶P.2〉弘前市藤代1-4-1
JR奥羽本線・弘南鉄道弘南線弘前駅🚌駒越線 向駒越🚶2分

弘前藩祖津軽為信の菩提所

バスが岩木川を渡ると、向駒越バス停がある。ここでバスを降り、信号のある丁字路をしばらく北へ進むと、津軽山革秀寺(曹洞宗)に着く。門前には岩木川の蛇行跡とみられる池があり、4月末にはサクラ、8月にはハスの花が、訪れる人びとの目を楽しませてくれる。

革秀寺は、長勝寺(現、弘前市)8世格翁舜逸が、1598(慶長3)年に藤崎村(現、藤崎町)に隠居所として創建したもので、1607年、弘前藩初代藩主津軽為信の死後に現在地に移ったという。しかし、1608年に2代藩主津軽信枚が、父為信の位牌所として創建したという説もあり、定かではない。為信が1607年に京都山科の刀鍛冶来国光宅で病死し、荼毘に付されたのち、信枚が遺骨をここに持参して葬儀を行い、その廟所としたため、毎年7月5日には「為信公大施餓鬼」が行われている。

本堂(国重文)は、1610年の建立であるという記録と、建立後ほどなく焼失し再建したという記録があり、定かでないが、17世紀初頭の建立と考えられる。外観は茅葺きの素朴なものであるが、内部には桃山風の手法を残し、この地域の曹洞宗寺院の古い典型を示している。

本堂左側の津軽為信霊屋(国重文)も江戸時代初期の建立で、質素なものであったが、文化年間(1804〜18)に改修され、現在は外観が極彩色の華やかなものとなっている。壁面には板卒塔婆をめぐらし、

革秀寺

みちのくの小京都—弘前

革秀寺津軽為信霊屋

墓石は宝篋印塔である。内部に安置されている豊太閤坐像（像高7cm）は、石田三成に与えられたもので、弘前城内北の郭の館神本殿稲荷神像の背後におかれていた。1871（明治4）年館神社殿解体の際に外に出され、1957（昭和32）年に津軽家から寄託されている。

庭園には、推定樹齢350年というサルスベリがあり、「信枚手植え」の伝承をもつ。

### 大浦城跡 ㊲

〈M▶P.2〉弘前市賀田
JR奥羽本線・弘南鉄道弘南線弘前駅🚌百沢嶽線診療所前
🚶1分

弘前藩祖津軽為信の津軽統一の拠点

診療所前バス停から北西方向へ3分ほど歩くと津軽中学校があり、ここが大浦城の二の丸跡である。また、本丸・西の丸跡はリンゴ園や畑となっている。水堀は水田となっており、わずかに土塁が残っている。北側は高さ9ｍの崖で、後長根川が堀の役目をはたしていた。この川を利用する水運は、三世寺（現、弘前市）から岩木川へ入り、十三湖から日本海へと通じていた。大浦城は、大浦光信が1502（文亀2）年、種里（現、鰺ヶ沢町）から津軽平野へ進出するために築城したものであった。1594（文禄3）年、大浦（津軽）為信が堀越城（現、弘前市）に移るまで、光信の子の盛信、続く政信・為則まで大浦氏の居城であった。長勝寺の庫裏は、この城の台所が移されたものである。

大浦城跡碑

百沢街道に沿って

## 橋雲寺 ㊳

〈M▶P.2, 53〉弘前市植田字山下63
JR奥羽本線・弘南鉄道弘南線弘前駅🚌弥生・新岡・葛原線植田🚶5分

愛宕様として親しまれている勝軍地蔵

大浦城跡から東へ戻り、城下であった賀田集落を北へ500mほど入ると、橋雲寺(真言宗)へのぼる石段がある。

1601(慶長6)年、藩祖津軽為信が、京都の愛宕山より浅瀬石(黒石市)に勝軍地蔵を勧請し、8年後に、弘前藩2代藩主信枚が愛宕山頂に移した。4代藩主信政のとき、社殿を修復し、寺領100石を与えた。しかし、明治時代初期の神仏分離で、別当寺院であった橋雲寺に改められた。その後、村民によって愛宕山頂にあった奥院が愛宕神社として再興され、今も愛宕様として親しまれている。辰・巳年生まれの一代様(守り本尊)でもある。

橋雲寺山門

## 高照神社 ㊴

〈M▶P.2, 53〉弘前市高岡字神馬野87
JR奥羽本線・弘南鉄道弘南線弘前駅🚌枯木平線高照神社🚶1分

弘前藩4代藩主津軽信政を祭神としてまつる

大浦城跡から宮地集落を過ぎると、左手には西目屋村に通じる道があり、坂上田村麻呂の創建という羽黒神社(祭神倉稲魂命)がある。右手の道は丘陵地へと続き、1924(大正13)年に造成さ

高照神社

みちのくの小京都―弘前

高照神社周辺の史跡

れた通称 造坂で大きく曲がる。この坂をのぼりきると新法師の集落で，ここから百沢までは，100本ほどの見事なアカマツの並木が続く。新法師を過ぎてから右折して進むと，高照神社(祭神津軽信政・津軽為信・天児屋命)の前に出る。

　弘前藩4代藩主信政は，江戸幕府神道方吉川惟足に師事し，奥義を授けられた。1710(宝永7)年，信政が弘前城内で没すると，遺体は遺言によって百沢の高岡に移され，神式で埋葬された。1712(正徳2)年弘前藩は，保科正之をまつる会津(現，福島県会津若松市)の土津神社を手本として社殿を造営，吉川惟足からは「高照霊社」の称号が与えられた。藩士は「高岡様」と崇敬し，祭日の拝礼を欠かさず，藩では神主にあたる祭司役をおき，供料田300石を寄進した。藩の重大事項については家老らを派遣し，報告もしている。明治時代初期に現社名に改称し，藩祖為信や近村の神社も合祀した。

　社殿は，本殿・中門・随神門・拝殿及び幣殿(国重文)からなり，拝殿は準権現造，正面に千鳥破風，その前に唐破風をつけている。当地方における，江戸時代中期の神社建築の代表作であり，現在では吉川神道神社建築の唯一の遺構でもある。境内の宝物館は神社前の氏子が管理し，歴代藩主の武具・文具・書籍を収納する。鎌倉時代の銘がある銘友成作の太刀(国重文)は，津軽為信が豊臣秀吉から与えられたものといわれる。また，信政佩用という鎌倉時代の銘がある銘真守の太刀(国重文)や津軽信政着用具足(県重宝)も所蔵する。

岩木山神社 ❹　〈M▶P.2.53〉弘前市百沢字寺沢27
　　　　　　　　JR奥羽本線・弘南鉄道弘南線弘前駅🚍枯木平線岩木山神社🚶5分

津軽の人びとの心の拠り所

岩木山神社バス停で降りると，すぐに鳥居が目に入る。ここが岩

百沢街道に沿って　53

岩木山神社楼門

岩木山神社(祭神顕国玉神・多都比姫命・坂上刈田麿命)へと向かう参道の入口である。岩木山は古くから信仰の対象であり，神社の創建については，大己貴命(顕国玉神の別名ともいわれる)に田光沼(つがる市)の竜女が珠を献じた話，花輪某が錫杖・卍字旗を用いた話，安寿姫と厨子王の話，坂上田村麻呂が父刈田麿をまつった話など，多くの言い伝えがある。

もとは北麓に下居宮，頂上に奥宮本宮があったが，1091(寛治5)年に神託によって，100の沢を越えて現在の百沢に移ったという。天台密教が伝わると，岩木山の3峰を熊野三山にあてはめ，本地垂迹説に基づいて，中央の岩木山を国常立命・阿弥陀如来，右峰の鳥海山を大山咋命・薬師如来，左峰の巌鬼山を多都比姫命・十一面観音とする岩木山三所大権現が成立した。

その後，歴代弘前藩主の崇敬を受け，社殿が建立・整備されていった。藩は，別当を百沢寺(真言宗)とし，寺領400石を寄進，子院・神官をおいた。1871(明治4)年，神仏分離によって百沢寺は廃寺になり，三尊仏(阿弥陀如来・十一面観音菩薩・薬師如来)及びその厨子堂(県重宝)および楼門の五百羅漢の一部は長勝寺へ移された。大祭は旧暦8月朔日で，お山参詣(岩木山の登拝行事，国民俗)が行われる。旧暦1月7日の七日堂祭は，ヤナギの枝を氏子が打ちつけて，その年の豊凶を占うものである。

岩木山頂がよくみえる鳥居の前から，ゆるやかな石畳の参道をのぼると，右手に社務所(県重宝)がある。ここが百沢寺客殿跡である。楼門・拝殿(ともに国重文)は，もと百沢寺のものであり，密教道場であった。奥門・瑞垣(本殿・中門とともに一括国重文)は極彩色の華麗なもので，「奥の日光」とよばれている。

百沢登山口は，拝殿の左側の道から始まる。また，社務所横から

# お山参詣

コラム 行

岩木山信仰最大の行事

　「ツイタチヤマをカケル」といい、旧暦8月1日を目指して村を出発し、集団で登拝するお山参詣。岩木山参詣に先立ち、村の産土神か特定の宿で、1週間の精進潔斎をする。参詣の服装は白装束で、えりに小さな幣束を差す。幣束の色は初参りは赤か青、2度以上は白、回を重ねると銀、さらに金と決められている。また、ヒノキを5mくらいに削ったかんな殻を、笹竹に結びつけた大きな幣束は、集団で数本から十数本捧げられ、行列の姿を印象づける。

　「さーいぎ、さーいぎ、どっこいさーいぎ、……」と登山囃子を唱えながら岩木山神社へ詣で、夜半から松明をもって登拝する。頂上の堂に着くと、幣束で祠をたたき、「今きたじゃ」と告げて神像に神酒をそそぎ、餅をこすりつける。そして8月朔日の来光に柏手を打ち、拝礼してから下山する。出迎えの人と再会し、「いい山かけた」と囃しながら踊って村に帰り、精進落しの脛巾脱ぎと称して、祝いの飲食をする。

　これが「お山参詣」の一般的な姿で、伝統的なものと考えられている。登拝の目的として重要視されてきた「来光」も、江戸時代の諸記録ではほぼ触れられることはなく、山頂で重要なのは、藩主や藩の重役に献上する「コケの実」の採取にあったという指摘もある。また、近年の参詣者の目的は、多様なものとなってきている。

求聞寺を経て、高照神社へと至る遊歩道がある。

### 求聞寺 ④

〈M▶P.2,53〉弘前市百沢字寺沢29
JR奥羽本線・弘南鉄道弘南線弘前駅🚌枯木平線岩木山神社🚶10分

津軽の虚空蔵菩薩信仰の聖地

　岩木山神社から東へ戻り、蔵助沢に架かる橋を左折すると、1975(昭和50)年の百沢土石流災害で亡くなった人びとの供養堂がある。この横の石段をあがると、求聞寺(真言宗)に出る。
　1629(寛永6)年、弘

求聞寺鐘楼

百沢街道に沿って

前藩2代藩主津軽信枚が，虚空蔵菩薩を安置し，真言の秘法求聞寺法を行う修験道場として創建した。1875(明治8)年に廃寺となったが，その後再興された。津軽三十三観音第3番札所，丑・寅年生まれの一代守り本尊でもある。

## 岩木山 ㊷

「お山」とよばれる津軽の霊峰

〈M▶P.2〉 弘前市・西津軽郡鰺ヶ沢町
JR奥羽本線・弘南鉄道弘南線弘前駅🚌枯木平線スカイライン入口 🚶 4～5時間

　岩木山は標高1625mの二重式火山で，円錐形であることから「津軽富士」ともよばれる。津軽平野のどこからでもみえ，津軽の人びとは，先祖の霊がこもる山として信仰してきた。かつて山頂に聖観音像があったが，現在は専称院(大鰐町)にある。晴れた日には，北は北海道から南は鳥海山(山形県)まで見渡すことができ，麓には百沢温泉がある。

　南麓の高原地帯は，国営による開拓が成功せず，今はゴルフ場や運動公園になっている。嶽温泉は藩政時代からの湯治場で，強酸性の温泉である。近くには青少年スポーツセンターや別荘があり，リゾート地域となっている。嶽から歩いて15分くらいの所に湯段温泉がある。享保年間(1716～36)に柴田長兵衛が開いたもので，柴田家は今でも「長兵衛さま」とよばれる。含塩化土類の温泉であり，神経痛・痛風・リウマチに効くといわれる。

　ここから南西500mの所に黒滝渓流がある。嶽から鰺ヶ沢町に向かうと枯木平の牧場に至る。もとは弘前藩2代藩主津軽信枚が開いたもので，1920(大正9)年，弘前出身の実業家藤田謙一が，藤田牧場として経営していた時期もあった。

湯段温泉黒滝渓流

# 岩木山東麓の史跡

岩木山東麓には，岩木山神社発祥の地，巌鬼山神社を始め，江戸時代最大の一揆指導者民次郎の墓などが点在する。

## 瑞楽園 ㊸

〈M▶P.2,58〉弘前市宮館字宮館沢26
JR奥羽本線・弘南鉄道弘南線弘前駅🚌船沢線宮館🚶2分

＊大石武学流枯山水の名園＊

　宮館バス停から右手に進むと，正面に案内板が立っている。瑞楽園（国名勝）は，江戸時代に高杉組（当時の行政地域の1つ）の庄屋をつとめた豪農対馬家の庭園をもとに，1890（明治23）年から15年かけて，庭師高橋亭山により築庭された。その後，1928（昭和3）年から8年かけて，亭山の高弟池田亭月とその弟子外崎亭陽によって手が加えられた，大石武学流枯山水庭園である。

　庭園の構成は，正面奥に滝石組を設け，中央まで枯流しにして枯池をつくり，滝の左に築山を築いて四阿を建てる。滝の右も築山で，蓬莱石組を中央に組み，枯滝を手前につくる。また，平地中央に出島をつくり，マツを植え，変化に富ませている。面積は1320m²，庭石約460個，樹木が約270本あり，1839（天保10）年の建造と推定される木造茅葺きの住宅も残っており，市民に開放されている。

瑞楽園

## 中別所の板碑群 ㊹

〈M▶P.2,58〉弘前市中別所字葛野
JR奥羽本線・弘南鉄道弘南線弘前駅🚌船沢線中別所🚶10分

＊津軽中世武士団の信仰を物語る板碑＊

　中別所バス停で降りて南へ100mほど歩き，左折して集落のはずれ近くまでくると民家がある。その横の通称「公卿塚」に14基，その向かいのリンゴ畑の中にある通称「石仏」に35基の板碑が確認される。これらは中世に造立された供養塔で，江戸時代に，付近一帯に散在していたものを集めたものである。

　ここは，地名から判明するように，かつては寺院の周辺であり，

中別所の板碑群

修行者が草庵などを建てて集まった所で，浄土信仰とのつながりが推測される。付近には中別所館とよばれる中世城館もあり，庇護者にあたる武士階級の存在も推定できる。

両地区の板碑は自然石板碑で，兼平山（弘前市兼平）から産出する「兼平石」とよばれる輝石安山岩が多い。大部分は種字のみを彫っており，金剛界大日如来をあらわす「バン」が圧倒的に多い。

「石仏」で年紀がわかるものは13基あり，「正応元（1288）年」の板碑は，板石塔婆として国の重要美術品となっている。源光氏が亡父の35日供養のために造立したもので，光氏は長勝寺（現，弘前市）の「嘉元鐘」（銅鐘，国重文）に，施銭檀那の1人として名が刻まれている。

「公卿塚」で年紀がわかるものは3基で，「弘安十（1287）年」のものは，紀中納言5代末孫橘範綱が，死後浄土に行くことを願って造立した逆修碑である。範綱は，秋田県男鹿半島に地頭職をもっていた橘公成と関連がある人物と考えられている。

岩木山東麓の史跡

**鬼神社 ㊺** 〈M▶P.2,58〉弘前市鬼沢字菖蒲沢151
JR奥羽本線・弘南鉄道弘南線弘前駅🚌楢の木・堂ケ沢線鬼沢
🚶5分

「おにがみ」信仰を今に伝える神社

　鬼沢バス停で降りて，東に入る小道を進むと鳥居があり，参道が北から西へ曲がり，鬼神社（祭神伊弉諾尊・伊弉冉尊・大山祇命）に着く。通称，「おにがみさま」「おにじんじゃ」ともよばれている。社伝によると，延暦年間（782〜806）に，坂上田村麻呂が岩木山北麓の巌鬼山西方寺観音院を創建し，あわせて勧請した鬼神社が，のちに現在地に移転したという。

　また伝説によると，村人の弥十郎が，岩木山中で山の「大人」（鬼）と親しくなり，開墾した田の水不足を話すと，大人は王余魚沢（現，青森市浪岡）から水を引き上げてくれた。村人はこれを「逆さ水」とよび，大人の使った鋤や蓑笠を堂に納め，鬼神社として崇めたという。そのため，拝殿の壁には，大きな鋤や鍬・のこぎりなどが飾られている。

　1873（明治6）年，赤倉山鬼神大権現を鬼神社（村社）と改称し，1881年郷社となった。鬼沢集落は鬼を祭神として崇拝しているため，節分では豆まきをせず，端午の節句ではショウブを屋根に刺さない風習がある。旧暦元旦には，村の若者から壮年の男性が水垢離をとり，集団で，まわし1本でトシナ（大注連縄）をかつぎ，鬼神社を始めとする地元の神社に奉納して，その年の豊作を祈るハダカ参りが行われる。また，旧暦1月29日には稲作の豊凶を占う，七日堂祭も行われる。

鬼神社本殿

**義民民次郎の墓 ㊻** 〈M▶P.2,58〉弘前市鬼沢字菖蒲沢174-1
JR奥羽本線・弘南鉄道弘南線弘前駅🚌楢の木・堂ケ沢線鬼沢🚶5分

　鬼神社の北に隣接する竜味庵（浄土宗）は，弘前市の貞昌寺の末

岩木山東麓の史跡

義民民次郎の墓

弘前藩最大の一揆指導者の墓

庵で、その墓地に義民民次郎の墓がある。1935(昭和10)年に鬼沢村の有志と青年団が、土中に埋もれていた墓石を掘り出し、修復した。「独峯了身信士　文化十(1813)年十一月二十六日」と刻まれている。

弘前藩最大の一揆である民次郎一揆は、1813年におこった。蝦夷地出兵や、10万石への昇格による出費で、人馬が徴発され、年貢が重くなったうえに、不作が追い打ちをかけた。9月28日岩木川原へ集まった藤代・高杉・木造・広須組などの、弘前および西北津軽地方の農民約2000人が、弘前城北門(亀甲門)に押しかけた。鬼沢村の代庄屋であった民次郎が、蝦夷地出兵にともなう人馬賃銭の値上げや、開発地面調べの公平などを求める願書を藩当局へ差し出した。

藩では願いを聞き入れたものの、一揆を指導した者は捕らえられ、家老津軽頼母の意見で、民次郎が一身に罪を負い、11月26日取上の刑場で斬首となった。出生地とされる自得小学校校庭(鬼神社の南側)に、「義民　藤田民次郎出生之地」と刻んだ記念碑が1952(昭和27)年に建てられた。民次郎は「津軽の佐倉宗五郎」といえよう。

### 大石神社 47

巨石信仰を今に伝える神社

〈M▶P.2〉弘前市大森字勝山289-1
JR奥羽本線・弘南鉄道弘南線弘前駅🚌鰺ヶ沢線赤倉神社入口
🚶45分

赤倉神社入口バス停のある大森集落から、南西へほぼまっすぐ伸びる道を進み、大石農場を過ぎてのぼりになった道をさらに行くと、旧村社大石神社(祭神 高皇産霊神・神皇産霊神)に着く。社伝によれば、慶長年間(1596～1615)に、弘前藩祖津軽為信が十一面観音を勧請したことに始まるという。

このほか、『津軽一統志』では、本地仏は十一面観音で、別当は百沢寺、1715(正徳5)年に再建されたとある。『弘藩明治一統誌』では、1715年に京都の吉田家から明神号が許可され、大石大明神

大石神社　　　　　　　　　赤倉神社三重塔

となり，堂宇が再営され，1719(享保4)年に弘前藩5代藩主信寿が社殿を再建したとある。1869(明治2)年に現社名に改称された。拝殿の後ろに神体の巨石があり，雨乞い・子授け・安産・相撲の神として信仰を集めている。

　大石神社横の山道を10分ほどのぼると，赤倉神社がある。ここは行者が修行をする聖地で，赤倉神社を中心に約20の堂宇が点在している。さらに5分ほど山道をのぼった所には，1965(昭和40)年に建立された小さな三重塔がある。これら諸堂の祭神は，竜神・赤倉大神・弘法大師・不動尊などで，民間信仰の複雑さがうかがえる。

　また，大石農場から弘前市弥生方面への道を10分ほど行くと，標高約140mの台地上に，旧石器時代後期と縄文時代晩期を中心とする大森勝山遺跡(国史跡)がある。この遺跡からは，直径13mを超える大型竪穴住居跡や，直径50mの環状列石などの遺構が発見された。出土した遺物は，大森勝山遺跡出土の旧石器として県重宝に指定されている。

　なお，大森集落の北約2kmの砂沢溜池(弘前市三和)の南岸が，弥生時代前期の砂沢遺跡で，1988年に日本最北の水田跡が確認された。出土した土器・土製品・石器・石製品・炭化米は，一括して砂沢遺跡出土品として国の重要文化財に指定されている。

巖鬼山神社 ㊽　〈M▶P.2〉弘前市十腰内字猿沢78
　　　　　　　JR奥羽本線・弘南鉄道弘南線弘前駅🚌鰺ヶ沢線観音林🚶15分

岩木山信仰発祥の地

　観音林バス停で降りて，道路から巖鬼山神社への小さな案内板の

岩木山東麓の史跡　　61

巌鬼山神社

ある道を西へ1kmほど進むと、鬱蒼としたスギ林の中に、旧村社巌鬼山神社(祭神大山祇命)がみえてくる。社伝によれば、796(延暦15)年、岩木山北麓に巌鬼山西方寺観音院が創建され、十一面観音をまつったのが最初という。807(大同2)年に、坂上田村麻呂が再建した。

1694(元禄7)年の「百沢寺光明院縁起」では、1091(寛治5)年に神託により、100の沢を越えて南麓に移り、百沢寺と称したとみえる。百沢寺は明治時代初期の神仏分離によって廃寺となり、岩木山神社となった。この岩木山神社の旧地が巌鬼山神社であり、1873(明治6)年に巌鬼山神社と改称した。

1448(文安5)年に社殿を焼失したが、1463(寛正4)年に再建された。その後、藩祖津軽為信が修復し、1604(慶長9)年には為信の長子信建が鰐口(県重宝)を奉納している。鰐口には、表に「奉納大檀那津軽総領主宮内大輔藤原信建」、裏に「遠寺内寄進之」と刻まれており、信建が2代藩主予定者であったことを物語る貴重な資料となっている。遠寺内とは、十腰内の古い表記である。本殿(県重宝)は、棟札によって、1691(元禄4)年に造営されたことがわかり、江戸時代の観音堂が神社になった典型的な例といえる。

岩木山信仰は、もともとは巌鬼山神社や鬼神社を中心とする北麓が中心だったものと考えられ、ここには、南麓の百沢寺(岩木山神社)に信仰拠点が移る前の古い山岳信仰の形態が残されている。

『津軽俗説選』によれば、ここの観音は、津軽三十三観音第5番札所で、久渡寺(弘前市)の観音(第1番札所)と入内(青森市)の観音(第24番札所)とともに、1木3体の尊像で、1日でこの3体を巡拝すれば、所願成就するといわれてきた。

社殿に向かって左に、樹齢1000年という大杉(県天然)が2本ある。

*Kuroishi Hirakawa*

# 津軽の東根—黒石・平川周辺

冬の八甲田連峰と田園風景

志賀坊高原(平川市)より岩木山を望む

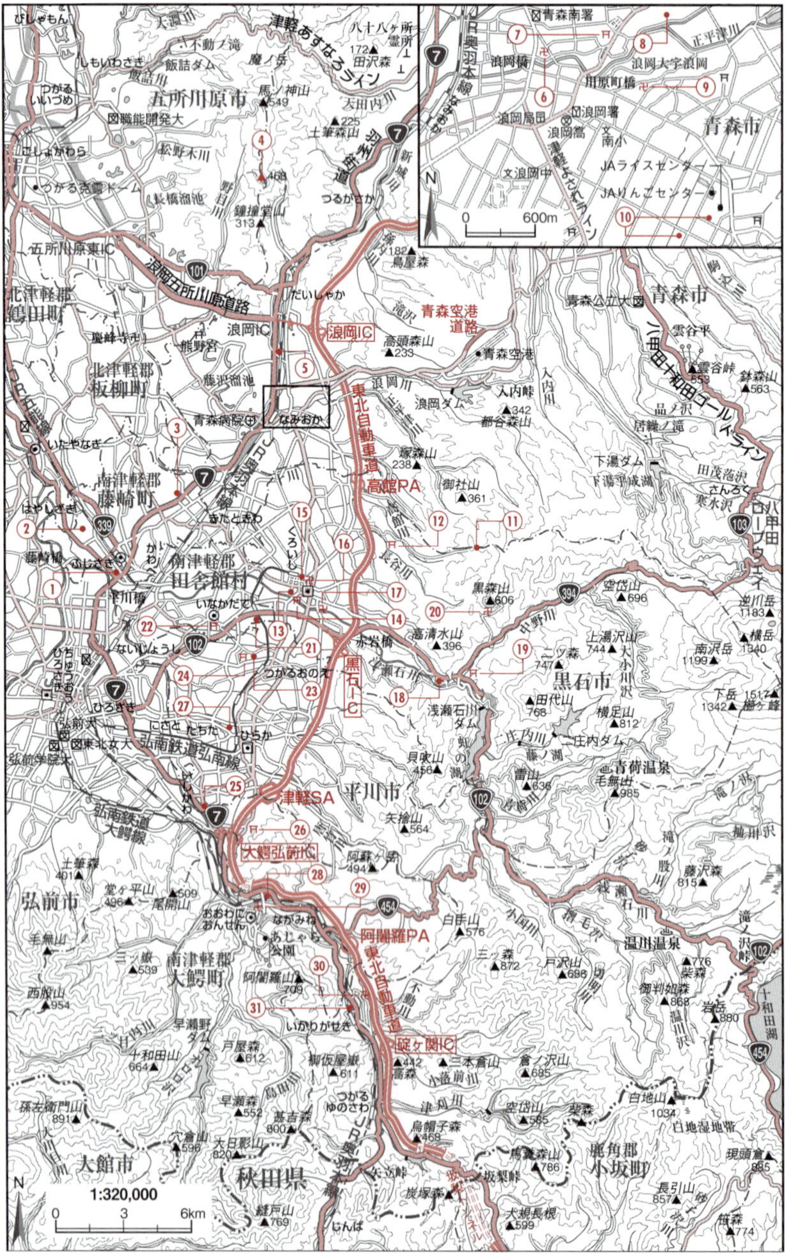
津軽あすなろライン
五所川原市
五所川原東IC
浪岡五所川原道路
北津軽郡
鶴田町
北津軽郡
板柳町
南津軽郡
藤崎町
南津軽郡
田舎館村
浪岡IC
浪岡IC
なみおか
だいしゃか
青森空港道路
青森空港
高頭森山
233
浪岡川
浪岡ダム
入内峠
都谷森山
342
東北自動車道
高館PA
塚森山
238
御社山
361
鳥屋森
182
青森公立大
青森市
雲谷平
雲谷峠
553
八甲田十和田ゴールドライン
鉢森山
563
居繰ノ滝
下湯ダム
下湯平成湖
田茂萢沢
さんろく
寒水沢
八甲田ロープウェイ
黒森山
606
空岱山
696
逆川岳
1183
横岳
1340
南沢岳
1199
上湯沢山
744
二ツ森
747
中野川
黒石市
田代山
768
横足山
812
下岳
1342
櫛ヶ峰
1517
二庄内川
二庄内ダム
藤ノ湖
青荷温泉
毛無山
985
雷山
636
貝吹山
456
浅瀬石川ダム
浅瀬石川
高清水山
396
赤岩橋
黒石IC
つがるおのえ
いなかだて
ないじょうし
ひろさき
弘前大
弘南鉄道弘南線
東北女大
弘前学院大
にさと
たちた
ひらか
平川市
津軽SA
矢捨山
564
大鰐弘前IC
阿蘇ヶ岳
494
弘南鉄道大鰐線
土筆森
401
堂ヶ平山
496
尾開山
509
弘前市
おおわにおんせん
ながみね
あじゃら公園
阿闍羅PA
白手山
576
三ッ森
872
戸沢山
686
温川温泉
柴森
776
御判如森
868
岩岳
880
十和田湖
毛無山
三ッ嶽
539
南津軽郡
大鰐町
阿闍羅山
709
西股山
954
いかりがせき
碇ヶ関IC
早瀬野ダム
戸屋森
612
十和田山
664
櫃仮屋嶽
611
三本倉山
高森
442
倉ノ沢山
685
小落前川
津刈川
早瀬森
552
つがるゆのさわ
孫左衛門山
891
葛吉森
800
烏帽子森
468
空岱山
585
白地山
1034
白地湿地帯
穴倉山
596
大日影山
820
大館市
秋田県
矢立峠
坂梨峠
馬糞森山
786
鹿角郡
小坂町
現頭倉
885
長引山
857
炭塚森
縫戸山
769
大規長根
599
じんば
笹森
774
青森南署
正平津川
浪岡橋
浪岡大字浪岡
JR奥羽本線
用原町橋
浪岡局
浪岡署
浪岡高
南小
青森市
浪岡中
JAライスセンター
JAりんごセンター
津軽よされライン
600m
1:320,000
0
3
6km
N

## ◎津軽の東根散歩モデルコース

1. JR奥羽本線浪岡駅 20 玄徳寺 8 青森市中世の館 5 浪岡八幡宮 10 浪岡城跡 15 源常林の大銀杏 10 金光上人墳墓 5 廣峯神社 8 西光院 20 伝北畠氏墓所（一）・（二） 10 りんごセンター前バス停 15 JR浪岡駅
2. 弘南鉄道弘南線黒石駅 20 長谷沢神社 5 法嶺院 20 法峠 25 黒石駅
3. 弘南鉄道弘南線黒石駅 5 円覚寺 8 御幸公園 5 黒石神社 7 制札場跡 5 中町のこみせ 5 妙経寺 10 法眼寺 15 黒石駅
4. 弘南鉄道弘南線黒石駅 10 りんご史料館 15 薬師寺 15 津軽こけし館 10 中野神社 5 中野神社前バス停 30 浄仙寺 20 浄仙寺入口バス停 20 黒石駅
5. 弘南鉄道弘南線津軽尾上駅 10 盛美園 8 猿賀神社 15 津軽尾上駅 7 弘南鉄道弘南線田舎館駅 15 （もしくは田んぼアート駅〈12～3月閉鎖〉 3 ）田舎館村埋蔵文化財センター弥生館 15 田舎館駅前バス停 7 生魂神社 5 田舎館村役場（天守閣・田んぼアート） 20 JR奥羽本線・五能線弘前駅

| | | | |
|---|---|---|---|
| ①藤崎城跡 | ⑨西光院 | ⑯妙経寺 | ㉔猿賀神社 |
| ②唐糸御前史跡公園 | ⑩伝北畠氏墓所(一)・(二) | ⑰法眼寺 | ㉕五輪堂遺跡 |
| ③水木館跡 | | ⑱温湯温泉 | ㉖乳井神社 |
| ④梵珠山 | ⑪法峠 | ⑲中野神社 | ㉗大光寺城跡 |
| ⑤高屋敷館遺跡 | ⑫長谷沢神社 | ⑳浄仙寺 | ㉘大鰐温泉 |
| ⑥玄徳寺 | ⑬御幸公園 | ㉑垂柳遺跡 | ㉙大円寺 |
| ⑦浪岡八幡宮 | ⑭黒石神社 | ㉒生魂神社 | ㉚国上寺 |
| ⑧浪岡城跡 | ⑮中町のこみせ | ㉓盛美園 | ㉛碇ケ関関所(復元) |

# 中世の町藤崎・浪岡

蝦夷管領の安藤氏発祥地の藤崎や，南朝の北畠氏ゆかりの城跡がある浪岡には，中世の余情が色濃く残る。

## 藤崎城跡 ❶

〈M▶P.64, 66〉 南津軽郡藤崎町藤崎
JR奥羽本線・弘南鉄道弘南線弘前駅🚌浪岡・五所川原行藤崎表町🚶5分

**水運で栄えた安藤氏発祥の地**

弘前方面より国道7号線を北進，浅瀬石川との合流地点のすぐ下流で平川橋を渡り，藤崎町に入る。この橋のやや下流側に，旧羽州街道の渡しがあった。藩政時代，新田開発の本格化にともない仮橋が架けられた。橋の東詰一帯を現在も舟場といい，十三湊と結ぶ岩木川水系の往時をうかがわせる。交差点を過ぎてすぐ左手にみえるのが，城内鎮守としてまつられた八幡宮（祭神品陀別尊）で，境内南と東側に土塁が残り，「暦応三(1340)年」銘の板碑（稱名寺境内から出土）や「安東氏顛末記」の石碑などがある。ここが藤崎城跡である。

藤崎城は，平川右岸に接した平城で，本丸・西の丸は現在の町並みと重なっている。前九年合戦(1051〜62年)に敗れた安倍貞任の子高星丸(安藤氏の祖とされる)が藤崎に逃れ，1082(永保2)年から1092(寛治6)年にかけて築城したという。完成させたのはその子康恒と考えられる。安藤氏は代々「安藤太郎」を称し，鎌倉時代は執権北条氏の御内人として得宗領の藤崎に居住し，蝦夷管領に任命された。

13世紀前半に惣領

家が十三湊に移り、下国安藤氏となり、庶子家が藤崎に残った。蝦夷管領をめぐる両者の争いが、津軽の大乱に発展する。15世紀なかば、下国安藤氏は南部氏により津軽を追われるが、まもなく藤崎城も南部氏の手に落ちる。津軽回復をねらった下国安東政季の檜山勢が、1470(文明2)年に藤崎城を攻撃したという。1585(天正13)年、津軽為信によって、藤崎城は廃城とされた。

舟場角を左折すると、1675(延宝3)年開基の稱名寺(浄土真宗)があり、旧国道339号線に出ると、1676年開基の眞蓮寺(浄土真宗)がある。眞蓮寺の山門は大浦城の裏門とされ、天明の飢饉の頃、菅江真澄が投宿した。どちらも1684(天和4)年の絵図に、「念仏堂」と記されている。近くにある法光寺(日蓮宗)は、1672(寛文12)年梅田村(現、五所川原市)に創建され、元禄年間(1688〜1704)の末頃、現在地へ移転したとされる。

### 唐糸御前史跡公園 ❷

〈M▶P.64, 66〉南津軽郡藤崎町藤崎字唐糸
JR奥羽本線・弘南鉄道弘南線弘前駅🚌五所川原行 園芸高校前🚶3分

時頼廻国伝説にまつわる悲話

藤崎十文字から板柳町方面に北進すると、すぐ左手に法然の高弟で、奥州に念仏道場を開いた金光上人ゆかりの攝取院(浄土宗)がある。空念作といわれる「髪毛曼荼羅」があり、境内には1312(正和元)年の板碑もある。さらに北進し、藤崎町斎場の手前を右折すると、唐糸御前史跡公園である。

唐糸は、鎌倉幕府執権北条時頼の寵愛を受けた愛妾であったが、正室や側室たちのねたみを買い、実家の安藤の地に逃れた。その後、唐糸は時頼廻国の話を聞き、みずからの容色の衰えを嘆き、柳の池に身を投げた。1263(弘長3)年のことで、哀れんだ時頼は、荒廃していた平等教院を復興し、護国寺として唐糸の菩提を弔っ

延文の板碑(唐糸御前史跡公園)

中世の町藤崎・浪岡

た。護国寺は焼失したが、のちに満蔵寺(臨済宗、藤崎町斎場の辺り)として再建された。これが現在の万蔵寺(曹洞宗、弘前市西茂森)であり、時頼作の毘沙門天像と唐糸御前の位牌を有する。

　史跡公園には、五輪塔と唐糸御前百年忌に建立されたという「延文四(1359)年」銘の板碑がある。1841(天保12)年には、六百年忌(実際には579年)の取越し法要をしたという。

　藤崎十文字から北東へ向かう道が、旧羽州街道である。すぐ左側、北へ向かう小道が旧林崎街道で、突き当りに堰神社がある。1609(慶長14)年、藤崎堰の浅瀬石川からの取水口(現、黒石市境松)が破損、村の人びとを救うため、人柱として犠牲になった堰八太郎左衛門安高(高星丸の子孫という)がまつられている。神社の創建は、人柱の義挙の36年後、1645(正保2)年のことである。

　旧羽州街道に戻り少し進むと、明治時代初期の神仏分離までは毘沙門堂であった鹿島神社(祭神武甕槌神)がある。坂上田村麻呂が793(延暦12)年、毘沙門天像をまつったのが始まりといわれる。藤崎の地名は、田村麻呂がフジの鞭を地に刺したところ、花が咲いたので藤咲村といわれたところからきている。

### 水木館跡 ❸　〈M▶P.64〉南津軽郡藤崎町水木字古館20
JR奥羽本線北常盤駅 🚶 30分

浪岡・川原御所の跡を伝える地

　北常盤駅から東、常盤支所前を通り、県道285号線を渡り、細い道を500mほど北進して光明寺の脇を進んで行くと、国道7号線常盤バイパスの先に熊野神社がみえる。1520(永正17)年、溝城氏の館神として勧請されたと伝えられる。水木館跡は神社に接しており、拝殿北側の一段低い所が堀の跡となっている。

　浪岡御所北畠具運の叔父具信が、途絶えていた川原御所を再興し、溝城館を領したという。1562(永禄5)年、領地争いから具信親子が具運を殺害し、みずからも討たれてしまう。これ以後、北畠氏は衰退に向かった。具信の子利顕は、その後、大浦(津軽)為信に仕え、弘前藩水木氏の祖になったという。

### 梵珠山 ❹ 〈M▶P.64〉青森市浪岡・五所川原市
JR奥羽本線大釈迦駅🚌10分(登り口まで),またはJR奥羽本線浪岡駅🚌青森駅前行(大釈迦経由)大釈迦北口🚶120分

> 北辺の鬼門封じ　高野(梵珠)千坊の霊峰

梵珠山(468m)は,古来信仰の山である。道昭上人が釈迦・普賢・文殊の三尊をまつったとか,桓武天皇が鬼門封じのため,釈迦像を安置したなどの伝承がある。梵珠は文殊菩薩に通じる。鐘撞堂山・釈迦堂山を従え,山頂付近には寺屋敷跡などがあり,寺院が多かったことをうかがわせる。梵珠山は,現在「県民の森」に指定され,登山道が整備されている。山頂の展望台からは,津軽平野を一望の下に見渡すことができる。

また国道101号線沿いの前田野目から入り,山頂を目指すと,中腹に津軽三十三観音第25番札所の松倉神社(祭神大山祇命・少彦名命・大山持命)がある。

### 高屋敷館遺跡 ❺ 〈M▶P.64〉青森市浪岡高屋敷
JR奥羽本線浪岡駅🚌青森駅行(大釈迦経由)高屋敷北口🚶5分

> 古代北辺の生活を伝える貴重な遺跡

国道7号線バイパス新設工事にともない,1994(平成6)～95年の発掘調査の結果,9世紀終わり頃～12世紀初頭の環壕集落跡である高屋敷館遺跡(国史跡)が発見された。JR奥羽本線の線路の西側,大釈迦川右岸にあり,幅約6m・深さ約3.5m規模の壕で切り取られた環壕の中には,160軒程度の建物跡が重複してみられる。出土遺物には,生活用具とともに鍛冶が行われていたことを推定させるものがある。

### 玄徳寺 ❻ 〈M▶P.64,71〉青森市浪岡浪岡字平野4
JR奥羽本線浪岡駅🚶20分

> 箱館戦争のめまぐるしい経過を伝える

県道285号線から青森南警察署の南で,左の旧羽州街道に入ると,浪岡橋の北詰に玄徳寺(浄土真宗)がある。山・寺号は1674(延宝2)年に許されているが,創建は16世紀後半である。明治維新の際,箱館府知事となった清水谷公考が五稜郭(現,北海道函館市)を追われたとき,半月ほど滞在しており,山門前には転陣の記念碑がある。

浪岡橋より川沿いに東へと続いているのが,旧大豆坂街道で,王余魚沢を越えて青森へ至る近道であった。

中世の町藤崎・浪岡

玄徳寺

浪岡橋を渡り旧羽州街道に沿って進むと、中央児童館敷地内に明治天皇東北巡幸行在所の記念碑がある。交差点を左折して直進すると、左側の民家の庭に「川原御所之跡」の石碑がみえる。北畠顕信の子で、川原御所を称した守親が、館を構えた所と伝えられる。

### 浪岡八幡宮 ❼　〈M▶P.64,71〉青森市浪岡浪岡字林本121-2
JR奥羽本線浪岡駅 🚶25分

浪岡橋より右岸の旧大豆坂街道を東進すると、浪岡八幡宮（旧県社、祭神誉田別尊）の鳥居前に至る。793（延暦12）年、坂上田村麻呂の建立と伝えられ、浪岡城の西に位置し、鎮守としての役割になった。明治時代末期まで、端午の節句に競馬が行われていた。例祭日は8月15日で、近年は町をあげての北畠祭として賑わいをみせている。

津軽為信の祖父大浦政信が、七夜丑の刻参りをし、神前から法螺貝を得た。この貝をひと吹きすれば敵も敗走するとされ、為信の津軽統一達成は、この神器の霊験によるとされた。1614（慶長19）年、弘前藩2代藩主津軽信枚が再興し、その際の棟札が残されている。

*北畠氏支配より藩政時代を通して信仰の地*

### 浪岡城跡 ❽　〈M▶P.64,71〉青森市浪岡浪岡字五所
JR奥羽本線浪岡駅 🚶30分

浪岡八幡宮から少し東へ進むと、道路向かい側の地蔵堂脇に「史蹟浪岡城址」の石碑がみえる。右手の柵に囲まれた所は観音林で、長慶天皇の妃菊子姫の墓という。石碑と林の間の小道を進むと、浪岡川と正平津川の合流点に出る。この左手一帯が浪岡城跡（国史跡）で、河岸段丘面を利用してつくられている。城主は北畠顕家の末裔といわれ、最初、吉内（現、青森市浪岡吉内）の山麓（五輪塔あり）に入部したが、15〜16世紀にかけて、この地に城館を構えたものと思われる。浪岡城主は、代々浪岡御所と称された。

*中世城郭での人びとの生活を明らかにした*

浪岡城跡は、約13万6000m²の中に8つの曲輪があり、各館は二重堀によって区画されている。発掘調査が1977(昭和52)年度から1994(平成6)年度まで、内館・北館・東館を中心に行われたが、史跡の3割を終了したのみである。出土遺物は多種多様にわたり、当時の生活の様子や浪岡城の戦国時代の居館としての性格がわかってきた。津軽側史料によると、1578(天正6)年、津軽為信によって落城したという。1989(平成元)年度から環境整備が行われ、史跡内を周回できるようになっている。

## 西光院 ❾ 〈M▶P.64,71〉青森市浪岡北中野字天王21-1
JR奥羽本線浪岡駅🚌本郷廻り黒石行寺道🚶3分

浄土宗・金光上人布教の足跡

　寺道バス停で降り、交差点を北東に進むと、左側に西光院(浄土宗)がある。法然上人の高弟金光上人ゆかりの寺で、師の命により、念仏布教のため奥州へくだった金光は、蓬田村の川中より阿弥陀仏を見出し、それを背負って布教を続けた。安藤氏の庇護で藤崎に摂取院を開き、その後、五本松(現、青森市浪岡五本松)に庵を結んだ。これが西光寺の前身で、大永年間(1521〜28)の浪岡城拡張にともない、北中野の現在地に移転した。

　西光寺は、津軽統一後、在方寺社の弘前城下移転の命により城下(現、弘前市元寺町)に移転したが、1649(慶安2)年大火に遭い、翌

中世の町藤崎・浪岡

金光上人墳墓

年新寺町に再興された。浪岡の旧地には西光庵がおかれ、明治時代に入り西光院と改称した。円空作の木造観音菩薩坐像（県重宝）がある。

金光上人墳墓は、西光院の東1kmほどの所、廣峯神社（祭神須佐之男命）の北にある。廣峯神社は明治時代初期の神仏分離以前は、牛頭天王をまつる祇園宮で、浪岡城の南を守るために建立されたという。

金光上人墳墓脇の道を北へおりて進むと、川向こう左手に浪岡城跡が望める。右折すると正面に、源常林の大銀杏がみえる。津軽山唄のもとになったとの伝承があり、1989（平成元）年に「津軽山唄之碑」が建立された。後方の台形の山は、頂上の墓が長慶天皇の陵墓に比定されたことのある天狗平山である。

### 伝北畠氏墓所（一）・（二） ❿

〈M▶P.64, 71〉青森市浪岡北中野字五輪
JR奥羽本線浪岡駅🚌本郷廻り黒石行きんごセンター前🚶8分

津軽富士を望む中世の夢の跡

JAのリンゴ倉庫の西方、水田の中に伝北畠氏墓所がある。浪岡御所北畠一族の墓と伝えられているのが墓所（一）のほうで、明治時代に三条実美の揮毫による「北畠累代墓」の石碑が、また1998（平成10）年にあらたな石碑が建てられた。墓所（二）は、（一）の南方約200mの所にあり、分家である北畠守親の墓と伝えられる。

伝北畠氏墓所（一）

## 2 黒石とその周辺

津軽家分知350年を経た黒石は、小城下のたたずまいを残し、山間の温泉郷からは、心をいやす湯煙が立ちのぼる。

津軽における日蓮宗の行場と祈禱所

### 法峠 ⑪

〈M▶P.64〉黒石市高舘字甲高原58
JR奥羽本線浪岡駅🚗本郷廻り黒石行高舘🚶90分、または浪岡駅 🚕25分

通称法峠へは、高舘バス停近くの道を東へ入る。入口の題目石に「これより法とふけみち」とあり、この石は、法嶺院(日蓮宗)を再興した妙経寺18世日宣が建てたものである。東北自動車道をくぐり、法峠寺別院に沿って道を左にとると、山道となる。

霊場法峠寺(日蓮宗)には、日蓮の高弟日持が、1295(永仁3)年布教のため蝦夷ヶ島へ渡る際に、題目を墨書したとされる巨石宝塔題目石がある。そこに庵が建てられたことが法峠寺の始まりという。

すたれていた庵を妙経寺12世日寿が、1751(宝暦元)年に中興したが、1768(明和5)年に焼失。そこで、日宣が復興を計画し、かつて日持が布教の旅を始めた蓮永寺(現、静岡県静岡市)まで出かけた。1806(文化3)年駿府城(現、静岡市)加番中であった黒石津軽家8代当主親足が、大暴風雨の難を蓮永寺に避けたところ、住持より法峠寺復興の話を聞き、材木を寄進した。1811年に日宣が再興した後、1824(文政7)年、法嶺院の寺号を受けた。

1885(明治18)年、法嶺院は山麓の長谷沢の現在地に移転した。その後も旧地にあった日持の宝塔題目石に参詣する者が後を絶たないため、高舘村(現、黒石市)で、旧地に建てられた現在の法峠寺にある日持堂を法嶺院に寄付した。

法峠寺宝塔題目石

## 長谷沢神社 ⑫

〈M▶P.64〉黒石市上十川字長谷沢一番 囲100-2
弘南鉄道弘南線黒石駅🚌本郷廻り浪岡行上十川神社前🚶
40分、または黒石駅🚗20分

津軽三不動の1つ

長谷沢神社

上十川神社前バス停の脇に長谷沢神社の社標があり、その前に追分石が立っている。津軽地方最古のもので、1714(正徳4)年修験者養是院が建立、「従是右ハ長谷沢不動海道　左者　青森海道」とある。長谷沢神社(祭神日本武尊)は、藩政時代には不動尊をまつり、津軽三不動の1つであった。不動館(中野神社、黒石市南中野)と古懸(国上寺、平川市碇ケ関)の三不動を1日でまわれば願いがかなうとされ、熱心な信仰を集めた。

## 御幸公園 ⑬

〈M▶P.64, 75〉黒石市内町
弘南鉄道弘南線黒石駅🚶10分

黒石藩小城下の面影が残る

黒石駅を出て信号を右折すると、西側が黒石津軽家の菩提寺保福寺(1648〈慶安元〉年開創、曹洞宗、堂宇焼失)で、2006(平成18)年牡丹平(黒石市)へ移転した。参道には西国三十三観音霊場の観音石像が並び、1827(文政10)年建立の松尾芭蕉の句碑が残る。東側に円覚寺(浄土真宗)があり、天明の飢饉の際、難民救済のため米と交換された親鸞の書簡、黒石藩の時太鼓、鉄眼版一切経がある。南に進み上町を横切ると、すぐ右側に、黒石津軽家陣屋の無常門跡がある。道の東側の割烹沢成は、貴族院議員となった豪農の加藤宇兵衛の旧宅である。庭園金平成園(沢成園、国名勝)は、大石武学流高山亭山・小幡亭樹の作で、旧宅とともに整備が進められている。

　黒石津軽家の陣屋は、1656(明暦2)年、津軽信英が分知された際に築造された。黒石市民文化会館(休館中)の付近一帯にあったとされ、現在の御幸公園は馬場にあたり、1900(明治33)年に皇太子(の

御幸公園蝦夷館

ちの大正天皇)が陸軍大演習を統監したことから名前がついた。地形的には黒石台地の南端にあり，津軽平野・岩木山が一望できる。

公園下の宇和堰(近世には境堰)が，弘前藩領との境であった。南東部の蝦夷館には，劇作家・エスペラント語(万国共通語)普及運動家の秋田雨雀と口語歌人鳴海要吉の文学碑がある。東側にあった秋田雨雀記念館は，中町の津軽黒石こみせ駅2階に移転した。西側の稲荷神社(祭神倉稲魂命)は黒石の産土神で，江戸時代初期，当地へ流罪となった花山院忠長が崇拝したと伝える。夏の夜祭り黒石ねぷた(県民俗)の合同運行は，御幸公園を出発点として行われる。

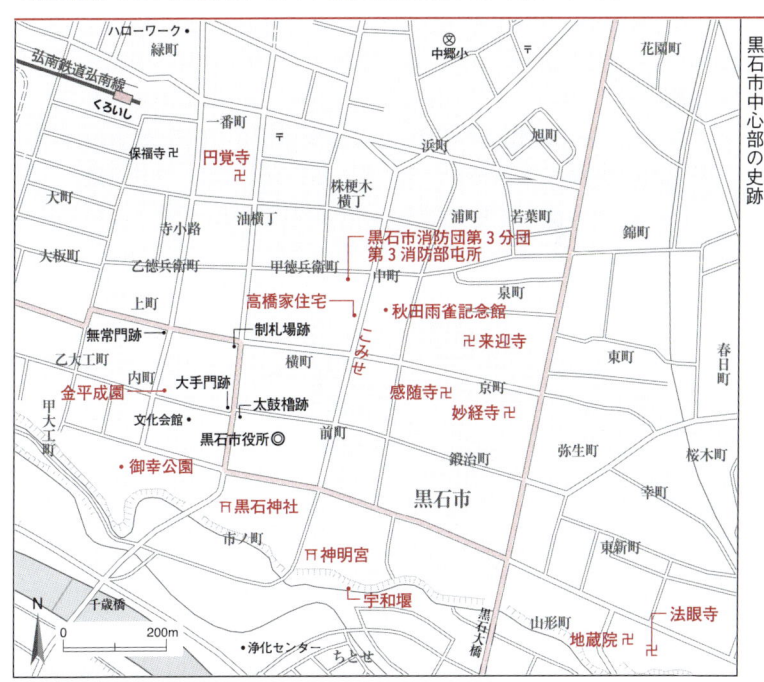

黒石市中心部の史跡

公園より西へ10分ほどの、弘南鉄道境松駅近くの道路脇に、旧黒石城趾の石碑がある。鎌倉時代、南部氏配下の工藤貞行の居城跡といわれている。

**黒石神社** ⑭ 〈M▶P.64,75〉 黒石市市ノ町20
弘南鉄道弘南線黒石駅 徒 15分

御幸公園より東に進み、交差点を右折すると、新坂をのぼってきた所に黒石神社(祭神津軽十郎左衛門信英)がみえる。新坂は、1887(明治20)年に開削されたもので、追子野木を通り、旧尾上町(現、平川市)・弘前市へと通じる。

黒石津軽家は、1656(明暦2)年に弘前藩4代藩主津軽信政の叔父で後見人の信英が、5000石の分知を受けて創設された。領地(津軽領最古の「明暦の検地帳」がある)は、黒石のほかに、平内(現、平内町)と上野国勢多郡(現、群馬県)にあった。陣屋を中心に町割がなされたため、道幅が狭く丁字路が残り、鍛冶町・大工町などの町名もまだ残っている。1662(寛文2)年、信英は弘前城内で没し、在府中山鹿素行に師事していたため、遺命により儒道で葬送された。陣屋の東側の地に葬られたが、1879(明治12)年、旧士族らが神社として創建した。神体は黒石津軽家3代当主政兕建立の信英頌徳碑で、神門は陣屋のものを移築したという。境内東側には、2代信敏の子主税の廟がある。信英の書状、11代承叙の佩刀、金梨子地牡丹紋散蒔絵衛府太刀拵(県重宝)がある。また境内には、1893年建立の松尾芭蕉の句碑がある。

初代領主をまつり、直系が宮司をつとめる

黒石神社

市ノ町を北進すると、大手門跡・太鼓櫓跡があり、さらに進むと横町との十字路の左側に、制札場跡がある。黒石神社北側の御廟通りを東進すると、前町に出る。前町南端上の坂の神明宮(祭神

# しし石

コラム

山間の民の生活をうかがわせる石2つ

　農免農道山派立長坂線を走り，北側の沢へ降りると，広域基幹林道上十川大川原線の基点がある。そこから1.2kmの所に案内板があり，山道を10分ほど歩くと，長谷沢の上流，獅子ヶ沢の路傍に，謎の石が2基ある。「しし」，すなわち鹿の頭が刻まれており，「しし石」とよばれている。菅江真澄の『追柯呂能通度』（寛政10〈1798〉年頃）にも記載されている。

　シカが彫られている理由ははっきりしないが，山子芸術の一種，シカの供養，しし頭を埋める風習などの説がある。

しし石

天照皇大神）には，寺子屋師匠小野川遠江・早瀬父子の記念碑がある。

### 中町のこみせ ⓯　〈M▶P.64,75〉黒石市中町
弘南鉄道弘南線黒石駅🚶10分

　上の坂をのぼり，前町・中町・浜町と続く街道は，鯖石（大鰐町）の追分から浪岡へ至る乳井通りの一部で，青森へ通じることから浜街道とよばれた。中町は藩政時代には，旅籠・造酒屋・呉服屋・米屋などが軒を並べており，黒石の経済の中心地であった。

中町のこみせ

黒石市消防団第三分団第三消防部屯所

黒石とその周辺

2005(平成17)年,重要伝統的建造物群保存地区に選定され,「日本の道百選」にも選ばれた中町通りに,こみせ(雁木の別称)が残っている。冬は雪から通路を守り,夏場は雨や日差しをさえぎるため,歩行者は軒下沿いに買い物などの用事を足すことができた。こみせは,上町や元町にも部分的に残されている。

町の中ほどにある高橋家住宅(国重文)は,藩の御用達米穀商人の建物で,宝暦年間(1751〜64)に建てられた。中町西谷家の所の十字路を西進すると,左側に黒石市消防団第三分団第三消防部屯所(県重宝)がある。

*都市景観大賞受賞の美しい町並み*

### 妙経寺 ⓰

〈M▶P.64,75〉黒石市京町字寺町12
弘南鉄道弘南線黒石駅 🚶15分

*当地日蓮宗の中心*

中町と横町との十文字を,鳴海醸造店(1806〈文化3〉年創業)の白い蔵壁に沿って東進すると,寺院街となる。北側にある来迎寺(浄土宗)は,山形村(現,黒石市)出身の良応上人雲伝が,1644(正保元)年に開創した。山号碑が立つ鐘楼堂をかねた山門は,左甚五郎作と伝えられ,1766(明和3)年の大地震にも被害を受けなかった。「紫雲山」の山号額は,赤穂浪士大高源吾の筆という。

向かいの感随寺(浄土真宗)は,1647(正保4)年に能登国穴水村(現,石川県)からきた休古の開創。戊辰戦争(1868〜69年)最後の箱館戦争の際,避難してきた箱館府知事清水谷公考が本営とした。花山院忠長使用の膳と茶碗がある。

東隣の妙経寺(日蓮宗)は,1556(弘治2)年,日境が浅瀬石城下に千徳氏の祈願所法輪寺を建立したことに始まる。同城の落城後,五輪台(現,黒石市牡丹平)に移された。1652(承応元)年,本行寺(弘前市)6世日住が弘前藩3代藩主津軽信義に願い出て現在地を拝領し,弟子日饒に妙経寺を建立させた。その

妙経寺のカヤの木

津軽の東根—黒石・平川周辺

# 黒石よされ

コラム 芸

恋の唄と踊り 数千人の乱舞

「黒石よされ」は，500年ほど前から行われていた盆踊りで，男女の恋の掛け合い唄といわれる。天明年間(1781〜89)に家老境形右衛門が，城下に人を集めるための施策として行ってから盛んになった。

「よされ」の由来ははっきりしないが，一説には，豊作のときは「仕事をよして楽しく踊りなされ」，凶作のときは「このような世の中は早く去れ」からきたといわれている。かつては，各町内から地蔵院(山形町)まで踊り歩いたという。「なじみきめらば愛宕の庭よ，かたくきめらばお堂のかげ」という古歌が残されている。1897(明治30)年以降は途絶えていたが，第二次世界大戦後に復活され，1960(昭和35)年以降は誰にでも踊れるような振付けになった。

現在は，毎年8月15・16日に行われ，踊りの社中が各町内の仮設舞台で踊る「組踊り」や「回り踊り」がみられる。また県外組も加わって，各種団体が揃いの浴衣で「エチャホー，エチャホー」の囃子で踊り歩く「流し踊り」は，町の通りを埋め尽くし，日本三大流し踊りの1つとされる。

黒石よされ

際，無住であった法輪寺を合寺している。本堂裏に樹齢700年のカヤの木(県天然)があり，八甲田連峰を借景とした庭園「揚光園」は，京都の茶人野本道玄の作である。日蓮上人真筆の断簡，老中松平定信筆の「東奥戒壇」の額がある。

### 法眼寺 ⓱ 〈M▶P.64, 75〉黒石市山形町82
弘南鉄道弘南線黒石駅 🚶 15分

茅葺き屋根の黄檗宗の古刹

妙経寺を後にして東進すると，通称八間道路に出る。右折して2つ目の交差点を左折し，東へ150mほど行った所に地蔵院(真言宗)がある。「愛宕様」とよばれ，「黒石よされ」発祥の地とされている。

1879(明治12)年に開削された坂道は，浅瀬石へと通じ，弘南バス高賀野・尾上線で高賀野まで行くと，南部氏の配下で，1597(慶長2)年津軽為信に滅ぼされた千徳氏の浅瀬石城跡がある。

地蔵院の東側が法眼寺である。宗旨は黄檗宗で，県内には数少ない。1680(延宝8)年，南宗が温湯村(現，黒石市)に開いたが，

黒石とその周辺

**法眼寺鐘楼堂**

1691(元禄4)年に黒石領主の命で、豪商加藤勘兵衛が現在地に移転し、祈願所となった。本尊は木造大日如来像である。唐門風の山門(1741〈寛保元〉年建立)があり、鐘楼堂(1746〈延享3〉年建立)と本堂(1769〈明和6〉年建立)が、ともに県重宝となっている。梵鐘は、1723(享保8)年、武蔵国(現、東京都・埼玉県・神奈川県の一部)から運ぶ途中、海難で沈んだが、1779(安永8)年に常陸国(現、茨城県)鹿島沖で発見され、56年ぶりに寺に納められた。しかし、1862(文久2)年と1869(明治2)年の大火の際、乱打がもとで廃鐘となった。現在の梵鐘の図案は、法眼位を受けた板画家棟方志功によるものである。

津軽三十三観音第26番札所は、元来、前町の神明宮の左側にあった住吉宮であったが、1869年の久一火事で焼失したため、ここに移された。1911年、松前(現、北海道松前町)より経堂寺を合寺している。西国三十三観音砂踏之碑(1751〈寛延4〉年建立)、2基の芭蕉句碑などがある。黒石津軽家の紋にちなみ、ボタンの花が多数植えられている。

### 温湯温泉 ⑱

〈M▶P.64,81〉黒石市温湯字鶴泉
弘南鉄道弘南線黒石駅🚌板留・大川原・温川線産業技術センター行下温湯🚶3分

黒石駅から温湯までの道は旧山形街道と重なるため、追分石や松並木の名残りがみられる。途中、福民に日本唯一の青森県産業技術センターりんご研究所がある。併設するりんご史料館は、1931(昭和6)年にイギリスのイーストモーリング研究所を模して建てられた旧庁舎を利用していたが、2002(平成14)年、リニューアルオープンした。

下温湯バス停で降り南に進むと、薬師寺(黄檗宗)の前に出る。1624(寛永元)年、入湯にきた花山院忠長が霊夢によって薬師如来像

出湯の里、黒石温泉郷

りんご史料館

を安置したことに始まる。寺伝では，1679(延宝7)年に宗運(そううん)が黄檗宗を伝えたという。その後，南宗がきて，1683(天和3)年黒石領主より法眼寺の寺号を受けるが，のちに黒石へ替寺となり，1724(享保9)年，湯治にきた弘前藩5代藩主津軽信寿(のぶひさ)より，薬師寺の寺号を授けられた。境内にある石敢当(いしがんとう)(魔除け石)は，北国では珍しい。大正時代の初めに慈雲院(うんいん)(弘前市新寺町(しんてらまち)にあった)を合寺した際に，移祀したものである。芭蕉の句碑，弘前藩医で俳人の石黒宗石(いしぐろそうせき)の歌碑がある。また，樹齢500年を超える石割楓(いしわりかえで)がある。

境内を出て東に進むと，2001(平成13)年に改装された鶴の名湯，温湯温泉共同浴場がある。天文年間(てんぶん)(1532～55)には「熱後湯(ぬるゆ)」と記され，黒石藩主もたびたび入湯した。温泉客舎がまわりを取り囲み，昔ながらの湯治場の雰囲気が残っている。湯治客を相手に木地挽(きじひき)の盛秀太郎(もりひでたろう)が最初につくったのが，温湯系こけしである。こけし工人たちの住む黒石温泉郷は，「こけしの里」とよばれる。

共同浴場の北東側に，智隆寺(ちりゅうじ)(浄土真宗)がある。寛永年間(1624～44)に花山院忠長が滞在した頃は，鶴の庵と称していた。すぐ北

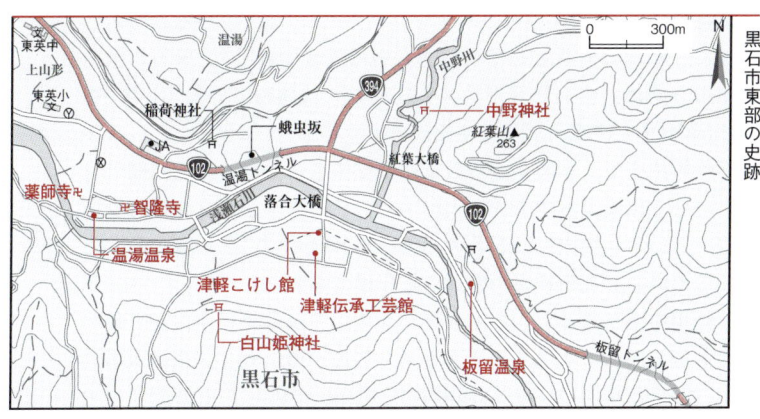

黒石市東部の史跡

津軽伝承工芸館

に遠光寺(1624〈寛永元〉年創建，日蓮宗)があり，歌人丹羽洋岳に宛てた石川啄木の書簡が残されている。

温湯集落の東端の橋を渡ると袋集落で，富岡山中腹にかつての袋観音，現在は白山姫神社(祭神伊邪那美命)がある。津軽三十三観音第27番札所であり，また午年生まれの一代様として信仰を集めている。

袋集落の東が落合温泉で，ホテルや旅館のある新興地域である。金・銀のこけし(レプリカ)や全国のこけしを4000点ほど展示する，津軽こけし館や津軽伝承工芸館が建てられている。

### 中野神社 ⑲

〈M▶P.64, 81〉黒石市南中野字不動館26
弘南鉄道弘南線黒石駅 🚌 大川原線中野神社前 🚶 1分

都からのカエデが映える紅葉山

中野神社前バス停のすぐ前に，中野神社(祭神日本武尊)の鳥居がある。藩政時代には不動尊をまつっており，津軽三不動の1つとされた。明治時代初期の神仏分離により，不動尊は法眼寺や浄仙寺に移された。中野川が境内を貫き，不動の滝が落ち，紅葉の頃の景観は素晴らしい。本殿裏山に1803(享和3)年，弘前藩9代藩主津軽寧親が京都から100種のカエデを移植した(現在，中野もみじ山とよばれ，紅葉の名所としてシーズン中は大変賑わう)。黒石・弘前両藩主を始め，文人墨客が数多く紅葉狩りに訪れている。1597(慶長2)年頃まで浅瀬石城主千徳政氏の家臣築地十郎がいたという中野不動館跡まで，本殿左から散策路が整備されている。山門側の対植えのモミは県天然記念物，大杉・カエデの古木が市文化財の指定を受けている。境内には44基の川柳の句碑があり，「川柳の杜」ともなっている。大町桂月の歌碑も近年建てられた。

中野川を東へ渡ると，板留温泉である。花山院忠長が浅瀬石川の出湯を板で囲って入湯したことから，名前がついた。集落の東方に1988(昭和63)年，あらたに浅瀬石川ダムが完成し，道の駅「虹の

# 大川原の火流し

コラム

南北朝、争いの哀愁 漂う盆行事

南中野から中野川に沿って国道394号線を遡ると、南朝方の落人集落大川原がある。盆の8月16日の夜に、中野川を赤々と染めて3隻の「火の舟」を勇壮に押し流す奇習の火流し(県民俗)が、600年以上も続いている。菅笠に野良着姿の若者が、帆柱の火を消さないように、「ヤーレヤーレ、ヤーレヤ」の掛け声をかけ、川岸では笛や太鼓の囃子が勢いをつける。その調べは登山囃子やねぶた囃子とも異なり、哀調を帯びている。村内安全・疫病退散を祈り、また翌年の稲作の豊凶を占う神事である。

その起源は、後醍醐天皇第3皇子宗良親王が身を寄せた信濃の豪族香坂高宗の子孫が、落ちのびて大川原に住み着き、天皇の命日に戦死者の慰霊のために始めた精霊流しという。

大川原の火流し

湖」やふれあい広場などもできて、賑わいをみせている。

南八甲田連峰青荷渓流の畔に、歌人丹羽洋岳が隠れ住むために開いた、ランプの宿青荷温泉がある。雷山を越えて車で行けるが、渓流を遡る道も2003(平成15)年に整備・再開された。近年、秘湯として人気を集めている。

浅瀬石川上流の温川温泉(平川市)は、作家吉川英治が『鳴門秘帖』を執筆中に滞在した所で、文学碑が建てられている。

中野もみじ山

浄仙寺 ⑳ 〈M▶P.64〉黒石市南中野字黒森下84-3
弘南鉄道弘南線黒石駅🚌大川原線浄仙寺入口🚶30分

浄仙寺入口バス停に、1849(嘉永2)年の追分石がある。舗装され

浄仙寺山門

> 黒森山中腹の文学の森の寺

た道を約2kmのぼると、黒森山中腹に浄仙寺(浄土宗)がある。山門は明治時代初期の神仏分離の際、乳井神社(弘前市)より移されたもので、2体の仁王像は、1865(元治2)年につくられた。参道には西国三十三観音石像が、山門を貫き境内奥の不動堂まで続いている。1824(文政7)年に来迎寺の弟子山崎是空が、浄仙庵を再興する形で開いた。2世寂導は「寂導彫」とよばれる一刀彫の素朴な仏像を、津軽一円や秋田・北海道に残している。寺子屋「黒森学校」も開かれ、近在の多くの子弟がここで学んだ。境内には、秋田雨雀・鳴海要吉・丹羽洋岳ら郷土の文人の文学碑があり、「文学の森」となっている。

**垂柳遺跡** ㉑ 〈M▶P.64,85〉 南津軽郡田舎館村垂柳
弘南鉄道弘南線田舎館駅 🚶15分

> 北日本稲作の歴史をくつがえす遺跡

田舎館駅から西南へ15分ほど行った国道102号線バイパスの高架橋の下の辺りが、垂柳遺跡(国史跡)である。1887(明治20)年に発見されていたが、1981(昭和56)年、バイパス工事にともなう発掘で、約2000年前(弥生時代中期)の水田跡や足跡が発見され、北日本での稲作の歴史を書きかえることとなった。この付近は、浅瀬石川による沖積地で、現在でも良質な米の生産地である。

国道102号線沿いに、田舎館村埋蔵文化財センター弥生館が建設され、同時代の高樋(3)遺跡で検出された水田跡・水路跡がそのまま見学できる。垂柳遺跡で発見された水田跡・足跡も復元されており、1956(昭和31)年、耕地整理の際の発掘で出土したものとあわせて、弥生式土器11点が県重宝の指定を受けている。

**生魂神社** ㉒ 〈M▶P.64,85〉 南津軽郡田舎館村田舎館字中辻167
弘南鉄道弘南線黒石駅 🚌弘前行田舎館 🚶2分

> 中世修験の信仰を伝える

田舎館バス停から西へ進むと、生魂命をまつる生魂神社がある。807(大同2)年、坂上田村麻呂の創建といわれるが、元来は修験

の開いた長福山極楽寺大日堂で、田舎館城の館神であった。

田舎館バス停手前の道を北に入ると、胸肩神社(祭神弁財天)がある。境内の観音堂に円空作木造十一面観音像(県重宝)をまつる。

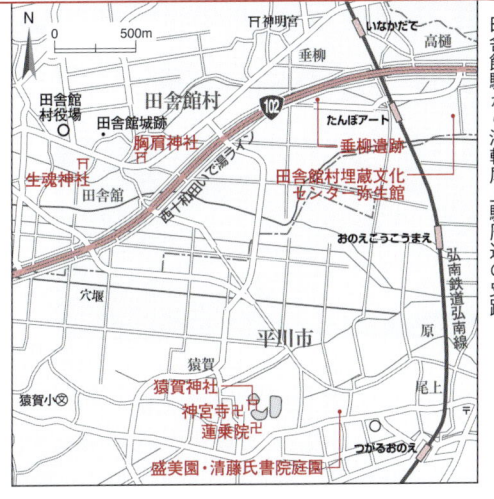

生魂神社から西進すると、北側に田舎館村役場がある。隣の特設田では、古代米の黄稲・紫稲とつがるロマンの3種類の稲で、田んぼアートが描かれ、また田植え・稲刈りとも体験ツアーがある。特設田の東方にみえる木立の所が、千徳氏の田舎館城跡である。その中に立つ大樹はサイカチの木で、1585(天正13)年、津軽為信との戦いで討死した田舎館城兵330余人の供養樹という。

田舎館駅から津軽尾上駅周辺の史跡

生魂神社

田んぼアート(2013年)

## 盛美園 ㉓

〈M▶P.64, 85〉平川市猿賀石林1
弘南鉄道弘南線津軽尾上駅🚶10分

津軽地方を代表する庭園

津軽尾上駅から西へ1kmほどの所に、盛美園と清藤氏書院庭園(ともに国名勝)がある。清藤家は、鎌倉幕府執権北条時頼の家臣と伝えられる旧家である。書院庭園は、盛秀園と称し、寛永年間

黒石とその周辺　85

盛美園

(1624～44)、花山院忠長の来留の際に作庭が始まり、元禄年間(1688～1704)に、野本道玄が完成したと伝える。津軽地方に大石武学が伝えた武学流庭園の初期のものと考えられる。

　盛美園は、清藤家24代当主盛美が大石武学流小幡亭樹を招き、1902(明治35)年から9年の歳月をかけて完成させた。梵珠山を借景とした、面積約1万m²の築山枯山水池泉回遊式庭園の傑作である。庭内の盛美館は、1階が数寄屋造、2階がルネサンス風の様式である。母屋の仏殿(御宝殿)は大正時代初期に完成され、中央の御宮殿は徳川秀忠の霊廟を模したもので、内陣には時頼の愛妾唐糸御前の位牌がまつられている。

### 猿賀神社 ㉔

〈M▶P.64, 85〉平川市猿賀石林175
弘南鉄道弘南線津軽尾上駅 🚶15分

神仏習合の信仰が色濃く残る

　盛美園から遊歩道を西へ5分ほど歩くと、2007(平成19)年に正遷座1200年を迎えた猿賀神社(祭神上毛野君田道命)の鳥居前へ出る。
　367年、仁徳天皇の勅命を受けた上毛野君田道は、蝦夷征討の途中で戦死し、南部鹿角郡猿賀野(現、秋田県鹿角市)に葬られ、まつられた。その後、洪水で白馬に乗った田道の霊がこの地に流れ着いたという。坂上田村麻呂が蝦夷征討に苦戦していたとき、田道の霊に導かれて勝利を得たので、807(大同2)年深沙宮としてまつったと

猿賀神社鏡ヶ池

津軽の東根―黒石・平川周辺

# 獅子踊り・津軽神楽　　芸　　コラム

**津軽地方の代表的民俗芸能**

　津軽の代表的な民俗芸能は獅子踊りで，地区の神社の祭礼・虫送りなどの行事，結婚式や新築などの祝い事などで踊られている。墓獅子といって，盆の墓参りのときに踊る地区もある。また，平川市(旧尾上町)の猿賀神社十五夜大祭の宵宮当日には，県内獅子踊り大会が開催され，各地の獅子踊り組が多数集まる。一人立ち三匹獅子の形式で，踊り手(獅子)3人とオカシとよぶ道化役に，囃子方・唄方がつく。1682(天和2)年以来の伝統をもつといわれる組もある。

　また，津軽神楽は江戸時代から現在まで，津軽の有力な社家神職によって受け継がれてきた，上方伝習の古式ゆかしい神事芸能である。夏から秋にかけての弘前市・黒石市・青森市などのおもな神社祭礼の場で，おごそかに舞われている。

いう。三蔵法師玄奘の守護神深沙大将と田道が結びつけられ，深沙大権現になったと思われる。

　藤原秀衡・安倍師季らの修復も伝えられ，中世以来，津軽地方では由緒ある信仰地で，大きな勢力を誇っていた。

　1586(天正14)年，津軽為信が参拝し，祈願所としたが，翌年別当である延命院を追放，最勝院を別当とし，真言宗にかえた。1619(天和5)年弘前藩2代藩主津軽信枚は，もとの天台宗に戻し，神宮寺を別当とし100石を寄進，子院12坊・社家4人を配した。明治時代初期の神仏分離の際に現社名となったが，神仏習合の面影を今に伝える貴重な神域である。本殿は県重宝となっている。

　参道左側の神宮寺は，子院東光院が名跡を継ぎ，そのとき金剛力士像を移している。右側の蓮乗院も子院の1つであった。社殿東には鏡ヶ池があり，島弁天・日吉神社がまつられ，天台宗寺院の典型を示している。

　大祭は旧暦8月15日で，旧暦1月7日(人日の日)に行われる七日堂祭は，「柳がらみ」といい，氏子代表がヤナギの木を床にたたきつけ，枝の折れ具合でその年の稲作の豊凶を占うものである。

黒石とその周辺

# ③ 平川に沿って

羽州街道関所の碇ケ関、弘前藩主の湯治場で栄えた大鰐、中世より争奪の繰り返された平賀など、見どころは多数。

### 五輪堂遺跡 ㉕

〈M▶P.64,89〉 平川市岩舘長田
JR奥羽本線・弘南鉄道弘南線弘前駅🚌大鰐・碇ケ関行中央石川🚶15分

鎌倉武士の盛衰を伝える板碑群

　中央石川バス停より東進し、平川に架かる御幸橋の東詰で左折して、バイパスを横断すると、岩舘の集落である。岩舘は大光寺城とともに、地頭代曽我氏の拠点であった。その墓所とされる五輪堂遺跡は、集落南の水田に囲まれたリンゴ園にあり、国道の東側に5基の板碑が移祀されて並んでいる（建物の裏手）。確認できる年号は、「嘉暦二(1327)年」「嘉暦四年」「貞和二(1346)年」である。かつては、付近一帯に数十基の板碑があったというが、岩舘の東側共同墓地内の1基を合わせて6基しか発見されていない。近くで墓壙37基が発見されて、北宋銭や鎌倉時代の青磁片も出土した。

### 乳井神社 ㉖

〈M▶P.64,89〉 弘前市乳井字外ノ沢15-5
弘南鉄道弘南線平賀駅🚌10分

中世に力を誇った毘沙門堂の跡

　県道黒石大鰐線を平賀駅より約4.5km南下すると、大鳥居があり、乳井神社（祭神武甕槌命 ほか）となる。もとは毘沙門堂で、坂上田村麻呂の鬼神征討の際、南蔵坊が古堂に毘沙門天をまつったことに始まる。鎌倉幕府執権北条泰時より、別当職が栄秀から子長秀に補任されている。毘沙門堂の別当は、福王寺・極楽寺の院主も兼ねた修験で、大きな勢力を有していた。福王寺は猿賀の深沙権現の別当を兼ねたこともあったが、別当福王寺玄蕃が、南部氏の津軽郡代滝本重行に討たれるという事件があった（一説では、1574〈天

乳井神社墓地

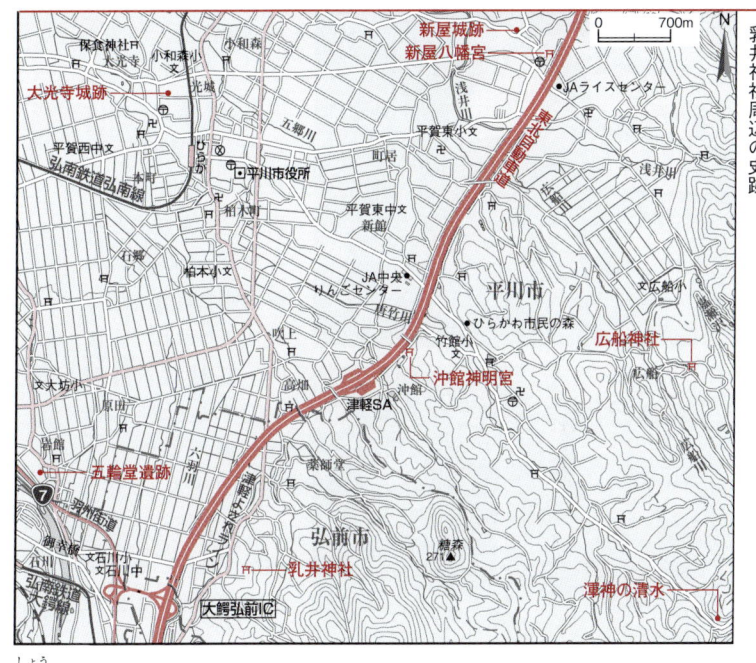

正2〉年のこと）。

　堂宇は，弘前藩3代藩主津軽信義・5代藩主津軽信寿によって再興されている。明治時代初期の神仏分離に際し，仁王門（黒森山浄仙寺に移築）・梵鐘が取りのぞかれ，現社名となった。境内・墓地および古堂に板碑が21基あり，紀年の判明するものは，「正安三(1301)年」を最古に，「貞和二年」におよんでいる。

## 大光寺城跡 ㉗  〈M▶P.64, 89〉 平川市大光寺
弘南鉄道弘南線平賀駅 🚶 10分

　平賀駅から北に道をとり，左折して踏切を渡り，本町郵便局の左の道をのぼると，大光寺城跡に至る。大光寺集落周辺には，新城・古館・小館・五日市館などの城館跡が確認されるが，ここは新城跡にあたる。大光寺城は，13世紀初頭，鎌倉御家人の曽我氏が，執権北条義時の地頭代として派遣されたことに始まる。曽我氏の嫡流が大光寺曽我氏を称したが，1333（元弘3）年の大光寺合戦で幕府方につき，滅んだ。

　その後，大光寺城には南部氏の津軽郡代が入ったが，1575（天正

平川に沿って

大光寺城跡

3）年、津軽為信が郡代滝本重行を滅ぼした。1601（慶長6）年、為信の娘婿津軽建広が城主となったが、1609年に大熊事件で追放、城は取りこわされた。城門・石材は、高岡（弘前）城築城の際に移され、追手門は亀甲門となった。

平賀駅から広船へ向かう途中、新屋集落南東端の栄館に、新屋八幡宮（祭神誉田別命）がある。浪岡北畠氏が3カ所に勧請した八幡宮の1社で、1642（寛永19）年に弘前藩3代藩主津軽信義が祈願所とした。神社西方の集落一帯が、七戸南部氏の支族新屋氏の新屋城跡である。

広船神社

さらに南東の山麓まで道をとると、広船神社に至る。津軽三十三観音第28番札所で、坂上田村麻呂勧請の千手観音像をまつる。「正長2（1429）年」銘の鰐口（県重宝）がある。広船集落の南西にある金森山の中腹と尾崎集落境には、外川庸孝が建立した石敢当がある。金森山を南に越えると、唐竹集落である。東に進むと、道路沿いに「全国名水百選」に選ばれた渾神の清水がある。

広船より南西に向かうと沖館神明宮がある。境内には、津軽三十三観音第29番札所の観音堂があり、1576（天正4）年に津軽為信が、最大の難敵である大光寺城攻略の本願成就として奉納した、自筆といわれる如意輪観音絵馬がある。「寛文十（1670）年」銘の円空作菩薩坐像（県重宝）も安置されている。

津軽の東根―黒石・平川周辺

## 大鰐温泉と大円寺 ㉘㉙

〈M▶P.64〉南津軽郡大鰐町蔵館字村岡12
JR奥羽本線・弘南鉄道大鰐線大鰐駅🚶5分

　大鰐駅より南へ進むと，平川を挟んで対岸の大鰐と右岸東方の蔵館に温泉が湧いている。大鰐温泉は，約800年前に高伯寺の円智によって発見されたという。弘前藩主も御仮屋を建てて湯治するなど，湯治場として栄えてきた。7月には，土用の丑の日近くに開催される古式豊かな丑湯祭りを中心に，サマーフェスティバルで賑わう。

　阿闍羅山の南，早瀬野よりさらに虹貝川を遡って行くと，県境の峰近くに，高さ24m・周囲74mの巨石で薬師如来をまつる石塔が佇立する。

　大鰐駅の北東に，津軽平野の南の関門に栄えた中世都市跡の宿川原がある。集落の中に，「観応二(1351)年」の板碑がある。そこより平川を隔てた左岸奥の三ッ目内集落東口の阿弥陀堂跡に，30基の板碑が集められており，「正応四(1291)年」銘の板碑もみえる。

　大鰐駅より東へ進むと，大円寺(真言宗)がある。もとは高伯寺で，明治時代初期の神仏分離の際，弘前の銅屋町より移転してきた大円寺に合寺した。高伯寺は東北自動車道の北側，神岡山中腹のリンゴ園に礎石を残す。1650(慶安3)年，弘前藩3代藩主津軽信義の命により，現在地に移転された。「大日様」として信仰されてきた大日堂の本尊は，木造阿弥陀如来坐像(国重文)である。境内には中世の板碑や「享保十七(1732)年」「安永二(1773)年」の石灯籠，「弘化三(1846)年」の庚申塔などがある。門前には，木がカツラ，花がハギに似た奇木「萩桂」がある。

大円寺仁王門

## 国上寺 ㉚

〈M▶P.64〉平川市碇ケ関古懸門前1-1
JR奥羽本線碇ケ関駅🚌弘前・大鰐方面古懸🚶15分

　古懸バス停で降り平川を渡って，段丘面にある古懸の集落を越え

出湯とスキーの町

平川に沿って

ると、津軽真言五山の1つ国上寺がある。縁起では、610年、聖徳太子が秦河勝に命じて阿闍羅山（大鰐町）に創建、1254（建長6）年に北条時頼が現在地に再興したと伝える。弘前藩2代藩主津軽信枚が現寺号を許した。津軽三不動の1つとしてもっとも有名で、本尊不動明王像は「坐り不動」ともいわれ、領内に異変があるときは汗をかくとの言い伝えがある。出汗の際には、藩が祈禱を命じていたという。

4年に1度の大祭には「火生三昧」の荒行が行われ、毎年盆の入り8月13日には、古懸獅子踊り（県民俗）が奉納される。

## 碇ヶ関関所（面番所） ㉛ 〈M▶P.64〉平川市碇ケ関阿原
JR奥羽本線碇ケ関駅 徒3分

野内（青森市）・大間越（深浦町岩崎）とともに津軽三関の1つ碇ケ関は、羽州街道で津軽へ入る表玄関であった。

矢立峠を越え北方へおりると、峠下の御番所が、湯ノ沢と碇ケ関通りとが交差する付近にあった。小坂へ通じる分岐点には、中の番所である折橋御番所があり、さらに下流に船岡御番所もあった。

現在の番所橋を渡り集落の南端へ入ると、左手に大橋番所がおかれ、碇ケ関関所といえばここを指した。1665（寛文5）年より弘前藩主の参勤交代路となり、江戸参府の最初の宿泊所・御仮屋が番所の北方にあった。また碇ケ関は、九浦の1つに数えられ、町奉行が派遣され、津軽三関の中でもっとも備えが厳重であった。その様子は1984（昭和59）年、中の番所跡に碇ケ関関所として復元された。現在はJR碇ケ関駅近くの道の駅「いかりがせき　津軽関の庄」に高麗門とともに移築されている。

碇ケ関関所（復元）

# 津軽新田地帯と西海岸

*Tugarushinden Nishikaigan*

空からみた七里長浜と十三湖

森田から岩木山を望む

津軽新田地帯と西海岸

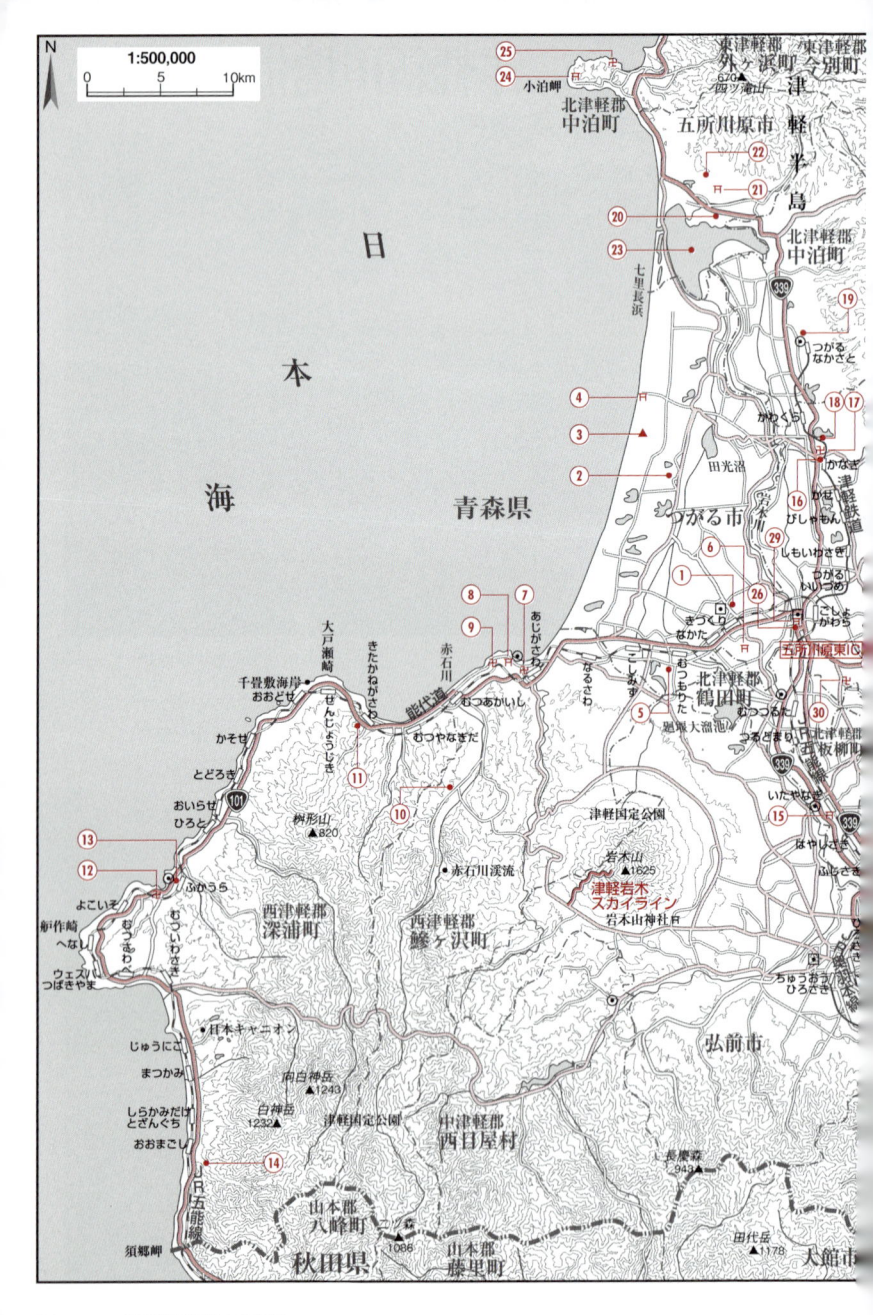

## ◎十三湖・小泊・五所川原周辺散歩モデルコース

1. 津軽鉄道津軽中里駅 15 中里城跡 15 津軽中里駅 40 福島城跡 10 蓮華庵 30 日吉神社(山王坊跡) 20 唐川城跡 30 春日内観音堂 60 十三湊(十三湖大橋) 15 湊迎寺 2 願龍寺 10 伝檀林寺跡 40 湊神社(浜明神跡) 70 津軽鉄道五所川原駅

2. 津軽鉄道津軽飯詰駅 20 飯詰高館城跡 18 長円寺 20 津軽鉄道津軽飯詰駅 20 津軽鉄道金木駅 10 太宰治記念館「斜陽館」 1 雲祥寺 10 金木駅 5 津軽鉄道芦野公園駅 25 津軽鉄道津軽中里駅 50 尾崎神社 15 正行寺 80 津軽鉄道五所川原駅

3. JR奥羽本線・弘南鉄道弘南線弘前駅 30 海童神社 30 JR五能線五所川原駅 10 五所川原(元町)八幡宮 10 五所川原歴史民俗資料館 1 旧平山家住宅 15 教円寺 15 前田野目窯跡群 30 JR五所川原駅

①木作御仮屋・代官所跡
②亀ヶ岡遺跡
③屏風山
④高山稲荷神社
⑤つがる市森田歴史民俗資料館
⑥柏正八幡宮
⑦高沢寺
⑧白八幡宮
⑨来生寺
⑩種里城跡・光信公の館
⑪関の古碑群
⑫円覚寺
⑬深浦町歴史民俗資料館・深浦町美術館
⑭大間越関所跡
⑮海童神社
⑯太宰治記念館「斜陽館」
⑰雲祥寺
⑱芦野公園
⑲中里城跡史跡公園
⑳福島城跡
㉑日吉神社
㉒唐川城跡
㉓十三湖
㉔尾崎神社
㉕正行寺
㉖旧平山家住宅
㉗前田野目窯跡群
㉘飯詰高館城跡
㉙五所川原(元町)八幡宮
㉚教円寺

# 木造新田と海岸線を旅する

この地方は江戸時代には、藩営による大規模な新田開発が行われ、また西海岸には多くの遺物がある。

## 木造御仮屋・代官所跡 ❶

〈M▶P.94〉つがる市木造千代町
JR五能線木造駅 7分

藩主手植えの大イチョウが見応え

木造駅前から北に延びる道を約200m歩き、つがる警察署の前の丁字路を右に曲がり、まもなく左折すると、右手に銀杏ヶ丘公園がみえる。ここが木作(造)御仮屋・代官所跡である。津軽平野の新田開発に着手したのは弘前藩2代藩主津軽信枚の時代からである。木作村(現、つがる市)に新田役所が設けられて、その後まもなく代官所と改称され、代官がこの一帯の開墾を統括した。御仮屋は1684(貞享元)年、代官所敷地内に新築され、藩主が西海岸地方や新田の巡見をする際の拠点であった。ほかに、米蔵3棟・郷組蔵・蔵長屋などがあり、1736(元文元)年の「検地帳」によれば、その面積は4200ha余りであった。

弘前藩4代藩主信政の時代には、津軽平野北半部の新田開発が積極的に推進され、少禄の藩士が開発する小知行派から、しだいに藩直営の御蔵派へと移行した。岩木川流域の湿地帯の開田が進むと、広須新田は広須組と木造新田に分けられ、木作代官所が支配した。宝暦～明和年間(1751～72)には、木作代官所には代官2人がおり、1人は弘前城内三の郭にある郡所に出勤し、1人は現地に出張して事務を担当したという。

木作御仮屋・代官所跡

藩政時代の面影を残すものとしては、銀杏ヶ丘公園の一角にある、信政手植えの幹回り7m・高さ20m余りの大イチョウ(公孫樹)と、その後方にある「千代の松」といわれる老松のみである。なお、

現在地名は木造と表記するが、以前は「木作」と書かれた。これはこの一帯が湿地帯のぬかるみで、物資運搬に支障をきたすことから、木を敷いて道路をつくったことに由来するという。

銀杏ヶ丘公園の北側にほぼ隣接して、旧郷社の三新田神社（祭神 天照 皇 大神ほか）がある。1713（正徳3）年八幡・神明・稲荷宮をあわせて三社宮とよび、新田開発成就・五穀豊穣の祈願所とした。3度におよぶ木造村の大火で類焼し、現在の社殿は、1885（明治18）年に再建され、現社名に改称されたのは、1895年である。

つがる警察署を挟んで北側に、1615（元和元）年の創建とされる慶応寺（浄土真宗）、南側に1692（元禄5）年の創建とされる西教寺（浄土真宗）、隣接して1597（慶長2）年の創建で水神水虎様をまつる実相寺（日蓮宗）がある。

### 亀ヶ岡遺跡 ❷

亀ヶ岡縄文文化発祥の地

〈M▶P.94, 97〉つがる市木造亀ヶ岡字亀山・近江野沢、木造館岡字沢根

JR五能線五所川原駅🚌十三行亀ヶ岡🚶1分

亀ヶ岡バス停近くに雷電宮があり、そこを中心に、東側は山田川左岸丘陵先端部にかけての地域と、北側は近江野沢、南側は沢根とよばれている低湿地が亀ヶ岡遺跡（亀ヶ岡石器時代遺跡、国史跡）である。

この遺跡は江戸時代より知られており、江戸時代前期の弘前藩内の様子を記した民間の家記『永禄日記』元和九（1623）年の条に「ここより奇代の瀬戸物を掘し」とあるほか、江戸時代後期の紀行家菅

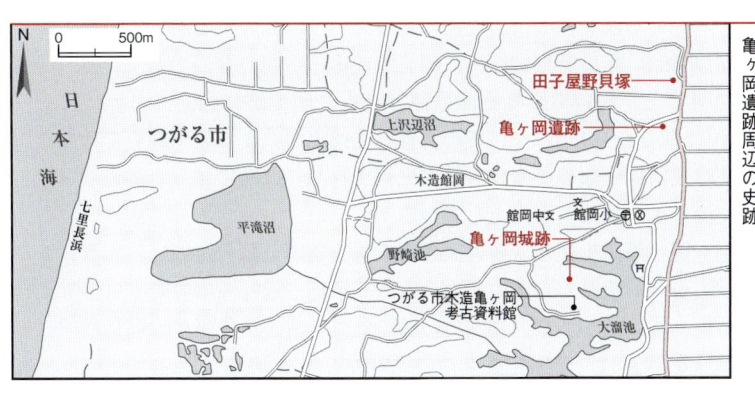

亀ヶ岡遺跡周辺の史跡

木造新田と海岸線を旅する

つがる市木造亀ヶ岡考古資料館

江真澄の『津軽のつと』，幕末期の北方探検家松浦武四郎の『東奥沿海日誌』などにも記載があり，「亀ヶ岡」の地名も甕を多く出土する地であることに由来するという。

1889（明治22）年に調査が開始されて以来，十数回の発掘調査が実施され，この遺跡の出土遺物を標準土器として，亀ヶ岡式土器とよばれ，亀ヶ岡文化と分類される。わが国における縄文時代晩期の代表といわれるが，前期・中期・後期や弥生時代，中世の時代へと長い年代にわたって人びとが居住したことはあまり知られていない。

遺物は，おもに近江野沢および沢根の泥炭層を中心に発見され，土器・石器・石製品・土製品・骨角器などの種類や優品も多く，そのうち遮光器土偶が国重文に，71点の遺物が県重宝に指定された。出土遺物の多くは，東京大学・慶應義塾大学・東北大学や，地元のつがる市木造亀ヶ岡考古資料館，青森県立郷土館（風韻堂コレクション）などに所蔵されているが，海外へ流出したものも多い。

亀ヶ岡遺跡から北側の沢（近江野沢）を1つ隔てた段丘上に，田子屋野貝塚がある。田子屋野バス停で下車すると県道の道端に標識が立ち，そこを西側にのぼった所にある。明治時代の中頃から知られ，1928（昭和3）年の発掘調査で，縄文時代前・中期のものであることが判明した。1944年に亀ヶ岡遺跡とともに国史跡に指定された。1990（平成2）～91年にかけての青森県立郷土館による発掘調査では，縄文時代前期中頃の竪穴住居跡が発見された。ほかには，北海道との交流を示す黒曜石も出土している。

亀ヶ岡・館岡集落と，南の大湯町集落を結ぶ道路の西側に，大溜池が広がり，道路から池の正面にみえる半島，通称「中の崎」に近世の亀ヶ岡城跡がある。1624（寛永元）年に弘前藩2代藩主津軽信枚が築城を計画したが，完成直前に幕府の一国一城令によって工事

が中止となり、廃城となった。城堀はその後、新田開発の進展にともない貯水池として利用された。城跡付近に1979(昭和54)年、つがる市木造亀ヶ岡考古資料館が開館した。

## 屏風山 ❸

弘前藩4代藩主津軽信政による造林事業

〈M▶P.94〉つがる市木造館岡・つがる市車力町
JR五能線五所川原駅🚌十三行館岡🚶50分

屏風山(屏風山砂丘)とは、七里長浜とよばれる西海岸一帯、すなわち鰺ヶ沢町から海岸沿いに北へ、越水・館岡・車力(いずれも現、つがる市)・十三(現、五所川原市)までの南北約30km、東西3〜5kmにおよぶ砂丘地帯をいう。最高所は78.6m(往古木嶺)で、クロマツやカシワに覆われた丘陵地帯である。開発以前は、日本海から吹き込む激しい潮風と飛砂が、農作物を枯死させる不毛地帯であった。

弘前藩4代藩主津軽信政は、津軽平野奥部の開発事業の一環として、防風・砂防および山田川下流の農業用水を確保するための水源涵養を目的として、造林を計画した。1681(天和元)年、館岡の野呂理左衛門を中心に、館岡村神明山へマツ30本余りを植林し、14本の木が育ったことに力を得て、翌年から本格的に造林を命じた。このとき、藩主信政が屏風山と命名したという。

強烈な潮風を正面から受ける砂丘への植林は、困難をきわめた。野呂理左衛門の独特な植樹法(ハマムギ・ススキなどの草を巻いた砂防用の四角の囲いをつくり、その中にマツ・スギ・カシワなどを植林する方法)と、植林後の巡回と苗木の保護という多大な努力が実を結び、この事業は宝永年間(1704〜11)に一応の完成をみた。幅2km・長さ40kmにおよぶ防風林が現出されたのである。

1737(元文2)年の「書上帳」によれば、植付総数86万2200本とあり、木造新田66カ村が誕生し、約4000町歩が恩恵に浴したと報

屏風山

木造新田と海岸線を旅する

告されている。この植林は野呂家を中心に，明治時代まで続けられた。

　明治時代以降は国有林野に編入されたが，第二次世界大戦後の1959（昭和34）年には，国有林の一部が車力村を始め関係町村に払下げとなった。その後は，この一帯が砂地で，降水量が少なく日照時間が長いことから，スイカやメロンなどの栽培が盛んに行われ，その特産地として知られるようになった。現在もなお，この緑地帯が新田地方を潮風や飛砂から守っている。

　屛風山は，砂丘と丘陵が複雑に入り込み，砂丘の間には，平滝沼・ベンセ湿原・大滝沼などの湿原や湖沼が点在する。とくにベンセ湿原（大滝沼の北側）は，ハナショウブ・ニッコウキスゲなどの湿原植物が10万m²の広さに群生し，春から秋まで咲いている。

### 高山稲荷神社 ❹ 〈M▶P.94〉つがる市牛潟町鷲野沢
JR五能線五所川原駅🚌十三行高山稲荷神社入口前🚶50分

七里長浜を望む五穀豊穣・海上安全・商売繁盛の神社

　高山神社入口前バス停から西へ延びる約4kmの一本道を行くと，高山稲荷神社（祭神宇迦之御魂命・佐田彦命・大宮売命）がある。屛風山中の七里長浜寄りの鷲野沢の小高い丘に位置する。大きな鳥居をくぐると広い駐車場があり，正面には宿泊所などの建物がある。正面左側の長い石段をのぼると拝殿に着く。そこから石段を通じてはるか下のほうに池がある。そのなかに竜神をまつった社があるため，池に参供をうって占う人が多い。

　高山稲荷神社は，農業・漁業・商業の職業神として多くの信者を集め，県内はもとより北海道・東北地方から神奈川・静岡県にもおよぶ信仰圏をもつという。1893（明治26）年の火災で文書などを焼失し，創祀については諸説がある。大正時代初期以降，宮司が各地

高山稲荷神社龍神宮

# 弥三郎節

コラム

有名な津軽民謡　覚えやすい数え歌

「弥三郎節」は，嫁いびりの話が素材になった有名な津軽民謡である。伝承では，1808（文化5）年，下相野村（現，つがる市森田町）の百姓弥三郎が，妙堂崎村大開（現，鶴田町）の万九郎家から嫁をもらったが，弥三郎の親は嫁が気に入らず，嫁をいびった。肝心の弥三郎は，嫁の味方にもなれず静観するだけで，ついに嫁は離縁され，放り出された長持に腰かけ，即興でうたったものとされている。昔の女性がどんなに辛い境遇にあったかが偲ばれる歌詞で，せつないほどの哀調が胸に迫る。

一つあェー　木造新田の下相野　村の端ずれコの　弥三郎ェーコレモ弥三郎ェー

二つあェー　ふたり三人と人頼んで　大開の万九郎から　嫁貰ったコレモ弥三郎ェー

三つあェー　三つ物揃えて貰った嫁　貰ってみたどごァ　気にあわぬコレモ弥三郎ェー

四つあェー　夜草朝草かがねども　おそぐ戻れば　叱られるコレモ弥三郎ェー

五つあェー　いびられはずがれにらめられ　日に三度の口つもるコレモ弥三郎ェー

六つあェー　無理だ親衆に使われて　十の指コから血コ流すコレモ弥三郎ェー

七つあェー　なんぼ稼いでも働れァでも　つける油コもつけさせねェコレモ弥三郎ェー

八つあェー　弥三郎ァ家コばれ日コ照らね　藻川の林コさも日コ照るなコレモ弥三郎ェー

九つあェー　ここの親だち　みな鬼だ　ここさ来る嫁　みな馬鹿だコレモ弥三郎ェー

十あェー　隣り知らずの牡丹餅コ嫁さ食せねで　皆かくすコレモ弥三郎ェー

のゴミソ（巫女）に神習教（教派神道の一派）の教導職免許状の斡旋をし，ゴミソを掌握したことで，大きく発展したという。大祭は，旧暦3・6・9月の10日に行われる。

境内入口から約150m手前左側の高台に，チェズボロー号遭難慰霊碑がある。1889（明治22）年10月30日の朝方，アメリカの貨物船が函館からニューヨークへ帰航の途中，七里長浜沖で座礁，遭難した。船長以下19人の乗組員が死亡したが，漂流していた乗組員を車力村の人びとが危険を冒して救助し，死亡者を手厚く埋葬したという，献身的な救助活動を記念したものである。

高山稲荷神社から見渡せる七里長浜は，江戸時代には鰺ヶ沢・

十三湊間の約30kmの往来に利用された十三街道であった。街道といっても砂浜の海岸線を通行するものであるから、波が荒いときには歩行がきわめて困難であったり、途中、休みをとる人家もないので、冬には死者も出たという。

## つがる市森田歴史民俗資料館 ❺
0173-26-2201

〈M▶P.94〉つがる市森田町森田字月見野340-2
JR五能線陸奥森田駅🚶10分

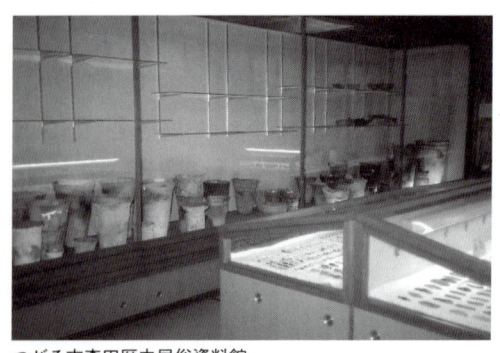

石神遺跡の出土遺物を展示

つがる市森田歴史民俗資料館

陸奥森田駅から南へまっすぐ約100m歩くと、国道101号線に出る。左折して10mほど行き、国道を横断して坂道を約100mのぼると、森田小学校に隣接するつがる市森田歴史民俗資料館の正面入口がみえる。

1975(昭和50)年4月に開館した、青森県最初の歴史民俗資料館である。縄文時代前期から晩期に至る遺跡で、多くの円筒土器を出土した石神遺跡(つがる市森田町)の出土遺物がここに収められ、うち219点が国の重要文化財に、20点が県重宝に指定されている。民俗資料も展示している。

## 柏正八幡宮 ❻

〈M▶P.94, 103〉つがる市柏桑野木田字八幡117
JR五能線木造駅🚶45分、またはJR五能線五所川原駅🚌
鶴田線・廻堰線柏支所前🚶5分

藩祖津軽為信から下賜された宝物を保存

木造駅で下車し、約500m東方にあるJRの踏切を越えて南へ進む道が、弘前と十三湊を結ぶ十三街道である。沿道のマツは、大正時代まで見事な並木であったものの名残りである。この道と並行する西側の道には、旧柏村の地名の由来となったカシワの木がみえる。

1577(天正5)年、のちの弘前藩初代藩主津軽為信は、この地を巡視し、葦原の開発を予見して広須野と名づけたという。広須を過

# 石神遺跡

コラム

円筒土器文化圏を代表する遺跡

　石神遺跡（つがる市森田町床舞字石神）は、狄ヶ館溜池に南から半島状をなして突出する、標高約15mの舌状台地突端にある遺跡である。

　石神遺跡は、東北地方北半部において円筒土器文化が栄えた縄文時代前期・中期から、さらに後期・晩期に至る複合遺跡で、円筒土器の各型式が層位正しく出土したことで注目された。

　1965年と1967年に発掘調査が行われ、円筒土器が古いものから新しいものまで連続して出土した。さらに1967年の調査では、ヤマトシジミを主体とする縄文時代前期の小貝塚が発見され、十三湖の水域がこの地帯まで広がっていたこともわかった。

　1969年の調査地域は、石神Ⅱ遺跡といわれ、縄文時代晩期の遺物が出土し、竪穴住居跡も発見された。青森県における主要な遺跡の１つである。

石神遺跡

ぎてしばらく歩くと長福寺（浄土宗）に至る。1642（寛永19）年以前の創建とみられるが、為信が建立し、1687（貞享４）年に広須から現在地へ移ったともいう。本尊は木造阿弥陀如来像で、本堂は1778（安永７）年の再建である。

　柏桑野木田集落の北端にある浄円寺（浄土宗）の創建は、1615（元和元）年とも1652（承応元）年ともいわれる。

　浄円寺の近く、柏第一保育所と柏中学校の間の道の奥に、柏正八幡宮（祭神誉田別尊）がみえる。1577（天正５）年に藩祖津軽為信が広須を巡見した際に勧請したと伝えられ、その後、広須八幡宮と改称、1668（寛文

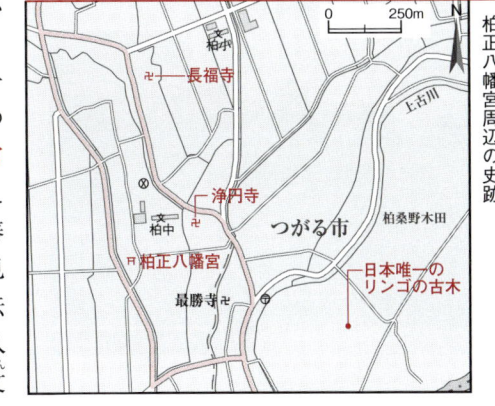

柏正八幡宮周辺の史跡

木造新田と海岸線を旅する　103

8)年に川端村(現,つがる市)への移転とともに,川端八幡宮と称し,社殿の修築費は藩がまかなったという。1889(明治22)年,柏村発足とともに現社名に改称し,広須新田一帯の守護神として崇敬され,1946(昭和21)年まで郷社であった。現社殿は,1955年に新築したものである。

## 高沢寺 ❼

〈M▶P.94, 106〉 西津軽郡鰺ヶ沢町七ッ石町12
JR五能線鰺ヶ沢駅 🚶10分

鰺橋と池が調和した庭園 鰺ヶ沢町の名勝地

　鰺ヶ沢駅前から右へ約70m歩くと,道が少し左方へ曲がり,丁字路に出る。そこを左折して直進し,中村川河口に架かる明海橋を渡って100mほど行くと,左手奥に高沢寺(曹洞宗)がある。
　1513(永正10)年成立の「正法年譜住山記」(岩手県奥州市,正法寺蔵)によれば,1375(永和元)年,道叟道愛(大本山総持寺の峨山韶碩禅師二十五哲の1人で,岩手県の正法寺など東北地方を中心に布教した)が高沢寺で没したという。当時の高沢寺の場所は不明であるが,その後,寺は荒廃し,1615(元和元)年,全室廓応が開山となり,米町に再建したといわれる。1807(文化4)年には山崩れで寺は全壊したが,このときに賽銭箱のおかげで小僧は押しつぶされず,命拾いしたという。現在も本堂玄関にこの賽銭箱がある。その後,1811年に現在地へ移転した。
　現在の本堂は,1867(慶応3)年に再建されたものである。大屋根と天井の要所が縄で結ばれているのが特徴で,地元では「縄からがきの寺」とよんでいる。

高沢寺

　寺宝の地獄絵「十王図」は,幕末から明治時代初期にかけて活躍した弘前の画家平尾魯仙の筆になるもので,藪入りの旧正月16日に開帳される。また1882(明治15)年には,美濃国(現,岐阜県)出身

# リンゴの木

コラム

日本最古のリンゴの木

　つがる市柏には日本唯一のリンゴの古木(りんごの樹、県天然)が3本ある。これは1878(明治11)年、西津軽郡柏村(現、つがる市)桑野木田の篤農家古坂乙吉が弘前の菊池三郎(初代弘前市長菊池九郎の弟、農事研究会「化育社」の一員)から苗木を譲り受けて栽培し、残った3本である。「紅絞」2本、「祝」1本が現存し、一番大きな木で、樹高7.4m・幹回り3.4mもあり、今でも約40箱(7200個)の収穫があるという。

　1960(昭和35)年に、県の天然記念物に指定され、樹齢128年(平成18年現在)である。

日本最古のリンゴの木

の放浪の画人として知られる蓑虫山人が滞在しており、山人が描いた滝見観音の大掛軸がある。

　高沢寺の裏には、白い台石に緑のマツ・春のサクラ、それに橋と池がよく配置された龍廣園と名づけられた庭園があり、鰺ヶ沢町の名勝地の1つとなっている。庭園の池島には、「名月や　池遠免ぐり亭　よもすがら」の句を刻んだ松尾芭蕉の翁塚がある。芭蕉の百五十年忌に建てられたものである。

　旧郷社の正八幡宮(祭神誉田別尊・倉稲魂命)は、鰺ヶ沢駅から右へ歩いて丁字路を左折し、国道101号線を30mほど行くと、左にみえる。社伝によれば、天文年間(1532～55)に木村右衛門が勧請し、慶長年間(1596～1615)に木村相模が再興したという。1766(明和3)年、弘前藩7代藩主津軽信寧のとき、赤石組の鎮守・祈願所になったという。現在地の鰺ヶ沢町舞戸町へ移ったのは、1735(享保20)年とされる。

**白八幡宮** ❽　〈M▶P.94, 106〉西津軽郡鰺ヶ沢町本町1-1
JR五能線鰺ヶ沢駅🚶25分、または鰺ヶ沢駅🚌鬼袋行本町🚶3分

坂上田村麻呂が創建　鰺ヶ沢の総鎮守

　鰺ヶ沢駅前から右へ約70m歩き、丁字路を左折して国道101号線に出て正八幡宮の前を通過し、右手に海をみながら役場・警察署前を通りさらに行くと、左手に白い鳥居がみえてくる。石段をのぼり

木造新田と海岸線を旅する

## 白八幡宮

きった所に,旧郷社白八幡宮(祭神誉田別尊)が鎮座する。現在は白鳥・稲荷・広峯神社も合祀されている。

社記によれば,807(大同2)年,坂上田村麻呂が蝦夷征討の祈願所として,太刀と白旗を納めて創設したという。康元年間(1256〜57),鎌倉幕府5代執権北条時頼が廻国の途中,荒廃した社殿をみて再建したという。また,『津軽一統志』によると,弘前藩初代藩主津軽為信が,1603(慶長8)年に再建し,鰺ヶ沢の総鎮守とした。1630(寛永7)年に,弘前藩2代藩主信枚が寄進した太刀が現存する。創建以来幾度か火災に遭い,現在の本殿は1830(文政13)年の建立である。藩政時代は弘前八幡宮・浪岡八幡宮とあわせ,「津軽三八幡宮」の1つに数えられていた。

社殿前に2基の御神燈がある。1794(寛政6)年,世話人菊屋善左衛門・大坂茨木屋和助・大坂伊勢屋伊兵衛ほか4人の商人によって,航海の安全を祈願して奉納されたものである。また本殿と拝殿の間には「文化十四(1817)年」銘の狛犬2基がある。さらに「千石

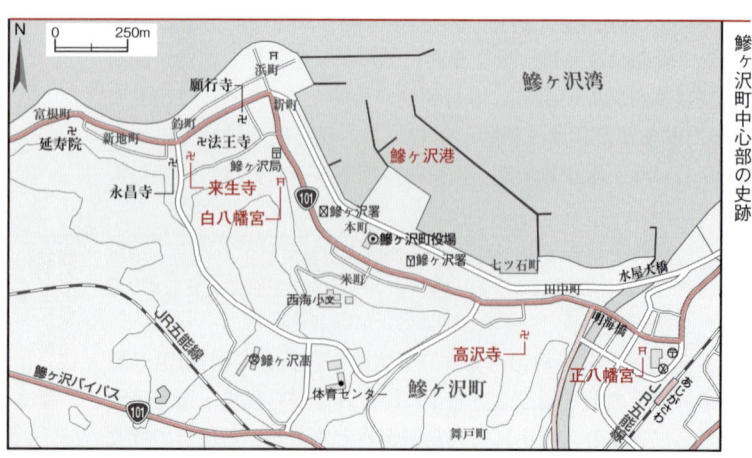

鰺ヶ沢町中心部の史跡

106　津軽新田地帯と西海岸

船」などの絵馬も多く，鰺ヶ沢の往時の繁栄を偲ぶことができる。

白八幡宮の大祭行事（県民俗）は4年に1度，8月14日から16日にかけて行われ，御輿渡御に人形山車が付祭となっている津軽地方で唯一残っている祭礼である。御輿の渡御行列には200人ほどが出揃って，案内奉行を先導に，古式ゆかしい衣裳の人びとが続き，白旗・槍・太刀・なぎなた・鉄砲なども行列のなかにみえる。京都風の祭りとして，日本海の海運によって運ばれてきたものであろう。

境内からは鰺ヶ沢港を見下ろせ，遠く七里長浜が望める。鰺ヶ沢港は，藩政時代に「津軽四浦」の1つに数えられ，青森港とともに，弘前藩の藩米回漕の重要な港であった。岩木川舟運で十三湊に運ばれた藩米は，「十三小廻」で鰺ヶ沢港へ送られ，西廻り海運の船に積み込まれた。宝暦年間（1751～64）には，菊屋・塩屋・三国屋・竹田屋など廻船問屋が12軒もあり，おおいに賑わった。

### 来生寺 ❾

〈M▶P.94, 106〉西津軽郡鰺ヶ沢町釣町16-1
JR五能線鰺ヶ沢駅🚶30分，または鰺ヶ沢駅🚌鬼袋行釣町🚶1分

浄土真宗開祖の親鸞上人連座御影は県重宝

鰺ヶ沢駅から国道101号線に出て，海岸沿いに西方へ歩き，白八幡宮前を通過して，左に曲がる国道101号線を200mほど行くと，左手山側に来生寺（浄土真宗）がある。もとは天台宗妙円寺といったが，戦国時代に焼失，1652（承応元）年に来生寺として再興された。

本堂は1720（享保5）年に建造され，2度の鰺ヶ沢の大火でも類焼を免れた。本尊の阿弥陀如来像は，絵表装されているもので「真向」または「八方睨み」の絵像と称される。「おこり」の妙薬として信じられ，表装部を切って服用されたので，現在は絵表装部は一部しか残存しない。「親鸞上人連座御影」とともに，県重宝に指定されている。

来生寺の釣町バス停寄りに法王寺（浄土宗）が隣接し，

来生寺

木造新田と海岸線を旅する 107

国道101号線から南へ入る道を隔てて永昌寺(日蓮宗)、釣町バス停より東隣に願行寺(浄土真宗)があり、来生寺を含めて4カ寺が並んでいる。

永昌寺前の国道101号線を海岸沿いに約400m行くと、左に延寿院(曹洞宗)がある。延寿院の本尊の木造菩薩坐像(寺伝は薬師如来像、県重宝)は、西海岸地方唯一の円空仏である。寺伝では、1662(寛文2)年に鰺ヶ沢沖で漁網にかかったものと伝えられる。仏像全体が黒ずんでいるので、古くから「海上激流黒本尊薬師如来」と名づけられ、海上安全・大漁祈願の守り本尊として漁民の篤い信仰を受けてきた。また境内には、1766(明和3)年の大地震による犠牲者慰霊の御影石宝篋印塔がある。これは廻船問屋菊屋善左衛門が1771年に兵庫の御影町(現、神戸市東灘区)の石工につくらせ建立したもので、明和地震を知るための貴重な資料の1つである。

## 種里城跡と光信公の館 ❿
0173-79-2535

〈M▶P.94〉西津軽郡鰺ヶ沢町種里
JR五能線鰺ヶ沢駅🚌鬼袋行 城址公園 🚶 1分

弘前藩発祥の地
津軽家家紋のぼたん祭り開催

城址公園バス停でバスを降りると、すぐに種里城跡(国史跡)の石碑がある。赤石川の上流左岸丘陵に位置し、種里集落の南西約500m、比高約60m、東向きの山稜を利用した中世山城である。遺構は三方が谷地で囲まれ、西方の一部が尾根続きで、東西約500m・南北550mである。当時は数郭から構成されていたと思われるが、現在は、中央部にはぼたん園が整備され、周辺部にはスギが植林されており、昔日の面影はない。

1491(延徳3)年、久慈(現、岩手県)で育った南部(大浦)光信が32歳のとき、南部信時から鼻和郡を与えられ、種里へ入ったという。光信は、1526(大永6)年にこの地で没したが、

**種里城跡大浦光信墓**

その子盛信は賀田(現，弘前市賀田)に大浦城を築いて移ったので，種里城に住んだのは光信のみである。その後，盛信・政信・為則と続き，為則の跡を甥の為信が継ぐことになる。そして，為信が大浦城を本拠地として津軽を統一し，津軽氏を名乗って弘前藩を確立したので，種里城は弘前藩発祥の地とされるのである。

　石碑の後ろにある石段をのぼり，ぼたん園に沿って奥へ進むと，本丸と推定される郭より数段低くなった2つの郭には光信の墓がある。御廟館ともいわれるが，碑石もない封土で，木柵で囲まれている。近くに殉死した奈良主水貞親の墓がある。また，盛信は父光信の霊を弔うため，後方の寺の沢に長勝寺を建立したという。種里城跡の近くに光信公の館があり，発掘調査の出土品などが展示されている。

　城址公園バス停から種里の集落に向かうと，集落のなかほどに，旧郷社の種里八幡宮(祭神誉田別尊ほか)がある。1523(大永3)年，大浦光信が，武運長久・一門繁盛を祈願して創祀し，社領15石を寄進した。宮司には，奈良主水貞親を兼任させた。施主光信の名が記された「大永三年」銘の棟札が現存する。種里城の鎮守と考えられる。神宝には御正体(鏡〈銅板〉に神像を浮彫りにしたもの)や，藩祖為信が寄進したという獅子頭などがある。現在の社殿は，1898(明治31)年に再建されたものである。

## 関の古碑群 ⓫

〈M▶P.94〉西津軽郡深浦町関字栃沢
JR五能線北金ヶ沢駅 🚶 20分

*十三安藤氏関係の中世史上貴重な文化財*

　北金ヶ沢駅前から右折して国道101号線を海岸沿いに東へ進み，小童子川にかかる橋を渡ってすぐ右折する。ゆるやかな細い坂道をのぼると国道101号線バイパスに突き当り，そこを右へ進むと，甕杉への道標がみえ，石段をのぼった先に1本の巨大な関の杉(県天然)がある。遠くからみると甕の形に似ていることから「関の甕杉」ともいわれる。高さ約35m・幹周り約7m，樹齢およそ1000年と推定されている。

　この木の下に五輪塔や古碑42基がある。関の古碑群(県史跡)といわれる中世の板碑群で，近傍に散在していたものを集めたものといわれる。これらの古碑のなかに「暦応三(1340)年」から「康応元

関の杉と古碑群

(1389)年」までの北朝年号が確認され，さらに「安倍是阿」「安倍季□」の文字が刻まれていることから，十三安藤氏関係の碑であることが推定される。

1322(元亨2)年から1328(嘉暦3)年にかけて，安藤氏の内紛(津軽大乱・津軽騒動)の一戦場「西浜折曽関」は打差関ともいわれるこの関集落付近のこととされる。また，1330(元徳2)年安藤高季宛ての安藤宗季譲状，および1335(建武2)年の高季宛ての北畠顕家国宣(ともに「新渡戸文書」)にみえる「関阿曽米」の地は，この関付近に比定されている。

北金ヶ沢駅前の道を左折し，海を右手にみて300mほど歩き，再び左折してJRの踏切を渡り約200m道をのぼると，薬師堂がある。境内に，北金ヶ沢の古碑群といわれる中世の板碑が18基並んでいる。「文和二(1353)年」から「応安七(1374)年」までの北朝年号がみえるが，年代が判明するのは8基だけである。関の古碑群と一連のものと思われる。

きた道をくだり，左折して500mほど行き小路を入ると，北金ヶ沢のイチョウ(国天然)に至る。本幹と気根(俗称ちち)が一体となり，1本で森をなしている。樹高約30m・本幹の周囲は約11mで，枝から垂れ下がる気根はさまざまな形をし，鍾乳洞の石筍状のものや人の乳房状のものもあり，古くから婦人が乳の出ることを祈る「垂

千畳敷

津軽新田地帯と西海岸

乳根の銀杏」として信仰されてきた。樹齢は約1000年と推定される。

　北金ヶ沢から南の海岸線は，その様相が一変する。津軽国定公園に属する深浦海岸のなかでも，断崖や西洋の兜の形に似た「かぶと岩」などの奇岩・怪石がみられるいちばんの景勝地で，海岸段丘もよく発達している。その段丘上を国道とJR線が並行して走り，段丘上には，天保年間（1830〜44）の追分石がある。

　大戸瀬崎をまわると巨大な大戸瀬岩があり，その下に広がる平坦な岩盤が千畳敷である。1792（寛政4）年の大地震で隆起した広大な海食台地で，藩主の巡見があると千畳の畳を敷き，200間の幕を張ったという。また，海水の侵入によってできた大小の割れ目があり，荒波が打ち寄せると，海鳴りとともに高々と汐を吹き上げる。

## 円覚寺 ⑫

〈M▶P. 94, 112〉西津軽郡深浦町深浦字浜町275
JR五能線深浦駅🚶25分

近世初期の海運を物語る北国船の絵馬を所蔵

　深浦駅を出て，海を右にみながら役場や郵便局前を道なりに進み，観音橋を渡って左折すると，老杉・巨木が林立する森に円覚寺（真言宗）がある。壮麗な山門を入ると，中央に澗口観音堂がある。澗口の名は，港の入口に位置することに由来するという。左に金毘羅堂（護摩堂），右に薬師堂がある。円覚寺はこれらの総称である。

　807（大同2）年，坂上田村麻呂が蝦夷征討の際，ここに陣屋をおき観音堂を創建し，聖徳太子作とされる十一面観世音菩薩像を安置したと伝えられている。また開基は貞観年間（859〜877），大和国（現，奈良県）の修験者円覚ともいう。本尊の十一面観世音菩薩像は33年ごとに開帳される。

　藩政時代には，津軽家の祈禱所として，弘前藩2代藩主津軽信枚の1625（寛永2）年，3代信義の1655（明暦元）年，4代信政の1700（元禄13）年，5代信寿の1728（享保13）年に修理や再建が行われた。

　薬師堂内の厨子（国重文）

円覚寺山門

木造新田と海岸線を旅する

は，藤原基衡が寄進したと伝えられる。薬師堂の鰐口(県重宝)に「至徳二(1385)年」の銘があり，これは至徳3年とも読める。また薬師堂の覆堂の棟札に，「永正三(1506)年葛西木庭袋伊予守頼清敬白」とあることから，厨子は少なくとも，室町時代初期ないしは中期はくだらないもので，青森県最古の建造物と考えられる。素木造り，桁行91cm・梁間133.5cm・軒出55cmの一間厨子で，入母屋造，屋根は板葺き，組物は三手先，軒は二軒扇棰で，全般的に和様を交えず，純唐様手法を採用し，全国的にも珍しい。また，頭貫間の欄間の網目に梵字を透彫とし，小脇壁および地貫腰貫間にも装飾彫刻を入れるなど，構造・意匠ともすぐれて華麗であり，中世の遺構が少ない東北地方では，たいへん貴重なものである。

薬師堂内には，1633(寛永10)年越前敦賀(現，福井県)の庄司太郎左衛門が奉納した船絵馬がある。江戸時代に，盛んに日本海を航行した船の形態が知られる珍しいもので，中世的運送船(北国船)の様子を描写している。また船中乗客の様子は，初期浮世絵風の風俗画としても貴重である。

金毘羅堂には，西廻し海運の船主・船頭の安全を祈願した船の絵馬，また船乗りたちが海難に際して髷を切って祈り，無事助かったあとに，感謝の気持ちを込めて奉納した髷額がある。庄司太郎左衛門奉納のものを含めて，船絵馬70点・髷額28点など106点が，円覚寺奉納海上信仰資料(国民俗)として指定されている。このように，数・量ともにまとまって奉納されている例は少なく，江戸時代から明治時代の中頃までの，海運に関連した信仰を示すものとして重

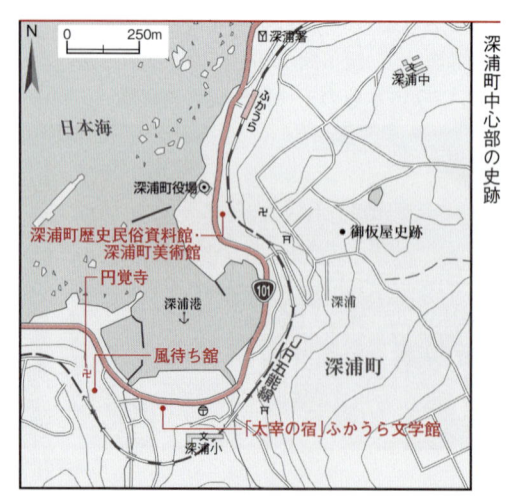

深浦町中心部の史跡

要であり，また，当時の航海の様子や廻船の状況などを知るうえでも，貴重な資料である。

　寺宝として，弘前藩４代藩主津軽信政自筆の紺紙金泥仁王護国経写，５代藩主津軽信寿筆の滝見観音像，26代住職海浦義観がつくった信徒の頭髪による「毛髪刺繡八相釈尊涅槃図」「毛髪刺繡三十三観音御影図」や，「絹本著色聖宝僧正像」(県重宝)などがある。現在，鰐口や船絵馬を始めとするこれらの寺宝は，円覚寺寺宝館で拝観できる。

　境内には梵字の痕跡を残す宝篋印塔(県重宝)１基，板碑３基がある。幹回り約7.4m・樹高30m・樹齢1100余年の老杉は，海上が荒れる日に梢に不思議な明かりがみえ，船を救ったという。そのため竜灯の杉と名づけられた。津軽三十三観音第10番札所で，例祭は毎年７月16・17日に行われる。なお追良瀬にある第９番札所の見入山観音堂は，円覚寺の管轄下にある。

　円覚寺から徒歩２分の所に，風待ち舘がある。深浦は，江戸時代中期から明治時代中期にかけて，上方と蝦夷地を結ぶ北前船の風待ち湊として栄えた地であり，北前船の模型や，北前船が運んできた古伊万里などの関係資料を通して，その歴史を学ぶことができる。

## 深浦町歴史民俗資料館・深浦町美術館 ⑬
0173-74-3882

〈M▶P.94, 112〉西津軽郡深浦町深浦字苗代沢80-1
JR五能線深浦駅🚶５分

　深浦駅から南方へ５分ほど歩くと，海手に役場がみえ，その真向かいに深浦町歴史民俗資料館・深浦町美術館がある。資料館は，1980(昭和55)年に開館し，縄文遺跡からの出土品や藩政時代から現代に至る深浦の歴史を紹介している。隣接の美術館は，2006(平成

深浦町歴史民俗資料館・深浦町美術館

18)年に開館し、深浦町出身の美術家を始め、青森県内で活躍する美術家の作品を展示している。

深浦町歴史民俗資料館・深浦町美術館から南へ15分ほど歩くと「太宰の宿」ふかうら文学館がある。ここは太宰治の小説『津軽』にも登場する、旧秋田屋旅館を改築したものである。2階には、太宰が実際に宿泊した部屋を、当時の趣に再現した「太宰宿泊の間」を始め、『津軽』の初版本や書簡類を展示したコーナーがある。また、深浦町とゆかりのある大町桂月や成田千空、深浦町を訪れた文人たちを取り上げて紹介している。

## 大間越関所跡 ⓮

〈M▶P.94〉西津軽郡深浦町大間越
JR五能線大間越駅🚶40分

大間越駅を出て、国道101号線バイパスを南下し、津梅川を渡り、大間越トンネルの手前から左手の山道をのぼって行くと、大間越関所（大間越番所）跡に着く。頂上は平坦地で、老松が残り、番所や柵の配置などを想定できる。海岸に突き出た高所で、往来の取締りや藩境の警備に、絶好の場所であったと思われる。

大間越は、碇ケ関・野内とともに「津軽三関」の1つで、1665（寛文5）年に、参勤交代路が碇ケ関経由に変更になるまで、重要視された。

番所役人の構成は、4カ月交代で勤務した2人の町奉行のほかは、町同心警固・町同心・町年寄各15人、名主2人、月行事5人で、その土地居住者に限られていた。番所の役割は、通行人の監視、禁輸品の調査、輸出入税の課税と切手の点検、御仮屋の管理、藩への連絡、藩境の警備などである。とくに、不審者の入国については厳しく取り締まり、虚無僧や巡礼者、他国の浪人らの入国を禁じた。

大間越関所跡

1717（享保2）〜21年の5年間の月平均通行者は40人で，碇ケ関の250人と比較してはるかに少なく，通行税の徴収額も当然少なかった。1869（明治2）年に，新政府の通達により関所は廃止された。

岩崎集落の南，森山崎に茶右衛門館跡がある。2つの館からなり，「森山館」ともよばれている。天文年間（1532〜55）は，種里城主大浦光信の重臣であった森山飛騨守秀定の居館であったが，慶長年間（1596〜1615）は小野茶右衛門の居館であったという。茶右衛門は折曽関で関守をしていたという。しかし，茶右衛門は地位を利用して海賊行為を働いたことで，弘前藩2代藩主津軽信枚のときに笹森勘解由によって討伐された。幕末に沿岸防備が強化されたとき，この館跡にも狼煙台が設けられた。

森山の南の松神集落は，1621（元和7）年に村づくりが行われた所で旧家が多い。南部の七戸から土着したという大屋家は，同家の祖久六が日本海上の岩礁久六島を発見したことで知られる。家宝として「黄金の船印と久六島の絵図」がある。また，松神には200年ほど前の南部曲屋が残っている。

JR五能線大間越駅は青森県側の最後の駅で，その先は秋田との県境である。JR五能線は青森県側のJR弘前駅と秋田県側のJR東能代駅を結ぶ営業距離153.5kmの鉄道で，現在は45の駅がある。そのうち34駅が青森県側にあり，難読駅名が数駅ある。南から艫作・追良瀬・驫木・風合瀬などの駅がある。JR川部駅から奥羽本線に入ると，撫牛子・弘前の2駅がある。

五能線は，1920（大正9）年に鉄道省秋田建設事務所の所管工事として，青森県側の五所川原と秋田県側の能代両方面から15工区に分けて着工された。途中，海岸線の難工事を強いられたものの，1936（昭和11）年に五所川原駅と東能代駅が結ばれ，全通を記念して艫作駅前には五能線全通記念碑が建てられた。なお，五所川原・川部間を営業していた私鉄の陸奥鉄道は，1927（昭和2）年に鉄道省へ移管された。

## ❷ 十三湖・小泊を訪ねる

中世津軽の豪族安藤氏が活躍した十三湊遺跡の発掘調査が進み，港湾都市計画の様子が明らかになりつつある。

### 海童神社 ⓯

〈M▶P.94〉北津軽郡板柳町板柳字土井21
JR奥羽本線・弘南鉄道弘南線弘前駅🚌五所川原線 表町 🚶1分

海の守り神として当時の面影を今に残す

　表町バス停の南側にある海童神社（祭神上津綿津見命）は，1593（文禄2）年，豊臣秀吉の朝鮮出兵に際して，弘前藩祖津軽為信が肥前国名護屋（現，佐賀県）に参陣するとき，海上安全を祈願して海神をまつったのが始まりと伝えられている。その後，衰退したが，1644（正保元）年，村民が板柳の川端（現，板柳町）に岩木川の守護神をまつるため再興した。しかし，洪水のたびに境内が崩れるので，1652（承応元）年，現在地へ移った。1873（明治6）年に，古い伝えによって宝量宮から現在の社名に改めた。神宝の神輿は，「忠臣蔵」で有名な浅野家断絶のとき，当地の豪商若狭屋儀兵衛が大坂で買い取り，奉納したものと伝えられている。

　板柳は，1895（明治28）年までは板屋野木といわれ，正保年間（1644～48）に町立てが行われた。年貢米を収める藩の蔵が大蔵町に建てられ，岩木川の河港として栄えた。正休寺（浄土真宗）・長延寺（日蓮宗）・大善寺（浄土宗）・龍淵寺（曹洞宗）などは，町立て当初からあった。龍淵寺墓地の南側にあたる町営上水道貯水槽が，縄文時代晩期の土井遺跡である。また，灰沼には板柳町立郷土資料館がある。

　町の東端にある滝井館跡は，南朝方の有力武将である北畠氏一族の居館で，現在もその子孫が居住している。代々，庄屋・医者・寺子屋師匠をつとめ，後醍醐天皇から下賜さ

海童神社

れた錦の御旗，護良親王の御衣を保存する。

## 太宰治記念館「斜陽館」⓰
0173-53-2020

〈M▶P.94, 117〉 五所川原市金木町朝日山412-1
津軽鉄道金木駅🚶10分

太宰治の世界を感じる生家

　金木駅から延びる道が二手に分かれる所を左に行き，直進すると，やがて丁字路に至る。そこを右折すると，右手に赤レンガ塀に囲まれた斜陽館（旧津島家住宅，国重文）がみえる。1階11室（278坪〈約920m²〉），2階8室（116坪〈約390m²〉），宅地680坪（約2300m²）のこの邸宅は，太宰治（本名津島修治）の父源右衛門が，金木銀行の店舗兼住宅として改築し，1907（明治40）年に竣工した。棟梁は青森出身の名工堀江佐吉の4男斎藤伊三郎である。間口3間（約5.5m）の幅広い土間を母屋裏側まで通した商家風，入母屋造・銅板葺きの屋根で，米蔵に至るまで，すべてヒバが用いられている。2階中央の2室と階段室などに洋風の諸造作が施され，天井・欄間・床間など和風部分に高い技術がみられる。

　津島邸は1950（昭和25）年に売却されたのち，旅館「斜陽館」として，観光客に人気を博した。1996（平

斜陽館

金木駅周辺の史跡

十三湖・小泊を訪ねる

成8)年には，当時の金木町が買い取り，復元・修復のうえ，1998年に金木町太宰治記念館「斜陽館」として開館した。2004(平成16)年に国の重要文化財に指定された。板の間の奥にある蔵1棟は，展示室として太宰治のマントや袴・羽織などの遺品，執筆した初版本，手書き原稿，川端康成や兄文治に宛てた書簡など約600点の資料を展示している。また，斜陽館の向かいには，2000年に金木観光物産館・津軽三味線会館が建造され，注目を集めている。

## 雲祥寺 ⑰

〈M▶P.94, 117〉五所川原市金木町朝日山433-1
津軽鉄道金木駅 徒歩12分

幼少の太宰がよく遊んだ場所

斜陽館前の通りを70mほど北へ行くと三差路に出る。左折したすぐ右側に，金木山雲祥寺(曹洞宗)がある。正面にみえる山門は，1803(享和3)年に金木武田家の寄進で建てられた。鐘楼をかねた入母屋造が特徴である。また，山門に刻まれた1対の武田菱が興味深い。

寺は1596(慶長元)年に，繁翁茂を開基として創建された。1667(寛文7)年，長勝寺14世聖眼雲祝を勧請開山とし，1811(文化8)年に愚全が中興したという。1969(昭和44)年に無為哲三が重興(再々建)している。また「長勝寺並寺院開山世代調」「曹洞諸寺院縁起志」には，1645(正保2)年に呑益が初めて開いた寺とある。繁翁茂は，八戸櫛引城城主の菩提寺の住職であった。九戸政実の乱(1591〈天正19〉年)後に城主の櫛引甚三郎信建(別名武田甚三郎信建)らとともに，この地に逃れてきたともいわれており，雲祥寺には，甚三郎夫妻の墓が残っている。大きな五輪塔2基には，2人の戒名(円通院殿・栄応殿)と没年が彫られている。のちに武田家は弘前の豪商金木屋となる。

雲祥寺には「十王曼陀羅」，通称「地獄絵」とよばれる江戸時代中期

雲祥寺

の掛軸があり，太宰治が『思ひ出』に紹介してから，見学者が多くなった。

雲祥寺の斜め向かいに，旧郷社八幡宮（祭神誉田別尊）がある。表と裏に鳥居があり，珍しい。津軽藩の新田開発成就や五穀豊穣の祈願所として，鳴弦祈禱が行われた。1774（安永3）年，金木組24カ村の総鎮守となった。八幡宮から西へ約60ｍ進むと，左側に金龍山南台寺（浄土真宗）がある。太宰治の生家である津島家の菩提寺で，幼少の頃，太宰が日曜学校でよく本を借りて読んだ所である。

## 芦野公園 ⑱

〈M▶P.94, 117〉 五所川原市金木町芦野
津軽鉄道芦野公園駅🚶1分

西北地方を代表するサクラの名所

津軽鉄道が公園内を走り，その停車地点が芦野公園である。また，南台寺から歩いて行くこともできる。この寺を出て西へ進むと国道339号線に出る。そこから右折して約500ｍ行くと，公園に到着する。

芦野公園は1958（昭和33）年，青森県立自然公園に指定された。公園内にある芦野湖の正式名称は，藤枝溜池という。金木新田取立の1701（元禄14）年に竣工。灌漑用水として重要な役割をはたした。「日本さくら百選」にも選ばれた約1300本のサクラを中心に，約200本のウメ，そしてクロマツが見事に調和して，西北地方を代表する行楽地になっている。1980（昭和55）年には，全長128ｍの吊り橋が完成した。湖岸の登仙岬には，1965（昭和40）年につくられた太宰治文学碑がある。6月19日には全国からファンが集まり，太宰を偲び，献花する。制作は，旧制青森中学校学友の画家阿部合成。碑文は，太宰が愛誦したといわれるフランスの詩人ヴェルレーヌの「撰ばれてあることの恍惚と不安と二つわれにあり」である。

芦野公園駅前の国道339号線を隔てて，金木歴史民俗資料館がある。1978年に開館し，旧金木町（現，五所川原市）の考古・民俗資

芦野公園内の太宰治文学碑

十三湖・小泊を訪ねる

料のほかに，藩政時代以来，この地が木材集積の重要拠点であったことから，原木切出しに使用する諸道具や森林資料・加工製品などが展示されている。

　芦野公園から国道339号線を北に進み，道路が藤枝溜池から離れてまもなくして，右にみえる小道を行き，川倉小学校前を通ると広い道路に出る。右折すると右手に，老松に囲まれた川倉地蔵堂がある。地蔵堂内とその周囲には，約2000体の地蔵がまつられている。旧暦6月23・24日には地蔵祭りがあり，死者の供養が行われる。この日には，津軽のイタコ（巫女）が集まって，善男善女の求めに応じて「口寄せ」が行われる。

## 中里城跡史跡公園 ⑲

〈M▶P.94〉北津軽郡中泊町中里字亀山 P
津軽鉄道津軽中里駅 徒15分

縄文時代から中世までの遺跡が混在する

　津軽中里駅から約30mまっすぐに進むと，丁字路に出る。右に折れ100mほどで，右手に神明宮（祭神天照皇大神）の鳥居がみえ，長い参道を進むと，丘陵上の社殿に着く。神明宮の前の道を進み，味噌醤油店で左折すると，まもなく右に行く道がある。ここをさらに進むと，ゆるい坂道の途中左手に，薄市山弘法寺（日蓮宗）がある。本堂裏の七面堂（七面天女像をまつる）は，眼病に霊験があるという。神明宮と弘法寺を結ぶ町並みの東側高地が，中世の中里城跡である。

　1988（昭和63）〜97（平成9）年に発掘調査が行われ，縄文時代から江戸時代にわたっての遺物が検出された。平安時代の竪穴建物跡は約80軒。その中には鉄滓・羽口などの精錬・鍛冶遺構がともなうものもみられた。集落外縁からは，総延長85mにおよぶ柵列跡，全長約130m・深さ1.2〜3.2mの断面逆三角形状の空濠跡などが発見されている。この古代集落は，10世紀なかば頃に成立し，11世紀前半に空

中里城跡

津軽新田地帯と西海岸

濠・柵列などの施設を備える古代環濠集落に移行するが、11世紀なかば頃には、廃絶したと考えられている。その後、中世城館の立地が同一面に構成されたことから、縄文時代・古代・中世と、北日本の集落の空間的な構成と時間的な推移が把握できる貴重な遺跡となっている。2003年には中里城史跡として県史跡に指定され、史跡公園として整備された。史跡広場には復元された建物と展望台がある。

## 福島城跡 ⑳

〈M▶P.94,124〉五所川原市相内実取・相内露草
津軽鉄道津軽中里駅🚌小泊行相内南口🚶6分

**十三湊に睨みをきかす防御の要**

相内南口バス停で降り、きた道を少し戻ると、右側に福島城跡の丘陵がみえる。途中の丘陵左側に、「オセドウ」(お伊勢堂が転訛したもの)とよばれる神明宮(祭神天照大神)がある。ここから大正時代末期に、縄文時代前期・中期のオセドウ貝塚が発見された。円筒土器の各型式設定の端緒となった遺跡として知られる。

神明宮を左にみて坂道をあがった、右側にある福島城跡の案内板に従い、そこから坂道を少しくだると、福島城跡である。1955(昭和30)年に、東京大学東洋文化研究所による発掘調査が行われた。城跡は北側の国道339号線を底辺に、十三湖に突出する鰊崎を頂点とした、1辺約1kmの三角形状の台地で、62万5000m²におよぶ。東側に堀跡があり、その内側には鉤形の土塁が南に続き、城門跡と考えられる遺構が残る城域西寄りには、東西約180m・南北約170mの郭跡がある。堀と土塁は西側によく残っている。現在城跡には展望台が設けられ、土塁・堀跡を経て、道の駅十三湖高原まで遊歩道が整備されている。

1992(平成4)年、内郭造成年代を探るため、内郭6ヵ所の試掘調査が、国立歴史民俗博物館によって行われた。粘土を積みあげた土塁内側に、最大幅約2mの側溝が確認され、溝内から10～11世紀の土師器の小破片が出土したが、中世の遺物は発見されなかった。この試掘による出土遺物の年代

福島城跡

十三湖・小泊を訪ねる

観や城郭構造などから，10世紀後半ないしは，11世紀の築造である可能性が高いという。

相内南口バス停から西へ向かい，旧相内郵便局前の石段をあがると，蓮華庵(浄土宗，十三集落の湊迎寺末庵)がある。向かって右側に，中世の板碑5基がある。年代が確定できるものは2基で，1357(延文2)年と永徳年間(1381～84)のものである。墓地奥のマツの根元に，高さ約1mの五輪塔があり，相内南口バス停から約100m東の中世の禅林寺跡から発見されたものと伝えられる。

### 日吉神社 ㉑

〈M▶P.94, 124〉五所川原市相内岩井
津軽鉄道津軽中里駅🚌小泊行相内🚶30分

神秘的かつ幻想的な神社

相内バス停でバスを降りて東へゆるい坂道をくだり，旧相内郵便局前を過ぎると，神社への案内標識がある。左折して約200m行くと道が2つに分かれ，左側の農道を北へ約2km進むと，鬱蒼と茂る森の中に，津軽日吉式山王大鳥居がみえ，日吉神社(祭神大山咋命)に着く。創建の詳しいことはわからないが，明治時代初期の神仏分離で，山王宮(坊)から日吉神社と改称された。

また，境内は山王坊跡ともいわれ，『津軽俗説選』に「山王坊山王三千坊有古跡」との記述がみられ，江戸時代にはすでに，五輪塔などが多数あったことが知られている。1982(昭和57)年から発掘調査が行われ，中世津軽の豪族安藤氏の営んだ宗教遺跡であることが確認された。この地は，山王坊川が平地に流れ出し，北に険しい丘陵斜面，南に平地と南北に長い小高い段丘を形成し，十三湖に南面するように位置している。周辺を山に囲まれ，南側のみに景色が開く地形は，いわゆる「神奈備」(神々が降りてくる山や社)を呈するもので，山の斜面には巨石が露出している。一方，南の福島城跡から直接遠望できる位置にあ

日吉神社

津軽新田地帯と西海岸

## 唐川城跡 ㉒

〈M ▶ P.94, 124〉 五所川原市相内岩井
津軽鉄道津軽中里駅🚌小泊行相内🚶40分，または🚌小泊行相内北口🚶30分

立十三湖を見渡す場所に

日吉神社から遊歩道をあがって行くと，市営岩井牧場に出る。道を左にくだり，市浦中学校から続く道との丁字路を右折し，山に向かって進むと春日内観音堂の石標がある。相内北口バス停に戻って信号機のある十字路を進み，道が二股に分かれる所を左折すると，石標に至る。参道を約100m進むと，津軽三十三観音第17番札所の春日内観音堂に至る。周囲を木々に囲まれた神秘的な場所である。本尊は聖観世音菩薩。草創は不詳であるが，1803（享和3）年の「寺社領分限帳」には飛龍宮とみえ，明治時代初期の神仏分離で廃社となり，その後，改称して現社名になった。

祠の左の山道をのぼると展望台があり，その北側の崖の上に唐川城跡がある。標高166mの中世の山城跡である。東と北は山地に続き，南と西は十三湖や日本海が眺望できる。上部には南北に長い平場があり，中央高地の両側には，東西に走る空濠がある。また，濠で区切られた南北両郭には，井戸とよばれた落ち込みが残されている。郭の縁部には，帯郭や空濠も認められるが，現在は山林となっている。

唐川城は津軽安藤氏が，鎌倉時代末期から南北朝時代にかけて拠点にしたと推定され，福島城の支城とされるが，詳細は不明である。安藤盛季が南部義政に攻められ，1432（永享4）年（一説には1443〈嘉吉3〉年）に福島城から唐川城へ退き，さらに柴崎城（現，中泊町）にたてこもったという。

唐川城跡

十三湖・小泊を訪ねる

十三湖 ㉓ 〈M▶P.94, 124〉五所川原市十三
JR五能線五所川原駅🚌十三行，または十三経由小泊行中の島公園前🚶1分

現在は「シジミ貝」の産地として有名

中の島公園前バス停前方の中の島への橋を渡った，中の島ブリッジパークの市浦地域活性化センター内に併設された市浦歴史民俗資料館がある。資料館は，4展示室に分かれている。1991（平成3）～93年にかけて行われた，国立歴史民俗博物館による発掘調査で明らかにされた，中世港湾都市十三湊を概観することができる。この調査の結果，中世都市の地割を残すきわめて重要な遺跡であることが判明した。1994年からは，旧市浦村（現，五所川原市），1995年からは，青森県教育委員会が調査を継続している。2005年には十三湊遺跡として，国史跡に指定された。

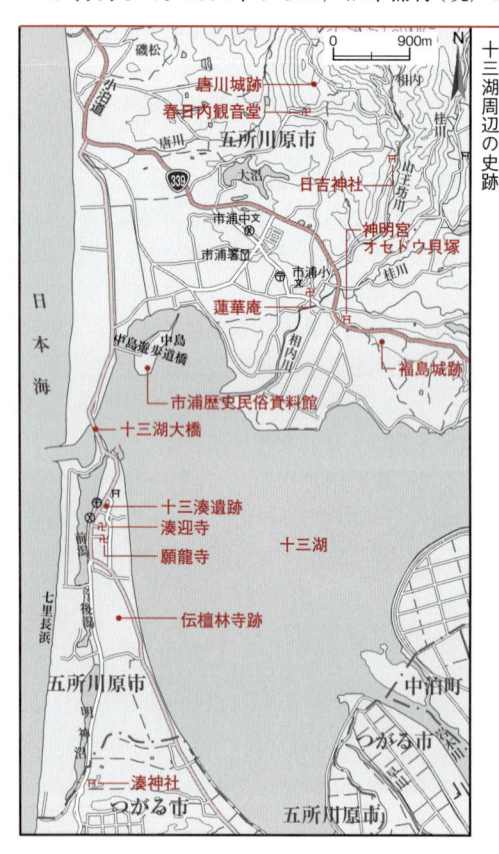

中の島公園前バス停から道を南へ進み十三湖大橋に立つと，西に水戸口（1947〈昭和22〉年竣工），東方左手にみえる相内集落から目を湖岸沿いに右に移すと小さな岬がみえる。そこが福島城跡の西端にあたる。南に伸びる離水海岸は七里長浜とよばれ，砂浜と砂州上の十三集落との間に，南へ向かって前潟・内湖・明神沼と続く旧水戸口跡で

十三湖周辺の史跡

124　津軽新田地帯と西海岸

# 十三の砂山(砂山節・砂山踊り)

コラム

北前船の船乗りが残した船歌 哀愁に満ちたメロディーが人気

「十三の砂山」は,旧北津軽郡市浦村十三(現,五所川原市)の盆唄で,歌詞の歌い出しからこの名がある。北前船の船乗りが残した船歌で,盆踊り歌として悠久の時を超え,浜辺で踊り歌われている。

　十三の砂山ナアヤーエー
　　米ならよかろナー
　西の弁財衆にゃアエー
　　ただ積ましょ ただ積ましょ
　弁財衆にゃナアーヤーエー
　弁財衆にゃ西のナー
　西の弁財衆にゃエー
　　ただ積ましょ　ただ積ましょ
　さあさ出た出たもろこし船よ
　　波にゆられてそよそよと
　十三を出るときァ涙で出ても
　　尾崎かわせば 先ァいそぐ
　沖の暗いのは蟹田の嵐
　　親父帆を巻け 舵もとれ
　名所名所と十三名所
　　出船入船 そりゃ名所
　恋の小泊 情の下前
　想い脇元 気は十三

ある。十三湖大橋を渡ると,道は羽黒橋に架かり,湖水は橋下を通って前潟とつながる。江戸時代には,前潟が河港(十三湊)として利用された。

十三は,「じゅうさん」と読むが,中世から江戸時代後期にかけては「とさ」とよばれていた。その語源にはいくつかあるが,アイヌ語の「ト・サム(湖沼・の畔)」という説が有力である。『日本書紀』斉明天皇四(658)年夏4月条に,阿倍比羅夫が有間浜で,渡島の蝦夷を集めて饗応した所としてみえ,十三湊付近にあてる説もある。この地が港湾として利用されるのは中世からのことで,15世紀前半に南部氏にこの地を追われるまで,蝦夷管領安藤氏の日本海貿易の拠点であった。室町時代初期にまとめられたといわれる『十三往来』には,繁栄をきわめた様子が記され,文明年間(1469～87)に成立したという海商法規「廻船式目」では,三津七湊の1つに数えられている。

十三湊遺跡は,13世紀から15世紀前半に本州最北端の湊として,アジアや北方地域との交易によって繁栄した中世の港湾都市遺跡である。

旧十三小学校周辺の領主館想定地区では,領主館の南を区画すると推定される堀や掘立柱建物・井戸などが発見されている。また

十三神明宮周辺の家臣団館想定地区では，南北に延びる中軸街路および直行すると思われる道路跡，館にともなうと考えられている堀などが確認されている。土塁の南側の町屋想定地区では，15世紀前半の中軸街路に面して町屋敷が形成され，それと同じ頃に，畑地も形成されたことが明らかになっている。

　江戸時代には，江戸・上方(かみがた)を結ぶ重要な湊であったが，1672(寛文12)年頃，十三湊を経由して，岩木川筋の米を鰺ヶ沢(あじがさわ)に送る輸送経路である十三小廻(じゅうさんこまわし)体制が確立されると，移入出港としての地位は鰺ヶ沢湊へ移り，岩木川舟運(しゅううん)と鰺ヶ沢湊を結ぶ中継港にかわった。水戸口は，初め明神沼の南西にあったと考えられ，現在の内湖の南端より海に出る狭門水戸(せばと)，現在の水戸口と狭門水戸の中間に古水戸(本多水戸)があった。

　十三湊が商港としての役割を終えたのは，近代に入って蒸気船が増加して土砂の堆積で水深が浅くなり，港への船の出入りが困難になったことと，明治時代末期からの十三湖北岸と青森貯木場を結ぶ津軽森林鉄道の開通によるという。

　十三湖大橋から県道12号線を南進すると，左側に十三山湊迎寺(じゅうさんざんそうごうじ)(浄土宗)がある。1625(寛永(かんえい)２)年の創建で，開山は鈍誉(どんよ)(天竜(てんりゅう)とも)と伝えられる。南に隣接して湊栄山願龍寺(そうえいざんがんりゅうじ)(浄土真宗)がある。1648(慶安(けいあん)元)年(寺の縁起によると1596〈慶長元〉年)，雪典(せつでん)の創建という。そのまま南進すると，道路正面に鳥居がみえてくる。鳥居をくぐり，前潟・内湖・明神沼を右手にみながら約2.5km進むと，左手に湊神社(祭神速秋津彦命(はやあきつひこのみこと))がみえる。ここは，中世の浜明神跡と伝えられ，十三湊に出入りする船の安全を祈願する社である。

　鳥居まで戻り，県道を南に約１km進むと，西側の松林内に伝檀林寺跡(だんりんじあと)がある。1160(永暦(えいりゃく)元)年，藤原秀衡(ひでひら)の弟秀栄(ひでひさ)が平泉中尊寺(こんりゅう)(岩手県)に劣らぬ壮大な寺院として建立(こんりゅう)した霊鷹山(れいおうざん)檀林寺があったと伝えられている。秀栄は1193(建久(けんきゅう)４)年にここで死去し，埋葬されたという。2000(平成12)年と2002・2003年に一部発掘調査が行われ，寺院跡の存在を裏づける遺物が出土している。

### 尾崎神社 ㉔

〈M▶P.94, 127〉北津軽郡中泊町小泊下前
JR五能線五所川原駅,または津軽鉄道津軽中里駅🚌下前経由
小泊行下前🚶50分

**津軽海峡の先端に立つ神社**

下前バス停から海岸沿いに,権現崎(小泊岬)の方向へ約20分進むと港のはずれで,尾崎神社(祭神伊弉諾尊・伊弉冉尊)への登り口に至る。長い参道を約30分のぼると,社殿がある。創建年代は明らかではないが,古くから修験との関係があったと考えられている。

仙薬を求めた秦の始皇帝によって派遣されたという徐福伝承が,古くからこの地にある。初め飛龍宮といったが,明治時代初期の神仏分離で現在の社名となった。頂上からは,北に竜飛岬を始め,北海道の山々や松前の大島・小島,南に十三湖・七里長浜が見渡せる。

### 正行寺 ㉕

〈M▶P.94, 127〉北津軽郡中泊町小泊101-1
JR五能線五所川原駅,または津軽鉄道津軽中里駅🚌小泊行漁協前🚶5分

**天明の飢饉における死者を弔う**

漁協前バス停から県道111号線を東へ進み,道の分岐点で,右側の旧道を行く。右折して坂道をのぼると,法広山正行寺(日蓮宗)がある。1626(寛永3)年に飯詰村(現,五所川原市)に創建されたが,1636年には旧小泊村(現,中泊町)に移った。その後,1706(宝永3)年に知養院日了によって再興された。七面天女像をまつる七面堂

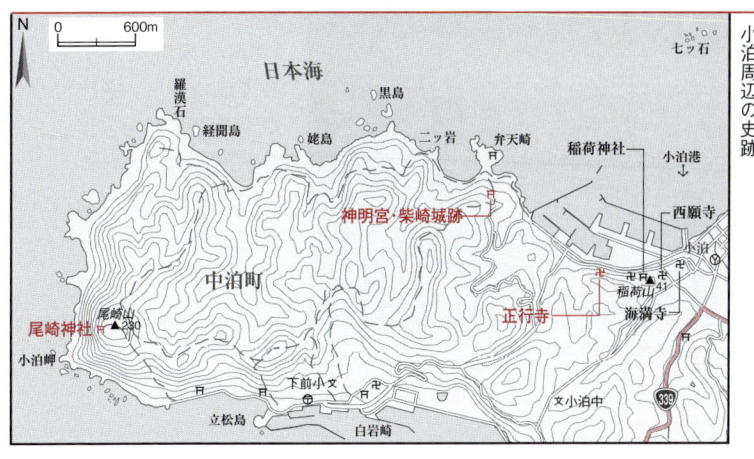

**小泊周辺の史跡**

十三湖・小泊を訪ねる

には,「元文二(1737)年」銘の鰐口がある。江戸時代の紀行家菅江真澄は『外浜奇勝』の中で,天明の飢饉における犠牲者の法要の様子を書いている。この飢饉で,旧小泊村では1340人余りのうち,812人が餓死したという。

　正行寺の隣が湊番所跡である。正行寺へ向かうときに,右折した地点を東へ進むと,十字路に出る。左手に海岸をみつつ,右折して坂道をのぼりきった所を再度右折すると,思柳山西願寺(浄土真宗)に着く。1697(元禄10)年に創建された。裏山には稲荷神社があり,その境内は遠見番所跡である。

　西願寺へ右折した十字路を直進し,旅館に隣接する石段をのぼると,無縁山海満寺(浄土宗)に至る。1617(元和3)年の開基と伝えられ,船の遭難者の菩提を弔うために創建され,弘前の誓願寺に山号を請うたという。本堂右手前に観音堂があり,津軽三十三観音第18番札所になっている。江戸時代初めに神明宮境内にまつられ,1633(寛永10)年に再建されたが,明治時代初期の神仏分離で海満寺に移された。

　漁協前バス停から小泊港方向へ進むと,神明宮の鳥居がみえる。石段をのぼり,山道を約600m行くと社殿に着く。神明宮境内が中世の柴崎城跡の中心部といわれる。安藤氏が南部氏に攻められて,唐川城から一時この城に移ったが,やがて松前へ渡ったと伝えられる。本丸は,東西約120m・南北約25mの平地である。堀跡や土塁などもみられるが,神明宮の社地として整備されたときのものとも考えられている。

神明宮

## ③ 五所川原駅を中心にして

豪商布嘉らを輩出した商人の町であり、西北五の中心都市としてあり続ける五所川原。

### 旧平山家住宅 ㉖

〈M▶P.94, 130〉 五所川原市 湊 字千鳥144-1
JR五能線五所川原駅🚌弘前行湊 🚶2分

豪商の生活を垣間見ることができる家

湊バス停の手前を五所川原方向へ進んで左折し、約100m行くと旧平山家住宅（国重文）がある。平山家は、代々弘前藩広田組代官所の手代・五所川原堰奉行などをつとめ、大庄屋をかねた豪農で、郷士でもあった。「平山日記」には、家屋は、1769（明和6）年に以前と同規模に再建されたとみえる。1976（昭和51）年に平山家から五所川原市へ寄贈された。

主屋のうち、寄棟造で桁行32.9m・梁間11.7m・棟高8.8m、平面積365m²の部分が、重要文化財に指定された。内部は、馬房7室と農作業用の「いなべ」「にら」「とろじ」に分かれる。さらに西側に床板張の「台所」、家族の居住部「常居」、北側に「納戸」と「きたのざま」がある。その西側は接客部で、南に幅約3mの玄関があり、その奥に「表座敷」「奥座敷」がある。表門は藩への功労によって、1791（寛政3）～1818（文政元）年の間に、6代目平山半左衛門が、9代藩主津軽寧親からとくに許されて建てられたものと伝えられている。寄棟造・茅葺きの長屋門で、桁行3.9m・梁間1.8mである。

旧平山家住宅は、18世紀後半の津軽地方における上層農民の住居の規模・形式をほぼ原形のまま伝えている。また「常居」や「台所」、奥の寝室が分割されたり2重梁を使用するなど、この地方の民家の間取りや構造の成立、そして変遷を知るうえで貴重である。また、建築年代がほぼ確定される、県内でも数少ない建物である。

旧平山家住宅

## 五所川原駅周辺の史跡

五所川原歴史民俗資料館

　旧平山家住宅裏に，五所川原歴史民俗資料館がある。本州最北の須恵器窯跡として知られる前田野目窯跡群や，縄文時代晩期の観音林遺跡などの出土品が展示されている。藩政時代の五所川原新田開発に関する資料や，明治時代以降に発展する五所川原の様子を写した写真や，地図などもある。民俗資料では，農民の暮らしや稲作に関する資料が多く展示されている。

# 虫送り

コラム 行

「早苗ぶり」の行事を受け継ぎ独自に発展

虫送りは，農作物の病害虫を防ぎ，五穀豊穣を祈願する行事である。藩政時代から田植え後に行われる「早苗ぶり」行事として，五所川原市を始め，津軽地方で広く行われてきた。

その起源は，今から300年ほど前の元禄年間(1688～1704)に遡る。この地方にイナゴの大群が発生し，稲作が全滅した。その対策に頭を悩ませた末，大きな木彫りの竜型の頭に，稲藁で編んだ胴体の虫をつくった。村中の若者たちがこれをかついで，賑やかな囃子とともに村中を練り歩き，五穀豊穣と病害虫・悪疫の退散を祈願したのが始まりという。

虫送り行事は全国でも行われていたが，現在はすたれてしまった地方が多い。五所川原市ではこの行事を保存しようと，1964(昭和39)年から祭りとして取り上げてきた。

現在の虫送りの行列は，先頭に太刀振り，つぎに荒馬踊りといって，木製の馬首を手にもって所作をする若者が続き，そのあとに藁人形がかつがれ，太鼓を囃しながら村中をまわる。その後，村のはずれに人形を立て，蛇体の虫を路傍のマツの枝などにかけて終わる。

今の虫送りは，娯楽的要素が濃くなり，五所川原市では6月に，「奥津軽虫と火まつり」の期間中に行われている。

## 前田野目窯跡群 ㉗

五所川原の中心地から離れ，ひっそりと存在

〈M▶P.95〉五所川原市前田野目字鞠野沢字砂田
JR五能線五所川原駅🚌青森行前田野目🚶10分

鞠野沢窯跡は，前田野目バス停がある十字路から松倉神社に至る道を約500m進んだ西側，南東に突き出す標高約100mの丘陵東斜面にある。砂田窯跡は，前田野目バス停付近から北へ歩いて1つ目の沢を東側に約1kmのぼった所，鐘撞堂山の西麓にある。1968(昭和43)年と1973年に発掘調査が行われた。合計約10基からなる遺跡を総称して前田野目窯跡群という。鞠野沢窯跡は長さ約9m，窯底に砂を敷いている。砂田窯跡は長さ約5mで，窯底には粘土を貼りつけている。どちらも構造は，半地下式無階無段登窯である。

出土した須恵器には，壺型・甕型・坏型・椀型などがあり，また制作した工人の印である「サ」の篦書き記号が認められる。窯跡の年代については，平安時代後半と平安時代末期から鎌倉時代前半とする2説に分かれている。また，前田野目バス停から南へ約1.5km

離れた場所にも同様の窯跡群があり，持子沢須恵器窯跡とよばれている。

　五所川原市の前田野目地区を中心に，分布が確認されている前田野目・持子沢・犬走などの須恵器窯跡群は，五所川原須恵器窯跡群と総称され，国内最北の須恵器窯跡といわれている。1965（昭和40）年以降1999（平成11）年までに，前田野目川流域を中心に，28基の窯跡が確認されている。ここで焼かれたものは，北東北からオホーツク海側まで達しており，その広域な流通圏の意味は歴史研究の重要なテーマとなっている。1998年からは，4年計画で五所川原市が発掘調査を進めている。

　五所川原須恵器窯跡群の起源は，1999年に犬走須恵器窯跡で検出された白頭山・苫小牧火山灰や，須恵器の坏が持子沢窯跡から出土したことから，9世紀後半まで遡る可能性が高まった。廃窯の年代については，工人のあり方や集落構造の研究などとともに今後の課題である。

　なお，前田野目バス停から五所川原方面へ100mほど戻って，石標から急な坂道を約4.5kmのぼると，旧郷社松倉神社（祭神大山祇命・少彦名命・大山持命）に着く。ここは梵珠山の一部で，山岳仏教の霊場であったという。縁起では坂上田村麻呂の創建とされ，1210（承元4）年に，金光上人が十一面観音を安置したという。津軽三十三観音第25番札所，松倉観音堂である。明治時代初期の神仏分離で闇龗神社となり，1873（明治6）年に現在の社名となった。

## 飯詰高館城跡 ㉘

〈M▶P.95, 130〉 五所川原市飯詰字福泉
津軽鉄道津軽飯詰駅 🚶20分

高台に残る朝日氏の居城跡

　津軽飯詰駅から東へ約700m行くと大通りに出る。さらに500m進むと消防屯所があり，道は2つに分かれる。左に道を取り，妙龍寺へ向かう交差点を直行すると，飯詰高館城跡である。城主については朝日左衛門尉と伝えられている。

　『飯詰村史』によると，朝日氏の祖は後醍醐天皇の近臣藤原藤房で，その子景房が1344（興国5）年にこの城を築城したという。北畠氏が浪岡御所に入った後，その配下として活躍し，最後の城主朝日行安の時代を迎えたという。1571（元亀2）年から津軽統一に乗

妙龍寺

り出した津軽為信によって，1578（天正6）年，浪岡御所北畠顕村の滅亡後も，朝日氏は津軽方に抵抗を続けたが，1588年に滅んだという。

　城郭は主郭・東郭・西郭で構成され，丘陵の南北斜面に帯郭が数段，階段状にある。この城は，津軽平野内陸部と十三湊を結ぶ交通の要所にあった。

　城内にある高楯山妙龍寺（日蓮宗）所在地には，もと正行庵があった。これは城主朝日行安が，七面大明神を勧請したことに始まるという。正行庵は1636（寛永13）年に，旧小泊村（現，中泊町）へ移り，1947（昭和22）年に正行庵を継ぐものとして妙龍寺が建てられた。

　駅から道路が大通りに突き当る地点まで戻り，この大通りを北へ約150m，飯詰川を渡るとまもなく東側に，旧郷社八幡宮（祭神誉田別命）の鳥居がある。1687（貞享4）年の「検地水帳」に，八幡社地2カ所と愛宕堂地がある。城主朝日行安創建ともいわれるが，1751（宝暦元）年，大房村民が飯詰村（現，五所川原市）に移住したときに現在地の愛宕堂境内に遷宮され，1774（安永3）年に飯詰組の祈願所となった。

　さらに北へ300mほど進むと，光明山法林寺（浄土真宗）がみえ，その北隣に大伊山長円寺（曹洞宗，もと弘前長勝寺末寺）がある。創建年代は明らかでないが，古くからあった庵に，長勝寺14世聖眼が開山したという。

長円寺梵鐘

　1716（享保元）年，京都三条釜座の近藤丹波勝久が鋳造した2つの鐘を積んだ船が，十三湖へ入ってまもなく転覆し，雌鐘は湖底に沈んで，雄鐘のみが引き上げられた。長円寺には，この鐘を撞く

五所川原駅を中心にして

と湖底の鐘が、かすかな響きをたてて答えるという「湖底の鐘」の伝説をもつ梵鐘(県重宝)がある。梵鐘は上部に天女、下部に牡丹唐獅子が陽刻されている。

寛政年間(1789～1801)に、異国船出没に備えるための大砲鋳造、1943(昭和18)年の第二次世界大戦時に行われた金属回収と2度徴用されたが、村人の切願により供出を免れた。江戸時代中期の梵鐘としては、青森県唯一のものである。

### 五所川原(元町)八幡宮 ㉙

〈M▶P.94, 130〉五所川原市字元町
JR五能線五所川原駅 🚶10分

夏休み早朝に子どもたちの読書会が行われる

五所川原駅から市役所を目指し、市役所の横道を5分ほど進むと、五所川原八幡宮(祭神誉田別尊)に着く。八幡宮は、1665(寛文5)年に勧請された。

もとは、さらに西寄りの岩木川堤防の内側にあったが、1924(大正13)年に岩木川改修工事のため、今の場所へ移された。境内に「五所川原地名発祥之源地」と記された石碑が立っている。五所川原の地名は、岩木川には屈曲が多く、五カ所の川原があったからだという説がある。また古い文献に「御所川原」と書いているものもあり、これは、御所に関連があるから御所川原、それが転じて五所川原になったのだといわれる。

この「御所」は、長慶天皇につながる。長慶天皇は1368(正平23)～1382(弘和2)年、第98代・南朝3代目の天皇である。長慶天皇の陵墓参考地は全国に数十カ所あったが、旧相馬村紙漉沢(現、弘前市)もその有力な1つであった。1944(昭和19)年に、京都の嵯峨が正式に陵墓と決定され、ほかの参考地ははずされた。

1966年旧相馬村に、長慶天皇を祭神とした上皇宮が建てら

五所川原八幡宮

134　津軽新田地帯と西海岸

コラム

# 立佞武多

祭

三大ねぶたの1つ巨大なねぶた

　五所川原では，明治時代から大正時代初期にかけて，高さ10間（約18.1m）以上の巨大なねぶたが町を練り歩いたといわれている。その巨大な姿は，隣町からもみえたほどであったという。しかし，電気の普及により電線が張りめぐらされ，巨大ねぶたは姿を消し，背丈の低いねぶたの形が主流となった。

　1993（平成5）年五所川原市内で巨大ねぶたの台座設計図が発見されたのを機に，1996年「立佞武多復元の会」が結成された。その年の7月，写真をもとに題材「武者」の制作が開始され，約80数年ぶりに復元された。1997年「立佞武多をつくる会」が結成され，題材「親子の旅立ち」の制作が開始され，1998年8月，五所川原立佞武多まつりに毎年出陣し，約90年ぶりに市街地を練り歩いた。これ以後，「五所川原立佞武多」として，新しい観光の主役として現在に至っている。

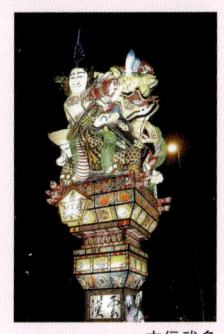

立佞武多

れたが，その上皇宮の厨子は，現在，八幡宮の奥にまつられている。内部は金箔が施され，神体は菊の紋の袴をはいたもので，室町時代以前の作であろうとされている。

　そして，この境内には若山牧水の文学碑がある。青森県歌壇の基礎的役割をはたした蘭菊会は，1906（明治39）年，和田山蘭と加藤東籬が中心となって結成された。山蘭や東籬と深い交友関係にあった若山牧水が，1916（大正5）年に東北を訪れた際，夫人と2人五所川原の歌会に招かれた。そのときに詠んだ2首「ひっそりと　馬乗り入るる　津軽野の　五所川原町は　雪小止みせり」「橇の鈴　戸の面に聞ゆ　旅なれや　津軽の国の　春のあけぼの」を碑に刻んで，津軽詩話会が1952（昭和27）年に，八幡宮に建てたものである。

教円寺 ㉚　〈M▶P.94〉五所川原市梅田平野16
　　　　　JR五能線五所川原駅🚌横萢経由鶴田・板柳 行下梅田 🚶2分

　下梅田バス停で降り，道路を鶴田方面に少し歩くと，左側に法雲

五所川原駅を中心にして　　135

教円寺

大イチョウが目印

山教円寺(浄土真宗)がある。1676(延宝4)年、京都の東本願寺より教円寺の寺号が許可された。ここには、1846(弘化3)年の通行手形が残っている。また、境内にある大イチョウは市の指定銘木である。教円寺から板柳方面へ少し行くと、1598(慶長3)年創建の、梅田山慈願寺(曹洞宗)がある。円山応挙作と伝えられる幽霊の掛軸で知られている。

# そとが浜—陸奥湾周辺

*Sotogahama*

青森ねぶた

善知鳥図
(『津軽図譜』)

| ①藩境塚 | 博物館 | ⑱明誓寺 | ㉗赤根沢の赤岩 |
|---|---|---|---|
| ②野内関所跡 | ⑩諏訪神社 | ⑲浄満寺 | ㉘今別八幡宮 |
| ③椿山 | ⑪棟方志功記念館 | ⑳青岸寺 | ㉙本覚寺 |
| ④雷電宮・浅所海岸 | ⑫大星神社 | ㉑尻八館跡 | ㉚厩石 |
| ⑤三内丸山遺跡 | ⑬横内城跡・常福院 | ㉒正法院 | ㉛義経寺 |
| ⑥善知鳥神社 | ⑭幸畑陸軍墓地 | ㉓蓬田城跡 | ㉜竜飛岬 |
| ⑦いにしえの寺町 | ⑮後藤伍長像 | ㉔観瀾山館跡 | |
| ⑧青森県立郷土館 | ⑯酸ヶ湯温泉 | ㉕大平山元遺跡 | |
| ⑨みちのく北方漁船 | ⑰小金山神社 | ㉖平舘台場跡 | |

そとが浜—陸奥湾周辺

## ◎そとが浜散歩モデルコース

1. JR東北本線野内駅_10_野内関所跡_20_雷電宮・浅所海岸_30_椿神社_5_大島_40_JR東北本線小湊駅
2. JR東北本線青森駅_15_善知鳥神社_10_常光寺・正覚寺・蓮心寺・蓮華寺_5_青森県立郷土館_10_諏訪神社_15_棟方志功記念館_15_JR青森駅
3. JR東北本線青森駅_15_三内丸山遺跡_3_青森県立美術館_10_大星神社_15_常福院_20_青森市立八甲田山雪中行軍遭難資料館_50_後藤伍長像_20_酸ヶ湯温泉_90_JR青森駅
4. JR津軽線津軽宮田駅_1_青岸寺_30_正法院_20_観瀾山館跡_30_平舘台場(砲台)跡_30_赤根沢の赤石_20_今別八幡宮_10_本覚寺_20_厩石・義経寺_30_竜飛岬_45_JR津軽線三厩駅

# 夏泊半島を歩く

①

夏泊半島は藩政時代、弘前藩の分家黒石藩領で、椿山など豊かな自然に恵まれる。平内雷電宮は黒石藩主が篤く崇拝した。

### 藩境塚 ❶ 〈M▶P.139〉 東津軽郡平内町沢字関口102
青い森鉄道狩場沢駅🚶10分

400年の昔に定まった津軽と南部の境

　狩場沢駅で下車し、国道4号線を右手の上北郡野辺地町方面に歩くと、馬門手前の海岸部に藩境塚（県史跡）がみえてくる。塚は高さ約10m・直径3.5mほどの盛土が4つあり、二股川を挟んで津軽側に2つ、南部側に2つ並んでいる。この塚は昔、四ツ森・四ツ塚ともよばれた。

　塚の築造年代は、1645（正保2）年に弘前藩が江戸幕府に提出した正保の国絵図の写に塚の記載があることから、少なくともそれ以前には存在したと考えられる。しかし、盛岡藩側の国絵図には記載がなく、南部側は藩境について異論があった様子がうかがえる。平内地方が、弘前藩領に編入されたのは16世紀末期のことで、盛岡藩では長くわだかまりをもっていた。それが表面化したのが、1714（正徳4）年におこった烏帽子山争論である。烏帽子岳は野辺地町西方にある標高約720mの山で、盛岡藩馬門村（現、野辺地町馬門）の住民は、ここの山林をしばしば伐採した。これに怒った平内領の農民が幕府に直訴におよび、評定所の決裁でようやく藩境問題は決着をみるに至った。

藩境塚

### 野内関所跡 ❷ 〈M▶P.138〉 青森市野内字菊川
青い森鉄道野内駅🚶10分

　野内駅で降りてすぐの道が旧奥州街道である。道を青森市側、右手に2kmほど行くと、東野内バス停そばの住宅の前に、「野内

野内関所跡

番所跡」という石碑が立っている。海側に弘前藩の関所が，老松が生える山側に弘前藩の支藩黒石藩の番所があったという。野内関所は，西海岸の大間越，羽州街道沿いの碇ケ関と並んで，津軽三関とよばれ，奥州街道を通過する人や物を監視した所である。関所がおかれた時期ははっきりしないが，1687（貞享4）年の総検地帳には弘前藩の関所とともに，黒石藩の「栄女様御番所」との記載もみえ，両者で管理していたことがわかる。野内には2人の町奉行が任命され，4カ月交代で勤務についた。配下の同心らは，時期によってかわるが11人ほどで，関所には，鉄砲・弓矢・槍などが配備されていた。奥州街道は羽州街道につぎ通行量が多く，享保年間（1716〜36）初年には月に100人程度であったが，時代とともにそれは増加した。関所は貴船川を防御線としており，川沿いに柵が立てられていた。また，関所のすぐ北側には，郡内四社の1つ貴船神社が鎮座する。野内関所跡・貴船神社辺りの旧奥州街道沿道には松並木があり，往時を偲ばせる。

奥羽街道の終点 旅人たちの交差点

旧奥州街道をさらに500mほど進み，野内の町中に至ると，当古寺（浄土宗）がある。本尊の木彫阿弥陀如来立像（県重宝）は，高さ92.5cmの，中世に流行したいわゆる三尺阿弥陀立像で，制作時期が近世に入る可能性もある。1621（元和7）年に大坂から運ばれたといわれ，当地との交流をうかがわせる。

椿山の自然 ❸　〈M▶P.138,142〉東津軽郡平内町東田沢字横峯1-1
青い森鉄道小湊駅 平内町民バス東田沢漁協前 10分

ヤブツバキの名所 海の美しさはまさに絶景

東田沢漁協前バス停から海岸に沿う道を北上すると，ツバキ自生北限地帯（国天然）として有名な椿山がある。ここは夏泊半島の北端にあたり，約22haに大小7000本のヤブツバキが自生し，初夏には全山が赤い花で覆われる。椿山の麓の椿神社（祭神猿田彦命）は，1698（元禄11）年に横峯嘉兵衛の妻が神託を受けて建立したとされ，それ以前の祭神は女性であったことが棟札の銘文でわかる。

夏泊半島を歩く

## 椿神社

江戸時代からその自然美は全国に紹介されていた。現在もツバキの花を愛でる観光客や釣人などで賑わう。1796(寛政8)年にこの地を訪れた菅江真澄は『津河呂の奥』で、「こちらの椿咲きたるは巨勢の春野のたま椿も、之をこそよばねと」と絶賛している。

椿山はコンクリートの橋で大島(73m、周囲約3km)とつながっている。大島の頂からは陸奥湾が一望でき、東津軽の海岸美を楽しむには絶好の地である。

椿山周辺の史跡

## 雷電宮と浅所海岸 ❹
017-755-2366

〈M▶P.138〉東津軽郡平内町福舘字雷電際55
青い森鉄道小湊駅🚌平内町民バス雷電宮前🚶1分

県石藩の守り神　県内随一のハクチョウの飛来地

雷電宮(祭神別雷命)は小湊川の北岸にあり、平内地方の総鎮守として古くから信仰を集めてきた。とくに江戸時代は、黒石津軽家の信仰が篤く、歴代藩主はもちろん、幕府の巡見使や松前藩主もここに参詣した。

社伝によると、807(大同2)年に坂

浅所海岸

そとが浜—陸奥湾周辺

## 麻蒸湯　憩　コラム

*弘前藩主ゆかりの名湯*

浅虫は，眼前に浮かぶ湯の島，裸島などを近景に，遠くは陸奥湾を挟んで岩木山，津軽半島，下北半島，天候がよければ北海道松前半島まで見渡せ，藩政時代には弘前藩主もよく入湯したという風光明媚な温泉地である。天文年間（1532～55）の『津軽郡中名字』には「麻蒸湯」とあり，1788（天明8）年に訪れた菅江真澄は，「糸をとるために温泉で麻を蒸したので麻蒸とよばれたが，火に関係する文字を嫌って浅虫と改めた」と書いている（『卒土か浜つたひ』）。

古い温泉場は，JR浅虫温泉駅の山手一帯で，泉源には「麻蒸之湯」の記念碑が立つ。

南側山手にある夢宅寺（曹洞宗）は，4代藩主津軽信政が本尊の薬師如来の霊夢によって眼病が治癒したと伝えられ，信政直筆の「夢宅」の扁額が奉納されている。津軽三十三観音第23番札所でもある。

青森市街地寄りの善知鳥崎は，岬の先端に桟橋を通した，かつての奥州街道の難所であったが，今では国道4号線の善知鳥トンネルで容易に通過できる。

現在，温泉は，海水浴場「サンセットビーチあさむし」，ヨットハーバー，海釣公園，青森県営浅虫水族館，道の駅「浅虫温泉ゆ～さ浅虫」など，観光施設が充実した観光保養地となっている。

---

上田村麻呂が創建したとあるが，これは伝説の域を出ない。ただ，「文禄三（1594）年」銘の棟札の写しがあるので，その起源は中世に遡ると考えられる。社は最初南部の地にあったが，いつの頃からか修験の山である東岳（青森市）に移され，さらに荒内（現，平内町盛田）に再建されたという。その後，1594年に洪水で流されて現在地に至り，福舘城主七戸隼人が造営したとされる。1656（明暦2）年に平内地域が黒石藩領になったときに社殿が改築され，1673（延宝元）年に火災で焼けたが，翌年すぐに黒石藩は再建している。

社地は浅所海岸に面しており，毎年晩秋から多くのハクチョウ（小湊のハクチョウおよびその渡来地として国特別天然）が飛来する地として，県内でも有名である。ハクチョウは，雷電宮の神使として大切にされてきた。天正年間（1573～92）に，この地の豪族七戸修理が南部勢に攻められたとき，戦勝を雷電宮に祈願したところ，数千のハクチョウが飛来して南部勢を驚かせ，修理は勝利を得たといわれる。また，同社を信仰すると，落雷に遭わないともいわれる。

## ❷ 青森湊の繁栄

青森開港は1624(寛永元)年。市内には津軽一統にかかわる神社・仏閣が点在し、縄文時代の三内丸山遺跡も有名。

**太古の縄文人が語りかける国内最大の遺跡**

### 三内丸山遺跡 ❺

〈M▶P.138〉青森市三内字丸山
青い森鉄道・JR奥羽本線・JR津軽線青森駅🚌免許センター行三内丸山遺跡前🚶1分

　三内丸山遺跡(国特別史跡)は、国道7号線環状バイパスや青森県総合運動公園に隣接しており、現在は観覧者のため、青森駅前から市バスが定期運行している。ここで先史時代の遺物が多く出土することは古くから知られ、たとえば、江戸時代の『永禄日記』元和9(1623)年条にも出土記載がみられ、紀行文で有名な菅江真澄も『栖家の山』の寛政8(1796)年条で遺物についてふれている。

　昭和40年代以降、東北自動車道建設などのため、遺跡周辺では工事が続き、そのたびに部分的に発掘調査が行われ、おもに縄文時代前期〜後期の遺物が発見されていた。しかし、1992(平成4)年に行われた運動公園の拡張工事で、さらなる発見があり、三内丸山遺跡の大きさを改めて認識させるものとなった。

　三内丸山遺跡は現在でも発掘調査が継続しており、今後どこまで広がるかは定かでないが、現在のところ約35haにおよぶと見込まれている。出土した土器は円筒土器が中心で、縄文時代中期の諸様式を網羅している。放射線炭素$^{14}$Cの測定によると、約5500〜4000年前の生活の営為が認められ、集落は1500年もの長きにわたって存続したことになる。そのほか、石器や骨角器も豊富で、土器をあわせた1985点が2003年に一括して国の重要文化財指定を受けた。また、遺物には腐敗せずに残った植物繊維の編物などもあり、クルミが

三内丸山遺跡

そとが浜—陸奥湾周辺

そのまま入っていたものも発見された。出土遺物は遺跡内の展示室で観覧できるほか、隣接する青森県立美術館でもみることができる。

発掘の結果、遺跡には竪穴住居跡が密集するエリア、高床式建造物跡、柱間を正確に4.2m取った6本柱の巨大建造物跡、死者の埋葬地である土壙・土器棺墓群、土器の材料である粘土の採取場などが確認されており、とくに復元された6本柱の掘立柱建造物の大きさには驚嘆させられる。

三内丸山遺跡では、780棟以上の竪穴住居跡が発掘されているが、一時期に存在した住居は20棟程度、人口は500人以下とみられている。それでも、縄文集落としてはまれにみる大きさであり、生産や交易活動も活発に行われていたと推測される。

### 善知鳥神社 ❻
017-722-4843
〈M▶P.138, 146〉 青森市安方2-7-18
青い森鉄道・JR奥羽本線・JR津軽線青森駅 徒15分

湊町青森の総鎮守 市民の尊崇は今も篤い

青森駅正面から東にまっすぐ延びる道路が、青森市第一の繁華街新町通りである。通りを10分ほど歩いて、新町2丁目交差点を海側に左折すると、右手に青森市民美術展示館があり、その向かいに鳥居が立っている。ここが旧県社の善知鳥神社(祭神市杵島姫命・多紀理姫命・多紀都姫命)である。青森市は、江戸時代初期に町割がなされる前は、善知鳥村という寒村であり、善知鳥神社はその中心であった。

社伝にはいくつかあり、允恭天皇のとき、烏頭中納言安潟という貴人が天皇の怒りに触れ、この地に流され、海神の宗像三女神をまつったというものや、658年、阿倍比羅夫が蝦夷征討にやってきたときに宗像神をまつったというもの、またそれをのちに坂上田村麻呂が再建したともいうが、いずれも伝説であろう。ただ、青森市辺りから北の陸奥湾沿岸は、古代から外ヶ浜とよばれ、日本の辺境と認識されていた。藤原定家や西行も和歌で「うとうやすかた」と詠み、世阿弥も謡曲「善知鳥」を著した。

戦国時代末期まで善知鳥神社は、この地を支配していた南部氏が管轄していたと考えられるが、江戸時代になって津軽氏の領有に帰してからは、弘前藩が管理を継承した。1641(寛永18)年に開港奉行森山弥七郎は、藩命によって社祠を再建し、以後、善知鳥神社は藩

善知鳥神社

の祈禱所として保護され、地元住民からも善知鳥宗像宮として崇拝された。明治時代初期の神仏分離で青森の鎮守である毘沙門堂(香取神社別院)が善知鳥神社に移されたのを機に、8月10日の御輿渡御も善知鳥神社で行われることになった。1945(昭和20)年7月の青森空襲で堂宇は全焼し、現在の本殿は1955年、拝殿は1964年の再建である。

境内は安潟とよばれた沼地で、名残りの池がある。池の中の小島には弁財天がまつられており、これが善知鳥神社の始まりともいう。善知鳥という鳥は北海に棲息する黒い海鳥で、上空から海に飛び込んで魚をとる。19世紀初頭の弘前藩お抱え絵師百川学庵は、「善知鳥祠之図」と「善知鳥図」(ともに県立郷土館蔵)を残している。

道を再び新町通りにとり、駅方向に少し戻って、海とは反対側に1区画行くと、青森県庁に至る。県庁のある一帯は、弘前藩の御仮屋があった所で、県庁東玄関脇に御仮屋跡の碑がある。青森県が誕

青森市中心部の史跡

生した1871(明治4)年9月から，1882年に洋式建築の県庁になるまで，御仮屋は県庁として使われていた。

### いにしえの寺町 ❼

〈M▶P.138, 146〉青森市本町1
青い森鉄道・JR奥羽本線・JR津軽線青森駅🚌国道経由東部営業所行市役所前🚶2分

江戸時代に成立した青森町の4カ寺

　市役所前バス停で降りると，少し先に海側に向かう道路がある。ここを1区画進むと小公園があり，その後ろに，駅側から常光寺・正覚寺・蓮心寺・蓮華寺の4カ寺が並んでいる。ここは江戸時代に寺町とよばれた区域で，当時の町絵図にも必ず記載があり，古い青森の名残りをとどめている。

　常光寺(曹洞宗)は，若狭国(現，福井県)出身の僧天芸が開祖。もともと弘前の高徳院の住職であった天芸は，青森に曹洞宗寺院のないことを憂い，青森開港後に安方で布教し，檀家数百となった1648(慶安元)年に，寺号を藩から許された。その後，1653(承応2)年に現在地に堂宇を建立したが，たび重なる地震や大火，1945(昭和20)年7月の青森空襲によりそれらを焼失した。

　隣の正覚寺(浄土宗，開祖呑龍)は，1628(寛永5)年の建立で，青森市でもっとも古い寺院である。最初は覚正寺と称していたが，弘前藩祖津軽為信の菩提寺革秀寺とまぎらわしいとの理由から，現寺号に改められた。本堂前の石灯籠は，1761(宝暦11)年に7代藩主信寧が，江戸幕府9代将軍徳川家重の追善供養のために江戸の増上寺に寄進したものを，後年同寺より下付されたものである。また，境内の観音堂は，津軽三十三観音第22番札所となっている。

　蓮心寺(浄土真宗)は，元和年間(1615～24)に越前国米ヶ浦(現，福井県)の僧敬念(教念とも)が，門徒21戸を引き連れて青森に移住し，それを開港奉行森山弥七郎が援助し，1640(寛永

蓮華寺

青森湊の繁栄

17)年に現在地に堂宇を建立したという。明治時代初年に10世智海が寺を中興し，1876(明治9)年・81年の明治天皇の東北巡幸では，蓮心寺が青森の行在所となった。

蓮華寺(日蓮宗)は，日蓮の高弟日持が，蝦夷地布教のため青森に立ち寄った際に，草庵を結んだのが始まりと伝えられるが，実際は京都妙顕寺の日住が，1652(承応元)年に青森にきて庵を建て，1664(寛文4)年に，現在地に寺院を建立したのが始まりである。寺宝に水戸藩(現，茨城県)主徳川光圀が愛用したという，「法華堂」の文字(朱舜水筆)を陽刻した茶釜がある。

**青森県立郷土館 ❽**
017-777-1585
〈M▶P.138,146〉青森市本町2-8-14
青い森鉄道・JR奥羽本線・JR津軽線青森駅🚌青柳経由本町2丁目🚶2分

青森の文化と自然を紹介する総合博物館

青森駅前からバスに乗り，本町2丁目バス停で降り，進行方向に50mほど歩くと，青森県立郷土館(国登録)の白い建物がみえてくる。郷土館の大ホール部分は，1931(昭和6)年に第五十九銀行として建てられた洋館で，1945年の青森空襲でも焼け残った。

郷土館は，1973年に開館した青森県初の総合博物館で，来館者数は2004(平成16)年4月に，200万人を超えた。館内には，考古・自然・歴史・民俗などの各展示室があるほか，2001(平成13)年には，「輝いた郷土の先人」コーナーがオープンした。同館は，青森県の歴史・自然・民俗・文化などを，短時間に概観するには恰好の施設といえよう。郷土館の収蔵資料数は，2004年現在で約8万点，うち3000点以上が常設展示されており，なかでも亀ヶ岡式壺形丹漆塗土器・三戸町八日町出土の遮光器土偶(ともに県重宝)・泊の丸木舟(国民俗)などは，貴重な文化遺産である。また，青森市の大高

青森県立郷土館

そとが浜―陸奥湾周辺

# 青森ねぶた祭

コラム

災厄を祓うねぶた流し

　青森のねぶたが，歴史上に登場するのは1842（天保13）年で，「今年の七夕祭りは子どもだけで町内からねぶたは一切出ない」という内容である。天保の大飢饉の影響があったらしく，普通であれば，町内ごとにねぶたが出ていたことがわかる。参考までに，この記録から遡ること約1世紀，大浜（現在の青森市郊外の油川）では，1730（享保15）年に，山車などが練り歩く「ねふた」の記録がある。これは，弘前ねぶたの最古の記録から約10年後のことである。さて，幕末にかけては，物情騒然とした世相を反映し，藩からの差し止めや不景気の影響を受けつつも，大型の灯籠が練り歩き，7日には堤川でねぶた流しを行った。禁令を犯してねぶたを出し，町内が処罰を受けた記録もあり，ねぶたへかける人びとの情熱がうかがえる。

　現在，青森ねぶた祭は，毎年8月2〜7日に行われ，1日の前夜祭・浅虫の花火大会，2〜6日の夜の合同運行，最終日の7日は昼の合同運行，夜の青森港での海上運行・花火大会と，青森の人びとは，この間ねぶたに明け暮れる。弘前のねぶたまつりと同じく，旧暦の七夕行事を昭和30年代に新暦に移行した際，月遅れで本来の行事日に近づけたため，このような日程になっている。

　元来，無礼講の要素があったことや，祭りの担い手が，町内単位から各種の企業・団体に移ったこともあり，誰でも自由に参加できることが大きな特徴になっている。ハネトとよばれる踊り子には，難しい振付けがあるわけでもなく，現在では，浴衣・花笠などの衣装は市販品やレンタルもあるため，青森市民以外の参加者も増加の傾向にある。市では，県外からオートバイに乗ってやってくる通称「ねぶたライダー」に，臨時のサマーキャンプ場を提供しており，テント村に日中は浴衣やタスキがたなびく光景が，最近ではおなじみになった。

　灯籠は，最初は箱型など単純な形であったが，幕末から明治時代初頭にかけて，武者や縁起物など形態が複雑化・大型化した。かつては道幅の関係か，上に伸びた縦長だったようだが，大正時代から昭和時代初期にかけては，力自慢が1人でかつぐねぶたが流行し，第二次世界大戦後は，横長のねぶたが主流になり，現在に至っている。制作は，ねぶた師とよばれる専門家が手がけ，ねぶた祭が終わると，すぐに翌年の構想を練り始める。その年限りの意匠も，存分に堪能したい。

興寄贈の考古資料1万1000点余りはいずれも優品で，そのいくつかが風韻堂（棟方志功命名）という展示室で，常設展示されている。

青森湊の繁栄

郷土館を出て，いちばん海に近い道路を駅側に進んで行くと，青森ベイブリッジに入る。その登り口の右側，中央埠頭入口に整備された海浜公園の聖徳公園がある。ここには「海の記念日発祥の地」と刻まれた石碑が立っているが，その由来は，1876(明治9)年に青森を船で訪れた明治天皇が，浜町埠頭から函館をまわり，横浜に戻った日が7月20日だったことにある。聖徳公園は，1930(昭和5)年11月に，浜町埠頭に記念碑が立てられて開園したが，青森港の改修とともに廃止され，当時の記念碑も取りこわされた。現在の碑が建設されたのは，1996(平成8)年に，海の記念日が海の日として祝日になったことを記念してのことである。

## みちのく北方漁船博物館 ❾

017-761-2311

〈M▶P.138, 146〉青森市沖館2-2-1
青い森鉄道・JR奥羽本線・JR津軽線青森駅 🚌 油川方面行沖館仲通り 🚶10分

*和船とその船大工の技を今に伝える博物館*

　みちのく北方漁船博物館は，ムダマハギ型漁船コレクション67隻(国民俗)を中心に，約130隻の漁船類を収蔵する日本最大の漁船博物館で，開館は1999(平成11)年と，青森市の博物館では最新の施設である。博物館は，沖館仲通りバス停から海手側に進み，いちばん海に近い道路を左側，フェリー埠頭方向に歩くと，同館の白いタワーが海手にみえてくる。また，現在はYS-11型飛行機を屋外に展示しているので，すぐにわかるだろう。

　日本古来の舟は，最初は1本の木を刳り抜いた丸木舟であったが，より大きくするため，ムダマという底板と，タナイタという側板を組み合わせた「ムダマハギ」型漁船に進化していった。やがてそれが改良されて，北前船のような大型船舶となっていくが，現在ではムダマハギ型漁船はほとんどみられず，民俗学的にも貴重なものとなっ

みちのく北方漁船博物館

そとが浜―陸奥湾周辺

# 天明の大飢饉と青森町の打ちこわし

コラム

近世の津軽民衆を苦しめた飢饉と抵抗

**江戸時代,民衆抵抗の最初―青森の打ちこわし** 江戸時代,青森県域はたびたび深刻な凶作に陥り,多くの人命が失われた。とくに,享保・宝暦・天明・天保の飢饉は,津軽地方をおそった四大飢饉ともいえるもので,今でも青森市郊外には,飢饉で死に絶えた村の石碑が残っている。

飢饉時に,人びとがどのような惨状におかれたかは,天明飢饉の直後に津軽を訪れた橘南谿の『東西雑記』などによって報告され,古くから知られてきた。一方,飢饉に直面した民衆の抵抗運動が最初にみられたのは,天明飢饉時の青森町における打ちこわしで,近年はその様相が解明されている。

**天明飢饉の様相** 天明の大飢饉は,1782(天明2)年6月の浅間山噴火による火山灰が天候を悪化させ,東北地方に低温をもたらして凶作になったといわれている。しかし,記録によると,北東北ではそれにもまして,東北風とよばれる冷涼な局地風が吹き,ついに不作に陥ってしまったという。

翌83年も天候は回復せず,弘前藩領外からの米移入も円滑に進まなかったこともあり,8月には飢饉が決定的となり,秋田方面へ向かう難民が,関所の碇ケ関や大間越に押し寄せた。また,弘前市中へ周辺農村から飢民が流入し,各所に救い小屋が建てられたが,やがて彼らは居村に戻された。

青森の打ちこわし直前,米値段は銀1匁につき8合ほどであったが,藩は公定値段を1匁米1升4合と定めていたので,1.75倍の高値であった。かつ米商人たちの売り惜しみも多かった。また,7月10日の大火で焼け出された者もおり,財政確保のため,廻米を強行しようとする藩への不信ともあいまって,庶民の怒りは頂点に達していた。

**打ちこわしの勃発とその後** こうして,7月19日夜,諏訪神社(青森市栄町)と毘沙門堂(青森市長島,現在は移転)に集まった100人ほどの町民が気勢をあげ,市中に繰り出してほかの者に参加をよびかけた。翌20日,それに応じて,3000〜4000人の町民が結集したが,これは当時の青森町の半分弱にあたる人数である。総勢は名主会所万屋武兵衛方に押し寄せ,来春まで公定値段で米を売ること,廻米を中止すること,米の移出入を管理する番所を撤廃することを訴えた。

町民が町奉行からの返事を待つ間に,寺町の商人が,近隣の寺に米を隠匿しようとする行為が発覚し,打ちこわしが始まった。商人は家屋敷はもちろん,家財道具・衣類・鍋釜までも打ち砕かれ,暴動は,大町・浜町・米町などの豪商10軒にもおよんだ。また町民は

青森湊の繁栄

町名主や両替商にも押し入り,彼らが蓄えていた米5200俵,大豆6000俵の所在を確認した。この青森町の打ちこわしは,西浜の鰺ヶ沢や深浦にも飛び火した。

　藩は打ちこわしが鎮まると,首謀者の捜索・捕縛に乗り出し,46人が獄に引き立てられたが,うち1人が獄死したのみで,10月末までには全員が放免された。こののち,民衆は反抗する勢いを失い,翌84年に続く飢饉のなかで,おびただしい餓死者を出し,弘前藩領内では約8万人が犠牲になった。

「青森之絵図」(青森県立郷土館複製,原本は市立弘前図書館蔵) 寛文年間(1661〜73)の青森町絵図。この図でも,被災した地区が描き込まれている。

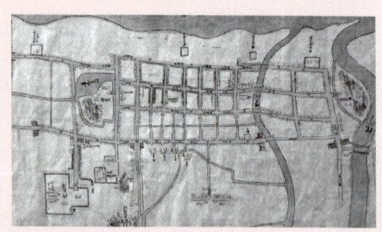

ている。また2005(平成17)年には全長32mの北前船みちのく丸が復元され,話題をよんでいる。

　北方漁船博物館は,文化財指定を受けた67隻の漁船のほか,最近の木造底引き網船に至るまで,約130隻の船を大型展示場に展示しており,船造りの技・北前船の模型・北日本の漁具など,日本船舶史・漁業史に関する知識を豊富に得ることができる。また,館内には,ロシア・タイ・ベトナムなど外国の船も並べられており,和船と比較しながらみるのも楽しい。さらに,戦艦大和などの模型を,実際の操舵室を使って走行させる,シミュレーションルームもある。高さ30mの展望台からは青森湾が一望でき,夏場は乗船イベントなどもあり,家族連れで賑わう。

**諏訪神社** ❿
017-741-4848

〈M▶P.139, 146〉青森市 栄町1-4-26
青い森鉄道・JR奥羽本線・JR津軽線青森駅🚌東部営業所行
堤橋🚶3分

青森町の東端に位置した漁民の守り神

　堤橋バス停で降りて,国道4号線を進行方向反対側に戻り,スポーツ店がある所を左折すると,諏訪神社(祭神武御名方神・猿田彦神)の裏手に着く。この社は,最初造道村(現,青森市)の諏訪林(現,合浦公園入口辺り)にあったが,青森開港にあたって航海安全祈願のため,1631(寛永8)年に,開港奉行森山弥七郎が堤川河口近

諏訪神社

くに移転させた。その後，1872(明治5)年の大火で本殿・拝殿を焼失し，現在地に移された。

堤川は，江戸時代の青森町民の生活河川であり，舟運を利用して魚類や諸物資，商人や漁民などが盛んに行き交った。河口にある諏訪神社は人びとから尊崇を集め，善知鳥・広田・香取神社・神明宮とともに，青森五社の1つに数えられ，弘前藩の歴代藩主も参詣した。幕末に編纂された津軽地方の奇譚書『津軽俗説選』によると，当社の祭日には，イルカが群れをなして堤川を遡り，詣でたという。

諏訪神社は，1945(昭和20)年7月の青森空襲で焼失したが，1950年に合浦公園にあった招魂堂が廃止されたとき，それを払い下げられて，拝殿とした。この拝殿は，1892(明治25)年建造のもので，明治時代の建築物としては青森市内最古である。

### 棟方志功記念館 ⓫
017-777-4567

〈M▶P.139, 146〉青森市松原2-1-1
青い森鉄道・JR奥羽本線・JR津軽線青森駅🚌小柳線平和公園前🚶5分

平和公園前バス停で降りて進行方向に進むと，東奥学園高校前に交差点がある。そこを左折して500mほど歩くと，青森市中央市民センターの向かいに棟方志功記念館がある。

この記念館は，青森市出身の世界的板画家棟方志功の文化勲章受章を記念して，棟方の偉業を後世に伝え，青森県の芸術文化向上のため，1975(昭和50)年11月に開館した。

建物は鉄筋コンクリート

棟方志功記念館

青森湊の繁栄

2階建てで、校倉造を模している。また、前庭は林泉式の回遊庭園となっている。記念館で収蔵している作品は、代表作「釈迦十大弟子」「大和し美し」などを始めとする、初期から中期の作品が中心で、板画のほかにも倭絵・油絵・書など、棟方の個性がにじみ出たものばかりである。2003(平成15)年、生誕100周年を記念して開催された特別展には多くのファンが県内外から訪れて賑わった。

青森市出身の世界的板画家棟方志功の偉業を伝える

### 大星神社 ⑫

〈M▶P.138〉青森市問屋町1-18-28
青い森鉄道・JR奥羽本線・JR津軽線青森駅🚌横内線 妙見🚶5分

外ヶ浜蝦夷鎮護の守護神

妙見バス停から道路を隔てて、大きな鳥居がみえる。鳥居をくぐって長い参道を進むと、旧郷社の大星神社(祭神 天御中主神)がある。同社は江戸時代には妙見堂北斗寺とよばれ、弘前藩の祈願所の1つとされ、外ヶ浜一帯で篤く崇敬された。社伝によると、792(延暦11)年に朝廷の蝦夷鎮護祈願所として創設され、801年に坂上田村麻呂が本殿を再興したという。天文年間(1532〜55)に編纂されたという当時の地名を記載した『津軽郡中名字』には「妙見堂」の名がみえ、創設は中世に遡ると考えられる。それを裏づけるように、同神社には中世の舞楽面9面と能面1面が保管されている。

江戸時代後期、異国船が外ヶ浜に出没するようになると、北方警備を重要な任務としてとらえた弘前藩主は、蝦夷鎮護の由来をもつ同社を篤く敬った。9代藩主津軽寧親は、1809(文化6)年に同社を参詣し、みずから「妙見堂」の扁額を奉納した。また、同年には弘前藩の御用商人であり、考証学者として名高い狩谷棭斎が花崗岩の鳥居を寄進しており、参道の奥に現在も立っている。明治時代初期の神仏分離令によって、仏教色が排除され、大星神社と改称された。

大星神社

そとが浜―陸奥湾周辺

## ③ 八甲田の山並み

青森市は国立公園十和田八幡平の入口。酸ヶ湯温泉は江戸時代から庶民に愛され，山中には雪中行軍の後藤伍長像もある。

### 横内城跡と常福院 ⑬
017-738-2439（常福院）

〈M▶P.138, 155〉青森市横内字亀井146-1
青い森鉄道・JR奥羽本線・JR津軽線青森駅🚌
横内線横内🚶3分

*津軽一統の名残りを残す名刹*

　横内バス停で降りて前方の交差点を渡り約500m先を左折すると，常福院（真言宗）がある。この常福院一帯は中世には横内城とよばれ，かつては円形をしていたことから，鏡城とも称された。この地は，雲谷から青森平野に向かって，なだらかに傾斜する丘陵の北端にあたり，自然地形を利用した要害であった。現在，その規模が明らかになっているのは城の本丸部分で，東西80m・南北160m，東が横内川に面する断崖で，堀跡が北・西・南に残っている。横内城は1498（明応7）年に，南部氏側の堤弾正光康が築いたと伝えられるが，1585（天正13）年に津軽一統を進めていた津軽為信により，3代城主堤弾正が滅ぼされた。

　そのとき，弾正の妻朝日御前が生き残り，夫の菩提を弔うため常福尼と称し，草庵を結んだという。常福尼は津軽為信の伯母にあたる人物だったため，1595（文禄4）年に死没した際，為信が50石の寺領と堂宇を与え，朝日山安養寺が建立された。

　その後，堂宇は数度の火災などで失われ，現在の建物は1873（明治6）年のもの

常福院

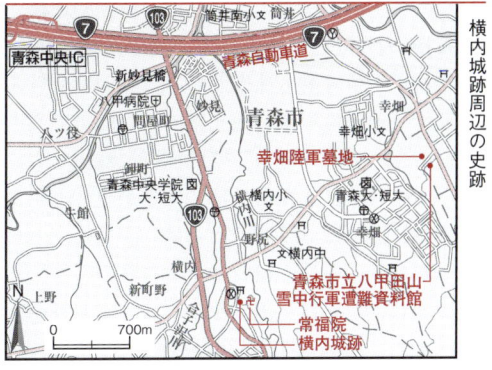

*横内城跡周辺の史跡*

八甲田の山並み　155

である。10年に1度，真言密教の釜ゆで行事が行われ，多くの信者で賑わう。また，境内には1895年に建立された，堤弾正・朝日御前を供養する五輪塔がある。

### 幸畑陸軍墓地と後藤伍長像 ⓮⓯
017-728-7063（八甲田山雪中行軍遭難資料館）

〈M▶P.138, 155〉青森市幸畑字阿部野
青い森鉄道・JR奥羽本線・JR津軽線
青森駅🚌横内環状線幸畑墓地🚶1分

雪中行軍の悲劇を後世に伝える資料館

　幸畑墓地バス停前に幸畑墓苑がある。ここが幸畑陸軍墓地で，1902（明治35）年1月23日に，八甲田山で遭難死した陸軍第五連隊の兵士199人の墓標が並んでいる。
　日清戦争（1894〜95年）に勝利した日本は，中国遼東半島の領有権問題でロシアと対立し，対ロシア戦は早晩必至とみられていた。そこで，極寒の満州（現，中国東北部）でどれだけ日本兵士が活動できるか，実験する必要に迫られた。その部隊に選ばれたのが，当時筒井村（現，青森市筒井）に兵舎があった第八師団歩兵第五連隊と，弘前市の同歩兵第三十一連隊であった。五連隊は冬の八甲田山田代湯元に向かい，十和田湖を経由して弘前市からくる三十一連隊と合流する計画であった。
　1902年1月23日早朝，大隊長山口鋠少佐以下五連隊210人は，田代湯元に向かって行軍を始めたが，途中で猛烈な風雪にさらされ，目的地の1km手前で道を見失い，数日山中をさまよった。この日の気温は北海道の旭川で−41℃を観測し，青森でも−12℃に達した。冬場の山岳登山に対して，認識や準備が甘かったことから，隊員199人が死亡するという，日本山岳史上最悪の結果を招き，わずかにいた生存者も凍傷から手足を切断せざるをえなかった。なお，三十一連隊は難所を地元案内人の助言で乗り切り，無事に十和田湖に着き，青森を経由して弘前市に帰っている。
　山中に散乱した遺体は，陸軍が翌1903年7月までかかって捜索し，幸畑に葬った。墓苑の前には，青森市立八甲田山雪中行軍遭難資料館があり，事件の概要と，生存者の医療資料などが見学できる。平成16（2004）年に，施設がリニューアルされた。
　また，墓苑前の県道40号線を十和田湖方面に約12km行くと，深

幸畑陸軍墓地　　　　　　　　　　　　　　　　　　　　　後藤伍長の銅像

沢(通称馬立場)に至る。道路が開けた所に，銅像茶屋というドライブインがあり，その後ろの丘に後藤伍長の銅像が立っている。行軍に参加した五連隊の後藤房之助伍長は，救援をよびに戻り，この付近で動けなくなっていたところを1月27日に発見され，最初の通報者となった。1903年6月，当時の陸軍大臣寺内正毅(のち首相)が発起人となり，後藤をモデルに歩兵第五連隊第二大隊遭難記念碑が，丘の上に建てられた。銅像は，祖国をロシアから守る意を込めて，北西の方向，ロシアに向けられて立っている。また，銅像付近からは，八甲田山の雄大な山並みが望まれ，多くの観光客が訪れる。

### 酸ヶ湯温泉 ⑯
017-738-6400

〈M▶P.138〉青森市荒川字南荒川山酸ヶ沢
青い森鉄道・JR奥羽本線・JR津軽線青森駅🚌十和田湖行
酸ヶ湯温泉🚶1分

**八甲田山系に抱かれた出湯と美しい自然**

　青森駅正面口を出ると，右手にJRバスや高速バス乗り場がある。十和田湖行きのバスに乗車して，約1時間半で酸ヶ湯温泉に着く。ここは，古くは弘前藩の記録にも，領内18カ所の温泉として名前がみえ，大鰐温泉などと並んで，江戸時代から湯治客が多かった。藩では毎年小屋掛けさせ，湯奉行をおいて湯銭をとった。

　伝承によると，1684(貞享元)年に横内村(現，青森市横内)の狩人が，手負いのシカの後を追い，湯で傷をいやしているのをみて，温泉を発見したといわれる。このため，第二次世界大戦前は「鹿の湯」とよばれ，酸ヶ湯と改称されたのは，1954(昭和29)年である。翌55年には国民温泉第1号に指定された。

　酸ヶ湯温泉は十和田八幡平国立公園の北に位置し，四季折々の自然美に恵まれている。とくに国道394号線を十和田湖方面に向かう

八甲田の山並み

酸ヶ湯温泉　　　　　　　　　　　　　　　　　　　　　　　　　　　　　　小金山神社

と，青森市と十和田市の境である傘松峠（1020m）に至る。ここでは樹高が低く，雨傘のようなアオモリトドマツの群生をみることができる。また，その先には，八甲田連峰の雄大な姿を背景にした睡蓮沼がある。春はミズバショウ，夏はスイレンやレンゲツツジが咲き，秋には紅葉が素晴らしい。付近の展望台からは湿原が見渡せる。

### 小金山神社 ⑰

〈M▶P.138〉青森市 入内字駒田116-4
青い森鉄道・JR奥羽本線・JR津軽線青森駅🚌入内線小金山神社前🚶1分

小金山神社前バス停で降りるとすぐ目の前に，小金山神社（祭神　金山彦神・金山姫神）の鳥居がある。ここは青森市の東端で，津軽三十三観音第24番札所であり，隣接する入内観音堂とともに，江戸時代から信仰を集めてきた。観音堂の本尊の聖観音像は，慈覚大師円仁の作と伝えられ，現在でも入内の観音様として信仰されている。

神社の拝殿には，薄緑色の笏谷石でできた高さ約67cmの狛犬1対がある。1665（寛文5）年に，越前国新保（現，福井県越前町）の中村新兵衛が寄進したもので，右足にそのことが刻まれている。

小金山神社がある入内は，寛永年間（1624〜44）に弘前藩が津軽五牧の1つとして開いた牧場で，神社の南側一帯が牧跡といわれている。また，神社から左方向に農道を道なりに2kmほど歩くと，高陣場山（旧浪岡町，224m）を越えて，王余魚沢へ抜ける山道である大豆坂（豆坂）へ続く県道44号線に出る。大豆坂は，江戸時代に弘前から浪岡の山中を経て青森に至る枝街道の1つで，現在では，青森空港が新道沿いにあるが，往時の旧街道も一部に残っている。

*青森市の奥座敷　森の中にたたずむ観音堂*

# ④ そとが浜を行く

平安の昔、そとが浜は日本の果てであった。沿道には円空仏をまつる寺院や、義経伝説で名高い厩石などが点在する。

## 明誓寺と浄満寺 ⑱⑲

017-788-1082(明誓寺)
017-788-1844(浄満寺)

〈M▶P.138, 160〉青森市油川字浪返75-1／青森市油川字大浜249
青い森鉄道・JR奥羽本線・JR津軽線青森駅🚍野木和団地行浪返 🚶1分

外ヶ浜の始点油川に位置する古寺

　油川の浪返バス停で下車し、バスの進行方向に少し歩くと、左側に明誓寺(浄土真宗)がある。津軽為信が領内一統に腐心していた戦国時代末期に、油川地域には円明寺など北陸からきたと考えられる門徒宗が、それに協力していた。やがて彼らの中核は、弘前城下に移っていったが、油川に残った尼僧妙誓の庵が、1663(寛文3)年に明誓寺に発展したという。本堂は1827(文政10)年のもので、青森市内最古の建築物である。

　また、明誓寺にはイタリア人ジュセップ・ファブリーの墓がある。ファブリーは1916(大正5)年に来日し、陸奥湾でとれたイワシを缶詰にする最新の工場を油川に建てたが、1918年の操業開始から4カ月で病死し、ここに葬られた。墓は、没後10年の1927(昭和2)年に建てられたが、その後、老朽化したため、1995(平成7)年に現在のものに建て替えられた。ファブリーの活動期間は短かったが、その功績により青森の缶詰産業はおおいに発展した。また、ファブリーの工場事務所の洋館は残され、明誓寺の南300mほどの所に、イタリア館として、保存されている。

明誓寺　　　　　　　　　　　　　　　　　　　　　　　浄満寺

そとが浜を行く　159

油川周辺の史跡

　明誓寺を出て北に200mほど歩くと、浄満寺（浄土宗）がある。ここは、戦国時代に油川に勢力を張った奥瀬氏の菩提寺であったという。奥瀬氏の居城であった油川城跡は、浄満寺の北西2.5kmほどの所にあるが、調査によって東西約200m・南北約290mの規模で、4つの郭があったことが判明している。油川城は、1585（天正13）年に津軽為信によって滅ぼされ、現在では往時を物語る遺構は何もないが、浄満寺には奥瀬一族の供養塔といわれる五輪塔5基が残されている。

　浄満寺は奥瀬氏の滅亡後、一時衰えたが、1619（元和5）年に再興され、1627（寛永4）年に寺号が許された。寺宝の円空作木彫釈迦牟尼如来坐像は青森市指定文化財で、原則として拝観可能であるが、拝観寺院ではないので事前に連絡した方がよい。そのほかに、境内には開港奉行をつとめた森山弥七郎の供養塔や、天明の飢饉で餓死した人びとを埋葬した千人塚などがある。

**青岸寺** ㉑
せいがんじ
017-754-2004

〈M▶P.138, 160〉青森市奥内字宮田37
JR津軽線津軽宮田駅 徒1分

本尊の阿弥陀如来坐像は青森市最大級

　津軽宮田駅で降りると、目の前に青岸寺（浄土宗）がある。開祖は青岸和尚で、1630（寛永7）年に創建された。本尊の木彫阿弥陀如来坐像は、作者・制作年代は不明ながら、高さ約107cmの堂々とした像である。青森市では最大級で、市の有形文化財に指定されている。この仏像は、江戸幕府5代将軍徳川綱吉の生母桂昌院が、奈

良の法隆寺から江戸の増上寺に移したもので，第二次世界大戦後の青岸寺改修の際に，増上寺から運ばれたものである。

門を入ると，本堂の前に石灯籠が2基立っている。向かって左側が，1709（宝永6）年に常憲院（綱吉）に，右側が1751（寛延4）年に有徳院（8代将軍徳川吉宗）の墓前に奉納されたもので，その後，上野の寛永寺（現，東京都台東区）から青岸寺に下付された。

境内の地蔵堂には，水子地蔵や花嫁人形などがまつられている。

## 尻八館跡 ❷

〈M ▶ P.138〉青森市後潟字後潟山
JR津軽線後潟駅 徒60分

中世津軽の領主安藤氏伝承の館跡

後潟は青森市の最北部で，国道280号線沿いに陸奥湾沿岸平野と西方に山並みが広がる。後潟駅で降りて280号線を少し北上すると，尻八城址遊歩道への看板がある。それを左折して山側に道をとると，280号線バイパスに出る。バイパスを少し北へ進み，さらに左折して青森市農業技術研修センターを過ぎると，大倉岳（677m）の裾野，尻八館跡に着く。ただ，徒歩では相当距離があり，辺りには人家などもないので，見学には車が必要である。また，現在は城址遊歩道も荒廃しており，かなりの難路となっている。

尻八館は室町時代の館跡で，伝承によると中世に外ヶ浜および西海岸一帯に勢力を張った安藤氏の城館といわれる。館跡は標高182mの丘陵地にあり，石碑とそれを取り巻く柵，解説板が立っている。尻八館の詳細な発掘調査は，1977（昭和52）～79年にかけて青森県立郷土館が実施し，郭や土塁，柵板や門跡の穴などが確認された。また，出土した遺物も陶磁器約1450点，鉄製品約210点などのほかに，古銭や石製品・漆器も発見されている。それらの中で，青磁の香炉は14世紀中国宋代の龍泉窯最盛期のものであり，伝承どおりに館の主が安藤氏ならば，安藤氏は相当の勢力をもっていたことの証拠となる。これらの遺物は，青森県立郷土館

尻八館跡遠景

そとが浜を行く

で保管しており，一部は常設展示でみることができる。

### 正法院 ㉒
しょうぼういん
0174-27-012

〈M ▶ P.138, 162〉東津軽郡 蓬田村阿弥陀川字汐干29
JR津軽線蓬田駅 🚶 3分

*松前街道沿いにある円空仏をまつる寺*

正法院

蓬田駅から国道280号線に出て，道なりに北へ3分ほど歩くと，左手に正法院（曹洞宗）がみえる。この寺は，1613（慶長18）年，弘前市の長勝寺14世雲祝和尚が開基で，最初は奥内村（現，青森市奥内）にあったものを，1662（寛文2）年，信徒が多い現在地に移転したものである。

寺宝の観世音菩薩坐像（県重宝）は，円空初期の作。一木造の素像で，瞳と額の白毫のみに墨が入っている。衣紋は，後期作品のような荒々しさがなく，体の線に沿った流れるような文様を彫り出している。円空は美濃国（現，岐阜県）生まれで，若い頃から仏師を目指して諸国行脚の旅に出て，生涯に12万体の仏像を刻んだという。

正法院周辺の史跡

津軽には1665年にきて，半年間ほど県内各地を遊行しながら自己の作像を模索していたが，弘前藩の宗教統制により，追放を言い渡されている。その後，円空は三厩より蝦夷地に渡り，1667年にまた津軽に入国している。外ヶ浜の円空仏は正法院のほかに，油川の浄満寺，外ヶ浜町平舘の福昌寺，外ヶ浜町三厩家ノ上の義経寺などにも残されており，一様に形相・材質・大きさなども似通っている。若

い頃の円空は，写実的な仏像制作を模索しており，素朴な表情が神秘性と若々しさを感じさせる。

## 蓬田城跡 ㉓

〈M▶P.138, 162〉東津軽郡蓬田村字汐越
JR津軽線郷沢駅🚶25分

*津軽一統の跡を残す古城跡*

郷沢駅で降り国道280号線に出て，少し青森市方向に戻ると，蓬田中学校に入る道がある。そこを左折して800mほど行くと，国道280号線バイパスに出るが，そこを再び左折して青森市方向に向かうと，すぐ右手に舗装された農道があり，森の合間から，蓬田城跡（蓬田館・大館城・大館とも）の赤い鳥居がみえる。現在ここには，八幡宮（開創年代不詳，旧村社，祭神誉田別命）が鎮座している。

蓬田城は，北方の擦文文化人と和人とが混在した10～11世紀の防御性集落とも，安藤氏に関係する豪族の居館ともいわれるが，詳細は不明である。天文年間（1532～55）には，南部氏の一族奥瀬建助の支配下にあったが，その後，天正年間（1573～92）には蓬田越前の居館となり，1585（天正13）年に，津軽為信により滅ぼされたとする記録もある。

城の周囲は約1.5km，東西1km・南北800mあり，文政年間（1818～30）までは，西に門構えが残っていたという。堀が北側と南東部に2カ所認められ，北側は深さ3m・長さ約300mにおよび，今でも堀跡がはっきりと確認できる。城地は平地であることから，築城当時から水塀であったのかもしれない。南東部の堀は，深さ1.5m・長さ50mほどである。

城の館神であった弁天社は，宗像大明神と改められ，八幡宮に合祀されている。

蓬田城跡

## 観瀾山館跡 ㉔

〈M▶P.138〉東津軽郡外ヶ浜町蟹田小国字東小国山
JR津軽線・津軽海峡線蟹田駅🚶15分

*蟹田を一望する街道の要所*

蟹田駅で降りて国道280号線に出て，左折して道なりに歩いて行き蟹田川を渡る。橋から北に約600m進んだ左手に，観瀾山（66m）

そとが浜を行く

観瀾山館跡

という丘がみえてくる。旧蟹田町の中師（現，外ヶ浜町蟹田中師）という地名は，アイヌ語のチャシ（館・城塞）から転訛したといわれており，観瀾山にもアイヌの城塞があったといわれている。また，幕末にはこの丘に異国船対策のため砲台が築かれたが，現在では国道拡張工事のため，その跡地はわずかになってしまった。

観瀾山は対岸の下北半島からワシが飛んでくるので，鷲尾山（舘鼻山とも）とよばれていた。1923（大正12）年にこの地を訪れた久邇宮邦久王が観瀾山と命名し，その記念碑もある。石段をのぼり丘の頂に行くと展望台があり，そこからは青森ヒバの原生山地，紺碧の陸奥湾がみえ，眼下にはフェリー乗り場や蟹田の家並みが広がり，よく晴れた日には，北海道渡島半島の山並みも望むことができる。

1944（昭和19）年5月，小説家太宰治は，蟹田に住む青森中学の同窓で，友人の中村貞次郎宅を訪ね，この丘で花見の宴を開いた。このときの様子は，小説『津軽』の中にも登場する。

## 大平山元遺跡 ㉕

〈M▶P.138〉東津軽郡外ヶ浜町蟹田大平字山元
JR津軽線大平駅 ★3分

県内最古の土器が出土した遺跡

大平駅で降りると，目の前を県道が通っている。駅から右手すぐの所に信号機がついた丁字路があり，そこが大平山元遺跡（国史跡）である。ここは蟹田川の左岸，標高約26mの河岸段丘上に位置し，1975（昭和50）～79年にかけて，青森県立郷土館が本格的に調査した結果，旧石器時代から縄文時代草創期の遺跡群が点在することが判明した。遺跡は発見順に，1～4・墓地公園遺跡に分けられている。

1遺跡は縄文時代草創期に属し，局部磨製石斧・ナイフ形石器・尖頭器・彫器や石鏃・土器片が発掘された。2・3遺跡は旧石器時代の遺跡で，多くの旧石器のほか，石器製作跡・礫群・炉跡なども発見された。出土した無文土器や石鏃などの年代測定から，これまで縄文時代の開始が1万2000年から1万3000年前と考えられてきた

のに対し，1万6500年前にまで遡る可能性が指摘され，日本考古学界に大きな波紋を投げかけた。大平山元遺跡の土器は，青森県内最古の土器であり，貴重な文化遺産となっている。現在，遺跡から出土した遺物は，遺跡の近くの県道12号線沿いにある大山ふるさと資料館に展示されている。

### 平舘台場跡 ㉖

〈M▶P.138〉東津軽郡外ヶ浜町平舘字田ノ沢
JR津軽線今別駅🚗20分

*幕末期弘前藩の海防拠点地*

国道280号線を海岸方向に向かうと，道の駅の海側に海水浴場がある。海岸には，1899(明治32)年から点灯された7500カンデラの平舘灯台がある。1848(嘉永元)年に建設された平舘台場(砲台)跡は，灯台の南に隣接しており，弘前藩領内各地につくられた台場の中では，もっとも往時の面影を残している。

1792(寛政4)年，根室(現，北海道根室市)にロシア使節ラクスマンが来航すると，北方の沿岸は，一挙に緊張の度合いを増した。その後，江戸幕府は蝦夷地(松前)奉行を設置したり，東北諸藩に対して沿岸警備を厳重にさせるなど，異国船対策に追われた。弘前藩でも，1847(弘化4)年3月に，平舘沖に異国船1隻が停泊し，8人が上陸。食料や水を得て3日後に退去した。翌48年には再び異国船5隻が，今度は襲月(現，今別町)沖に出現し，藤島(現，外ヶ浜町三厩)沖にまわり，アメリカ人船員29人が上陸して，食料の援助を求めた。藩では，そのたびに大規模な軍事出動をかけ，また，深浦・鰺ヶ沢・竜飛など，主要地点に砲台を設置した。

幕末に弘前藩領近海に出現した異国船は，ロシアやアメリカの商船・捕鯨船であったが，ペリー来航以前の幕府は，異国船打払いを方針としていたため，弘前藩でも平舘に西洋式の砲台を建設することにした。1848年の建設当時，砲台は扇形で，面積は約455m²。波打ち際に沿って2m余りの土塁を積み上げ，約2m間隔でマ

平舘台場跡

そとが浜を行く

ツが植えられた。そのマツとマツの間の土塁が低くなっている所が現在でも数カ所あり、ここに300目筒など5門の大砲が据えつけられた。当時の大砲の射程は400～500mほどで、命中率もよくなかったが、それでも抑止力にはなりえた。台場には、約1km離れた陣屋から藩兵が交替で詰めたが、その人数は60～70人であった。

## 赤根沢の赤岩 27

〈M▶P.138〉東津軽郡今別町砂ヶ森字赤根沢3
JR津軽線今別駅🚌蟹田・三厩線赤岩前🚶3分

*日光東照宮にも使われたベンガラの産出地*

　赤岩前バス停で降りて、国道280号線を進行方向と逆に240mほど戻ると、道端に1mほどの大きな赤い岩があり、案内板が立っている。これが赤根沢の赤岩(県天然)で、ベンガラ(第二酸化鉄)が自然に露出している岩である。ベンガラは赤の顔料として古くから利用され、神社の鳥居に塗られたり、口紅の材料にも使われた。

　文化財指定を受けているのは岩の周辺30aだが、赤根沢は昔から天然のベンガラの産地として有名であった。弘前藩では早くから採掘にとりかかり、1670(寛文10)年に江戸城の紅葉山御宮修理用として「赭土」60貫(約225kg)を幕府に献上している。そのほか、1680(延宝8)年、1689(元禄2)年にも赤根沢のベンガラが幕府に献上されている。記録によると、寛文年間(1661～72)にはすでに赭土奉行がおかれ、また、1694(元禄7)年の「御国中道程之図」に茜(赤根)沢御番所とみえ、弘前藩が管理していたことがわかる。赤根沢産のベンガラは、弘前藩領内では岩木山神社(現、弘前市)の大堂と山門、領外では、日光東照宮(現、栃木県日光市)の修復にも使用された。しかし、その後、1785(天明5)年にここに立ち寄った紀行家 橘南谿は、『東西雑記』に「柵も破れて守る人もなく通行は自由である」と書いていることから、その頃はすでに廃山になっていたことがわかる。

赤根沢の赤岩

この沢にある山神社（祭神山神）は小さな祠だが、採掘されたベンガラの海上輸送に際して、航海の安全を祈願するために、2代藩主津軽信枚が、1628（寛永5）年にまつらせたという。天然のベンガラを産出する所は全国でも珍しく、現在でも周囲の岩肌には、赤いベンガラが露出している所がみられる。

## 今別八幡宮㉘
0174-35-2203

〈M▶P.138, 167〉 東津軽郡今別町今別字今別2-5
JR津軽線今別駅 徒15分

交易の安全を祈願した古社

　今別駅の前に国道280号線が通り、それを青森方面に300mほど歩き、右折して道を山側にとる。100mほど行くと坂になり、石段をのぼると、旧郷社今別八幡宮（祭神誉田別命）に着く。この神社は、今別城主平杢之助の妻が、1561（永禄4）年に建立したとも（『永禄日記』）、1560（永禄3）年に北畠具運が建立したともいわれる（「今別村八幡宮覚」）。古くからこの地域の産土社として広い信仰を集めてきたが、1872（明治5）年に今別神社と改称され、1968（昭和43）年頃、再び今別八幡宮となった。

　本殿には1658（明暦4）年、越前国新保浦（現、福井県三国町）の山岸屋太兵衛が寄進した狛犬1対と、同地の上林武兵衛が1659（万治2）年に寄進した狛犬1対がある。この狛犬は、津軽地方では年代が古くて貴重なだけでなく、今別と日本海海運の結びつきを考えるうえでも重要である。江戸時代、今別は九浦の1つとして把握され、町奉行がおかれていた。九浦とは碇ヶ関・大間越・野内の3関と青森・鰺ヶ沢・十三・蟹田・今別・三厩の6湊であり、多くの人と物が出入りした。

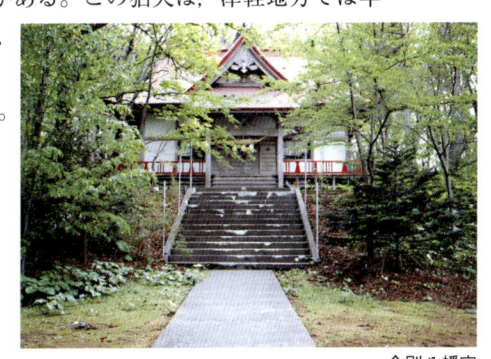

今別八幡宮

そとが浜を行く

## 本覚寺と貞伝上人 ㉙
0174-35-2076

〈M▶P.138, 167〉 東津軽郡今別町今別字今別119
JR津軽線今別駅🚶5分

三厩産コンブの生みの親 貞伝和尚ゆかりの寺

　今別駅から左手に向かい，海岸線を通る国道280号線を北に5分ほど歩くと，バイク店とスーパーが並んでいる所に至る。この奥が津軽三十三観音第20番札所，始覚山還洞院本覚寺（浄土宗）である。寺伝によれば，天元年間(978～983)に恵信僧都作の阿弥陀・観音・勢至菩薩像をまつったのが始まりという。その後，寺は荒廃したが，1651(慶安4)年に湯殿山(現，山形県)の別当大日坊慶範が修験者を派遣して寺を復興させたとも，1636(寛永13)年に油川の浄満寺2世安長が建立したとも伝えられる。また，1653(承応2)年に浄土宗鎮西名越派の本山専称寺(現，福島県いわき市)の配下となり，1657(明暦3)年に山号・寺号を許されたともあり，具体的な創建は明暦年間(1655～58)のことと考えられる。

　本覚寺の名を有名にしたのは，中興の祖5世貞伝和尚である。今別出身の貞伝は，幼い頃に仏門に入り，15歳から本山専称寺で15年間修行を積み，1718(享保3)年に29歳で本覚寺の住職となった。学識に富み人徳の篤い貞伝は，地元に産業をおこそうと，蝦夷地からコンブの胞子がついた石を入手して，海中に投げ入れた。それから数年すると立派なコンブが採れるようになり，ほかの海藻類や魚介類も豊富になった。以後，今別・三厩のコンブは，蝦夷地のコンブにつぐ地位を占め，俵物として長崎から中国に輸出されるようになり，貞伝は漁師たちから篤く崇拝されたという。

　本覚寺の境内には，「南無阿弥陀仏」と刻まれた青銅塔婆(念仏名号塔，県重宝)がある。大きさは高さ301.5cm・幅80cm。1727年，自分の死期が近いと悟った貞伝は，領内各地はもちろん，秋田や蝦夷地まで銅貨や古鏡の寄進を仰ぎ，700貫の銅を得たという。そし

**本覚寺の青銅塔婆**

# 青函連絡船と青函トンネル

コラム

新旧交代した本州から北海道への懸け橋

　1908(明治41)年3月7日に英国製のタービン船比羅夫丸と田村丸の2隻で運航を開始した青函連絡船は、青函トンネルを利用したJR津軽海峡線の開通と同時に、1988(昭和63)年3月13日に終焉を迎えた。青森港から函館港に向かう八甲田丸が最後の運航だった。

　就航当初は、沖合で艀による乗換えが行われたが、1925(大正14)年8月から貨車航送が開始され、連絡船は直接岸壁へ接岸するようになった。第二次世界大戦による被害や、1954(昭和29)年9月26日の洞爺丸事故を乗り越え、昭和40年代に全盛期を迎えたが、昭和50年代以降、高速交通体系の波に飲み込まれていくことになった。

　最終便となった八甲田丸は青函連絡船メモリアルシップとして、その雄姿を青森港にとどめている。

　一方、洞爺丸事故を大きな契機に、本州と北海道とを地続きに結ぶ代替輸送手段の要として建設されたのが、青函トンネルである。1961年に北海道側吉岡で斜坑の掘削が開始され、1985年に本坑が貫通し、1988年に営業開始という、非常に長期間の工期と巨額の工費を費やした大事業であった。2006(平成18)年現在、全長53.9kmの青函トンネルは世界一の長さを誇っている。ただし、海底部の総距離では英仏トンネルについで世界第2位である。正式名称は青函隧道で、この名が書かれた扁額の揮毫は、北海道側(上磯郡知内町)が開通当時の総理大臣中曽根康弘、本州側(東津軽郡今別町)が同じく運輸大臣橋本龍太郎である。

　現在、「スーパー白鳥」などが行き交う青函トンネルだが、将来は北海道新幹線も通る予定になっている。

て新庄(現、山形県新庄市)の鋳物師小原安兵衛を招き、寄進で得た銅で塔婆を鋳造し、1731年、42歳でみずからその下の穴に入って即身成仏したといわれる。また、貞伝は塔婆を鋳造したときに余った銅で、高さ1寸2分の阿弥陀仏1万体を制作し、信者らに配ったという。これがいわゆる貞伝仏で、豊漁祈願や海上安全の守護仏として、今でも日本海沿岸の港町や北海道の船乗り・漁業関係者の手元に残されている。

　境内の多聞天堂には竜神がまつられており、これは1719(享保4)年に豊漁を願って建立されたものである。本堂は1720年の建立。また、青銅塔婆の隣には、大泊村(現、今別町)の木村円吉によって、1888(明治21)年に建てられた新しい青銅塔婆や大仏像などもある。

そとが浜を行く　169

## 厩石と義経寺 ㉚㉛

0174-37-2045

〈M▶P.138〉東津軽郡外ヶ浜町三厩本町／外ヶ浜町三厩家ノ上76

JR津軽線三厩駅🚗5分

源義経伝説が今も生きる地

　国道280号線は今別町で終わり、旧三厩村（現、外ヶ浜町）から国道339号線になる。三厩駅で降り海岸に向かって歩くと国道がある。左折して竜飛岬方面に進むと、3kmほどの所で二股に分かれ、道に挟まれた部分に、風水の浸食で形成された3つの穴が開いた大きな奇岩がみえる。これが厩石で、源 義経と深い関わりがある。

　兄頼朝からうとまれた義経は、1189（文治5）年、平泉（現、岩手県平泉町）の衣川で藤原泰衡により殺害された。ところが伝説では、義経主従は難を逃れ、この地まで落ち延びてきたという。追っ手を引き離すため蝦夷地に渡ろうとしたところ、海が大時化となり、義経らは進退に窮した。そこで義経が厩石の岩頭にのぼって3日3晩もっていた観音像に天候回復を祈願すると、満願の朝に白髪の翁があらわれ、3頭の良馬を授けると告げて姿を消した。義経が厩石から降りると3頭の馬がおり、それに乗って義経らは無事渡海することができたという。厩石、三厩という名はその伝説から生まれた。

　厩石がある所から道を挟んで山側に竜馬山義経寺（浄土宗）に至る石段がある。石段をのぼり詰めると正面に観音堂があり、津軽三十三観音第19番札所になっている。ここに安置されているのが円空が彫った観世音菩薩坐像（県重宝）で、背面に「寛文七（1667）年」の墨書がみえる。高さは52cmで、外ヶ浜一帯に伝わる円空仏と様式も大きさも似通っている。この像は寺の秘仏とされ、7年に1度しか開帳されないが、昔から海上安全の観音として信仰を集めてきた。観音像前にはかつて、蝦夷錦でできた帳がかけられていた。蝦夷錦とは中国清朝の役人が、北方異民族に与えた高級生地で、日

厩石

# アイヌ語地名

コラム

アイヌ民族居住の名残り

　青森県は，北海道とともにアイヌ語地名の宝庫といわれている。
　津軽海峡を挟んだ北海道側と青森県側の地名には，アイヌ語系と同一，あるいは類似の地名が多く認められる。これらをすぐにアイヌ語地名であると断定するわけにはいかないが，津軽海峡に面したこの地域が，かつてはアイヌ民族の居住圏であったことは間違いないであろう。
　そのことは，近世の文献史料からも明らかである。津軽海峡に面した地域では，とくにアイヌ語地名が多く残存したと考えられる。
　たとえば，アイヌ語で川や沢を意味する「ナイ」「ペッ（ベッ）」が使われている地名は，袰内・奥内・今別・原別など数多く，これらの地域の特色ある地名といえよう。これらを含め，いくつかの地名の例をあげてみよう。

袰内……アイヌ語のホロ・ナイ（大きい・川）。

今別……イ・マ・ペッ（それを・焼く・川）。魚がよく採れるので，それを保存するために焼いたという意。

宇田……オ・タ（砂浜）。

奥平部　オコ・タヌン・ペ（川尻に村がある川）。

袰月……ポロ・トウキ（大きい・酒椀）。入江はそのトウキになみなみと酒を盛った姿という。

六条間……ロク・ンデウ（大船）。大船の入る深いよい港湾の意。

本でもアイヌ民族を介して輸入され，最高級品として珍重された。義経寺の蝦夷錦は牡丹文である。蝦夷地増毛場所を経営していた伊達林右衛門が，1837（天保8）年に寄進したもので，現在では寺宝として保存されている。

　義経寺は円空の開基といわれるが，最初は真言宗に属していた。明治時代になり，廃寺となっていたところを，今別の本覚寺から檀家を割譲され，以後，浄土宗の寺となって現在に至っている。

　境内の本堂には阿弥陀如来像がまつられ，本尊となっている。また，樹齢数百年といわれるマツがあり，航海の目印とされてきた。

**竜飛岬周辺** ㉜　〈M▶P.138, 172〉東津軽郡外ヶ浜町三厩上宇鉄字竜飛
JR津軽線三厩駅🚗30分

　厩石からさらに国道339号線を進む。この辺りは交通機関があまりないので，見学には車か観光バスを利用したい。国道を海岸線沿いに通って漁港に向かうと，1975（昭和50）年に建てられた太宰治

**竜飛の階段国道**

**竜飛岬の史跡**

外ヶ浜の果て、海と空の美しさは県内屈指

　の文学碑公園がある。集落は帯島のある東側海岸に発達しているが，ここは天文年間(1532〜55)に成立した『津軽郡中名字』中の「竜浜」にあたると推測され，江戸時代でも街道は通じていなかった。「たっぴ」は，アイヌ語の「タムパ」(刀頭)が転訛したともいわれ，この辺りには，本州アイヌの人びとが暮らしていたと考えられる。江戸時代中期までに和人社会に同化されて，その痕跡を探ることは難しい。江戸時代，この岬は異国船防御のための要所とみなされ，狼煙台や砲台が設置されていた。幕末に，日本の海防を憂いた吉田松陰が，視察したのもこの地であった。

　文学碑公園の後ろの崖際に，沿うように人家が並んでいるが，その中を国道339号線が通じている。幅はわずか2mほどで，のぼって行くと途中から階段になり，道はここでつきる。全国の国道で階段国道があるのは，竜飛岬(崎)だけである。

　文学碑公園から少し戻って339号線を山側に入ると，竜飛と旧小泊村(現，中泊町)を結ぶ竜泊ライン(冬期閉鎖)である。曲がりくねる急な坂をのぼって行くと，展望台やホテル，青函トンネル記念館，風力発電機が並ぶウインドパークなどがある。竜泊ラインは1984(昭和59)年に開通し，津軽半島を一周できるようになった。高低差の激しい道の途中にある眺瞰台からは，空と海が広がる。旧小泊村は，中世の豪族安藤氏が本州の最後の拠点とした所で，円空仏中唯一の神像(木造男神像，個人蔵，県重宝)もある。険しく美しい海と山をみながら，その先の十三湊にまわるのも楽しいだろう。

*Shimokita* 下北半島

田名部祭り（田名部神社大祭）

霊場恐山

## ◎下北半島散歩モデルコース

**田名部・恐山コース**　　JR大湊線下北駅 _10_ むつバスターミナル _4_ 田名部神社 _2_ 常念寺 _5_ 徳玄寺 _2_ 円通寺 _5_ むつバスターミナル _40_ 恐山 _40_ JR下北駅

**むつ市大湊コース**　　JR大湊線大湊駅 _5_ 常楽寺 _10_ 兵主神社 _5_ 旧海軍大湊要港部水源地堰堤 _5_ 北洋館 _10_ JR大湊駅

**西通り・脇野沢コース**　　JR大湊線大湊駅 _50_ 脇沢寺 _2_ 悦心院 _2_ 正覚寺 _10_ 野猿公苑（北限のニホンザル） _50_ JR大湊駅

**北通り・大畑コース**　　JR大湊線下北駅 _30_ 大安寺 _3_ 八幡宮 _5_ 正教寺 _1_ 本門寺 _3_ 笹沢魯羊記念資料室 _15_ 春日神社 _25_ 薬研温泉 _50_ JR下北駅

| | |
|---|---|
| ①田名部神社 | ⑬悦心院 |
| ②常念寺 | ⑭八幡宮 |
| ③円通寺 | ⑮大安寺 |
| ④恐山 | ⑯笹沢魯羊記念資料室 |
| ⑤常楽寺 | |
| ⑥川島雄三記念室 | ⑰大石神社 |
| ⑦旧海軍大湊要港部水源地堰堤 | ⑱大間崎 |
| | ⑲佐井村海峡ミュウジアム |
| ⑧旧斗南藩史跡 | |
| ⑨尻屋崎 | ⑳長福寺 |
| ⑩砂丘・埋没林 | ㉑箭根森八幡宮 |
| ⑪泉竜寺 | ㉒仏宇多(仏ヶ浦) |
| ⑫川内八幡宮 | |

**佐井・仏ヶ浦コース**　　JR大湊線下北駅 _90_ 長福寺 _7_ 常信寺 _4_ 発信寺 _1_ 法性寺 _10_ 箭根森八幡宮 _10_ 伝相寺 _10_ 佐井村海峡ミュウジアム _20_ 仏ヶ浦 _20_ 佐井村海峡ミュウジアム _90_ JR下北駅

# 半島の起点むつ市

① さまざまな海産物，豊かな木材，下北半島の物資が集散するこの地には，多くの人が集まり，魅力ある文化をもたらした。

**田名部神社（たなぶじんじゃ）** ❶
0175-22-7470
〈M▶P.174, 178〉 むつ市田名部町1-1
JR大湊線下北駅🚌市内線むつバスターミナル🚶4分

下北地方最大の総鎮守　田名部通最大の祭礼

　青い森鉄道野辺地駅でJR大湊線に乗り換え，約45分行くと，むつ市の玄関口である下北駅に着く。本州最北端の駅である。

　下北駅でバスに乗り換え，10分ほどで，市の中心部に位置するむつバスターミナルに着く。徒歩2分の所に旧田名部駅舎があり，現在はむつ市田名部連絡所として使用されている。ここから引き返してバス通りを左折し，青森銀行の手前をさらに左折すると，田名部神社がみえてくる。

　田名部神社は旧郷社である。祭神は味耜高比古根命（あじすきたかひこねのみこと）・誉田別尊（ほんだわけのみこと）で，示現太郎大明神（じげんたろうだいみょうじん）とも称した。盛岡藩から社領100石を与えられ，旧田名部町と周辺34ヵ村の総鎮守（そうちんじゅ）として尊崇された。1873（明治6）年に田名部館跡（現，代官山公園）の八幡宮（はちまんぐう）に合祀（ごうし）されたが，やがて現在地に戻り，1876年に田名部神社と改称された。

　祭礼は毎年8月18〜20日で，下北地方最大の祭りとなっている。祭礼の中心は，20日の大祭である。この日は早朝から大神楽（かぐら）を先頭に，5町内の山車（だし）が市中を合同運行し，続いて田名部神社の神輿（しんよ）が渡御（とぎょ）し，最後尾に東通村（ひがしどおりむら）の目名（めな）大神楽が続く。夕暮れには横迎町（よこむかいまち）の大川端に山車が整列し，金襴（きんらん）の山車見送り（山車の2階部分の背面を飾る掛物）が，ねぶた型の角型灯籠（とうろう）にかわって点灯される。午後11時を過ぎると，山車が各町内に帰る「五社（五車）わかれ」の儀礼があり，大祭は終了する。

　藩政時代の慣行では，田名部代官所（だいかんしょ）か

田名部神社

## 下北の祭りと芸能

コラム 芸

海運がもたらした京都風の山車行事
山伏修験が伝えた神楽と能舞

下北半島の祭礼は、旧盆の頃から9月中旬にかけて、いっせいに行われる。各地区の主要神社の例大祭として、御輿をいただく行列と、華麗な山車(ヤマとよぶ)が出る。京都八坂神社の祇園会の祭礼に近いものだが、この系統の祭礼中、最大のものが、毎年8月18～20日にかけて行われる田名部神社の大祭である。ほかにも、海に囲まれたこの地域の特徴を示す千石船をかたどった船山車があり、むつ市大湊・大畑町・脇野沢などに残っている(青森県立郷土館編『下北半島』)。田名部・川内・佐井・脇野沢・大畑・風間浦の山車行事として、県の無形民俗文化財に指定されている。

下北では能舞(下北郡・むつ市・上北郡)が、1989(平成元)年に国の重要無形民俗文化財に指定された。能舞とは、山伏修験が民衆の心を集めるために演じた中世風の語り物芸能で、下北ではとくに東通村の16集落で盛んである。大利・田屋・鹿橋を中心に3系統に分けられるが、大筋は、翁・三番叟などの武舞、屋島・曽我兄弟などの武士舞、人間と鬼畜がからむ鐘巻などを演じ、最後に祈禱の権現舞で終わる。能舞は正月2日に、青年会員が各家をまわり獅子頭を捧持して祈禱をした後に、村の集会所で深夜にかけて演じられる。

また、東通村では、東通神楽が1980(昭和55)年に県の無形民俗文化財に指定されている。これは目名不動院を中心に活動した山伏修験が伝えた伊勢大神宮系の大神楽で、成立は江戸時代初期と考えられる。現在では、目名・上田屋・下田屋・小田野沢・老部の5集落で伝承され、神楽会・青年会などが正月15日に演じる。

佐井村の福浦の歌舞伎(県民俗)は、1890(明治23)年に上方歌舞伎の役者中村菊五郎夫妻がここを訪れ、2年間歌舞伎を村人に教えたことに始まる。各戸で配役から道具方まで分担で歌舞伎を伝え、現在に至っている。2月下旬・7月下旬・9月中旬に上演されているが、詳細は佐井村観光協会などに問い合わせたほうがよい。

そのほか、東通村のもちつき踊り(県民俗)は正月15日に行われる小正月の芸能で、村の女性たちが豊作を予祝する踊りや歌を華やかに披露する。さらに東通村では獅子舞も1991(平成3)年に県の無形民俗文化財に指定された。

東通村のもちつき踊り

半島の起点むつ市

下北駅周辺の史跡

ら祭事係役人が献幣使となって同心衆とともに出向し，祭事のいっさいを宰領した。儀式が終わると代官所から早飛脚が出され，盛岡城下に報告が届いた。近年は，流し踊りや樽御輿など新しい要素が加わり，祭りはしだいに現代化しつつある。

### 常念寺 ❷
0175-22-1891
〈M▶P.174, 178〉 むつ市田名部町4-8
JR大湊線下北駅🚌市内線むつバスターミナル🚶5分

平安時代の阿弥陀如来 盛岡藩主の御仮屋

田名部神社の裏手を流れる明神川の小橋を渡った左手に，常念寺（浄土宗）の山門がある。1596（慶長元）年の創建で，開山は磐城国（現，福島県）専称寺の良翁龍山という（『新撰陸奥国誌』）。

田名部館の一角におかれ，田名部代官所が新設される寛文年間（1661〜73）まで，御官所として使用された。本堂に安置されている木造阿弥陀如来坐像（座高87.2cm，国重文）は，平安時代後期の作と考えられ，ヒノキの寄木造による定朝様式が用いられている。1686

木造阿弥陀如来坐像

常念寺

178　下北半島

(貞享3)年，4代住持良法月西と檀家総代が上洛して，浄土宗四本山の1つである清浄華院に参詣した際，この阿弥陀仏を譲り受け，越前国敦賀湊（現，福井県）から船で運んだという。寺宝として両界曼荼羅掛図・源平屋島合戦図金屏風を有するほか，明治時代初期の廃仏毀釈で廃寺となった慈眼寺の銅製棟札（「寛文八(1668)戊申三月吉祥日」銘）や「正徳二(1712)年」銘の半鐘などが保管されている。

## 円通寺 ❸
0175-22-1091
〈M▶P.174, 178〉 むつ市新町4-11
JR大湊線下北駅 🚌 むつバスターミナル 🚶 5分

**釜臥山菩提寺を管理　斗南藩士と招魂碑**

バス通りを南に進んで，国道338号線との交差点を直進し，田名部川に架かる大橋を渡った突き当りに，むつ市出身の映画監督川島雄三の碑が立つ徳玄寺（浄土真宗）がある。その手前を左折した所に，円通寺（曹洞宗）がある。

1522（大永2）年，下総国関宿（現，千葉県野田市）東昌寺3世能正の弟子宏智覚聚が開山したという（『新撰陸奥国誌』）。『田名部町誌』によれば，覚聚は根城南部氏の援助により，当時，衰退していた釜臥山菩提寺を再興したという。このとき，菩提寺は天台宗から曹洞宗に転宗し，以来，円通寺を別当所とするようになった。元禄年間（1688～1704）に町内の蓮花寺（天台宗）と恐山の支配をめぐって争ったが，1780（安永9）年に蓮花寺が常念寺の預かりとなったことで，円通寺の支配が確定した。

円通寺は1871（明治4）年，戊辰戦争（1868～69年）に敗れてこの地に強制移住させられた会津藩（現，福島県会津若松市）の藩庁となった。会津藩改め斗南藩3万石は，当時3歳にもならない継嗣松平慶三郎（のちの容大）を擁して，辛苦に満ちた藩政を開始した。境内に立つ1900年建立の招魂碑は，松平容大が筆をとったものである。

徳玄寺

半島の起点むつ市

## 恐山 ❹
0175-22-3825
(恐山寺務所)

〈M▶P.174〉むつ市田部宇曽利山
JR大湊線下北駅🚃恐山線(季節運行)終点，または市内線むつバスターミナル🚗約30分

**多様さを示す霊場信仰　菩提寺と釜臥山神社**

日本三大霊場の1つ恐山は，慈覚大師が開いたという伝承をもつ。全山諸堂をまとめて釜臥山菩提寺と称する。かつては天台宗寺院だったが，1530(享禄3)年に田名部円通寺の僧覚聚が再興して以来，円通寺を別当所とする曹洞宗寺院となった。

恐山は宇曽利山湖を中心とする周囲8峰(釜臥山・大尽山・小尽山・北国山・屏風山・剣山・地蔵山・鶏頭山。ただし，朝比奈岳を含めることもある)の総称であり，特定の山体を指すよび名ではない。標高は879m。山嶺に囲まれた宇曽利山湖は，直径6kmのカルデラ湖である。pH3.2～3.6の強酸性(食用酢に相当，部分的に変動あり)だが，この厳しい条件下で生息するウグイ(恐山ウグイ)の集団が確認されるなど，生物学的にも注目を集めている。

菩提寺は，宗派にとらわれない地蔵講を中心とする信仰集団をもっていた。下北の村々は，農業・漁業が中休みとなる時期に「おやま(恐山)まいり」を行ったが，それは慰安をかねた遊山参詣であり，延命菩薩信仰として受け継がれた。

境内には多くの常夜灯や手水鉢が奉納され，参道口から宇曽利山湖畔までの124丁の間に130基の丁塚(里程標石柱)が建てられた。「安政六(1859)年」銘のものなど10数基が残っている。

地蔵堂の内陣には本尊の地蔵菩薩像を始め，脇侍の掌善地蔵・掌悪地蔵，円空作木造十一面観音立像(総高175.2cm)・木造観音菩薩半跏像(総高63.3cm)など，さまざまな仏像が納められている。

毎年7月20～24日に開催される夏の大祭では，五穀豊穣・

菩提寺(恐山)

下北半島

# 恐山信仰の広がり

コラム

**湯治場・死者供養の場・海上安全祈願所として発展**

　下北地方でもっとも知られているものの1つに、イタコの口寄せとともに、「死ねばオヤマ（恐山）へ行く」という「死出の山」として位置づけられている恐山がある。地獄を思わせる荒涼とした光景が広がり、地蔵信仰に基づく死者供養の場として、また「薬師の湯」などをもつ湯治場として、今日、多くの人びとが訪れている。

　恐山の宗教的な場としての起源は中世に遡る可能性があるが、恐山境内に残るものでは、供養のために建てられた1669（寛文9）年の石碑が最古であり、寛文〜延宝年間（1661〜81）のものが数多くみられることから、この頃から一般信者の供養の場として発展しつつあったものと思われる。

　恐山が世間の関心を引き始めたのは、18世紀初頭に刊行された寺島良安著『和漢三才図会』に「焼山」として取り上げられてからであろう。そこには円仁が、1000体の石地蔵を制作したこと、寛文年間（1661〜73）に円空がその補修をしたこと、山頂には三途の川や賽の河原があることなどが記されている。良安が伝聞をもとに記載したものだが、著名な百科全書であり、恐山の知名度を高めることになった。

　恐山への参詣目的の1つは、湯治であった。下北地域の人びとの間では「山の湯」とよばれ、早くからすぐれた湯治場であった。18世紀後半には湯治客のための施設が整えられ、遠方から訪れる者もふえてきた。1792（寛政4）・93年にここを訪れた菅江真澄の紀行文には、各地から湯治にきた人びとが交流する様子が記されている。

　死者供養の場としての発展もこの頃からであり、恐山を管理する円通寺の文書に「賽の河原」「血の池」「骨堂」が初めてあらわれるのは、1761（宝暦11）年である。1796（寛政8）年に円通寺に奉納された「田名部海辺三十三番札所」の巡礼額には、恐山地蔵堂が第33番札所となっている。また1798年に、境内案内の教本としてつくられた「恐山境内案内口上」では、案内人が参詣者を連れて「賽の河原」やさまざまな地獄をめぐりながら、それぞれの場所で、恐山地蔵堂の本尊である延命地蔵が死者を救済することを説いている。

　19世紀に入ると、恐山への参詣者は飛躍的に増大した。その要因の1つに、近世の参詣旅行の観光化とそれを背景とした十返舎一九による恐山参詣道中記『方言修行金草鞋』が、1830（天保元）年に出版されたことが指摘されている。恐山境内図や恐山地蔵尊の略縁起などの摺物も文化年間（1804〜18）頃から頒布されており、頒布に見合うほどの参詣者がいたことを示している。また、この恐山

半島の起点むつ市　　181

への参詣者は、下風呂温泉の発展をももたらした。1846(弘化3)年閏5月から9月までの下風呂村(現、風間浦村)各宿への宿泊者を記した「往来旅人改控書上帳」によれば、記載された者の約3分の1以上が、恐山参詣との関わりで下風呂村にやってきている。その多くは遠方の人びとで、松前・箱館や津軽・南部領内はもちろん、筑前・越前・越後・近江・尾張・武蔵・下総・京都・江戸・仙台・秋田などの地名を確認できる。

恐山発展の最大の要因は、海上交易に携わった船乗りや商人たちの後援であった。下北はヒバ材や、俵物に代表される海産物の産地であり、日本海海運や太平洋海運、さらには蝦夷地廻りの交易や運輸に従事した船乗りや商人たちは、下北に拠点をおいていた。また下北の商人たちも、その営業範囲を拡大していった。17世紀後半以降、田名部五湊・七湊も定められ、港湾の整備も図られている。このようななかで、文化年間の恐山の略縁起には、延命地蔵の霊験として、海路の安全と商売の成功も挙げられるようになり、海運業者らは競って恐山への参詣と寄進を行うようになった。

海運業者らがこのように恐山に関与できたのは、恐山が特定の檀家や信者組織をもたず、下北の庶民や近隣諸地域からの参詣者、そして、海上交易に携わって遠方からきた商人や船乗りの、願い・祈りに柔軟に対応してきたからであり、管理運営にあたった円通寺の方針も、そのようなあり方を容認していたからである。

恐山は、こうして全国的に有名な霊場へと発展していった。

**イタコの口寄せ**

海上安全・家内安穏などの祈禱が行われ、この期間はおおいに賑わう。明治・大正時代以降、死者の供養のため、県内各地からイタコ(霊媒を行う女性)が地蔵堂の境内周辺に集まるようになり、参拝者の求めに応じて「ホトケオロシ」(呪文を唱え死者の霊をよぶこと)を行っている。

恐山のうち釜臥山の山頂には、釜臥山獄大明神をまつる釜臥山神社が立っている。菩提寺の奥院として、修験者の信仰を集めてきた。

現在も信者による「釜臥山のヤマカケ」の習慣がある。

## 常楽寺 ❺
0175-24-1960
〈M▶P.174, 183〉 むつ市大湊上町13-6
JR大湊線大湊駅🚌脇野沢行勤労青少年ホーム🚶すぐ

海上安全の祈禱所 円空作の如来立像

　国道338号線沿いの上町バス停のそば、石垣に仕切られた道路に面して、八峰山常楽寺（真言宗）の本堂と庫裏がみえる。

　1396（応永3）年、紀州根来山の修験者良海が庵を結んだのが始まりという（笹澤魯洋『下北半嶋史』）。下北半島唯一の真言宗寺院で、本尊は不動明王。寺宝として、円空作木造如来立像（総高149.5cm、県重宝）がある。円空の初期の作品で、ヒバの一木から彫り出したものである。

　江戸時代には田名部代官所の脇にあり、八幡宮（むつ市小川町）の別当をかね、下北半島の村々から1戸につき1升の稗と、昆布船1隻につき1把のコンブを徴収した。これは「常楽稗」とよばれたが、当地方の寺社としては異例で、代官所から特別の扱いを受けていたことがわかる。現在地に移転されたのは、明治時代初期のことである。大湊軍港に近接していることから、第二次世界大戦までは海軍の尊崇を受けた。境内には、海軍大将野村吉三郎の筆になる「留魂の碑」がある。

　国道338号線海手側の上町には、釜臥山の表参道口にあたる

常楽寺

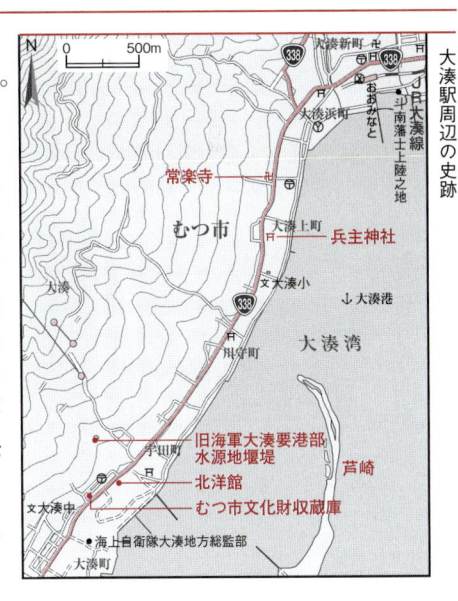

大湊駅周辺の史跡

兵主神社(祭神伊弉諾命)がある。越前屋菊池保が海上安全祈願のため奉納した1848(嘉永元)年のものなど，各種の船絵馬がある。とくに1853年6月に，浜中屋善太郎が奉納した明神丸絵馬は，船を真艫(船尾)からみた珍しい図柄で，弁財船の構造を知るうえで貴重である。

## 川島雄三記念室 ❻
0175-28-3500(むつ市立図書館)

〈M▶P.174〉むつ市中央2-3-10(むつ市立図書館内)
JR大湊線下北駅🚌市内線合同庁舎前，または下北駅通🚶5分，または運動公園経由下北教育会館前🚶5分，または下北駅🚗5分

新感覚あふれる名監督「川島組」の誕生

　合同庁舎前バス停で降りると，西方にむつ市立図書館がある。2000(平成12)年，むつ市立図書館は代官山公園から現在地に移設され，近藤道男による斬新なデザインを取り入れた新館として生まれかわった。その目玉として館内に設置されたのが，映画監督川島雄三の遺品などを展示する川島雄三記念室である。

　旧田名部町(現，むつ市)に生まれた川島雄三は，明治大学卒業後，松竹に入社。小津安二郎や木下恵介らの助監督をつとめた後，1944(昭和19)年の監督昇進試験で主席合格し，織田作之助原作の「還って来た男」で監督デビューした。1954年には日活へ移籍し，「洲崎パラダイス　赤信号」や「幕末太陽伝」などの傑作をつくった。

　川島は，遺作「イチかバチか」の公開直前，アパートの自室で急死。享年45歳であった。墓所は，徳玄寺(むつ市新町)にある。

むつ市立図書館

川島雄三記念室

下北半島

# 下北と海運

コラム

**長崎貿易を支えた下北半島のアワビ・コンブ**

海に囲まれた下北半島の人びとにとって，もっとも重要な生業は漁業であった。中世以降はこれに海運と交易が加わり，下北の物産が日本各地にもたらされた。『後鑑』には，1423（応永30）年，安藤陸奥守が，室町幕府5代将軍足利義量に馬20匹・鳥5000羽・鷲眼2000匹・海虎皮30枚・昆布500把を献上したとある。将軍への献上物は，その地の特産であることが多く，蝦夷管領として宇曽利郷（下北地域）一帯を支配した安藤氏の経済基盤が何であったかを，如実に物語っている。

室町時代初期の往来物（手紙形式の手習・教養書）である『庭訓往来』には，北方産の「宇賀昆布」や「夷鮭」が登場する。これらはアイヌがもたらす海産物で，日本海海運によって西日本に送られた。当時，アイヌと和人は各地で交易を行い，ときに混住し，生活や技術を共有していた。

近世に入ると下北半島は，海産物の生産地としての重要性を増していった。新井白石の長崎新令（1715〈正徳5〉年）以後，江戸幕府は長崎貿易を拡大し，清向けの輸出品として重要な俵物3品（煎海鼠・干鮑・フカヒレ）の確保に力をそそぐようになった。

18世紀後半，長崎会所は下北の豪商らに，煎海鼠・干鮑・昆布の集荷を委託した。集められた海産物は，内陸の川湊である田名部湊に一旦送られ，そこからカンコ舟で田名部川をくだって，大平湊（現，むつ市大湊）沖で待つ雇廻船に積み込まれた。田名部通（下北半島全域を指す）には多くの廻船問屋があり，問屋組合をつくっていたが，その支配問屋である山本理左衛門（屋号は「山本」。「山理」は別家）は，こうした物産の倉敷料（保管料）で，莫大な利益をあげた。

下北半島の内陸部は，ヒバ（ヒノキ）の森林地帯である。江戸時代初期，上方・江戸で木材の需要が飛躍的に伸び，下北のヒバは盛岡藩の重要な財源となった。江戸の栖原屋，飛驒国（現，岐阜県）の飛驒屋らが大畑に支店を出し，手広い商売で利益をあげた。こうした豊富な物産に魅かれて多くの商人が下北を訪れ，活発な商業活動を展開した。佐井村の松屋家に伝わる「廻船御客帳」には，1812（文化9）〜29（文政12）年に入港した船の名が記録されている。これによれば，廻船は，蝦夷地・東北・北陸・瀬戸内・畿内・東海の各地から来航し，総数448隻にもおよんだ。越前三国湊（現，福井県）は71隻でもっとも多く，日本海海運と下北半島の強い結びつきがわかる。

半島の起点むつ市　　185

## 旧海軍大湊要港部水源地堰堤 ❼

〈M▶P.174, 183〉むつ市宇田町368
JR大湊線大湊駅🚌脇野沢行宇田 🚶5分

日本初のアーチ式ダム 自衛隊基地と北洋館

　1882(明治15)年、青森・野辺地・大湊間に定期航路が開かれると、大湊には外国船が盛んに入港するようになった。日清戦争(1894～95年)後は、日本の軍艦もたびたび入港し、1902年には大湊水雷団が開庁した。おりからロシアとの関係が緊迫し、大湊は軍事基地としての重要性が高まり、1905年に大湊要港部が設置され、海軍の一大拠点となった。日本初のアーチ式ダム工法による旧海軍大湊要港部水源地堰堤(国重文)が竣工されたのは、1909年である。釜臥山を源流とする宇田川をせきとめ、堤高7.9m・堤長26.5mという小規模のものながら、櫛型アーチで構成された4つの溢水口から水が流れ落ちる光景は美しい。第二次世界大戦後は、海軍から大湊町に引き継がれ、1976(昭和51)年まで、実際に使用されていた。

　旧大湊軍港の中心は、大湊湾に突き出した芦崎の内湾である。1933(昭和8)年には、大湊海軍航空隊が配備された。大湊港の歴史については、海上自衛隊大湊地方隊基地内の北洋館(基地内の資料館)で概要を知ることができる。

　近隣に立つむつ市文化財収蔵庫(むつ市大湊町字桜木町)は、1916年に建てられた旧大湊要港部乙館舎を再利用したものである。

日本初のアーチ式ダム

## 旧斗南藩史跡 ❽

〈M▶P.174〉むつ市田名部字南岡
JR大湊線下北駅🚌市内線むつバスターミナル、乗換え🚌尻屋崎行斗南岡 🚶すぐ

　むつ市から尻屋崎へ向かう国道338号線沿いの、むつグランドホ

> 「北斗以南皆帝州」人づくりに懸けた夢

テルから1kmほどの所に,「斗南藩史跡地」の標識があり,その奥に旧斗南藩史跡が広がっている。

　戊辰戦争(1868〜69年)に敗れた会津藩(現,福島県会津若松市)は領地を没収され,藩主松平容保が鳥取藩(現,鳥取県)の預かりになるなど,厳しい処罰を受けた。1869(明治2)年,容保の嫡男容大に家名存続が許され,陸奥国北・三戸・二戸3郡に3万石が与えられた。翌年4月に黒羽藩(現,栃木県大田原市)から領地を引き継ぎ,藩名を斗南藩に改め,藩庁を五戸代官所においた。移住した人数には諸説あるが,弘前県大参事野田豁通が大蔵省へ提出した伺書によれば,明治3年春〜閏10月で総数1万7300人,戸数4320戸となっている。

　翌1871年,斗南藩大参事山川浩らは,海運の便利な下北半島に目をつけ,田名部町(現,むつ市)の円通寺に藩庁を移した。ついで田名部川流域に開けた原野の開拓を企画し,郊外の妙見平に約200戸を入植させた。しかし,過酷な労働と厳しい気候に耐えかねて病死者・失踪者があいつぎ,開拓は結局は不調に終わり,多くの者が斗南の地を去った。踏みとどまった者のなかからは,藩校斗南日新館で学び,のちに東京帝国大学総長となった山川健次郎や,陸軍大将柴五郎らが出た。

　1936(昭和11)年,弘前第8師団勤務の秩父宮が斗南ヶ丘を訪れ,これを記念して1943年7月,秩父宮両殿下御成記念碑が,会津相携会(現,斗南会津会)によって建てられた。

斗南藩史跡地の碑

半島の起点むつ市　187

## ❷ 下北丘陵と東通り

下北国定公園内に位置するこの地域には，尻屋崎や寒立馬などの多彩な自然のほかに，東通村の古い民俗芸能が息づく。

### 尻屋崎と寒立馬 ❾

〈M▶P.175, 190〉 下北郡 東 通 村尻屋字念仏間37-20ほか

下北交通むつバスターミナル🚌尻屋崎行終点🚶1分（5/1～10/31），または尻屋入口🚶30分

**厳寒の下北に生きる野生の馬**

　下北半島の北東部突端である尻屋崎は，津軽海峡を隔てて北海道恵山岬がみえる絶景の地である。岬の先端にある高さ32.8mの白亜の尻屋埼灯台は，1876（明治9）年の竣工で，東北地方最初の灯台として石油で点灯していたが，1906年に日本初の自家発電の電気式灯台となった。灯の光度は国内最大級の53万カンデラ，光達距離は約34kmにおよぶ。

　灯台の周辺には牧場が広がっており，ここに放牧されているのが寒立馬（県天然）である。いわゆる田名部駒は古くから名馬として有名であったが，尻屋地域でも「尻屋の牧」「大室の牧」など数カ村の共同牧場があった。

　田名部駒は元来小柄で，寒気と粗食に耐え，持久力にすぐれていたので，輓馬のほか軍用馬や食用馬としても，明治時代以来交配が進められてきた。「寒立馬」という名は，1970（昭和45）年，当時の尻屋中学校長岩佐勉が命名したという。

尻屋埼灯台　　　　　　　　　　　　　　　　　　　　　寒立馬

# 下北のおもな遺跡

コラム

貴重な遺物が多い下北の遺跡

　下北半島各地では，考古学的に興味深い遺跡の発見が数多くみられる。旧石器時代の遺跡としてまずあげられるのが，尻屋崎（東通村）の物見台遺跡である。ここから発掘されたナイフ形石器は，長野県野尻湖畔の杉久保遺跡のものと対比され，県内でも最古級の遺跡といえる。

　縄文時代草創期の遺跡は今のところみつかっていないが，早期の遺跡には物見台・吹切沢・ムシリ遺跡（いずれも東通村）などがある。また，同時期の下田代納屋遺跡（東通村）からは，4軒の竪穴住居跡が出土している。縄文時代の遺跡というと貝塚があげられるが，現在のところ，縄文時代前期初頭の金谷貝塚（むつ市）が下北ではいちばん古い。

　縄文時代前期の脇野沢遺跡（むつ市）からは，小規模な楕円状配石遺構が1カ所発見されており，下北最古の祭祀遺構として注目される。また，前期貝塚としては，女館貝塚（むつ市）がある。さらに中期貝塚としては，最花貝塚（むつ市）があげられるが，これは1934（昭和9）年の発見以来，数次にわたる調査の結果，広さ10万m²におよぶ下北最大の貝塚であることが判明した。そのほか，縄文時代後期の水木沢遺跡（むつ市）では，20軒の竪穴住居跡が検出され，晩期ではドウマンチャ貝塚（大間町）が有名である。

　縄文に続く弥生土器を編年すると，二枚橋式（むつ市）→八幡堂式（佐井村）→石蕨式（東通村）→念仏間式（東通村）→九艘泊式（むつ市）の5型式となる。二枚橋遺跡からは籾痕がある土器が発見されており，八幡堂遺跡からは，北海道産の黒曜石も出土している。

　このほか，下北各地では，弥生土器に続く江別式・北大式土器や平安時代の擦文土器も発見されている。その一方で，土師器や須恵器も伴出しており，下北の古代文化を考えるうえで，興味はつきない。また，中世の貝塚として浜尻屋貝塚（東通村，国史跡）がある。14～15世紀のアワビ貝塚であり，交易面で注目されている。

## 砂丘と埋没林 ⑩

太古の自然跡が残る埋没林

〈M▶P.175〉下北郡東通村猿ヶ森
下北交通むつバスターミナル🚍泊線猿ヶ森🚶10分

　尻屋崎の南方，太平洋岸の尻労から小田野沢にかけて約15kmにわたり，砂丘地帯が続いている。これは有名な鳥取砂丘と同規模のものであり，砂丘の背後には砂によってせきとめられた長沼・大沼・左京沼などの池沼が散在する。これらの沼には，ヒメマリモやオオセッカなどの絶滅危惧種が棲息しており，生物学的にも貴重

## 尻屋崎の史跡

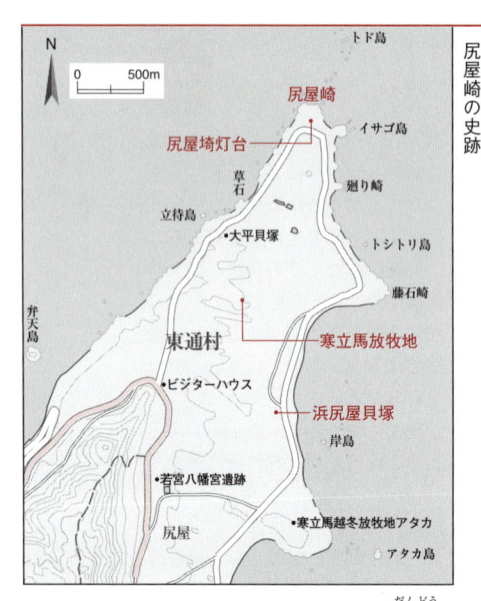

な地域となっている。

猿ヶ森砂丘は、幅1〜2km・面積3.52haで、縄文時代の海進・海退の繰り返しによって形成された古期砂丘と、その後の卓越風によって大量の砂の供給を受けてできた新期砂丘から構成される。砂丘は15mほど盛り上がって丘陵を形成しているが、この丘陵と海上一帯は、防衛省技術研究本部の下北試験場専用区域で、弾道実験が行われているため、一般の立入りは厳しく制限されている（立入りには事前許可申請が必要）。

猿ヶ森の集落から徒歩約10分の所に、ヒバ埋没林がある。海手に進んで行くと、一帯には、枯死したヒバの幹が1.5〜2mほど根元だけを残して広がっており、特異な景観を呈している。青森県は、1979（昭和54）年に猿ヶ森県自然環境保全地域特別地区として指定し、保護してきた。埋没林形成の原因としては、慶長年間（1596〜1615）の大津波で、ヒバの原生林が海中に飲み込まれたとするものや、800〜1000年前の津波や気候変動で枯れたヒバ林が、砂に埋もれたとするものがあるが、確かなことはまだわかっていない。

猿ヶ森ヒバ埋没林

# 下北と原子力開発

コラム

原子力発電所建設がもたらした希望と問題

　下北半島各地には、歴史遺産や民俗芸能などが今に残されている。その一方で注目を集めているのが、「原子力半島」としての下北である。

　1963(昭和38)年に日本原子力船開発事業団が発足し、日本初の原子力船建造が計画されたが、そのときいちばん問題になったのが、原子力船の母港をどこにするかということであった。事業団は、最初、神奈川県横浜市を想定していたが、これを断られたため、海軍基地があったむつ市大湊港が候補にあがった。むつ市はこれを受け入れ、1968年に建設工事が始まり、翌年には公募により、船名も「むつ」と決まった。

　船体が完成し、むつは1974年8月26日、反対派の漁業関係者の海上ピケを後に、出力上昇試験のため、外洋に船出した。ところが、9月1日に放射線漏れが発生し、大湊港に帰ることになった。その後、むつの受入れに関しては多くの議論が沸き上がったが、修理のため、一時、長崎県佐世保港がこれを受け入れ、最終的な新母港は、むつ市関根浜港とされた。紆余曲折のはてに、1988年1月に関根浜港に移されたむつは、1990(平成2)～91年に、8回にわたって実験航海を実施した後、1993年に解体され、日本の原子力船開発は頓挫した。現在、むつの原子炉はむつ科学技術館(むつ市関根)に展示されている。

　これと軌を一にして、原子力発電所の建設計画も進められてきた。下北では2006年3月現在、東通村に稼働中のものが1基と、大間町に建設中のものがある。東通原発は、東北電力と東京電力が開発を計画し、最終的には110万～138.5万kwの沸騰水型軽水炉など4基を建設する予定である。国内的にも国際的にも、原子力発電に大きな警鐘が鳴らされているなか、1992(平成4)～93年には、ようやく事業者と東通村の関係各漁業協同組合との補償協定が締結された。東北電力1号機は2004年12月から試運転が開始され、翌年から営業運転が始まった。

　一方、大間町議会が電源開発株式会社の要請を受けて原発誘致を決議したのは、1984(昭和59)年のことである。大間原発では138.3万kwの改良型沸騰水型軽水炉1基が建設中だが、これにはMOX燃料(ウランとプルトニウムの混合酸化物燃料)が使われる予定である。

東通村原子力発電所

## 3 陸奥湾沿岸と西通り

むつ市川内・脇野沢は陸奥湾に抱かれ、南部七カ湊として古くから交易が盛んであった。北限のサルなどの自然も豊か。

**泉竜寺** ⓫
0175-42-3672
〈M ▶ P.174, 193〉 むつ市川内町字川内90
JR大湊線大湊駅 🚌 脇野沢行川内 🚶 3分

*種痘を始めた中川五郎治ゆかりの寺*

　川内バス停で降り、脇野沢方面に向かうと、国道338号線脇にある愛宕幼稚園の奥に、川内八幡宮と隣接する形で泉竜寺(曹洞宗)がある。寺伝によると、慶長年間(1596〜1615)に、相模守寿慶という武士が落ち延びてきて、川内の高倉山に愛宕大権現をまつったのが同寺の発祥という。

　境内の墓地にはヒバ材の積出しや造船にきていた塩飽衆の墓碑が4基ある。いずれもやや風化して刻字が読みにくいが、「寛文八申」(1668年)・「延宝二寅」(1674年)・「延宝三卯」(1675年)・「貞享五辰」(1688年)の年紀が読みとれ、17世紀には、川内を拠点として海運に従事していたことが知られる。

　川内出身の著名人に、日本で初めて種痘を実施した中川五郎治がいる。五郎治は1807(文化4)年、エトロフ島に出稼ぎに行ったが、ロシア軍艦に捕らえられ、6年間ロシアに拘留された。その間、五郎治はロシア語と種痘法を学び、1813年、松前(現、北海道松前町)・箱館(現、北海道函館市)に監禁されていたロシア軍人ゴローウニンとの交換で帰国をはたした。当時、松前地方で疱瘡が流行しており、人びとに牛痘を接種して、多くの人命を救った。これは日本医学史上著名な大槻俊斎の種痘より18年も前のことであった。

　泉竜寺の西に隣接する憶念寺(浄土真宗)は、川内湊で廻船問屋として活躍した仙台屋・敦賀屋・能登屋・木津屋など

泉竜寺

が有力な檀家となってつくられた寺である。さらに，近くにある本覚寺(日蓮宗)は，能登(現，石川県)の廻船問屋能登屋長右衛門が，1660(万治3)年に遠昭院日住を迎えて創建したもので，能登屋は，材木と海産物の商売でおおいに繁盛したという。

## 川内八幡宮 ⑫
0175-42-2236
〈M▶P.174, 193〉むつ市川内町字川内324
JR大湊線大湊駅🚌脇野沢行川内🚶3分

**塩飽衆の跡が残る鎮守の森**

川内バス停で降り，国道338号線を脇野沢方面に歩き，青森銀行川内支店の交差点を右に曲がって少し行くと，旧郷社の川内八幡宮(祭神誉田別尊)がある。明暦～万治年間(1655～61)に現在地に遷座して以来，海上安全・五穀豊穣を祈願する神明宮も合祀するようになった。境内の手水鉢は願主能代屋金右衛門を始め，加賀の宮越(現，石川県金沢市)の銭屋与八郎らによって，1862(文久2)年に奉納されたものである。また，「明和三(1766)年」の銘がある五輪の庚申塔も境内にあるが，これは川内で鍛冶屋を営んだ塩飽衆を始めとする廻船問屋や船大工仲間によって信仰されたものという。

川内八幡宮

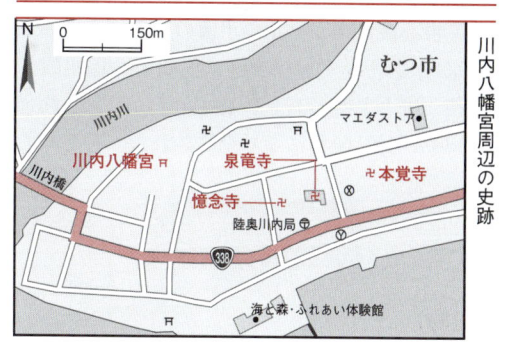

**川内八幡宮周辺の史跡**

## 悦心院 ⑬
0175-44-2014
〈M▶P.174〉むつ市脇野沢字本村49
JR大湊線大湊駅🚌脇野沢行終点🚶3分

**本州アイヌの伝承に満ちた寺**

脇野沢バス停から国道338号線をむつ方面に引き返し，2つ目の交差点を左折した所，町のほぼ中央にあるのが悦心院(浄土宗)である。1675(延宝3)年の草創で(一説には1673年)，脇野沢の寺院で

陸奥湾沿岸と西通り　193

悦心院のアイヌの墓標　　　　　　　　　　　　　　　　　　　　　　　　　　悦心院

はもっとも古く，中寺（なかでら）と通称されている。開基は廻船問屋大場清兵衛（おおばせいべえ）。同寺には，1405（応永12）年の鰐口（わにぐち）があるが，これは脇野沢瀬（せ）野の寺屋敷から発掘されたものとされる。

　脇野沢には江戸時代，アイヌが住んでいたとの伝説があり，とくに発府羅（ハッピラ）という首長が陸奥（むつ）湾岸のアイヌを統率していたとされる。悦心院には，アイヌの名を記した過去帳（かこちょう）と，本堂裏にアイヌの墓標があり，こうした言い伝えを裏づけている。

　悦心院に向かう1つ手前の交差点を左折した奥に，脇沢寺（きょうたくじ）（曹洞宗）がある。本尊は釈迦牟尼仏（しゃかむにぶつ）で，馬頭観音（ばとうかんのん）も奉置されている。最初，庵として1717（享保2）年に開庵され（異説に1729年・1731年），1883（明治16）年に寺号を許された。禅寺（ぜんでら）または山寺（やまでら）とよばれる。

　悦心院方向に向かうつぎの交差点を左折すると，すぐに正覚寺（しょうがくじ）（浄土真宗）がある。本尊は阿弥陀如来（あみだにょらい）。1691（元禄4）年に田名部の徳玄寺（とくげんじ）4世玄察（げんさつ）の草創と伝えられる。下寺（しもでら）とよばれる。

正覚寺

下北半島

# 下北の天然記念物

コラム

命はぐくむ豊かなヒバの原生林と多様な自然

下北には2006(平成18)年3月現在,国指定の天然記念物として,「下北半島のサルおよびサル生息北限地」(むつ市・佐井村)と「縫道石山・縫道石の特殊植物群落」(佐井村)があり,名勝及び天然記念物として「仏宇多(仏ヶ浦)」(佐井村)がある。また,県指定のものとして,「大湊湾の白鳥」(むつ市),「寒立馬とその生息地」(東通村)があり,豊かな自然を数多く抱えている。

このうち北限のサルは,むつ市脇野沢地区および佐井村の山間部に,現在約1500匹が生息している。脇野沢本村でバスを降り,国道338号線を佐井村方面に進むと,約5kmで滝山の手前,脇野沢七引に至る。ここに保養センターがあり,そのすぐ近くに道の駅と野猿公苑が整備されている。もともと北限のサルの保護は,1960(昭和35)年に15匹のニホンザルが,脇野沢の西端九艘泊海岸におりてきて,人びとの目にとまったことに始まる。当初は200匹程度で,絶滅が心配されたことから,1964年には日本モンキーセンターの指導で餌付けが始まり,翌65年に国指定となってから個体数は急速に増加したが,近年はふえすぎて農作物への被害が問題化している。

縫道石山は下北半島西岸,津軽海峡に面した標高626mの岩山で,縫道石は,そこから7kmほど南にある石山(591m)である。1956(昭和31)年に山頂付近で発見されたイワタケが,北アメリカ東岸のものと同じであることがわかり,オオウラヒダイワタケと命名された。日本では縫道石山でしか発見されていない。さらに,付近に自生するミネヤナギ・ミヤマザクラ・ホザキナナカマドなどは北方系の植物であるにもかかわらず,約600mの低い標高の地に自生しており,1976年に特殊植物群として国の天然記念物に指定された。

国道338号線で佐井村を過ぎ,通称カモシカラインに入ると,険しい山道になる。車で1時間ほど走ると,仏ヶ浦を望める展望台に至る(牛滝~脇野沢間は冬期閉鎖)。仏ヶ浦は,南北約1.5km・幅200mほどの海岸線地帯で,緑色凝灰岩が沈降し,海食や風化を受けて高さ6~90mほどの奇岩が数百も立ち並ぶ。その形状から一ツ仏・十三仏・如来の首岩・香炉岩・燭台岩・五百羅漢などの名称があり,恐山信仰の一端として,恐山に参詣した人びとが,この海岸を巡礼したといわれている。

北限のニホンザル

陸奥湾沿岸と西通り

# ④ 津軽海峡と北通り

北通りは，津軽海峡を挟んで蝦夷地・北海道と強く結びついた歴史をもつ本州最北端の地域。そこは北への窓口であった。

## 八幡宮 ⑭
0175-34-3636

〈M ▶ P.174, 196〉 むつ市大畑町南町46
JR大湊線下北駅 🚌大畑線大畑 🚶2分

*海上安全祈願社の代表　例祭は京都風の山車運行*

八幡宮

旧下北交通大畑線大畑駅の駅舎を背に左手小路を直進して行くと，まもなく八幡宮（旧郷社，祭神応神天皇）の鳥居がみえる。大畑発祥の地，大畑町深山から1648（慶安元）年に遷座されたという。領内外を問わず，大畑湊に回航してきた船は，この八幡宮で海上安全を祈願した。本殿は1776（安永5）年に奉納されたもので，江戸から船で運ばれた。また境内には，越前三国（現，福井県）の出身で，大畑に定着した堺屋が1859（安政6）年に寄進した神灯や狛犬などがあり，海商たちの大畑往来を示している。

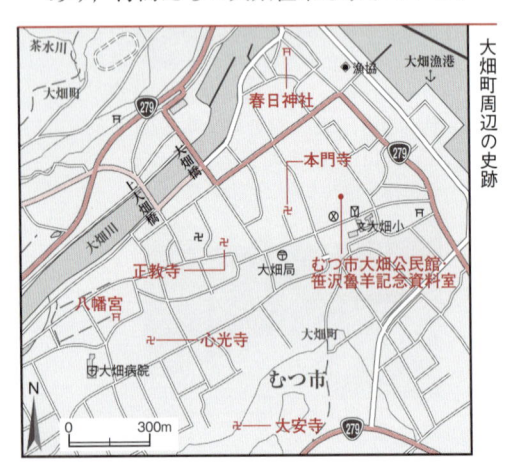

*大畑町周辺の史跡*

大畑で最大の祭りは八幡宮の例祭で，毎年9月14〜16日に行われる。現在のような祭りの形態は，18世紀に入ってからと考えられ，大畑の山車行事として県の無形民俗文化財に指定されている。その囃子や山車は，京都八坂神社の祇園会の

196　下北半島

# 下北の温泉

コラム 憩

恐山参詣者らで賑わった古くからの湯治場

　数多い下北の温泉で、まずあげなくてはならないのが、恐山温泉(むつ市田名部)であろう。日本三大霊場の1つ恐山への信仰は、温泉の効能と結びついた病気治癒祈願と海上安全祈願を中心とした現世利益信仰に特徴があり、18世紀後半から湯治客がふえ、19世紀以降大きく発展した。大小100近くの源泉があるが、湯量が多く泉温が高い。古滝の湯・冷抜の湯・薬師の湯・花染の湯の4つの浴場があり、恐山菩提寺の宿坊に宿泊する人や参詣者が利用している。
　大畑川を上流へ12kmほど行くと、薬研温泉(むつ市大畑町薬研)に着く。途中、約10km付近から4kmほどの変化に富んだ美しい渓流が薬研渓流とよばれ、下北半島国定公園の一部を成している。周辺一帯は、ヒバ・ブナ・カエデなどの原生林で、とくに紅葉の景観は見事である。1614(慶長19)年の発見とされ、1704(宝永元)年、古畑姓の大坂城の落人が湯守をつとめたのが始まりという。薬研の地名は、温泉の湧出口が漢方医が使用する薬研に似ているところから名づけられたとされる。温泉は単純泉で無色透明。薬研温泉からさらに2km行くと、奥薬研温泉がある。薬研温泉同様の単純泉で、露天千人風呂などがある。
　大畑からバスで海岸沿いに走る国道279号線を西進すること約30分で、下風呂温泉(風間浦村下風呂)に着く。津軽海峡に面した温泉で、井上靖の小説『海峡』の舞台ともなり、海峡の宿として知られるようになった。江戸時代は湯本(湯元)といわれ、盛岡藩公認の湯治場として栄えた。温泉は集落西側の大湯と東側の新湯の2カ所に湧出し、ともに硫黄泉。大湯の湯小屋は1687(貞享4)年にはすでに確認されており、新湯の発見は寛政年間(1789〜1801)頃とされる。遠く松前・秋田・津軽からの湯治客で賑わったが、恐山参詣者も多く足を伸ばしている。1739(元文4)年には、盛岡藩8代藩主南部利視も湯治に訪れている。海岸線は奇岩怪石に富むが、なかでも二見岩(夫婦岩)は象徴的で、これを中心に、いさりび公園が整備されている。

下風呂温泉の二見岩

流れを汲むものとされる。
　大畑町湊村にある春日神社(祭神 天児屋根命)は、八幡宮例祭のときに神輿が一夜を過ごす神社である。大畑川河口の大畑湊に位

置し，海上安全祈願所であるとともに，大畑代官所の祈願所でもあった。社殿は1674(延宝2)年に越前新保(現，福井県)の上林屋興左衛門が寄進し，1805(文化2)年に再建されたものである。

八幡宮右手にある心光寺(浄土宗，本尊阿弥陀如来)は，田名部海辺三十三観音第14番札所。本堂のかたわらに鎮座する延命地蔵は，1738(元文3)年に江戸で鋳造されたものという。

## 大安寺 ⓯
0175-34-2926　〈M▶P.174, 196〉　むつ市大畑町本町80 P
JR大湊線下北駅🚌大畑線大畑🚶5分

**盆踊りに唄われた寺 大畑の歴史を語る墓碑**

八幡宮に向かう小路を途中で左折し，直進(南進)すると大安寺(曹洞宗，本尊釈迦牟尼仏)がある。田名部円通寺の末寺。1614(慶長19)年に，大畑本町坪家(現，むつ市大畑町)出身の禅達が，庵を結んだのが最初といわれる。草創は1650(慶安3)年で，開山は一東異寅。伝承によれば，境内は盛岡藩4代藩主南部重信から拝領したものという。田名部海辺三十三観音第9番札所。山門までの通りが大安寺通りである。明治時代頃まで，寺院坂下の低湿地にヤナギが繁茂していたようで，この地方の盆踊り唄に，「田名部お島子の音頭取る声は，大安寺柳の蝉の声」と唄われている。

大畑湊が，盛岡藩から船着き湊として指定されたのは，1675(延宝3)年。ヒノキの積出港として繁栄した。商人が進出し，大安寺境内には，これらを物語る墓碑が多い。なかでも，村林鬼工の墓碑と武川久兵衛一族の墓碑8基が有名である。

鬼工は村林家2代源助の号。大畑町宿老をつとめた人で，文筆に長じ『原始謾筆風土年表』52巻(1・4巻欠)を著している。鬼工の父は，1732(享保17)年に大畑にきて，呉服・太物を商って成功した近江商人である。

武川久兵衛は飛騨国下呂町(現，岐阜県)出身で，1700(元禄13)年に大畑に店(飛騨屋)を開いて以来，山の請負伐採を手広く行い，江戸や北陸筋への材木輸送・販売に携わった人物である。飛騨屋はその後，松前藩(現，北海道松前市)の場所請負人にもなった。飛騨屋の請負場所で酷使されたアイヌの人びとが立ち上がった1789(寛政元)年のクナシリ・メナシの戦いでは，大畑からの出稼人が多数犠牲となった。

下北半島

正教寺

1984(昭和59)年,境内の急傾斜地崩壊防止工事中に,1660(万治3)年と1669(寛文9)年の経石が7万個以上発見され,本州最北端の経塚として話題をよんだ。

旧大畑駅舎を挟んで大安寺の反対側に,本門寺と正教寺がある。本門寺(法華宗,本尊十界曼荼羅)の堂宇は,1704(宝永元)年大坂の廻船問屋天王寺屋弥右衛門によって,建立・寄進された。山門脇に,1798(寛政10)年建立の天明飢饉の餓死供養塔がある(旧位置はノッコロ,明治時代に移転)。正教寺(浄土真宗,本尊阿弥陀如来)は「石垣の寺」ともよばれ,山門の両側に,1789(寛政元)年,1792年,1803(享和3)年の3度にわたり築かれた高さ8尺(約2.4m)の石垣が続いている。当寺は,9世義励が1834(天保5)年に,女子に対する寺子屋を開設したことでも知られている。

### 笹沢魯羊記念資料室 ⓰
0175-34-4401

〈M▶P.174, 196〉むつ市大畑町中島108-5 P
JR大湊線下北駅🚌大畑線大畑🚶6分

*小さな資料室に下北研究の原点を探る*

旧大畑駅舎からむつ市方面に戻ると,まもなく左手に,むつ市大畑公民館がある。笹沢魯羊記念資料室は,その中に設置されている小さな展示室である。

笹沢魯羊は,1885(明治18)年三戸郡八戸町(現,八戸市)に生まれ,17歳で上京,内閣統計局につとめながら正則英語学校(現,正則学園高校)の夜間部に通った。1905年に帰郷し,その後,八戸・青森・弘前で新聞記者として過ごした。下北との関わりは,1920(大正9)年,実業家の河野栄蔵に招かれ,田名部町(現,むつ市)で旬刊

笹沢魯羊記念資料室

津軽海峡と北通り 199

『下北新報』を発行してからである。約20年間その編集に携わることになるが，編集中も，また廃刊後も，下北地方の歴史・民俗・政治・経済・社会，あらゆる分野にわたって調査し，『下北郡地方誌』『下北半嶋史』『宇曽利百話』などを出版した。民俗学者の柳田国男との交流も知られている。

　魯羊の著作や収集した資料が遺族から寄贈され，ここに展示されている。下北研究の原点ともいえる資料室である。

### 大石神社 ⓱

〈M▶P.174〉下北郡風間浦村易国間字家ノ上13
JR大湊線下北駅🚌佐井線易国間下新町🚶5分

見事な絵馬の数々に蝦夷地との交流をみる

　易国間川の河口手前を左折し，坂をのぼって行くと，大石神社（祭神素戔嗚命）がある。1678（延宝6）年の勧請とされ，1687（貞享4）年再造営の棟札がある。もとは「大磯大明神」と称しており，現在の社名は，大磯が大石に転訛したとされるが，神体の石にまつわる伝承もある。

　易国間湊は，田名部七湊の1つに数えられる湊で，商船も入津し，おもにヒノキを積み出した。蝦夷地への出稼者も多く，その足跡を示す資料も多い。大石神社には，この地域の人びとと，蝦夷地との関わりの深さを物語る絵馬が奉納されている。なかでも注目されているのが「蝦夷地場所図（鰊地引網漁図）」絵馬で，105.6cm×166.2cmの大絵馬である。1855（安政2）年，地元の能登屋伊助による奉納で，松前藩士早坂文嶺が描いている。伊助は蝦夷地場所請負人であった栖原角兵衛に仕えた漁場の番人で，のちにエトロフの戸長をつとめている。豊漁を願って奉納されたものであろうが，蝦夷地に渡った出稼者たちの有様を探るうえでも興味深い。

　易国間川を渡ると，山手に田名部海辺三十三観音第13番札所の東伝寺（曹洞宗，

大石神社

本尊釈迦牟尼仏)がある。

### 大間崎 ⑱

〈M▶P.174, 201〉 下北郡大間町大間平17-1 P
JR大湊線下北駅🚌佐井線大間崎🚶1分

函館を望める本州最北の地

　大間崎は下北半島西北端の突出部，本州最端端に位置する。北の海上約500mに弁天島があり，大間崎との間はクキド瀬戸と称されている。津軽海峡と弁天島の沖合は，潮流がとりわけ速いことから，海難事故防止のために，1920（大正9）年，弁天島に高さ約25.4mの大間崎灯台が建設された。1991（平成3）年に無人化されている。津軽海峡を隔て函館まで約35km，対岸の汐首崎まではわずか2kmの距離であり，函館山を望むこともできる。1968（昭和43）年，大間崎および弁天島周辺が下北半島国定公園に指定されて以来，大間町では本州最北端の町として観光開発に力を入れている。大間崎はその象徴であり，「こゝ本州最北端の地」と刻まれた石碑が立っている。

　大間は津軽海峡に突出するその地理的特色から，水産・山林資源を中心とする交易の中継地点として，近世初頭から海上交通を発展させている。割石崎と高磯

「こゝ本州最北端の地」石碑

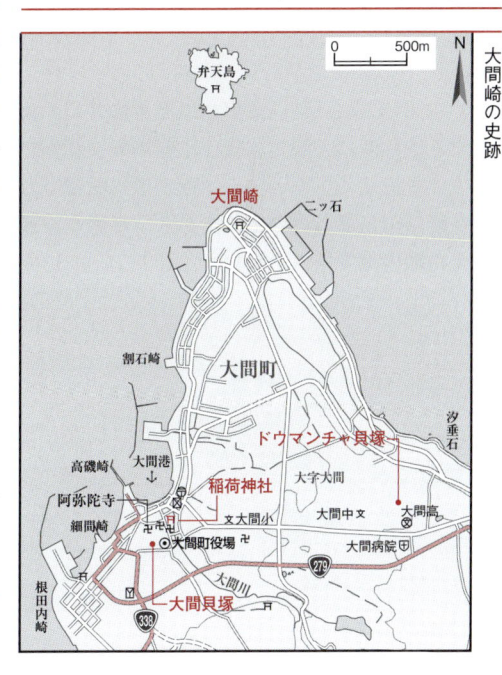

大間崎の史跡

津軽海峡と北通り

崎の中間に位置する大間湊、その南方奥戸川河口に位置する奥戸湊がその中心港であり、ともに田名部五湊に数えられている。廻船問屋も軒を連ね、なかでも熊谷屋や伝法屋などは松前藩主の休憩所にも指定されていた。

北海道との深い関係は、当地域の遺跡にも示されている。遺跡のなかでは、大間町中心部の裏手、大間川左岸の低位海岸段丘上に広がる大間貝塚(縄文時代晩期～終末期、さらに奈良時代に至る複合遺跡)と、大間崎の南東約2kmの通称ドウマンチャに位置するドウマンチャ貝塚(縄文時代晩期)が有名である。

大間貝塚に隣接する稲荷神社(祭神稲荷大明神)は、1730(享保15)年、能登屋市左衛門の勧請と伝えられる。1882(明治15)年、天妃神社を合祀。天妃神は海上守護神であり、海難事故の多い当地方の人たちの崇敬を集めている。稲荷神社向かい側にある阿弥陀寺(浄土宗、本尊阿弥陀如来)は、田名部海辺三十三観音第21番札所である。

## 佐井村海峡ミュウジアム ⑲
0175-38-4515

〈M▶P.174, 204〉下北郡佐井村大字佐井字大佐井112 P
JR大湊線下北駅🚌佐井線佐井🚶1分

*北海運がもたらした北と南の文化が満載*

1990(平成2)年、大佐井川と古佐井川の河口付近の津軽海峡に面する佐井港に、観光施設「津軽海峡文化館アルサス」が開館した。佐井村海峡ミュウジアムはその中に設置された展示施設である。佐井湊は田名部七湊の1つであり、材木や海産物の積出港として栄え、また蝦夷地警備にかかわり、1803(享和3)年には箱館への渡航地と定められ、多くの廻船が入津するとともに、人びとの往来も盛んであった。ミュウジアムには各地からもたらされた陶磁器や漆器などの生活物資、船箪笥など北前船で用いられた資料などが展示されて

津軽海峡文化館アルサス

コラム

# 下北所在の蝦夷錦

**「北のシルクロード」を実証 蝦夷地渡りの絹織物**

蝦夷錦はサンタン（山丹）交易を通して蝦夷地に渡り，さらに本州へと入ってきた交易品の1つで，蘇州など中国江南地方でつくられた絹織物である。サンタン交易は，18世紀から19世紀にかけて，アムール川（黒竜江）下流域とサハリン（樺太）を舞台に，当時，日本でサンタン人とよんでいたアムール川下流域とサハリンの住民が，中国（清朝）や日本を相手に，絹と毛皮を中心として行った交易活動である。紺や朱の緞子地に，金糸・銀糸などで龍文や牡丹文を織り出した蝦夷錦は，その美しさと蝦夷地渡りの品という点で珍重され，高額で売買された。この中国江南地方の絹織物生産地から，北京や中国東北部，アムール川をくだり，間宮海峡を渡って，サハリン，さらに蝦夷地・松前を経て，本州へと続く5000kmにもおよぶ交易ルートを，「北のシルクロード」とよんでいる。

青森県で最初に蝦夷錦が確認されたのは，1942（昭和17）年の西津軽郡鰺ヶ沢町願行寺の「牡丹文水引」である。その後，しばらくあらたな発見はなかったが，1989（平成元）年に佐井村でつぎつぎ発見され，2013（平成25）年8月現在で，33点が確認されている。北海道で約30点，全国的にみてもその数は100点を超えることはないと考えられることから，青森県内の所在数はきわめて多いと考えられる。このうち，本来，下北半島に所在するものとして，佐井村9点，大間町3点，むつ市2点（ただし採集地が下北半島のいずれかは不明）の14点が確認されている。いかに下北と蝦夷錦の関係が深かったかを物語っている。その背景には，蝦夷地との交易や交流，蝦夷地での漁場の経営と出稼者，廻船問屋や海上安全の祈願寺の存在などがあった。

14点のうち2点には，「蘇州織造臣舒文」「蘇州織造臣銘海」の文字が織り込まれている。蘇州織造は，清朝の官立の織物工場である蘇州織造局のことであり，舒文や銘海はその長官名と考えられる。このような蝦夷錦は，下北の2点のみであり，これによって，現物では初めて製作地が明らかとなった。

蝦夷錦はそのほとんどが個人蔵・寺院蔵であり，目にすることはできないが，佐井村の海峡ミュウジアムに2点，青森市の青森県立郷土館に2点展示されている。

龍文蝦夷錦

津軽海峡と北通り

佐井村中心部の史跡

いる。また、青森県の蝦夷錦(にしき)を代表する見事な龍文(りゅうもん)蝦夷錦と、佐井村箭根森(やのねもり)八幡宮祭礼衣装に用いられた牡丹文袴(ぼたんもんはかま)も展示されている。

なお、ミュウジアムには、三上剛太郎(みかみごうたろう)関係資料も展示されている。三上は、佐井村で江戸時代以来医業を継いでいる三上家の8代目である。1905(明治38)年1月、軍医として日露戦争(にちろ)(1904〜05年)に従軍していた三上は、黒溝台の戦闘(こっこうだい)で、ロシア兵を含む負傷兵を抱えた際、三角巾2枚で旗をつくり、それに赤毛布を切り裂いてつくった十字を縫い合わせた赤十字旗を掲げて、負傷兵の命を守った。この敵味方を問わず救った三上の赤十字旗は、1964(昭和39)年ジュネーヴの国際展覧会に展示された。今も赤十字精神の象徴として、各地で展示・紹介されることが多いが、通常はここに展示されている。

## 長福寺(ちょうふくじ) ⑳
0175-38-2298

〈M▶P.174, 204〉下北郡佐井村大字佐井字古佐井112
JR大湊線下北駅🚌佐井線古佐井🚶5分

北通り唯一の県指定文化財
円空の十一面観音立像を公開

古佐井バス停から国道338号線を進み、黒岩崎(くろいわ)付近で左折すると、長福寺(曹洞宗、本尊釈迦牟尼仏)がある。田名部円通寺の末寺で、1612(慶長17)年の草創とされる。佐井村には宗派の違う5つの寺院があり、総称して佐井五ヵ寺といわれているが、そのなかでは

長福寺

下北半島

もっとも歴史が古い。佐井五カ寺はいずれも廻船問屋との関わりが深い。

長福寺は，江戸時代の有力檀家の廻船問屋伊勢屋が，宝永年間(1704〜11)に建立・寄進したとされるが，1825(文政8)年に焼失，現在の堂宇は，1845(弘化2)年に再建されたものである。同寺には，1666(寛文6)〜67年頃と推定される，円空作の木彫十一面観音立像(県重宝)が安置されている。北通り地域では唯一の県の指定文化財である。

長福寺は，18世紀の帝政ロシアにおいてA. タタリーノフによって編纂された『露日レキシコン』とよばれる露日辞典と関わりの深い寺でもある。タタリーノフは，1744(延享元)年，千島に漂流してロシアに救助され，のちにペテルブルクへ送られ，イルクーツクの日本語学校の教師となった，佐井村の船乗り三之助(佐之助とも)とロシア女性との間に生まれた子である。この辞典は，ロシアにおける日本語の学習や，のちの日本との外交に大きな役割をはたすことになる。三之助は佐井村の竹内徳兵衛の手船多賀丸に乗り，大畑から江戸に向けて大豆・コンブなどを積んで出帆したところ，遭難した。境内には，徳兵衛や遭難者の墓碑が残っている。

長福寺から少し山手に入った所に，常信寺(法華宗，本尊十界曼荼羅)がある。1672(寛文12)年の草創で，開基は越後屋半兵衛である。

国道338号線を古佐井橋方面に右折せず，直進した突き当りに，発信寺と法性寺がある。発信寺(浄土宗，本尊阿弥陀如来)は，1661(寛文元)年の草創。有力檀家に西屋・鹿島屋・桶屋などの廻船問屋があった。法性寺(浄土真宗，本尊阿弥陀如来)は，1683(天和3)年の草創で，開基は廻船問屋能登屋長左衛門である。能登屋は，1631(寛永8)年に能登輪島(現，石川県)から移住し，1805(文化2)年，伊勢屋与兵衛にかわって本陣となった。その家屋は1634(寛永11)年の建造で，たびたび改修されて外観はかわったが，内部構造はほぼ当初のままで残っている。法性寺の石垣は材木石(この地方産出の材木に似た火成岩)を組み合わせたもので，菅江真澄の『奥の浦うら』にも模写されている。

古佐井橋を渡り，国道338号線を左手に入った奥まった所に，伝相寺（時宗）がある。県内に現存する唯一の時宗寺院である。1699（元禄12）年（一説に寛文年間〈1661～73〉）の草創とされる。

### 箭根森八幡宮 ㉑
0175-38-2259
〈M▶P.174, 204〉下北郡佐井村大字佐井字八幡堂37
JR大湊線下北駅 佐井線佐井 5分

*京都風の祭礼と頼義伝承の残る遺跡の鎮守*

古佐井橋を渡り，国道338号から分かれる左手の小道（古佐井参道）を進むと，まもなく箭根森八幡宮（祭神誉田別命）がある。1062（康平5）年 源 頼義の勧請，延宝年間（1673～81）盛岡藩4代藩主南部重信が社殿を造営したとされるが不明。社地を含む周辺一帯は，八幡堂遺跡でもある。石鏃（矢の根石）を始めとする石器類が多く出土することから，「箭根森」「矢ノ根森」と称される。江戸時代から知られた遺跡で，木内石亭の『雲根志』にもみえる。頼義が，下北（尻屋）に住む悪鬼を，神矢によって射殺したとき，矢の根石の多い八幡堂の辺りから矢を放ったという伝承があり，頼義による勧請と結びつけている。

毎年9月14・15日に行われる祭礼は，1696（元禄9）年に始まったとされ，その様式，山車，調度品，さらには特殊な囃子方などは，北陸を経て入ってきた京都風のもので，祇園祭に似ている。佐井の山車行事として，県の無形民俗文化財に指定されている。

### 仏宇多（仏ヶ浦）㉒
〈M▶P.174, 208〉下北郡佐井村大字長後 P
JR大湊線下北駅 佐井線磯谷 40分，または佐井港 20分

*神のわざ，鬼の手造り奇岩怪石の名勝*

仏宇多

下北交通バス終点の磯谷から，長後・福浦集落を経て，国道338号線を約18km南下すると，仏ヶ浦駐車場に着く。歩いて5分ほどくだると，仏ヶ浦の海岸である。途中の福浦集落では，1890（明治23）年，上

コラム

# 下北への来遊者

下北に心を刻んだ円空
下北の往時を今に伝える真澄

　江戸時代、下北には全国各地から多くの人びとがやってきた。海運の発達や旅の盛行を背景とし、さらに蝦夷地への渡航地として訪れる人びとも多かった。伊能忠敬・最上徳内・松浦武四郎らを始めとする幕府関係者や有名な探検家も多いが、今も下北の人びとの中に生き続けているのが、円空と菅江真澄である。

　円空は美濃（現、岐阜県）の人で、江戸時代前期の僧。各地を布教しながら12万体の造像を祈願したとされる。青森県には、1665（寛文5）年頃津軽にやってきたが、翌1666年弘前藩外に追放となって下北半島から蝦夷地に渡った。さらに翌67年に、再び津軽海峡を渡って津軽半島に入り、津軽や下北を行脚したのち、秋田方面に向かったと考えられている。

　円空の下北での足跡を記した唯一の記録に、むつ市田名部の熊谷家『家譜』の中の「万人堂縁起」がある。これによれば、田名部にきた円空が、熊谷家に滞留して仏像１体を造像した。そこで1668年に、醵金を募ってそれを安置する万人堂を建立したと記されている。

　青森県では、現在17体が確認されているが、このうち４体が下北のものである。恐山菩提寺の十一面観音立像（台座から上の総高175.2cm）と観音菩薩半跏像（総高63.3cm）、佐井村長福寺の木彫十一面観音立像（総高181.4cm、県宝）、むつ市常楽寺の釈迦如来立像（総高145.9cm、県宝）の４体である。バランスのとれた造形であることから、いずれも蝦夷地に渡って以後の作とする説もあるが、はっきりしない。今のところ、1666〜68年の造像とされている。

　菅江真澄は三河（現、愛知県）の人で、江戸時代後期に、東北・蝦夷地を旅して、その風景・風俗などを、図入りの紀行文に残した。真澄が下北に滞在したのは、1792（寛政４）年10月から1795年３月までの２年半である。この間、田名部を拠点として下北各地を歩いている。記録は『牧の冬がれ』など６冊におよぶ。佐井村の渋田家と八幡宮岩清水家には、真澄の書簡などが所蔵されている。

恐山菩提寺の円空仏

津軽海峡と北通り

仏ヶ浦周辺の史跡

方役者から伝習した歌舞伎が今も上演され、福浦の歌舞伎として県の無形民俗文化財に指定されている。また福浦川上流には、岩塊が柱状に聳え立つ縫道石山(626m)があり、オオウラヒダイワタケが発見されたことから、1976(昭和51)年に縫道石山・縫道石の特殊植物群落として国の天然記念物に指定された。

　福浦と牛滝の間、約1.5km・幅約200mの海岸線は、浸食によってできた大小さまざまの奇岩怪石(緑色凝灰岩)が並ぶ景勝地である。この海岸一帯が仏宇多(仏ヶ浦、国名勝・国天然)である。1922(大正11)年、大町桂月が紹介して以来、一般にも知られるようになった。天竜岩付近に、桂月の「神のわざ　鬼の手造り　仏うた　人の世ならぬ　所なりけり」の歌碑が立つ。古くは仏宇陀(仏宇多)といい、「うた」はアイヌ語の「オタ(浜)」が転訛したものだとされている。

　仏ヶ浦から国道338号線をさらに約6km南下すると、牛滝集落がある。盛岡藩の刑罰法にみられる遠追放の1つにあげられる流刑地である。1699(元禄12)年田名部七湊の1つに指定され、とくにヒノキ材の積出港として繁栄した。1701年の越中氷見光禅寺(通称ヒノキ寺、現、富山県)再建の用材は、牛滝から移出されたものである。廻船問屋には江戸の栖原角兵衛や、加賀の銭屋五兵衛らと取引のあった坂井源八らがいた。集落東側山手にある神明宮(祭神天照大神)と真如庵(曹洞宗、本尊釈迦如来)はともに坂井源八の勧請・開基とされる。真如庵は田名部海辺三十三観音第28番札所である。

# *Sanbongihara* 三本木原周辺と十和田湖

十和田湖

のへじ祇園まつり

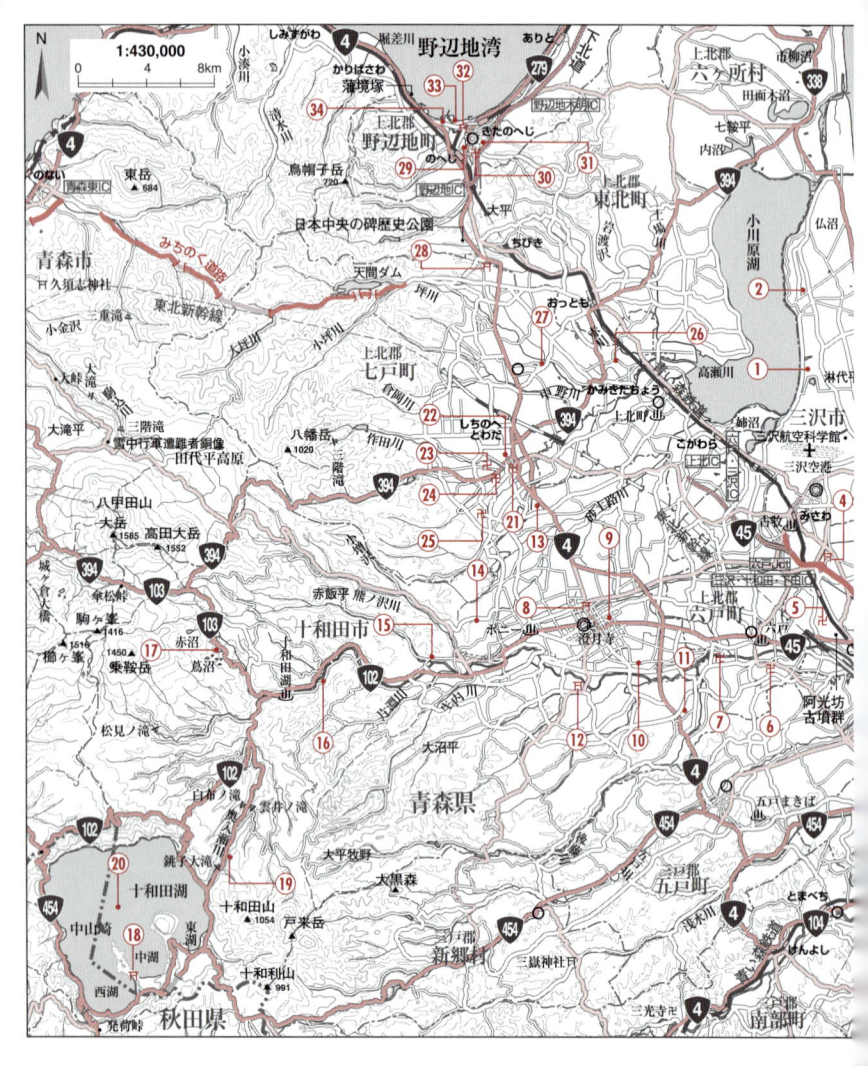

| ①三沢市歴史民俗資 | ④気比神社 | 市立新渡戸記念館 | ⑭十和田市称徳館 |
| --- | --- | --- | --- |
| 料館 | ⑤聖福寺 | ⑩青森県農業試験場 | ⑮稲生川取水口 |
| ②斗南藩記念観光村 | ⑥海伝寺 | 藤坂支場 | ⑯十和田湖民俗資料館 |
| 先人記念館 | ⑦月窓寺 | ⑪伝法寺一里塚 | ⑰蔦温泉・大町桂月の墓 |
| ③太平洋無着陸横断 | ⑧三本木稲荷神社 | ⑫八幡神社 | ⑱十和田神社 |
| 飛行記念標柱 | ⑨太素塚・十和田 | ⑬池ノ平の一里塚 | ⑲奥入瀬渓流 |

## ◎三本木原・十和田湖周辺散歩モデルコース

**北の開拓者を訪ねるコース**　　青い森鉄道三沢駅 10 小牧温泉渋沢記念館 20 斗南藩記念観光村先人記念館 10 三沢市歴史民俗資料館・寺山修司記念館 10 青森県立航空科学館 5 三沢空港 10 JR三沢駅

**幕末の街づくりをめぐるコース**　　十和田観光電鉄バス十和田市駅 2 稲生川取水口 5 三本木稲荷神社 20 太素塚 15 官庁街通り 15 十和田市称徳館 15 十和田市駅

**奥入瀬渓流・十和田湖の散策コース**　　JR東北新幹線・青い森鉄道八戸駅 90 蔦温泉バス停・石ヶ戸 160 子の口 50 （遊覧船）休屋 5 乙女の像 10 十和田神社 75 大町桂月の墓・蔦沼 180 JR東北本線・奥羽本線青森駅

**絵馬と七戸の史跡コース**　　1. JR東北新幹線七戸十和田駅 20 青岩寺 5 七戸城跡 2 天王神社 10 瑞龍寺・南部御霊屋 10 小田子不動堂 5 見町観音堂 10 七戸文化村 5 ハッピーファーム 5 JR東北新幹線七戸十和田駅

2. JR東北新幹線七戸十和田駅 15 二ツ森貝塚 10 天間舘の一里塚 10 蒼前平一里塚 10 千曳神社 5 日本中央の碑歴史公園 15 青い森鉄道野辺地駅

**野辺地の史跡巡りコース**　　青い森鉄道野辺地駅 5 愛宕公園 10 海中寺 10 野辺地町立歴史民俗資料館 5 野辺地八幡宮 3 常夜燈 3 野辺地戦争戦死者の墓所 5 藩境塚 10 青い森鉄道野辺地駅

---

⑳十和田湖
㉑青岩寺
㉒七戸城跡
㉓瑞龍寺
㉔小田子不動堂
㉕見町観音堂
㉖二ツ森貝塚
㉗天間舘の一里塚
㉘千曳神社
㉙野辺地町立歴史民俗資料館
㉚海中寺
㉛愛宕公園
㉜野辺地八幡宮
㉝常夜燈
㉞野辺地戦争戦死者の墓所

# ① 三沢付近

「南部古牧」として知られた馬産地は、戦後米軍の駐留により国際交流が盛んな「航空の街」として生まれかわった。

**三沢市歴史民俗資料館 ❶**
0176-59-3670

〈M▶P.210, 215〉三沢市三沢字淋代平116-2955 P
青い森鉄道三沢駅🚗30分

小川原湖周辺を紹介

三沢駅前から車で約30分行くと、小川原湖東岸の市民の森に着く。入口の湖水を臨む森に、三沢市歴史民俗資料館がある。展示内容は4つに分かれており、まず縄文時代早期から平安時代に至るまでの考古展示コーナーがある。小川原湖周辺には野口貝塚、早稲田貝塚などの遺跡が多く、ここから出土した北日本最大の土偶や、縄文時代晩期の赤漆彩色土器などが展示されている。つぎに小川原湖周辺の近世から昭和時代までの歩みを展示したコーナーが設けられ、また、八戸藩営木崎野牧関係の絵図・古文書類を始め、小川原湖の内水面漁業の漁具、太平洋沿岸漁業の漁具、民俗芸能の神楽面、農具や風俗写真資料など多数収蔵されている。

玄関ホールには、太平洋無着陸横断飛行関係の資料が展示されている。さらに、小川原湖やその周辺の自然生態系を紹介したコーナーがあり、オオハクチョウ・オジロワシ・オオセッカ・クゲヌマランなどの動植物を、剥製と写真で展示している。また市民の森では、小川原湖の自然景観を巧みに取り入れた散策道が整備されている。

資料館の北側には、寺山修司記念館がある。劇作家・演出家、詩人でもあった寺山は、1983(昭和58)年に47歳で世を去ったが、9歳から13歳までをこの地で過ごした。館内には、母はつより三沢市に寄贈された遺品が展示されている。記念館の外観および内部のデザインは、天井桟敷(1970年代に活躍した演劇

三沢市歴史民俗資料館

# 基地と航空機の町三沢

コラム

**戦前・戦後の日米関係を象徴する町ミサワ**

1939(昭和14)年，日本の海軍によって建設された航空基地は，第二次世界大戦終了後，アメリカ軍によって接収された。その後，三沢には多くの米軍施設が建設され，多数の軍人が家族とともに生活する町となった。また，1931(昭和6)年10月には，淋代海岸を離陸した「ミス・ビードル号」が，ワシントン州のウェナッチ市(1981年三沢市と姉妹都市)までの太平洋無着陸飛行を成功させた。

このように，三沢市は，アメリカ合衆国との関係が深く，毎年6月のアメリカンデーや9月の航空祭を通じて，米国との交流が盛んである。また，「ミス・ビードル号」関係の展示施設が市内各地に点在しており，米軍三沢基地(三沢空港)の近くには，青森県立航空科学館も設置されている。三沢空港は，青森県の空の玄関口としても，おおいに利用されている。

ミス・ビードル号

集団)の関係者などから助言を得ている。館外の散策コースには，寺山の短歌が木柱や石碑で紹介されている。

三沢駅から約100m南方に，民間経営の古牧温泉がある。古牧元湯そばの祭魚洞公園に小川原湖民俗博物館があり，小川原湖と周辺地域の歴史・民俗資料約6000点を収集・展示している。

**斗南藩記念観光村先人記念館** ❷
0176-59-3009

〈M▶P.210〉三沢市谷地頭
4-298-652 P
青い森鉄道三沢駅🚗40分

**明治時代初期の北方開拓に関する資料を展示**

市民の森から県道170号線(天ケ森線)を車で北上すると，約10分で「道の駅みさわ」に至る。ここに，日本初の近代的な民間洋式牧場を開設した廣澤安任の業績を顕彰した，斗南藩記念観光村先人記念館がある。戊辰戦争(1868～69年)で敗れた会津藩(現，福島県会津若松市)は，県南・下北地方に移封されて斗南藩となった。当時，斗南藩の少参事だった廣澤は，八戸藩大参事太田広城と図り，1872(明治5)年に，現在の三沢市谷地頭に酪農事業や牛馬の品種改良などを目的とした廣澤牧場を開いた。廣澤は渋沢栄一や福沢諭吉

三沢付近

先人記念館の内部

らの援助を受ける一方、大久保利通からの入閣要請をこばみ、イギリス式の牧場経営を進めていった。この経緯については、文書・古地図を始めとして、最新IT技術を取り入れた展示室で詳しく紹介されている。また隣接する六十九種草堂には、廣澤邸が復元・展示されている。

### 太平洋無着陸横断飛行記念標柱 ❸

〈M▶P. 211, 215〉三沢市三沢字浜通687-27
青い森鉄道三沢駅🚌淋代行淋代海岸🚶3分

世界初の太平洋無着陸横断飛行を顕彰

市民の森から車で東に向かい、約10分走ると淋代海岸に至る。広い松林に囲まれた一角に、「太平洋無着陸横断飛行記念之地」と墨書された標柱が立っている。

1931(昭和6)年10月4日午前7時、アメリカ人飛行家グライド・バングボーンとヒュー・ハーンドンが操縦する単葉飛行機「ミス・ビードル号」が、アメリカのワシントン州ウェナッチ市を目指してこの海岸から離陸し、41時間13分で横断に成功した。淋代海岸は半粘土状の硬く細密な土質であり、周囲に障害物のない長い滑走路が取れる良好な海岸で、地元の人びとも協力を惜しまなかった。ビードル号が離陸した海岸は「ビードル号記念広場」として整備され、ビードル号の復元模型がおかれている。

太平洋無着陸横断飛行記念の木柱

### 気比神社 ❹

0175-56-2591　〈M▶P. 210, 215〉上北郡おいらせ町上久保51-1
青い森鉄道三沢駅🚌10分

南部駒をまつる古社

三沢駅から車で県道八戸野辺地線を約10分走ると、右手に気比神

214　三本木原周辺と十和田湖

## 気比神社

社の白い鳥居がみえてくる。気比神社は明治時代初期の神仏分離前には、正善堂・蒼前堂・馬頭観音などとよばれていた。旧下田町から三沢市にかけては、江戸時代には八戸藩最大の藩営牧場である木崎野牧がおかれ、気比神社は古くからウマをまつる神社として、広い崇敬を集めてきた。祭神は足仲彦尊(仲哀天皇)だが、縁起については不明である。1533(天文2)年に縁起を焼失したとも、あるいは1477(文明9)年の創祀ともいわれる。

拝殿内に「木崎野馬護祠堂記」という扁額が掲げられている。これは1788(天明8)年の奉納額を、1798(寛政10)年に模したものである。これによると、木崎野牧が1639(寛永16)年に藩営とされた際、馬祖を崇める堂宇が建立されたとあり、この頃が同社の本格的創建であると考えられる。本尊は烏帽子・直垂の馬上の尊像で、明治維新後に郷社となり、気比神社と改称された。現在の社殿は、

三沢駅周辺の史跡

三沢付近

1880(明治13)年に再建された。境内には「文久二(1862)年」銘の石灯籠も残っている。祭礼の旧暦6月1日と15日は参詣客で賑わう。

## 聖福寺 ❺

0178-56-3575

〈M▶P.210〉北上郡おいらせ町阿光坊105-278
青い森鉄道下田駅🚌十和田市行阿光坊 🚶3分

**県内最古の聖観音像を本尊とする寺院**

国道45号線沿いの阿光坊バス停で下車し、山側に向かう勾配のある道を進むと、青萸山聖福寺(曹洞宗)がある。1638(寛永15)年、盛岡藩士下田将監直徳の開基で、当時の寺領は4石7斗であった。のちに七戸瑞龍寺の末寺となった。1893(明治26)年と1937(昭和12)年の2度の火災によって、堂宇・古記録類が焼失している。本尊は釈迦牟尼仏であるが、寺宝として白鳳期の制作と推定される県内最古の金銅製聖観音立像(県重宝)がある。また、ここから南東800mの杉林に阿光坊古墳群(国史跡)がある。

聖福寺

## 海伝寺と月窓寺 ❻❼

0176-55-2162(海伝寺)
0176-55-2519(月窓寺)

〈M▶P.210〉上北郡六戸町上吉田字前田201-30
／上北郡六戸町鶴喰字明堂18
青い森鉄道鉄三沢駅🚌六戸行上吉田 🚶3分・35分

**円山応挙の幽霊画と菩提樹の大木**

上吉田バス停で降りると、村落の高台に福聚山海伝寺(曹洞宗)がある。武田氏の一族吉田孫六が、1591(天正19)年に開基し、覚翁俊才が開山したという。開山当初の山号は開田山であったが、寺号が海伝となるにしたがい、福聚山と改称したらしい。本尊は釈迦牟尼仏(木造坐像)である。ほかに聖観音菩薩、賓頭盧像(1748〈寛延元〉年作)、本堂格天井の十二支絵画(1873〈明治6〉年作)、伝円山応挙の幽霊画などの寺宝がある。

海伝寺から十和田市方面に向かって約2.5km行くと、鶴喰公民館に隣接して、明光山月窓寺(曹洞宗)がある。1689(元禄2)年、幡察によって開山された。現在の本尊は釈迦牟尼仏であるが、旧本尊は不動明王像で、室町時代の作といわれる。

三本木原周辺と十和田湖

## ② 十和田市を訪ねて

幕末安政期に始まる三本木原の開拓は、新渡戸家3代の苦労が実を結び、農業と観光の拠点となった。

**新渡戸家ゆかりの神社と仏閣**

**三本木稲荷神社** ❽
0176-23-2603
〈M▶P.210, 217〉十和田市稲生町5
十和田観光電鉄バス十和田市駅 4分

十和田市駅から稲生川に架かる稲生橋を渡って稲生町の市街地に入ると、旧国道4号線右（西）側に、立派な鳥居が立つ三本木稲荷神社（祭神倉稲魂命）がある。1865（慶応元）年、三本木本村の稲荷社を現在地に勧請したのが始まりである。1859（安政6）年、上水工事に成功した新渡戸傳は、都市計画の1つとして稲荷神社の造営を計画し、社領5石を寄進して建立した。

稲荷神社の北側を右（西）に入ると、慶応山理念寺（浄土真宗）がみえてくる。本尊は木造阿弥陀如来立像。新渡戸傳が三本木原開拓資金の一部を京都東本願寺から援助され、1865年に建立したものといわれている。墓地には新渡戸家を始め、三本木原開拓に携わった人びとの墓が多い。

稲荷神社から旧国道4号線を南に向かうと、官庁街通りに至る。松並木・桜並木や青銅製のウマの彫刻が配された広い通りは、1986（昭和61）年、旧建設省選定の「日本の道百選」に選ばれた。春のサクラ、夏の花火、秋の祭、冬の電飾と、四季を通じて県内外から多くの観光客が訪れる。

この道路一帯は、1885（明治18）年に開設された軍馬補充部三本木支部があった所である。1946（昭和21）年にこの地域に譲渡され、現在では市役所を始め、諸官庁が立ち並んでいる。

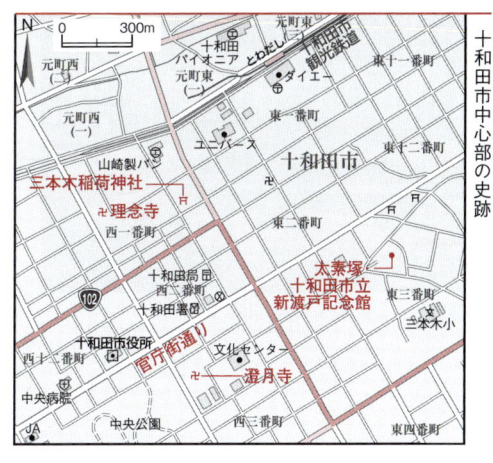

**十和田市中心部の史跡**

十和田市を訪ねて 217

## 太素塚と十和田市立新渡戸記念館 ❾
0176-23-4430

〈M▶P.210, 217〉十和田市東三番町24-1

十和田観光電鉄バス十和田市駅🚌十和田市街方面行十和田市中央🚶5分

*三本木原開拓の父*
*新渡戸氏の顕彰地*

　中心街の十和田市中央バス停から左（東）へ400mほど歩くと、大鳥居のある太素塚に着く。ここは「三本木原開拓の父」とよばれる新渡戸傳の墓所で、傳と子の十次郎、孫の稲造の銅像がある。傳は、1871（明治4）年に78歳の生涯を終え、この地に葬られたが、生前よりここを終焉の地と定め、みずからの号にちなみ、太素塚と名づけた。傳・十次郎・稲造3代の墓碑があり、開拓に直接従事した十次郎の長男七郎や開拓協力者の顕彰堂も建てられている。また、敷地内には、十和田市立新渡戸記念館がある。同館には、新渡戸家や開拓に関係する詳細な資料のほか、稲造の蔵書・遺品も数多く保管されている。

十和田市立新渡戸記念館

新渡戸傳（正面）と稲造（左奥）の銅像

　太素塚より西へ750mほど行くと、心水山澄月寺（曹洞宗）がある。この寺も傳・十次郎の都市計画に基づいて、1865（慶応元）年に建立されたもので、山号と寺号は開拓にちなんでいる。

三本木原周辺と十和田湖

## 青森県農業試験場藤坂支場 ❿
0176-23-2165

〈M▶P.210〉十和田市相坂字相坂187
十和田観光電鉄バス十和田市駅🚍喜多美行試験場前🚶1分

「ヤマセ」と闘った稲の品種改良の足跡

　十和田市駅から旧国道4号線を南下し，相坂交差点を左へ入るとまもなく，青森県農業試験場藤坂支場に着く。ここは冷水を利用して，稲の耐寒品種である「藤坂5号」を生み出した試験場として知られている。藤坂5号は，1949(昭和24)年以来，5年間県内首位品種の地位を占め，青森県の稲作が冷害を克服するうえで，多大な貢献をした。場内には冷害研究資料館がある。

青森県農業試験場藤坂支場

## 伝法寺一里塚・八幡神社 ⓫⓬

〈M▶P.210〉十和田市伝法寺字平窪／十和田市切田字下切田
十和田観光電鉄バス十和田市駅🚍五戸方面行伝法寺🚶5分

奥州街道の一里塚

　伝法寺バス停で下車し，十和田市方面へ約200m戻ると，伝法寺館跡がある。本丸跡を国道が貫通して面影はまったくないが，戦国時代，津村伝右衛門の居城であった。

　城跡からさらに200mほど進むと，国道から左へ入る小道があり，ここを130mほど山中に入ると，1652(承応元)年に設置された伝法寺一里塚(県史跡)がある。現在は整備が進んでいないが，旧道跡を挟んで1基ずつ向かいあっている。

　十和田市駅から夏間木・泥ノ木行きのバスに乗り，下切田バス停で下車すると，下切田集落の入口付近に八幡神社(祭神誉田別命)がある。南部氏の勧請と伝えられるが，天正年間(1573〜92)の創建という。毎年9月の祭礼には，南部切田神楽(県民俗)が奉納され，観光客で賑わう。

十和田市を訪ねて　219

## 池ノ平の一里塚 ⓭

〈M▶P.210〉十和田市沢田字池ノ平68-69
十和田観光電鉄バス十和田市駅🚌七戸方面行北野
🚶5分

青森方面に向かう奥州街道の一里塚

十和田市駅から七戸方面へ向かい，北野バス停で下車すると，道路の両側に見事な松並木がみえる。これは，明治時代末期に軍馬補充部が植栽した防風林である。ここから七戸方面へ約400m進むと，国道4号線の左側に池ノ平の一里塚(県史跡)がある。国道から少し入ると旧道跡も明瞭に残り，旧道跡を挟んで1対の一里塚が残っている。1652(承応元)年に，この付近と対比される一里塚が築造されていることから，この頃に起源をもつと考えられている。

北野の松並木

## 十和田市称徳館 ⓮
0176-26-2100

〈M▶P.210〉十和田市深持字梅山1-1
十和田観光電鉄バス十和田市駅🚗20分

南部特産の「馬」をテーマにした博物館

十和田市駅から国道102号線を通り十和田湖方面に向かうと，北西部に深持集落がある。ここは，十和田市称徳館のある高森山の麓に位置する。十和田市のある南部地方一帯は，古くから馬産地として全国に知られていた。南部馬といえば名馬の誉れ高く，江戸時代には，他藩への持ち出しが禁止されるほどであったという。この地域も，第二次世界大戦前には日本一の規模を誇った軍馬補充部三本木支部があり，「三本木オセリ」とよばれる馬セリなどで，「馬のまち」として名高かった。

こうした歴史的背景をもとに，ウマと人との深い関わりを後世に伝えることを目的に，2000(平成12)年6月，全国でも珍しいウマの文化資料館十和田市称徳館がつくられた。およそ2500m²の馬蹄形の建物は，テーマごとに8つの館から構成され，5000点余りの展示品が陳列されている。ウマの奉納の変遷や盛岡藩との関わりを示す

# 三本木原開拓と新渡戸３代

コラム

新渡戸氏３代の開拓事業と国際人新渡戸稲造

　十和田市は，幕末に町割が行われた計画都市である。農業用水のない広大な「不毛の原野」三本木原に，人工の稲生川を通し，12町（約1.3km）四方の稲生町を形成したのは，新渡戸傳・十次郎・七郎３代の功績によるものである。

　盛岡藩士の傳が，開田事業のための導水工事に着手したのは1855（安政２）年，傳が62歳のときであった。十和田湖から流れる奥入瀬川と三本木原台地とは，高低差が最大で約30mあり，流水の障害を解消する必要があった。傳は，奥入瀬川からの取水地を現在の十和田市法量に求め，天狗山・鞍出山に穴堰（トンネル）を掘った。２カ所の穴堰の合計は約４km，用水堰の全長は約11kmにもおよんだ。用水堰の完成は，1859年５月４日で，現在，この日は「太素祭」として市民に親しまれている。

　十次郎の３男として盛岡で誕生した稲造（幼名稲之助）は，1920（大正９）年，国際連盟事務次長に就任。また，アメリカで執筆した『武士道』は，国内外の多くの人に強い影響を与えた。稲造は1933（昭和８）年，カナダで客死したが，その年の５月には，祖父傳の眠る太素塚を訪れていた。

資料，室町時代以来の馬具，ウマの守護神・南部小絵馬，国内・海外におけるウマの玩具などが展示されている。また，語り部による民話の紹介も行われている。

# 3 十和田湖周辺

十和田湖周辺は，2005年の合併で「十和田市」となり，国際的な自然景観が多くの観光客に感動を与えている。

### 稲生川取水口 ⓯

〈M▶P.210〉十和田市法量 字下川原
十和田観光電鉄バス十和田市駅🚌焼山行法量🚶5分

人工河川「稲生川」のスタート地点

法量バス停で下車すると，奥入瀬川の下流300mほどの左岸に，稲生川取水口がある。これは新渡戸 傳・十次郎父子の上水事業の跡である。ここから300mほど北東へ行くと，山裾に穴堰(トンネル)の入口があり，用水はここの天狗山を貫流して段ノ台へ出て，再び熊ノ沢から鞍出山を突き抜けて矢神に至り，やがて十和田市街へと流れて行く。

### 十和田湖民俗資料館 ⓰
0176-74-2547

〈M▶P.210, 223〉十和田市奥瀬字栃久保80
十和田観光電鉄バス十和田市駅🚌十和田湖方面行片貝沢🚶20分

農業生産と生活の場が一体化した家屋

片貝沢バス停で下車し，奥入瀬川を渡ってしばらく行くと，十和田湖民俗資料館がある。農業・畜産や生活用具の資料が展示されているほか，敷地内には旧笠石家住宅(国重文)がある。18世紀後半の建造で，別棟造であった居住部と馬屋とが1つに取り込まれた曲屋様式に特徴がある。

片貝沢の隣の淵沢集落の北側山中には，樹齢約1100年の法量のイチョウ(国天然)があり，十和田湖の南祖坊による手植えの木と伝えられている。

### 蔦温泉・大町桂月の墓 ⓱
0176-74-2311

〈M▶P.210, 223〉十和田市奥瀬字蔦野湯
青い森鉄道・JR奥羽本線・JR津軽線青森駅🚌十和田湖行蔦温泉🚶5分

土佐の文人大町桂月が愛した温泉

青森駅前からJRバス十和田北線(冬季閉鎖)を利用して，焼山に向かう途中の八甲田山中に蔦温泉があり，温泉宿舎から200〜300m離れたブナ林の中に，土佐(現，高知県)の出身で，十和田湖を全国に紹介した大町桂月の墓がある。「住まば日ノ本　遊ばば十和田　歩けや奥入瀬　三里半」と詠んだ歌は有名である。1908(明治41)年，雑誌『太陽』編集長鳥谷部春汀の誘いにより，十和田湖を訪れて以来，魅了され，1925(大正14)年，ここで56歳の生涯を閉じた。

# 十和田湖の魅力

コラム

老舗観光地のあらたな町おこし事業

　1993(平成5)年、旧十和田湖町(現、十和田市)で「アルカディアン21」という地域おこしの事業が始まった。わが国有数の観光地を抱える旧十和田湖町が、農業と観光を一体化させた、21世紀型1.5次産業を形成させようとする試みだった。その後、十和田市が主体となった財団法人「十和田湖ふるさと活性化公社」は、多くの事業体を発足させた。観光案内施設を始めとして、スキー場・レストラン・物産館・ビール館など、2006年現在で12カ所を数え、市民の就労機会をつくり出している。

　十和田湖周辺の自然環境を利用した事業は、各種イベントを生み出した。毎年7月第4週末の「十和田湖湖水まつり」(湖上花火など)、9月第1週末の「国境祭」(秋田・岩手両県との合同運営)、2月中の「十和田湖冬物語」(雪像・花火など)と、年間を通じて観光客誘致が展開されている。

　また、特産品としては、ヤマイモを原料とした焼酎、4種類の地ビール、十和田湖のヒメマスやワカサギの加工食品、奥入瀬川の源流水、十和田湖和牛、ナガイモなどがある。

奥入瀬ビール館

---

**十和田神社**(とわだじんじゃ) ⓲　〈M▶P.210〉十和田市奥瀬字十和田14
青い森鉄道三沢駅・十和田観光電鉄十和田市駅・JR青森駅
🚌十和田湖行十和田湖 休屋 🚶10分

十和田湖信仰の中心となる社殿

十和田湖休屋バス停で下車して商店街を北に向かうと、スギの大

奥入瀬周辺の史跡

十和田湖周辺

十和田神社

木が鬱蒼と茂る参道がみえ、小高い岩山の上に十和田神社がある。祭神は日本武尊であるが、江戸時代は十和田山青竜大権現と称し、十和田信仰の中心地であった。十和田湖の主である南祖坊をまつるとともに、千変万化する水そのものを竜神としてまつってきた。創建伝説によれば、南祖坊は名川町斗賀（現、南部町）の出身で、熊野権現のお告げにより諸国を修行して十和田湖へきた。しかし、ここには湖の主八幡太郎という大蛇がいたため、これと闘い秋田の八郎潟へ追いやり、かわってあらたに湖の主になったという。この湖の主争いは、すでに天文年間（1532～55）の『津軽郡中名字』にみえていることから、かなり早い時期に十和田信仰が生まれていたことや、熊野信仰の影響がわかる。社殿の裏の急崖をあがると、十和田湖畔の占場に降りる鉄のはしごがある。占場は、南祖坊の入定の地といわれ、散供打ちという占いが行われている。湖畔休屋の御前ケ浜には、高村光太郎作の「乙女の像」が立っている。

### 奥入瀬渓流と十和田湖 ⑲⑳
0176-75-3201（奥入瀬ろまんパーク）

〈M▶P.210〉十和田市奥瀬字堰道39-1
青い森鉄道三沢駅🚃十和田湖行焼山、乗換え🚌十和田湖行石ケ戸 🚶10分

日本を代表する自然観光地　十和田湖への道

十和田市駅からバスでおよそ50分、焼山バス停で下車すると、子の口まで約14kmの遊歩道が整備されている（焼山から子の口まではJRバスが運行）。奥入瀬川がつくる日本有数の自然景観美は、

奥入瀬渓流

# 幕末の計画都市―人と街

コラム

新渡戸父子の着手した三本木原開拓と官庁街通りの桜並木

　新渡戸稲造の祖父傳が着手した三本木原開拓は、150年余り経た今、爛漫の桜並木として残る。

　JR三沢駅から十和田観光電鉄バスで約30分(14.7km)に位置する十和田市。2両編成で11の駅に停車するこの路線に沿って、幕末に新渡戸傳・十次郎父子によって開削された、人工河川の稲生川が流れている。

　藩政時代を通じて盛岡藩領だったこの地域は、三本木平・三本木原と称された台地で、現在の十和田市・三沢市など2市2町にまたがる広く平坦な原野だった。この地の人びとは、十和田火山の噴火でできた火山灰土壌、太平洋から吹き込む冷たく湿った北東風のヤマセ、そして周辺の天然河川が低地を流れているため、農業用水の確保が困難などの厳しい条件の下で、10年または5年に1度は飢饉に苦しめられていた。1852(嘉永5)年、三本木原開拓着手の3年前にこの地を訪れた吉田松陰は、『東北遊日記』の中で「田畑があるが、これもまたみな荒原である」と表現している。

　1885(安政2)年4月、盛岡藩の三戸代官の地位にあった傳は、藩に三本木原開拓上水(農業用水供給施設)の願書を提出、8月には開拓願が許可され、傳は新田御用掛として開拓に着手した。傳の計画は、三本木原から太平洋岸まで人工河川を開削して、最終的には15万石の米が収穫できる新田開発を行うという壮大なものだった。傳から嫡男十次郎に引き継がれた開削事業は、1859年5月4日第1期工事が完了した。法量から三本木村(ともに現、十和田市)までの約11kmにおよぶ用水堰については、傳が『太素日誌』で「水は奔馬のごとく流れ込んだ」と、開通の喜びをあらわしている。

　十次郎は三本木にあらたな町割を構想した。三本木の新町は、12町(約1.3km)四方基盤目状の都市計画をもとに、京都の市街を模して考えられ、区画整理にあたっては、通常1間=6尺(約1.82m)×8間(表通り)、6間(裏通り)の道幅とするところを、1間=6尺5寸(約1.97m)としたので、表通りで約16m、裏通りでも約12mの広さとなった。町の中に用水路を設け、住宅区域・耕作区域・商業区域などの土地利用区分も行っており、この近代的な発想の町割は、第二次世界大戦後の復興期に注目された。十次郎の町割と道路計画のほとんどが踏襲され、現在の十和田市中心部が整備されることとなった。

　1860(万延元)年、盛岡藩15代藩主南部利剛により「稲生町」と命名された新町は、奥州街道を縦軸として、南から北へ1丁目から12丁目の街区をおき、5丁目と

6丁目の西には中核となる大通りが設けられた。この場所に1884(明治17)年、陸軍の軍馬育成所(のちに軍馬補充部)が設立された。第二次世界大戦後まもなくこの用地が解放された際、大通り周辺は官公庁用地として整備された。長さ1.1km・幅36mの道は「十和田市官庁街通り(駒街道)」とよばれるようになり、歩道には165本のアカマツと、156本のソメイヨシノなど樹齢約90年のサクラが、4列の並木をつくっている。歩道の両側には、奥入瀬渓流・稲生川をイメージした水の流れや、青銅製のウマのモニュメントが3カ所に配置され、野外ギャラリーの観がある。2008(平成20)年4月には、十和田市現代美術館が開館した。

官庁街通りの桜並木

発荷峠から望む十和田湖

焼山側から、「三乱の流れ」「石ケ戸の瀬」「阿修羅の流れ」と続く。馬門岩・屏風岩などの巨岩、また遊歩道の左右には、雲井の滝・白糸の滝・双白髪の滝などを始め、大小14の滝を眺めることができる。子の口に近づくと、渓流最大の瀑布、銚子大滝がある。

　銚子大滝から1.6 kmほど行くと、眼前に十和田湖の湖面が広がる。十和田湖は面積61.02km$^2$・周囲44km・最深326.8mの2重式カルデラ湖である。1936(昭和11)年、十和田国立公園に指定され、1956年には八幡平や岩手山一帯を含んで、十和田八幡平国立公園となった。

## ④ 七戸付近

八甲田山系からの清らかな水の流れや豊かな緑に囲まれたこの地には、名馬の産地を思わせる歴史遺産や物産が多い。

### 青岩寺 ㉑
0176-62-3222

〈M▶P.210, 229〉上北郡七戸町字町7
JR東北新幹線七戸十和田駅🚌三本木営業所行七戸案内所🚶10分、または七戸中央🚶3分

七戸城門を移した重厚さ感じる山門

　七戸町の市街地にある七戸郵便局の後方の斜めの小路を入ると、龍泉山青岩寺（浄土宗）がある。青岩寺は盛岡の大泉寺の末寺で、1582（天正10）年の創建と伝えられる。現在の本堂（県重宝）は1855（安政2）年の再建である。山門は、1873（明治6）年に七戸城本丸の城門を移築したもので、大正時代末期に改築された。また、門の両側に安置されている仁王像は、神仏分離の際、新舘の八幡宮（新舘神社）から移されたものという。境内の一角には、「右ハもりおかミち　左ハ在郷ミち」と刻まれた奥州街道の追分石がひっそりとおかれている。また、餓死者供養塔や回国供養塔があり、会津藩（現、福島県会津若松市）の招魂碑も残されている。

　七戸町の中心街から十和田市へ向かい、七戸川を渡ってすぐに左折し、国道4号線を横切って県道22号線を東へ進むと、道は青い森鉄道上北町駅に通じている。途中には、室町時代創建の新舘神社（旧郷社、祭神誉田別尊）や中世城館の遺構が残る新舘の集落や念仏鶏舞（県民俗）を保存する大浦などの集落がある。

青岩寺山門

### 七戸城跡 ㉒
0176-62-9704（七戸町教育委員会）

〈M▶P.210, 229〉上北郡七戸町字七戸　🅿
JR東北新幹線七戸十和田駅🚌三本木営業所行七戸案内所🚶20分、または七戸中央🚶5分

町民憩いの公園は南部藩領北の拠点

　七戸町市街地の西側に位置する町役場七戸庁舎後方の小高い台地上に、七戸城跡（国史跡）がある。ここは、七戸川の上流の名である

七戸付近　227

七戸城跡の水堀

和田川と作田川の合流点付近で、和田川左岸の東端部にあたる。城は柏葉城ともよばれ、本丸・二の丸・北館・下館・宝泉館・西館・角館の7郭からなり、空堀・水堀・帯郭・腰郭・虎口・武者隠しなどの遺構もみられる。二の丸跡に行くには、七戸庁舎に向かって右手の門から急な坂道をのぼるほか、城の南側にまわり大手虎口から入ることができる。

築城年代は明らかではないが、七戸は1334(建武元)年には、北条氏の代官であった工藤右近将監にかわって伊達行朝が支配したことがわかっている。工藤氏は鎌倉幕府方であったため、建武の新政の際、所領を没収された。その後、七戸は結城氏を経て1335年に八戸根城南部師行の弟政長の所領となった。七戸城は、この南部政長の築城と伝えられている。これ以後、南部氏の支配が続き、南北朝時代には、南朝方の北方における最前線基地として重要な役割をもった。

1412(応永19)年、南部政光は八戸根城を甥の長経に譲り、七戸に隠居した。政光は長男政慶を七戸氏として跡を継がせ、その子孫が代々七戸城を居城とした。1591(天正19)年、城主七戸家国は九戸政実の乱に加担して滅び、城は本丸・二の丸間の堀が埋められ、こわされた。しかし、その後も七戸城の名は残り、直勝・直時・重信と在城したが、1664(寛文4)年に重信が、南部宗家を相続したのを機に、城内に代官所がおかれ、七戸城とその領域は盛岡藩の直轄地となった。1869(明治2)年には七戸藩が創設され、ここに藩庁がおかれた。

城の本丸跡には、七戸神明宮(旧郷社、祭神大日孁貴命)の参道をのぼると入ることができる。神明宮は1396(応永3)年に、八戸根城南部政光の勧請により城下に創建されたと伝えられ、その後2度の移転を経て、1881(明治14)年、現在地に移された。神明宮の境

七戸城跡周辺の史跡

内が本丸跡で、社殿右手の土塁には、スギとモミの大木が聳え立ち、年月の経過を感じさせる。社殿裏手には堀があり、本丸と二の丸を区分する。明治時代以後、二の丸跡は小学校として使用されたが、現在は柏葉公園として整備されている。公園を北へ横切り、斜面をくだって空堀へ降りると、木立の中に古い石碑がひっそりとある。この石碑は姫塚とよばれ、七戸城主の姫と若侍との悲恋の伝説が残っている。

柏葉公園から七戸庁舎の前に戻り、通りを北へ200m進むと鳥居がある。ここが天王神社(祭神素戔嗚尊)で、鳥居からの急な石

天王神社

段をのぼった高台に社殿がある。1394(応永元)年頃に勧請されたと伝えられており、社殿の東側に「南無地蔵願王大菩薩」と刻まれた御影石の碑がある。1764(宝暦14)年の造立で、高さ1.8mの、この地域には珍しい大きさの碑である。境内には500本ものツツジが隙間なく植えられており、5月には丘全体が朱色、紅色などの花で覆われる。

七戸付近

# 瑞龍寺と小田子不動堂 ㉓㉔

0176-62-2040（瑞龍寺）

〈M▶P.210, 229〉上北郡七戸町字後川原61／上北郡七戸町字和田下

JR東北新幹線七戸十和田駅🚌三本木営業所行七戸中央🚶20分（瑞龍寺）

入母屋造の山門と七戸南部氏が眠る墓

　七戸町役場七戸庁舎から国道394号線を八甲田山系の方向へ600mほど行って丁字路を右折し，狭い道をまっすぐ進むと祥雲山瑞龍寺（曹洞宗）がある。七戸城の西方，作田川の対岸に位置する。江戸時代後期には寺領50石であった。1558（永禄元）年舜桂が野佐掛につくった庵寺を，1634（寛永11）年七戸城下に移し，寺とした。中興の開基は七戸城主南部直時，開山は則翁明守である。山門は明治時代後期に建立された重層入母屋造である。山門の前には，1761（宝暦11）年の「不許葷酒入山門」の碑がある。

　瑞龍寺が管理する南部御霊屋は，国道から寺の参道に少し入った左手の高地にある。以前は御霊屋と御骨堂があったと伝えられるが，現在は４基の石碑だけがある。墓碑は左側が南部直時のもので，中央の２基は南部信民とその妻嵯久子，右側は南部重信の長子秀信のものである。

　国道に戻り西へ少し進むと，右側に金剛寺（曹洞宗）がある。瑞龍寺の末寺で，1630（寛永７）年の創建という。ここからさらに400mほど進むと，左手に鳥居がみえてくる。鳥居をくぐり坂をのぼった所に，小田子不動堂がある。1396（応永３）年に南部政光が創建したと伝えられ，

瑞龍寺山門　　　　　　　　　　　　小田子不動堂

# 馬産地七戸

コラム

源平合戦からダービーまでウマは駆ける

七戸のある青森県東部は、室町時代まで糠部とよばれ、名馬の産地として知られていた。古くは尾駮の牧(現、上北郡六ヶ所村)が和歌にも詠まれ、鎌倉時代の三戸立・七戸立(立は馬牧のこと)などは、京にもその名が知られていた。源平合戦の宇治川の先陣争いで知られる名馬磨墨は三戸の、生唼は七戸の産といわれている。また藩政時代には南部九牧(盛岡藩営の9牧場)がおかれ、この地は盛岡藩における馬産政策の中心的役割をになった。

1896(明治29)年、国は七戸町鶴子平の広大な原野に奥羽種馬牧場を設置し、馬匹の改良につくしてきた。牧場は第二次世界大戦の際に軍馬の育成にあたったが、1947(昭和22)年に奥羽種畜牧場と改称し、事業範囲を拡大した。馬の改良・増殖は1969年に廃止され、現在は、肉用牛の改良に力を入れている。なお、1990(平成2)年に家畜改良センター奥羽牧場と改称し、2001年には独立行政法人に移行した。

国道4号線を挟んで奥羽牧場の東側には、ハッピーファーム(旧盛田牧場、七戸町膝森)や諏訪牧場(七戸町原久保)がある。いずれも競走馬を生産しており、数多くの名馬を輩出している。1950年代のダービー馬ヒカルメイジとコマツヒカリは盛田牧場の、1973(昭和48)年の有馬記念を制したグリーングラスは諏訪牧場の産であり、ほかにもGI馬を多数生み出している。盛田牧場は1867(慶応3)年創業という歴史を2006(平成18)年に閉じ、現在はハッピーファームに引き継いだ。牧場内には南部曲屋(国登録)もある。

諏訪牧場

多数残されている小絵馬のうち108点が、南部七戸小田子不動堂奉納絵馬として、国の重要有形民俗文化財に指定されている。奉納された小絵馬は、1441(嘉吉元)年の絵馬を始めとして室町時代の4枚を含むが、大部分は江戸時代前期から後期のもので、図柄はウマを描いたものがほとんどである。享保年間(1716～36)以降は農民の手になるものが多く、この地域の人びとのウマを愛する心が偲ばれる。明治維新の際、八幡宮に変更されたが、不動尊に対する信仰は残り、社殿の扁額も八幡宮と不動尊の2枚になっている。

### 見町観音堂 ㉕
0176-62-9704(七戸町教育委員会)

〈M▶P.210〉 上北郡七戸町字見町37-2 P
JR東北新幹線七戸十和田駅🚗20分

*南部小絵馬に込められた庶民の願い*

見町観音堂

　小田子不動堂から，国道394号線を西方へさらに1.5kmほど進んだ交差点を左折し，南へ2kmほど行くと，小さな川沿いに朱塗りの鳥居がみえる。鳥居からの石段をのぼり，杉木立の間を通って行くと，見町観音堂(県重宝)がある。長福寺の一堂として南部政光により創建されたと伝えられ，「応永三(1396)年」の棟札も残されているが，現在の堂宇は，1676(延宝4)年に再建されたものと推測される。正面3間(約5.4m)・側面3間の宝形造・茅葺きの仏堂は，県内では数少ない近世の三間堂である。1997(平成9)年に創建当初の茅葺き屋根に復元された。

　堂内には，1512(永正9)年の観光上人の順礼札を始め，遊行上人の順礼札，絵馬，羽子板，納経札など359点が残されており，南部七戸見町観音堂庶民信仰資料として国の重要有形民俗文化財に指定されている。本尊は聖観音像で，糠部三十三観音第13番札所として長く崇敬されてきた。

　なお，見町観音堂と小田子不動堂に奉納された絵馬や羽子板などは，国道4号線沿いにある「道の駅しちのへ」内にある絵馬館で常設展示されており，いつでもみることができる。

### 二ツ森貝塚 ㉖
0176-62-9704(七戸町教育委員会)

〈M▶P.210, 235〉 上北郡七戸町字貝塚家ノ前
P
JR東北新幹線七戸十和田駅🚗15分

*東北地方最大規模の貝塚遺跡*

　七戸町寒水から国道394号線を東北町へ向かい，10kmほど進むと，天間東小学校の東側に二ツ森貝塚(国史跡)がある。縄文時代前期から中期の遺跡で，東の小川原湖へそそぐ坪川と赤川に挟まれた舌

# 七戸町文化村

コラム

「絵馬の町」を肌で感じるミュージアムパーク

　七戸市街から国道4号線を青森市に向かって2.5kmほど北上し、七戸警察署前の信号を左折すると、「道の駅しちのへ」がある。ここは、物産館・レストランなどに美術館を併設した七戸町文化村として、1994（平成6）年に開館した。駐車場に入ると2頭のダービー馬の銅像が出迎えてくれる。また、建物の裏はウマのモニュメントが飾られた広場になっている。物産館では、馬産地にふさわしく、ウマにちなんだ土産品がたくさん売られている。なかでも「駒饅頭」は1908（明治41）年、皇太子（のちの大正天皇）の種馬牧場訪問に先立ち、侍従が「駒」の焼き印を下賜、これを酒饅頭に押して献上したとの由来がある。

　物産館右側の建物が、鷹山宇一記念美術館である。鷹山宇一は七戸町出身の洋画家で、幻想的なチョウを独特な緑の風景のなかに放つ叙情詩的な画風が高く評価されている。館内には宇一の絵画を始め、宇一の収集した装飾ランプやスペインの民俗資料も常設展示されている。また館内の「絵馬館」には、国の重要有形民俗文化財に指定された見町観音堂と小田子不動堂に奉納された絵馬や羽子板も常設展示されており、50点ほどをここでみることができる。

　道の駅北側には、2010（平成22）年に開業したJR東北新幹線七戸十和田駅がある。国道4号線に戻ると、ここから北へ松並木が続いている。1.6kmの区間に、250本以上の大木が立ち並び、かつての奥州街道の面影を残している。

七戸町文化村

奥州街道と七戸松並木

状台地上に位置する。1887（明治20）年、旧会津藩士廣澤安任が初めて学界に紹介し、以後、1933（昭和8）年の喜田貞吉・角田文衞らによる調査を始め、今日まで10数回の調査が行われている。現在は、史跡公園として復元された2棟の竪穴住居、見晴台、散策路など

七戸付近

二ツ森貝塚

が整備されている。

東北地方における最大規模の貝塚であり、出土遺物は縄文時代前期〜中期の円筒土器、石器、土製品、骨角器類のほか、貝層、魚類・鳥類・哺乳類骨、人骨などが発見されている。海水性の貝が大量に出土することから、当時はこの辺りまで海が広がっていたことがわかる。これらのうち、鯨骨製青竜刀形骨器・鹿角製尖頭器・猪牙製垂飾品・鹿角製叉状品の4点は、県重宝に指定され、七戸町の中央公民館に展示してある。

また、七戸市街から貝塚へ向かう途中に、花松神社(祭神保食命)がある。1597(慶長2)年の創建と伝えられ、馬頭観音もまつられていたため、古くから地域の人びとに「馬の神様」として信仰されている。

## 天間舘の一里塚 ㉗
0176-62-9704(七戸町教育委員会)

〈M▶P.210, 235〉上北郡七戸町字森ノ下
JR東北新幹線七戸十和田駅🚗7分

― みちのくに残る美しい一里塚

七戸市街から国道4号線を野辺地方面へ向かい、中野から右に折れ、県道173号線を1.5kmほど進むと、坂の両側に1対2基の一里塚がある。これが天間舘の一里塚(県史跡)で、1649(慶安2)〜52(承応元)年につくられたという。奥州街道起点の日本橋(現、東京都中央区)から数えて175番目にあたる。道路東側の1基は姿をかえているが、西側のものは塚の上に樹齢350年以上ともいわ

蒼前平の一里塚

三本木原周辺と十和田湖

れるケヤキが聳え立ち，歴史を感じさせる。

このつぎの一里塚は卒古沢にある。天間舘の一里塚から北へ標示に従い，7kmほど進むと東北電力上北変電所がみえ，正門横に蒼前平の一里塚(県史跡)がある。ここへは，青い森鉄道乙供駅から車でみちのく有料道路を目指し，7分で行ける道もある。天間舘の一里塚から蒼前平の一里塚までは，旧街道で約4kmあるが，その道は開田されたため当時のままの姿をみることはできない。蒼前平の一里塚は1対2基の塚が原形を残しており，県内でもっとも美しい一里塚といわれている。

### 千曳神社 ㉘

〈M▶P.210〉上北郡七戸町字菩提木56-2
JR東北新幹線七戸十和田駅🚌まかど温泉行 後平🚶15分

国道4号線とみちのく有料道路入口の交差点を，700mほど野辺地方面へ進み左折する。そこから1km行くと，右手に千曳神社(祭神八衢彦神・八衢姫命)の鳥居がみえ，鬱蒼とした杉林の参道を進んだ先に社殿がある。807(大同2)年，坂上田村麻呂が創建したとの伝承があるが，その後取りこわされ，1765(明和2)年に再興したと伝えられる。江戸時代には幕府巡検使の参拝所で，盛岡藩領では巡路第1の地であった。境内の石造奉納物には，元禄・文政・弘文などの年号がみえ，地域の人びとの信仰が感じられる。

神社から西へ100mほど進み丁字路を左折，1kmほど行った尾山頭の丁字路を左へそのまま800mほど進むと，左手に1845(弘化2)年の追分石がある。この道は奥州街道とは別の坪道(上道)で，石柱

千曳神社　　　　　　　　　　　坪道の追分石

には「千曳神社　右千曳道　左野辺地道」と刻まれている。

　また，神社から100m先の丁字路を右折して進むと，国道4号線に出る。そこを左折して坂をのぼった所の自動車学校横に，日本中央の碑歴史公園がある。公園内の保存館は無料で入館でき，館内には，「日本中央」と刻まれた高さ1.5mの石碑を安置している。これは1949（昭和24）年，東北町石文（いしぶみ）の集落から発見されたもので，坂上田村麻呂が弓筈（ゆはず）で刻んだという壺（つぼ）の石文だという伝説がある。「つぼのいしぶみ」は，古来，多くの歌人に詠まれ，これを尋ねた紀行文なども多い。

# 野辺地湊 ⑤

陸奥湾の最奥に位置する野辺地は，盛岡藩の外港として栄え，下北への玄関口として古くから交通の要衝であった。

**野辺地町立歴史民俗資料館** ㉙
0175-64-9494

〈M▶P.210, 237〉上北郡野辺地町字野辺地1-3　P
青い森鉄道・JR大湊線野辺地駅🚌
まかど温泉行野辺地中央🚶5分

海運で栄えた町の生活文化の移り変わり

　野辺地中央バス停から南へ少し歩き，右折して200mほど直進した突き当りに，野辺地町立歴史民俗資料館がある。ここの区域は盛岡藩の代官所跡地であり，中央公民館・町立図書館も隣接している。

　考古・歴史・民俗に関する資料が展示されているが，有戸鳥井平（4）遺跡出土の土偶は国重文。また，考古資料の「角鹿コレクション」が著名である。これは考古学者の角鹿扇三が，1897（明治30）年頃から1975（昭和50）年頃まで生涯をかけて収集したもので，旧石

野辺地町中心部の史跡

野辺地湊　237

器時代の長者久保遺跡（東北町横沢）の資料（28点が県重宝）によって高く評価されている。そのほか，江戸時代に南部銅などの積出港として繁栄した野辺地湊に関する資料，野辺地町にゆかりの深い最上徳内の資料も展示している。

**海中寺** ㉚　〈M▶P.210, 237〉上北郡野辺地町字寺ノ沢38-1
0175-64-2605
青い森鉄道・JR大湊線野辺地駅🚌まかど温泉行野辺地中央🚶
3分

黒仏様といわれる本尊は大坂から運ばれた

野辺地中央バス停少し南の郵便局を左折し東へ進むと，右手に野辺地町役場の建物と大きなイチョウの木がみえてくる。役場構内には，1876（明治9）年と1881年の明治天皇東北巡幸の行在所（1890〈明治23〉年頃に再建されたもの）が残されている。隣接する庭園は，野辺地町の豪商野村家が1872（明治5）年に造園したもので，優美な庭である。

役場を過ぎて右折すると，寺院と墓所のある一角に出る。左手にあるのが福聚山海中寺（浄土宗）である。盛岡大泉寺の末寺で，1597（慶長2）年に観誉慈音が開山し，1674（延宝2）年に馬門村（現，野辺地町）の浜辺から現在地に移ったと伝えられる。1817（文化14）年の火災で当初の本尊が焼失したため，大坂伝光寺の道場にまつられていた仏像をもらい受けて本尊とした。

海中寺

西光寺の鐘楼とシダレザクラ

これが木彫阿弥陀如来立像(県重宝)で，3月の彼岸時期にのみ公開されている。

海中寺山門から墓所の間を進むと，右側に日照山常光寺(曹洞宗)，左側に本竜山西光寺(浄土真宗)がある。常光寺は盛岡報恩寺の末寺で，1632(寛永9)年の開山と伝えられる。西光寺は京都本願寺の末寺で，天正年間(1573～92)に草庵を結び，1613(慶長18)年に寺として許されたといわれる。本堂の手前にある鐘楼は2間(約3.6m)四方で，国宝級とされる。鐘には「明和元(1764)年八月二十五日奥州南部野辺地西光寺什物」の文字がある。参道左側には，1745(延享2)年に植えられたというシダレザクラ(県天然)の老木があり，見事な花を咲かせている。また境内には，西廻り海運上の海難事故で死亡した船員の墓石や，会津藩士の墓などがある。

## 愛宕公園 ㉛

0175-64-6246(野辺地町愛宕コミュニティセンター)

〈M▶P.210, 237〉 上北郡野辺地町字寺ノ沢56 P
青い森鉄道・JR大湊線野辺地駅 🚌 まかど温泉行野辺地中央 🚶 10分

陸奥湾を眺望する文学散歩しながら

野辺地町役場前の通りを東へ500mほど行くと，右手に愛宕公園がある。1884(明治17)年，標高65mの小丘陵に開園され，町民の憩いの場になっている。コミュニティセンター裏からの上り坂は御影石の石段になっている。この石は幕末に大坂から運ばれてきたものといわれ，昭和時代初期まで町の中心通りに敷き詰められていた。石段をのぼった先に，石川啄木の歌碑が立っている。啄木は伯父の葛原対月が常光寺の住職だった関係で，この地を3度訪れ，浜辺を逍遥したという。ほかに，松尾芭蕉を慕う野辺地の俳人たちが，1829(文政12)年に立てた句碑や，1876(明治9)年の明治天皇東北巡幸に供し，野辺地で倒れた名馬花鳥号の銅像もある。

頂上の東屋からは西に烏帽子岳(719m)，眼下に野辺地市街やその先の陸奥湾・下北半島が眺望できる。公園内には約800本の

愛宕公園内の石川啄木歌碑

サクラが植えられており、4月下旬の春まつりには、提灯・灯籠に灯がともされ、幻想的な景観をみせている。

### 野辺地八幡宮 ㉜
0175-64-2461

〈M▶P.210, 237〉上北郡野辺地町字野辺地370-2 P
青い森鉄道・JR大湊線野辺地駅🚌まかど温泉行新町🚶3分

*湊町の総鎮守 老杉がいにしえを伝える*

野辺地八幡宮

　新町バス停で降り、西へ200mほど直進すると、警察署の隣に鳥居がみえる。ここが、野辺地八幡宮（祭神誉田別尊）である。八幡宮の創建は慶長年間（1596～1615）と伝えられるが、棟札や脇障子の墨書から、現在の本殿（県重宝）は、1714（正徳4）年に再建されたものとわかる。本殿は桁行1間（約1.8m）・梁間1間の一間社流造で、拝殿の中に納められている。境内には本殿のほか、金刀比羅宮と天満宮もある。金刀比羅宮本殿（県重宝）は、野辺地の廻船問屋によって1822（文政5）年に寄進されたもので、野辺地が江戸時代から、日本海航路の湊町として発展してきたことを物語る。

　8月下旬には、八幡宮を中心に「のへじ祇園まつり」が行われる。京都の祇園祭が西廻り海運によって伝えられたといわれ、祇園囃子にその形を残している。祭りは長さ11m、重さ1.5tもの大注連縄を八幡宮に奉納する「しめあげ」の神事から始まり、豪華絢爛な山車の運行と神輿の海上渡御が行われる。

### 常夜燈 ㉝

〈M▶P.210, 237〉上北郡野辺地町字野辺地478 P
青い森鉄道・JR大湊線野辺地駅🚌まかど温泉行裁判所前🚶4分

*野辺地湊を見守ってきた日本最古の灯台*

　裁判所前バス停で降り、案内板のある丁字路を右折して300mほど行くと、海岸に出る。漁港の一部を埋め立てて整備された公園の先端に、浜町の常夜燈が立っている。1827（文政10）年、野辺地の廻

常夜燈

船問屋野村治三郎によって建てられた石灯籠で，かつては毎年3月から10月まで毎夜灯りがともされ，野辺地湊に行き交う船の航路標識であった。

　盛岡藩では1691(元禄4)年，野辺地に代官所をおき，野辺地湊を西廻り海運の拠点とした。湊は，1765(明和2)年秋田鹿角の尾去沢銅山が藩直営となり，大坂への御用銅の積出港になると急速に発展した。尾去沢で採掘された荒銅(精錬される前の銅)は，鹿角街道・奥州街道を北上して，野辺地湊へ運ばれた。藩の主要農産物である大豆を大坂へ送ったのも，この頃からといわれる。さらに，対清輸出品として俵物(煎海鼠・干鮑・鱶鰭)などの海産物も，大坂経由で長崎へ送られた。

　こうして野辺地湊には，千石船が帆柱を連ね，大坂からの下り船は木綿・塩・日用品などを領内に運び込んだ。この間，蝦夷地探検で知られる最上徳内を始め，菅江真澄や吉田松陰ら多くの文人がここに立ち寄り，野村治三郎らの活動もあり，上方風の文化が伝えられた。しかし，1891(明治24)年に鉄道が開通すると，港の機能はしだいに衰え，今は夏祭りの祇園囃子と常夜燈だけにかつての繁栄を偲ぶことができる。

### 野辺地戦争戦死者の墓所 ㉞
0175-64-2119(野辺地町教育委員会)

〈M▶P.210, 237〉上北郡野辺地町字鳥井平36 P

青い森鉄道・JR大湊線野辺地駅🚌まかど温泉行終点🚶3分

**盛岡藩と弘前藩のもう1つの戊辰戦争**

　野辺地案内所バス停で降りて県道243号線を西へ約300m行くと，右手に「戊辰戦争史跡」がみえてくる。この地区で1868(明治元)年，奥羽越列藩同盟に加盟して官軍と対立していた盛岡藩・八戸藩は，官軍弘前藩と9月22日に馬門口で衝突した。野辺地戦争とよばれるこの戦いは，初め盛岡藩側が劣勢であったが，八戸藩勢の奮戦により弘前藩兵を狩場沢に退却させた。盛岡藩側の損害が軽微であった

野辺地湊

藩境塚

のに対し、弘前藩側の死者は数十人にのぼり、翌69年9月に弘前藩戦死者27人は、ここ鳥井平に手厚く葬られた。生垣の中に野辺地戦争戦死者の墓所(県史跡)があり、現在4基の墓石が残されている。

　鳥井平の墓所から県道243号線を青森方面へ2kmほど行くと、国道4号線と合流する。そこからさらに約1km進んだ右側に、藩境塚(県史跡)がある。ここが弘前藩領と盛岡藩領の境界である。駐車場から海岸へ降りて行くと、陸奥湾にそそぐ小流二本又川を挟んで、両側に2基ずつ計4基の塚が築かれている。一般に「四ツ森」とよばれ、塚の径は約10m・高さ約3.5mである。築造時期は明らかでないが、津軽の「正保二(1645)年国絵図」には、藩境塚が記されている。弘前藩領と盛岡藩領の境界は、1595(文禄4)年に定められ、馬門・狩場沢にそれぞれ番所を設けて、往来を取り締まった。

# 八戸市とその周辺

*hachinohe*

三戸南部氏の城館聖寿寺館跡

豊年満作を祈って行われる八戸えんぶり

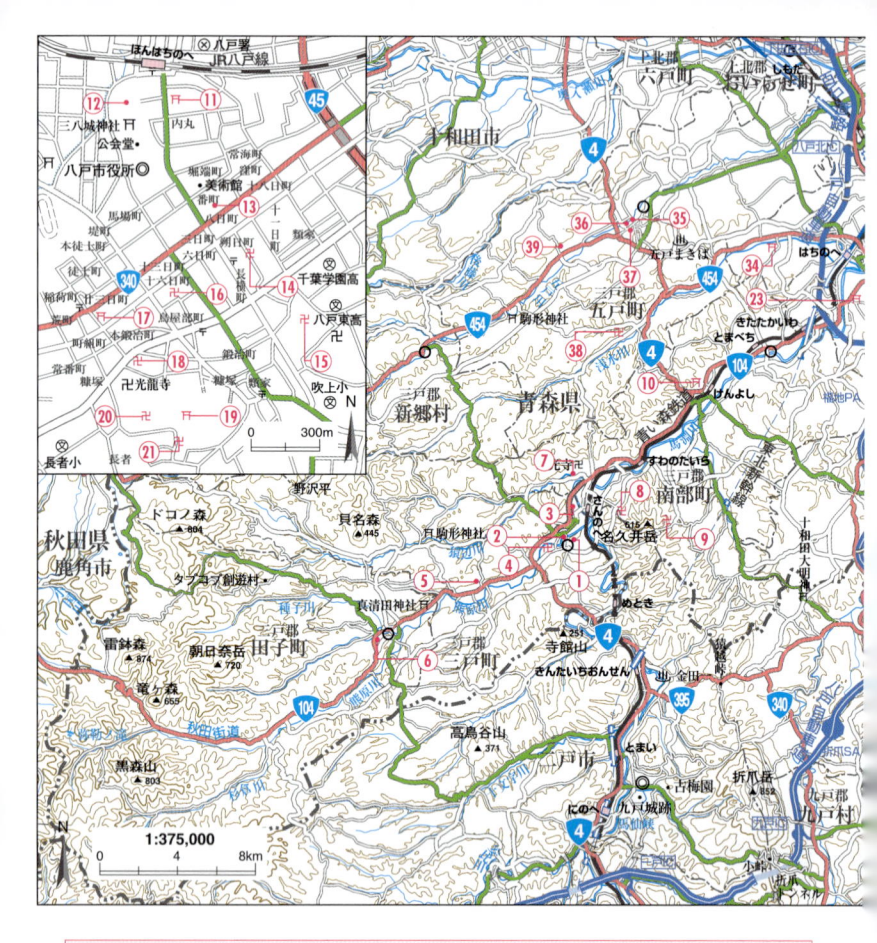

| | | | |
|---|---|---|---|
| ①三戸城跡 | ⑫八戸城跡 | ㉒根城跡 | ㉝長七谷地貝塚 |
| ②黄金橋 | ⑬旧河内屋橋本合名会社 | ㉓櫛引八幡宮 | ㉞七崎神社 |
| ③唐馬の碑 | ⑭来迎寺 | ㉔是川遺跡 | ㉟五戸代官所跡 |
| ④長栄寺 | ⑮本寿寺 | ㉕清水寺観音堂 | ㊱五戸町消防団第一分団屯所 |
| ⑤千人塚 | ⑯天聖寺 | ㉖十日市の一里塚 | ㊲江渡家住宅 |
| ⑥田子城跡 | ⑰神明宮 | ㉗新井田城跡 | ㊳宝福寺 |
| ⑦聖寿寺館跡 | ⑱禅源寺 | ㉘松館大慈寺 | ㊴旧圓子家住宅 |
| ⑧恵光院 | ⑲長者山新羅神社 | ㉙対泉院 | |
| ⑨法光寺 | ⑳南宗寺 | ㉚館鼻公園 | |
| ⑩斗賀神社 | ㉑大慈寺 | ㉛蕪嶋神社 | |
| ⑪靇神社 | | ㉜小田八幡宮 | |

八戸市とその周辺

## ◎八戸市周辺散歩モデルコース

**三戸地方コース**　1. 青い森鉄道三戸駅_10_三戸城跡（城山公園・糠部神社・温故館・三戸町立歴史民俗資料館）_25_黄金橋_8_関根の松（一戸五右衛門の屋敷跡）_10_栗谷川写真館_2_法泉寺_10_竜川寺_15_川守田館跡_10_唐馬の碑（馬暦神社）_10_三戸駅

2. 青い森鉄道三戸駅_10_長栄寺（正応碑・檜山御前五輪塔）_10_玉峯寺_5_観福寺_1_妙光寺_5_三戸大神宮_5_悟真寺_5_佐滝本店_5_旧第九十銀行三戸支店_8_三戸駅

3. 青い森鉄道目時駅_60_蓑ヶ坂籠立場_10_一里塚_60_目時駅

4. 青い森鉄道三戸駅_20_千人塚_5_林泉寺_20_稲荷神社_20_三戸駅

5. 青い森鉄道三戸駅_35_田子城跡_12_耕田寺_15_サンモール田子の資料館_20_釜淵観音堂_30_真清田神社_25_三戸駅

6. 青い森鉄道三戸駅_15_聖寿寺館跡（南部利康霊屋・南部利直霊屋）_15_隅観音堂_20_本三戸八幡宮_8_三戸駅

7. 青い森鉄道諏訪ノ平駅_60_法光寺_12_恵賢堂_45_白石地蔵堂_15_相内観音堂_15_諏訪ノ平諏訪神社_45_恵光院_60_三戸駅

8. 青い森鉄道剣吉駅_10_斗賀神社_15_諏訪神社_1_陽広寺_5_剣吉駅

9. 青い森鉄道苫米地駅_20_瑞泉寺_25_法円寺_25_御嶽神社_20_苫米地駅

**八戸藩の城下町周辺コース**　JR八戸線本八戸駅_3_靇神社_3_三八城公園（八戸城跡）_2_八戸角御殿表門_3_旧河内屋橋本合名会社_3_来迎寺_1_本覚寺・願栄寺_4_本寿寺_2_長流寺・心月院_3_広沢寺_18_天聖寺_6_更上閣_6_神明宮_4_惣門跡_4_枡形神社_10_禅源寺_2_光龍寺_4_南宗寺_3_大慈寺_6_長者山新羅神社_5_JR本八戸駅

**五戸の史跡コース**　JR東北新幹線・青い森鉄道八戸駅_43_五戸駅_2_五戸中央バス停_3_五戸代官所跡_5_五戸町消防団第一分団屯所_1_稲荷神社_3_江渡家住宅_3_高雲寺_1_専念寺_5_五戸駅バス停_11_中市バス停_2_旧圓子家住宅_2_中市バス停_11_五戸駅バス停_43_JR八戸駅

# 三戸から八戸へ

三戸南部氏の史跡が点在する三戸町・田子町・南部町。坂上田村麻呂・北条時頼・長慶天皇にまつわる伝説も残る。

## 三戸城跡 ❶

〈M▶P.244, 247〉三戸郡三戸町梅内字城ノ下 青い森鉄道三戸駅🚌三戸営業所行・田子行（田子，夏坂，新田）三戸町役場前🚶15分

歴史と自然のささやきがこえる三戸城跡

三戸町役場前バス停で降りると，三戸城跡の麓にある三戸町総合福祉センターふくじゅそうの場所が，三戸代官所・野馬役所がおかれていた所で，盛岡藩三戸通や藩営牧場の住谷野牧を管轄した。城山公園入口の大看板から急な上り坂を400mほどのぼりきった場所が，戦国から近世大名へと移行する時期の，三戸南部氏の居城であった三戸城跡である。三戸城跡は，三戸町市街地の東端に位置し，馬淵川と熊原川の合流地点である標高130mの独立丘陵地上に位置する山城である。現在は城山公園となっており，南部氏の祖光行を祭神としてまつる旧県社の糠部神社が鎮座する。約3000本のサクラが咲き誇る，県内有数の花見の名所としても知られる。

三戸は，1590（天正18）年に豊臣秀吉から朱印状を受け，三戸城を居城と定めた三戸南部氏26代信直が，近世的城下町として形成した。のちに居城は盛岡（不来方）に移されたが，二日町・六日町・八日町などの町名や鉤の形に曲がった道路に，城下町の名残りをみることができる。

三戸城内から大手門口をおりると欅御門・鳩御門・綱御門などの城門があり，それぞれ石垣・土塁・枡形などで厳重に防備が固められていた。なかでも綱御門は三戸城内でもっとも防備の固かった門で，現在でも石垣や枡形が当時の面影を残しており，鉄砲狭間と城門は復元されて，当時の様子を彷彿とさせる。

三戸城跡

三戸城跡に建てられた，桃山風天守閣をもつ城郭建築の資料館温故館(おんこかん)では，隣接する三戸町立歴史民俗資料館とともに，近世の三戸に関する資料を展示している。なかでも，27代利直(としなお)が1623(元和9)年に，三戸城下を流れる熊原川に架けた黄金橋(きがねばし)の青銅擬宝珠(せいどうぎぼし)や，南部利康公位牌(としやすいはい)は，ともに県重宝に指定されている。位牌正面には種字の下に「寵厳薀公大禅定門霊位(ろうがんらんこうだいぜんじょうもん)」の法名，裏面には「寛永八(1631)辛未(かのとひつじ)天十一月二十一日」と忌日(きにち)が刻まれている。南部利康の位牌は，旧福地村(現，南部町(なんぶちょう))の法円寺(ほうえんじ)(曹洞宗(そうとう))にも安置されている。三戸町立歴史民俗資料館は，考古・歴史・民俗・自然などの資料を展示し，とくに三戸南部氏に関する展示が充実している。考古関係では，縄文時代早期～晩期，弥生時代，平安時代の複合遺跡である泉山遺跡(いずみやま)などから出土した遺物も展示されている。

**黄金橋(きがねばし)❷**　〈M▶P.244, 247〉三戸郡三戸町二日町・六日町
青い森鉄道三戸駅🚌三戸営業所行・田子行(田子，夏坂，新田)
六日町🚶2分

六日町バス停から三戸町中心部へ向かうと，城下の熊原川に黄金橋(きがねばし)(木金橋)が架かっている。その手前に立つのが栗谷川(くりやがわ)写真館である。藩政時代の山守(やまもり)の邸宅で，現在でも武家屋敷が保存され，庭園も見事である。

黄金橋の袂(たもと)には，南部氏12代政行の詠んだ歌が後村上(ごむらかみ)天皇に賞賛されたと伝える碑が立つ。黄金橋は「黄金の橋」という意味では

三戸町中心部の史跡

京都賀茂川の橋の擬宝珠を模すことが許された黄金橋

三戸から八戸へ

黄金橋

なく，このとき欄干に黄金の擬宝珠をつけたことに由来する。現在，27代利直が1623(元和9)年に鋳造した擬宝珠(県重宝)が町立歴史民俗資料館に展示されている。擬宝珠の胴部上段に「三戸之町　木金橋　元和九年 癸亥　五月吉日　造畢　源 朝臣利直代」の刻銘がある。栗谷川写真館前の道を150mほど西南方向へ進むと，推定樹齢360年余りの関根の松(県天然)が目につく。樹高約6m・幹囲2.63mで，9本の枝が伸びる姿は，まるで地を這う竜のようである。この場所は，盛岡藩御野馬別当(藩営牧場の長官)一戸五右衛門の屋敷跡であり，このマツは慶長年間(1596～1615)に一戸(現，岩手県一戸町)から三戸へ移ってきた五右衛門の祖先の一戸兵部綱定が，藩主から下賜された盆栽松だったという。

　黄金橋から六日町方面へ進むと，三戸城搦手門であった法泉寺(臨済宗)山門や，表門であった竜川寺(曹洞宗)山門が，それぞれ移築され，ともに三戸城の貴重な遺構として残されている。

　三戸城の北西200m，現在熊野神社のある丘陵地に位置するのが川守田館跡である。館跡は現在，国道4号線により分断されているが，神社境内脇に二重堀が残っている。1572(元亀3)年，三戸南部氏24代晴政に南部信直が襲撃された際と，1582(天正10)年，26代を継承した信直が25代晴継の葬送の帰路，九戸氏に襲撃された際に，いずれもこの館に避難したと伝えられており，三戸城の北方の防衛線であったといえる。

**唐馬の碑** ❸ 〈M▶P.244, 247〉三戸郡三戸町川守田字下比良19
青い森鉄道三戸駅　🚌 三戸営業所行・田子行(田子, 夏坂, 新田)
下元木平 🚶 6分

下元木平バス停から国道4号線の南部町馬場方面へ向かう旧奥州街道沿いに馬暦神社(祭神保食命)が鎮座し，その境内に唐馬の碑(県史跡)が立っている。1725(享保10)年，江戸幕府8代将軍徳川吉宗から下賜されたペルシャ産のウマを供養

# 戦国時代の南部氏の攻防

コラム

南部領安堵の南部信直
三戸南部氏の覇権確立

　1582(天正10)年といわれる南部晴政の死後、南部地域は、晴政の跡を継いだ南部信直が三戸城におり、九戸城(福岡城)には、信直と相続をめぐって対立した九戸政実がいた。一方、八戸根城には、隠然とした勢力をもっていた根城南部氏の南部政栄がいて、三すくみの状態にあった。

　1590年、信直は根城南部氏の支持を取りつけて小田原(現、神奈川県)に馳せ参じ、豊臣秀吉から「南部内七郡」の所領安堵の朱印状を手に入れることに成功した。これによって信直は南部氏を代表する正統な地位を得た。翌年、九戸政実による九戸の乱(九戸一揆)がおきると、信直は中央政権の援軍を求め、総大将豊臣秀次、徳川家康ら10万を超える軍勢の出陣によって一気に九戸政実を押しつぶした。

　一方、根城南部氏は、1334(建武元)年に南部師行が根城に入って以来、確固とした勢力を築いていた名家である。北奥唯一の南朝勢力として、八戸を中心に岩手郡・閉伊郡・秋田仙北郡の各所に所領をふやしていた。1457(康正3)年には、田名部の蠣崎氏を討ち、1467(応仁元)年には下北半島から安藤氏の勢力を駆逐して、最盛期を迎えていた。

　ところが、三戸に拠点をおく三戸南部氏がしだいに台頭し始めた。1539(天文8)年に、室町幕府12代将軍足利義晴から名前の一字をもらった南部晴政が、京都御扶持衆の地位に就いた。1563(永禄6)年には京都勤番をつとめ、関東衆25人の中に数えられるほどに成長した。この頃には三戸南部氏が根城南部氏にかわって、南部氏の支配的立場に立つようになった。

　信直が秀吉から与えられた所領安堵状は、南部地域を信直の仕置に任せるという意味であり、建武年間(1334～38)以来続いてきた根城南部氏は、ここで三戸南部氏の臣下となることになった。1592(天正20)年には、拠点である八戸根城や支城の新井田城などの破却が命じられ、1627(寛永4)年には、伊達氏に対する備えを理由に遠野(現、岩手県)へ移封された。

　これにより、約300年にわたって続いた根城南部氏は、八戸の地から切り離されることになった。戦国時代以来、南部の盟主を争った攻防は、三戸から盛岡に居城を移した盛岡南部氏によって終止符が打たれたのである。

徳川吉宗からペルシャ産の馬が盛岡藩に下賜され、盛岡藩九牧の1つ住谷野(三戸代官所管内)で飼育された。「春砂」とよばれ、種馬として用いられたが9歳で死んだ。その後、1743(寛保3)年2月17

三戸から八戸へ

唐馬の碑

日に御野馬別当石井玉葉が唐馬（外国産の馬）追善のため，馬頭観音としてまつった。「鹿毛　二白　九歳　長四尺九寸五分　異国春砂」と体軀の様子も刻まれ，外国馬の供養塔として貴重な史料である。

馬暦神社から街道沿いを北方へ進むと陸橋手前の右側に，江戸時代の刑場跡といわれる「文化八（1811）年」の供養碑が立つ。

### 長栄寺 ❹

〈M▶P.244, 247〉三戸郡三戸町同心町字古間木平47
青い森鉄道三戸駅🚌三戸営業所行・田子行（田子，夏坂，新田）
上同心町🚶2分

**三戸南部氏にまつわる古碑　正応碑と五輪塔**

上同心町バス停から100mほど裏通りへ入ると，近世初頭盛岡に移転した大泉寺跡地に建てられた，慶誉山長栄寺（浄土宗）がある。1597（慶長2）年の草創で，盛岡大泉寺の開祖祐誉が開山した。

境内には，正応碑と檜山御前五輪塔（ともに県重宝）が残る。正応碑の背面は，「正応二（1289）年十二月二十一日造立之」の銘があるが，その由来については不明である。花崗岩製角柱で，長栄寺墓地に檜山御前五輪塔と並んでいる。県内，とくに県南に現存する古碑は少ないため，「正応二年」という鎌倉時代の年号銘を有するこの碑は貴重なものである。

檜山御前五輪塔は，各輪の四方に地・水・火・風・空の5文字が陰刻され，地輪には別の文字も刻まれているが，戒名や忌日らしいものは見当たらない。檜山御前は，三戸南部氏26代信直の2女で，1595（文禄4）年に秋田実季の弟英季に嫁いだ

正応碑と檜山御前五輪塔（長栄寺）

## コラム

# 泉山の登拝行事

**行**

**7歳児の通過儀礼**
**月山参りとよばれる**

三戸町の泉山(いずみやま)地区には,通称「泉山の七歳児初参り」とか「月山参(がっさん)り」とよばれている通過儀礼がある。これは泉山地区の月山神社例大祭で,毎年旧暦6月12日の朝,数え年7歳になる男児が水垢離(みずごり)をして身を清め,白装束に白鉢巻,白足袋に草鞋(ぞうり)履きで,地区の月山神社に参拝するものである。この行事は女人(にょにん)禁制で,父親と一緒に名久井岳第2峰である月山山頂まで2.5kmの山道を1時間半ほどのぼり,奥の殿で成長を感謝して,今後の加護を祈る神事(しんじ)を行う。

登山前には,自分の手形(てがた)をつけた絵馬(えま)をつくり,これを腰に着けて登山し,山頂の月山神社奥の殿に奉納する。ここで会食して,帰路は南部町(なんぶちょう)恵光院(けいこういん)に詣で,地区の月山神社に帰ってくる。家では,赤飯をたき,餅をついて祝う。

昔は,この厳しい登山の修行を終えて,初めて「泉山の男」として認められた。青森県では泉山だけに残っていることから,1997(平成9)年12月15日,**泉山の登拝行事**として国の重要無形民俗文化財に指定された。泉山七歳児初参り保存会が中心となって,継承している。

が,のちに三戸に戻り,1620(元和6)年に亡くなったという。

長栄寺から約300mほど東へ行った同心町熊ノ林(くまのばやし)に,観福寺(かんぷくじ)(浄土宗)がある。本堂の木造十一面観世音菩薩坐像(じゅういちめんかんぜおんぼさつざぞう)(県重宝)は南北朝(なんぼくちょう)時代の作と推定され,昭和初年の修理の際,「王性覺 天授(てんじゅ)二(1376)年 丙辰(ひのえたつ)八月七日 仏子幸慶(ぶっしこうけい)」との南朝年号の墨書銘が発見された。もとは南部町の恵光院(へいしん)(けいこういん)(真言宗)(しんごん)に伝来した像とも伝えられている。観福寺には,三戸代官所の門を移築したという山門があるほか,境内には日本最古の会津白虎隊(あいづびゃっこたい)の供養碑(くようひ)が建立(こんりゅう)されている。

隣には妙光寺(みょうこうじ)(日蓮宗)(にちれん)があり,その南方に玉岑寺(ぎょくしんじ)(浄土真宗)がある。城山公園には「心」の字に配置された庭石があるが,これはかつて,玉岑寺から移したものである。

玉岑寺の向かい側には三戸大神宮(だいじんぐう)(祭神天照大神(あまてらすおおみかみ))がある。境内には,明治天皇の三戸巡幸を描いた大絵馬などを展示した絵馬殿が立つ。また,1826(文政(ぶんせい)9)年の神輿(しんよ)や,末社として,値引きや景品をつけての売出しが行われる伝統行事「三戸まける日」の創始者川村惣太郎(そうたろう)を市神としてまつった神社もある。そのほか,会津藩(あいづ)(現,福島県会津若松市)藩校日新館(にっしんかん)教授杉原凱(がい)の墓碑が門弟たちによっ

三戸から八戸へ

て建てられている。

　神社の北方には悟真寺(浄土宗)があり、本尊木造阿弥陀如来立像(県重宝)は、平安時代末期に京都においてつくられたものではないかと考えられている。光背裏の銘文から、1684(貞享元)年にこの地の檀家らの手で修復され、光背台座がつくられたことがわかる。糠部三十三観音第25番札所で、境内に観音堂が立つほか、33体の観音石像をまつった本堂裏手の洞窟観音も名所となっている。

　同じ八日町の悟真寺から、東方へ100mほどの所にある鉄筋コンクリート2階建ての建造物が、1924(大正13)年に建造された佐滝本店(国登録)である。県南地方における鉄筋コンクリート建築の先駆けで、塔屋風の屋根飾りが特徴となっている。設計・施工は、多くの近代建築を手がけた弘前の堀江組である。

　佐滝本店から北東へ進むと、二日町に旧第九十銀行三戸支店がある。大正時代末期に、盛岡に本店のあった第九十銀行の三戸支店として建設されたが、1931(昭和6)年の金融恐慌による破たん後、個人所有となり、昭和40年代まで歯科医院として使われていた。現在は空き家だが、タイルを使用した外観が目を引く。

　同心町交差点は奥州街道と鹿角街道との分岐点で、「右かつの左もり岡」と刻まれた追分石があったが、現在は城山公園に移されている。

　旧奥州街道は、県境の岩手県二戸市釜沢との間にある沢を越えると、「歴史の道百選」にも選ばれた蓑ヶ坂にかかる。坂をのぼり切った見晴らしのよい広場が籠立場で、1876(明治9)年と1881年の明治天皇東北巡幸の記念碑が2基立っており、明治の三戸八景にも詠まれている。籠立場から三戸方面へ向かう途中の木立の中に、一里塚(県史跡)がある。

千人塚 ❺　〈M▶P.244〉三戸郡三戸町斗内字清水田
青い森鉄道三戸駅🚌田子行(田子、夏坂、新田)食肉センター前
🚶5分

天明の大飢饉の餓死者を供養した斗内の千人塚

　清水田の国道104号線を北側に約500m入ると、林泉寺(曹洞宗)が管理している墳丘4基と供養塔1基がある。これは千人塚(県史跡)とよばれ、1783(天明3)〜84年の大飢饉の際に、餓死者を供養した

# 南部地方の戸の地名

コラム

一戸からの番号地名 牧場制か柵戸制に由来

　岩手県北部から青森県東部にかけて、一戸から九戸という番号をつけた地名が残されている。このような特異な地名は、古来から謎とされ、いろいろな見解が発表されている。諸説を大きく分けると、鎌倉時代における牧場制によるものという説と、平安時代の征夷事業の柵戸に由来するとの説に分けられる。

　前者の説は、1508(永正5)年の八条近江守房繁の「九箇部馬焼印図」を典拠とするものである。糠部(中世の南部地方の俗称)は、一の部(戸)から九の部(戸)に分けられ、これに7カ村が分属して牧場が開設され、さらに東・西・南・北の4門に分けられたというものである。いわゆる「九ケ部四門」であり、これを確立したのが甲斐国(現、山梨県)の牧監であった南部氏であるとする。つまり、戸の地名は、南部氏の牧場経営と密接な関わりを有するものであったという。

　これに対して後者の説は、南部氏がこの時期に整然とした行政区域を定めたことへの疑義を始めとして、南部氏統治以前にすでに糠部には、戸が存在したことなどをあげながら、鎌倉時代以前の社会政治上の強い衝撃に着目する。それは、弘仁年間(810〜824)に行われた文屋綿麻呂の征討事業であり、このとき爾薩体・都母とよばれた岩手県北部から青森県東部にかけての地域には、討夷の前進基地である柵が築造されて、辺境の防備と開拓が行われた。この柵におかれた柵戸から戸の地名が発生したとみるものである。征討軍の進攻状況に応じて南から北へ戸が順次配置され、しかもおのおのの戸が等間隔におかれていることは、その傍証であるとする。

　その後、戸の議論では、その所見を、1190(文治6)年の「戸立馬」に求めたり、建置を1070(延久2)年以後の鎮守将軍清原真衡の治世におく見解などが提示されている。しかし、いずれにしても、戸の地名の由来については確かな根本史料は存在せず、推論の域を脱していない。今後、厳密な史料解釈と論議の深化により、あらたな解明が期待される。

場所である。供養塔には「天明五巳天　十月廿五日　卯辰飢死渇亡無縁塔」「林泉七世胤龍代　沖田面施主栗谷川藤右衛門　石切惣エ門」の銘文のほか、天下泰平と民の幸福を願う字句が刻まれ、天明の飢饉の被害を現在に伝える当地方の貴重な史料である。

　斗内字田屋ノ下にある稲荷神社は、三戸御給人栗谷川氏の屋敷跡であり、1800(寛政12)年建立の本殿(県重宝)は、つねに覆屋の中に

三戸から八戸へ

千人塚

おかれ、大切に保管されている。

斗内獅子舞(県民俗)は、江戸時代初期に斗内黒滝不動別当の威徳院が、霞地(宗教的な支配地域)を祈禱してまわるため、白旗権現(現、白旗神社)の良覚坊を中心に編成した山伏神楽である。毎年、旧暦正月16日(2月末頃)、白旗神社と良覚坊の墓前で神楽を奉納する。その後、集落の各家を門打ちしたり、新築祝いの家固めなども行う。

田子城跡 ❻ 〈M▶P.244, 255〉三戸郡田子町田子字風張
青い森鉄道三戸駅🚌田子行(田子、夏坂、新田)田子バスセンター🚶10分

アイヌ語に起源をもつ地名を誇る田子

坂上の田子バスセンターから丘陵地をのぼっていくと、田子中学校に着く。この場所が田子城跡である。ここは佐々木惣左衛門の居館であったが、三戸南部氏22代政康の2男高信(のち津軽郡代石川氏)がここに封ぜられ、さらに高信の長子信直が在城した。信直は、大浦氏の独立により津軽を失ったものの、豊臣政権の強大な力を背景に一族を家臣化し、領主権力を強化して、近世大名への転換を図った。信直は南部氏中興の英主であり、嫡子利直もここで生まれているので、南部氏にとってきわめて由緒ある城館といえる。ここはまた、アイヌがつくった北方の城であるチャシのあった場所でもある。

田子城跡から東へ約300m進み、耕田寺(曹洞宗)を経て町中心部を300mほど歩くとサンモール田子の資料館があり、蹙機(県民俗)が展示されている。さらに約1.5km方方へ進んだ七日市地区に、鬱蒼としたスギの古木に囲まれた、糠部三十三観音第27番札所釜淵観音堂がある。境内入口には、田子出身の江戸時代の仏師奇峰学秀が、観音堂にこもって1000体の仏像を彫り上げた際の完成記念碑が立っている。学秀仏はこのほか、清水頭の姥ヶ岳神社の神体である木造十一面観音立像や木造弥勒菩薩坐像(ともに県重宝)もある。

釜淵観音堂

七日市の田子神楽(県民俗)は山伏神楽の最高峰といわれ、旧暦7月中旬の八坂神社例大祭で奉納される。

町中心部から三戸方面へ2kmほど行くと、下田子の左側山腹に、糠部三十三観音第26番札所で江戸時代まで金龍山清水寺とよばれた真清田神社(祭神高照光姫命)がある。1645(正保2)年の棟札を始め、坂上田村麻呂作と伝える木造十一面観音立像が神体としてまつられている。

田子町中心部の史跡

町中心部から北西8kmにタプコプ創遊村がある。茅葺き屋根の民家が移築され、生活体験施設となっており、旧橋本家住宅は県重宝である。町中心部から西南へ2kmの飯豊集落には、田子虫追いの風習(県民俗)がある。

### 聖寿寺館跡 ❼

〈M▶P.244, 256〉三戸郡南部町小向字正寿寺60 青い森鉄道三戸駅🚌南部町庁舎行・八戸行(相内、上名久井経由)門前🚶20分

南部藩発生の地、南部利康霊屋など、聖寿寺館

門前バス停で降り、500mほど行った所にある南部中学校(平良ヶ崎館跡)の前を通って三光寺(臨済宗)へ向かうと、聖寿寺館跡(国史跡)となる。この一帯は戦国時代に三戸南部氏の本拠地であったと考えられ、三戸五ヶ城(聖寿寺館・馬場館・平良ヶ崎館・大向館・鎧神館)を総称して「聖寿寺館」とか「本三戸城」とよばれた。その中心となる郭が聖寿寺館で、馬淵川左岸台地上の三光寺の南側に位置し、大規模な空堀や土塁が残っている。天文年間(1532〜55)に南部晴政の家臣である赤沼備中に放火され、あらたに三戸城が築城されるまで約200年間、三戸南部氏の居城であったと伝えられている。また、三光寺境内には南部利康霊屋(国重文)、南部利直霊

三戸から八戸へ　255

### 聖寿寺館跡

屋（県重宝），利直の殉死者岩館右京の墓，利康の殉死者八木橋藤十郎の墓，2代実光の墓と伝わる塚のほか，イチョウやオンコ（イチイ）の大木など，三戸南部氏に関連する文化財が多数所在する。

　南部利康霊屋は，27代利直が1631（寛永8）年11月21日に24歳で早世した4男利康の死を悼んで造営した，江戸時代初期の建築である。三戸郷1ヵ年の石高1万石と鹿角の金を投入した豪華な建設で，南向きの方2間（約3.6m）・単層入母屋造・柿葺きで，正面向拝には蟇股，木鼻にはサルの丸彫りがみえる。いたるところにサルの絵がみられるが，これは利康が申年生まれで，幼名を申千代といい，申年に没したことからサルにちなんだといわれている。

　南部利直霊屋は単層宝形造，内部の1室に板卒塔婆が並べられ，内外とも素木の清楚な霊屋である。様式的には南部利康霊屋よりも古い建築と考えられ，1632年の利直の没年からそれほど離れたものではないとみられる。

　聖寿寺館跡から猿辺川を渡ると古町集落で，古町温泉がある。古

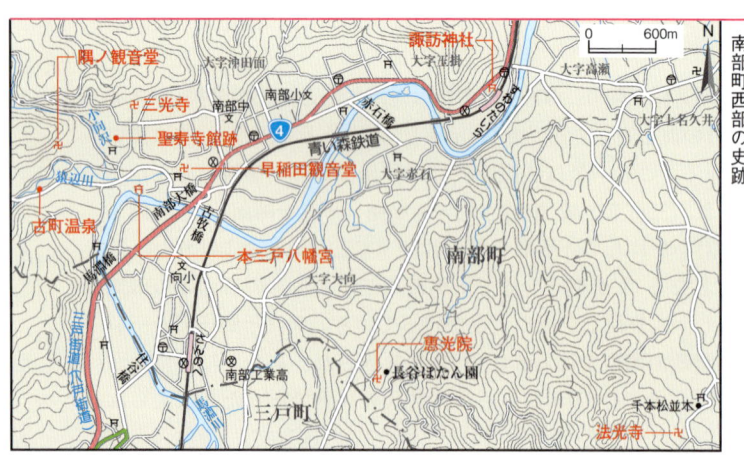

南部町西部の史跡

町とは聖寿寺館の城下、いわゆるもとの三戸城下という意味である。古町温泉手前の猿辺川に架かる橋を渡ると、隅ノ観音堂がある。この観音堂には1512(永正9)年奉納の観光上人糠部順礼札(県民俗)が伝存し、室町時代から観音信仰が盛んだったことがわかる。また、寛保3(1743)年の糠部三十三観音巡礼では第24番札所でもある。

隅ノ観音堂から東方へ約400m、国道4号線付近の門前にも、永福寺が盛岡に移った跡地に嶺松院が支配した早稲田観音堂があり、ここは糠部三十三観音第23番札所である。

聖寿寺館跡の東南、馬淵川と猿辺川の合流点の北西に、本三戸八幡宮(祭神誉田別命)がある。境内には三戸南部氏23代安信の宝篋印塔(県重宝)のほか、町の天然記念物八幡大杉がある。南部氏ゆかりの神社でもあったことから、盛岡移城後も盛岡藩主の崇敬を受け、歴代藩主も代参し、流鏑馬も奉納されていた。

青い森鉄道諏訪ノ平駅前に諏訪神社がある。境内には、赤沼備中と、それを追跡した下斗米昌家とが斬り合い、疲れはてた両者が一時腰をかけて休んだという「腰掛石」とよばれる石が残っている。

### 恵光院 ❽

〈M▶P.244, 256〉三戸郡南部町大向字長谷
青い森鉄道三戸駅🚌南部町庁舎行・八戸行(相内、上名久井経由)向小学校前🚶30分

名久井岳西麓に位置する寶珠山恵光院(真言宗)は、かつてはこの地にあった長谷寺という大寺院の塔頭の1つであった。江戸時代初期に三戸南部氏盛岡移城とともに、長谷寺も盛岡に移ることとなったが、観音堂を守るために、恵光院がこの地に残った。恵光院には、平安時代後期作の木造十一面観音菩薩立像(県重宝)、「永正九(1512)年」銘のある観光上人糠部順礼札(第33番札所)や、室町時代後期のものと推定される笈(いずれも県民俗)が残されている。八戸天聖寺の守西上人が決択した1743(寛保3)年の糠部三十三観音第22番札

の順礼札所・守西上人
観光上人

恵光院十一面観音菩薩立像

三戸から八戸へ

所でもあり、また、境内の天狗杉(県天然)は、幹の上部に茎の一部が異常に扁平化した奇形の帯化(石化)をもつ全国的にも珍しいスギである。

十一面観音菩薩立像は丸ノミの痕を残し、鉈彫りの彫法が美しい、県内において制作された最古の木彫仏像である。1987(昭和62)年に、県指定文化財の彫刻としては、初めて保存修理が行われた。

## 法光寺 ❾

〈M ► P.244, 256〉三戸郡南部町法光寺20
青い森鉄道三戸駅 🚌 南部町庁舎行・八戸行(相内、上名久井経由)
上名久井 🚶 50分

時頼伝説を残す法光寺　高さ日本一の承陽塔

標高615.4m、山容から南部小富士とも称されている名久井岳の東麓に位置する白華山法光寺(曹洞宗)は、鎌倉幕府5代執権北条時頼が1280(弘安3)年に開基したとする、時頼廻国伝説を残している。各地に残る時頼の廻国伝説は、北条得宗家の勢力拡大を物語るものといわれる。

参道には、1676(延宝4)年に住持の風山慶門や修行僧らが手植えしたといわれる千本松や、推定樹齢1000年といわれる爺杉(いずれも県天然)が残り、1983(昭和58)年、「日本名松百選」に選定されている。本堂裏手の小堀流庭園には、道元禅師の遺骨と仏舎利を納めた高さ33mの承陽塔がある。日本最大の三重塔である。観音堂は糠部三十三観音第19番札所である。

また、法光寺の参道途中に、恵賢和尚をまつった恵賢堂がある。恵賢和尚は、1657(明暦3)年、田子に生まれ、法光寺において風山和尚から恵賢の名をもらい仏門に入り、のちに江戸で和算を学んだ。恵賢和尚の石像は、南部町虎渡の白石地蔵堂にも安置されている。

法光寺承陽塔

# 住谷野

コラム

名馬の産地・牧場の地名に由来

住谷野の名は、現在の青い森鉄道三戸駅裏手にあたる名久井岳の裾野一帯の、牧場の地名を指す。当地方は古来、名馬の産地として知られており、源平の合戦の際、熊谷次郎直実の太夫黒、源義経の青海波、佐々木高綱の池月、梶原景季の磨墨など、数多くの名馬を生んだとの言い伝えが残っている。その住谷野の名を冠した食事処が、三戸町川守田の国道4線号沿いに立つ「民芸茶屋住谷野」(TEL 0179-22-2121)である。裏手は馬淵川が流れる景勝地である。

住谷野の家屋は、三戸郡田子町（旧上郷村）関の堀川氏の所有していたもので、資材や間取りなど、そのまま復元している。もとの所在地であった関集落は、その名の示すとおり、明治時代以前は、青森・秋田県境の関所として盛岡・秋田（久保田）両藩の交通の要所であり、この家屋は、その関所の役所として建てられたものである。1817(文化14)年2月に建造され、1973(昭和48)年に解体、翌年再建された。巡見使の寝所や、「忍者室」「吊り天井」も残されており、柱梁などもしっかりした良材で、建物内部の造りも釘を使っていない。また、鴛鴦殿は明治時代の蔵をそのまま復元しており、重厚さと落ち着きを感じさせる。

民芸茶屋住谷野

## 斗賀神社 ⑩

県内最古の南朝方鰐口をもつ斗賀神社

〈M▶P.244, 260〉三戸郡南部町剣吉字上斗賀7
青い森鉄道剣吉駅🚶10分、または三戸駅🚌八戸行下斗賀🚶5分

剣吉駅から北へ400m行くと、糠部三十三観音第16番札所の斗賀神社（祭神伊邪那岐命、月夜見命）がある。神仏分離以前は、霊現山新禅寺と称し、霊現観音/霊現堂などとよばれた。『霊現堂縁起』によると807(大同2)年、坂上田村麻呂建立と伝えられ、南朝の年号である「正平二十一(1366)年」銘の県内最古の鰐口が保管されている。南朝年号をもつ遺物が少ない青森県にとって、貴重な史料である。また、境内の撞鐘堂には、第二次世界大戦中の供出を免れた八戸藩4代藩主広信の寄進である「享保4(1719)年」銘の釣鐘がかけられている。

三戸から八戸へ

「正平二十一年」銘の鰐口(斗賀神社)

神社北方の山林の中に十和田湖の主となった南祖坊が生まれた際、産湯として使用したとか、願をかけたと伝えられる池がある。龍神宮がまつられ、十和田山として信仰されている。

斗賀神社から剣吉駅に戻って南へ200mほど行くと、坂上田村麻呂が境内の池で剣を磨いたという伝説が残る諏訪神社(祭神建御名方命)がある。神社の隣には南部氏最大の功臣北信愛(松斎)の開基といわれる陽広寺(曹洞宗)がある。青い森鉄道の踏切から西側を望む高台には剣吉小学校があり、かつての北氏の館(剣吉館)であった。学校裏の山中に堀や土塁が残り、三戸城東北方面の守りとして馬淵川対岸の工藤氏(下名久井館)、東氏(上名久井館)を押さえる要害の地であり、重要な位置を占めていた。

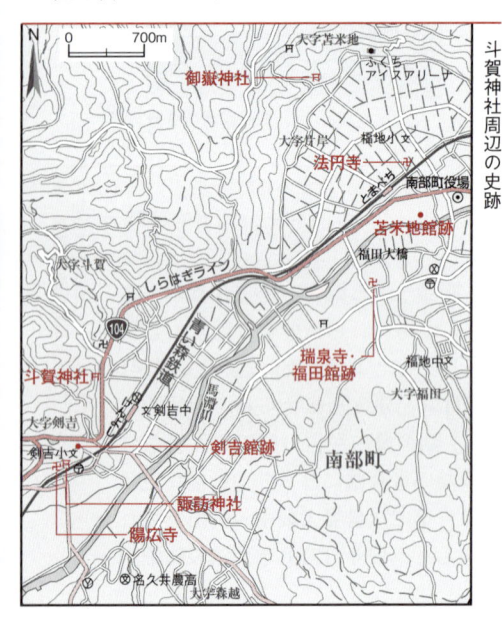

馬淵川を挟んで福田には福田館、苫米地には苫米地館がある。福田館内には瑞泉寺(曹洞宗)があり、苫米地館は現在、公園として整備されている。苫米地には法円寺(曹洞宗)や、御嶽神社(祭神大山祇命)がある。

斗賀神社周辺の史跡

# ② 八戸藩の城下町とその周辺

八戸は、建武の新政以後、根城南部家の根拠地として、近世には盛岡藩領時代を経て、八戸藩2万石の城下町として発展した。

**龗神社（おがみじんじゃ）** ⑪
0178-22-1770
〈M▶P.244, 263〉 八戸市内丸2-1-51
JR八戸線本八戸駅 🚶 3分

八戸三社大祭の起源
八戸藩の祈願所

本八戸駅で下車すると、南側にみえる台地全体が、近世八戸藩の居城八戸城跡である。駅から南方の市街地へ続く長いゆるやかな坂道が、かつての内堀跡であり、右手(西)が本丸跡、左手が二の丸跡である。坂道を少しのぼり左折すると、道の左手に龗神社がある。

正中（しょうちゅう）年間(1324～26)、法領（ほうりょう）という修験（山伏）が、降雨祈願のため三崎神社の池にその身を投じて、五穀豊穣を成就させたため、領民がその徳をたたえて同社に合祀し、法霊社と称したという。近世初期は本丸跡地内にあり、盛岡藩の支城八戸城の館神として信仰された。1664(寛文4)年の八戸藩成立直後の1666年に、二の丸跡の現在地へ遷座され藩神的地位を占めた。別当は修験の法善院がつとめ、別当領10石を給与された。明治時代初期の神仏分離により、現社名に改称された。祭神は竜神の高龗（たかおがみ）神である。

創建当初の祭礼は、山伏神楽である法霊神楽（県民俗）などが奉納されていた(現在は例大祭の6月15・16日に舞を奉納)。のち1721(享保6)年、豊作祈願の成就を感謝し、初めて当社から長者山の三社堂(現、長者山新羅神社)へ神輿の渡御が行われた。これが現在に続く八戸三社大祭の山車行事（国民俗）の起源で、1887(明治20)年に新羅神社・神明宮の3社合同の祭りに発展した。祭日は8月1～3日。附祭（つけまつり）である豪壮な山車が参加する青森県有数の大祭である。境内には、江戸時代後期に運行された屋台山車「武田信玄」「太公望」が所蔵されている。

社殿は1825(文政8)年の建立。本殿は三間社流造で、拝殿には1812(文化

龗神社

八戸藩の城下町とその周辺　261

9）年に，八戸藩儒医平田周庵が奉納した万年暦がある。また，源義経が八戸に落ち延びてきたことを記す『類家稲荷大明神縁起』を所蔵している。境内には，1828（文政11）年に八戸藩の豪商西町屋や江戸の干鰯問屋湯浅屋・栖原屋，木綿問屋田端屋，蔵元の美濃屋らが寄進した狛犬がある。

### 八戸城跡 ⑫ 〈M▶P.244, 263〉八戸市内丸1 P
JR八戸線本八戸駅 🚶 6分

*八戸藩2万石の居城 三八城公園として整備*

龗神社を出て，再び市街地へ向かう坂道を進むと，右手に八戸市公会堂がみえる。その右側の三八城公園が八戸城の本丸跡である。根城南部氏が1627（寛永4）年に遠野（現，岩手県）へ知行所替えになった直後，1629年に盛岡藩の支城八戸城が築かれたとされる。その後1664（寛文4）年，八戸藩は江戸幕府の命により，盛岡藩10万石から2万石を分離・独立させる形式で誕生した。初代藩主は盛岡藩主南部利直の7男南部直房。1838（天保9）年，海岸警備の功により，8代藩主信真が城主格に昇進したため，城の公称を許された。

城は天守がない陣屋形式で，洪積台地の突端部を利用して築城された。石垣はなく周囲は水堀・空堀・土塁・堤（溜池）・土塀で囲まれていた。郭は本丸・二の丸・外郭によって構成され，本丸内部の西に物見，北に米蔵，南に勘定所，東に馬場などが設けられていた。城跡に南隣する三八城神社の辺りが御殿跡であり，公会堂へ抜ける通路が大手門跡である。

八戸城の本丸跡は，現在三八城公園として整備され，ここから，北は外堀の役割をはたす馬淵川や藩の蔵入地（直轄領）を，南と西

八戸城跡　　　　　　　　　　　　　　　　　　　　　八戸城角御殿表門

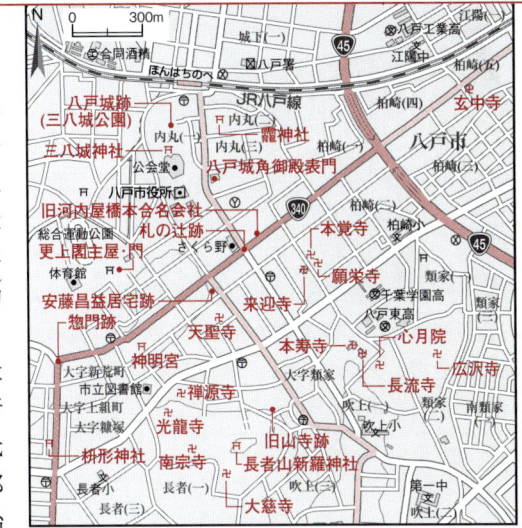

は旧城下町の市街地を，東は漁業と流通の基盤であった太平洋沿岸の港湾を展望できる。三八城神社は，1689(元禄2)年に藩主の邸内に勧請したのが始まりで，当初は新羅神社と称した。祭神は新羅三郎義光(南部氏の遠祖)・南部三郎光行(南部氏の始祖)・南部直房。廃藩置県による藩主御殿の解体によりその跡地に建てられ，1874(明治7)年に現社名に改められた。

三八城公園を出て，八戸市庁舎の向かいにある豪壮な門が，八戸城角御殿表門(県重宝)である。切妻造の屋根で，3間1戸の大棟門様式である。1792(寛政4)年，八戸藩の重臣煙山光高が角御殿を藩から与えられ，1797年に門を建造した。煙山氏の後は，藩主の一族逸見氏が居住した。現在の門は，1977(昭和52)年の倒壊後に復元したもので，南部会館の表門となっている。

**旧河内屋橋本合名会社 ⓭**
0178-71-3460
〈M▶P.244, 263〉 八戸市八日町6-1 P
JR八戸線本八戸駅🚶8分

国登録有形文化財アールデコ風の大正建築

八戸城角御殿表門を出て市街地へ向かうと，ロータリーがある。ここは盛岡藩の支城八戸城を預かる郡代(城代)屋敷の跡地とされている。ここを過ぎると，三日町と八日町との交差点に設置されていた高札場の札の辻跡に出る。東西に走る道路の両側の街区が旧城下町の表町，大手門から南へまっすぐ抜ける道が大手筋であった。1627(寛永4)年の根城南部家の遠野移転後，南部利直によって町割がなされ，1630年には上町の三日町・十三日町・廿三日町，下町の八日町・十八日町・廿八日町，合計6町の表町が，根城の城下や新井田町の商人を移転させることで完成したとされる。

八戸藩の城下町とその周辺

### 旧河内屋橋本合名会社

札の辻跡の東側には，1786(天明6)年濁酒屋として創業した旧河内屋橋本合名会社(国登録)がある。1924(大正13)年の八戸大火直後に，河内屋の仮事務所として建築された。アールデコ風の装飾が大正ロマンの面影を色濃く残している。社屋前の右手に，八戸藩の伝馬継所があり，領内各街道の起点であった。

**来迎寺** ⑭　〈M▶P.244, 263〉八戸市朔日町24　P
0178-22-0001　　JR八戸線本八戸駅 🚶12分

室町時代以来の寺院
糠部三十三観音札所

札の辻跡から八日町を東へ行き，交差点を右折すると朔日町や十一日町のある裏町交差点に出る。ここの南側の街区は寺町と呼称され，新井田街道の出入口を押さえる寺社地が形成されていた。

裏町交差点を直進すると西側に来迎寺がある。来迎寺(浄土宗)は，小田に乗誉了本が創建した草庵が始まりで，のち1436(永享8)年頃に新井田へ移転した。江戸時代初期には廿八日町に移転し，元禄年間(1688～1704)に現在地へ移転したという。八戸藩では格式の高い寺院は領内十ケ寺とされ，そのうちの5つが内五ケ寺とされた。そのほか，近廻五ケ寺もあり，当寺は，領内十ケ寺の1つであった。現在安置されている如意輪観音は，糠部三十三観音の第10番札所，八戸城下三十三観音の第1番札所として信仰されている。

東側の本覚寺(浄土真宗)は近廻五ケ寺の1つで，1682(天和2)年に開創された。檀家には八戸三店とよばれた豪商の近江屋・大塚屋・美濃屋らがいた。本覚寺に南接しているのが願栄寺(浄土真宗)で，近廻五ケ寺の1つであった。もとは徳玄寺と称して五戸町の石沢にあり，のちに下北半島の田名部に移転。寛永年間(1624～44)，浄慶により現在地で再開創され，1678(延宝6)年現寺名に改められた。1746(延享3)年の宗門改帳によれば，江戸時代の思想家で『自然真営道』を著した安藤昌益は，同寺の檀家であった。

八日町と十八日町の交差点に戻り，表通りを北東へ10分ほど歩く

# 八戸三社大祭

コラム

八戸城下祭礼が起源　御輿と豪壮な山車行列

八戸市を始め、三戸町、五戸町などでは、三社大祭とよばれる祭りが行われている。8月から9月にかけて行われる、豊作祈願と感謝の祭りである。そのなかでも、県南部を代表する祭りは、八戸三社大祭である。毎年8月1日から3日まで行われるが、近年は7月31日に前夜祭、8月4日に後夜祭も実施されている。初日はお通り、2日目は中日、3日目はお還りである。三社とは龗神社と神明宮、長者山新羅神社をいうが、お通りとお還りには、この三社の御輿と附祭の山車行列が市街地を巡行する。

御輿行列には、藩政時代から続く武者押・旗指物・稚児行列・神楽・獅子舞・虎舞などの伝統芸能がつき従い、これに町内や企業グループなどから出される山車が20台以上にもわたって続く。山車行列は勇壮な太鼓の音が鳴り響き、笛や鉦の囃子が奏でられるなか、引き子の賑やかな掛け声とともに練り歩く。

祭りのメインは山車である。毎年、歴史や神話、中国の故事、伝説などから題材を選び、意匠をこらした人形山車がつくられ、せり上がりなどの仕掛けを工夫するなど、沿道に詰めかけた観客を楽しませる。中日には、長者山にお

いて、1827(文政10)年に始まった加賀美流騎馬打毬が行われる。

八戸三社大祭は、1721(享保6)年7月、藩を鎮護する法霊社に、町人たちが天候回復と豊作を祈願して御輿渡御を願い出たのが始まりである。これ以後、法霊社の祭礼として、八戸城下最大の祭りとなった。初めての行列は御輿を中心としたものであったが、延享年間(1744～48)には山車も登場し、やがて屋台山車や踊りなどの練物がふえて、ほぼ天保年間(1830～44)までには、祭礼行列はその姿を完成した。1833年の行列では、神楽獅子や神馬が登場したほか、虎舞や風流踊子、騎馬打毬が加わり、笠鉾・武田信玄・弁慶・関羽などの山車9台が並んだ。行列人数は、200人を超えるほどとなったという。

法霊社による城下の祭礼は、1887(明治20)年には神明宮、長者山新羅神社が加わって三社の祭礼となった。

八戸三社大祭

と右側に玄中寺(日蓮正宗)がある。1767(明和4)年に廃寺となっていた類家の玄中寺(黄檗宗)を、1856(安政3)年もしくは1864(元

八戸藩の城下町とその周辺　265

治元)年に再興したものである。9代藩主南部信順の崇敬を得て，藩主別荘地の田屋跡に建立され，領内十ケ寺並の格式を与えられた。

### 本寿寺 ⑮
0178-44-1870
〈M▶P.244, 263〉 八戸市吹上1-4-4 P
JR八戸線本八戸駅 🚶15分

＊江戸時代初期の開創 藩御抱え力士の石碑

　願栄寺などがある寺社地の南側は一段低くなっているが，ここは八戸城下の東側を防御する類家堤跡である。ここからさらに南へ行くと再び一段高くなり，さらに寺社地が続く。八戸東高校のある場所が玄中寺の跡地で，道路向かいに本寿寺(顕本法華宗)がある。1616(元和2)年頃正栄尼により開創され，内五ケ寺の寺格をもった。境内には，八戸藩4代藩主南部広信の母るいの墓や，江戸時代後期の八戸藩御抱え力士秋津風音右衛門と千年川音松の石碑がある。

　本寿寺の南には長流寺(曹洞宗)，心月院(曹洞宗)，広沢寺(曹洞宗)がある。いずれも新井田の対泉院3世林安を開山として近世前期に創建された。長流寺は近廻五ケ寺の1つ。心月院は対泉院の宿寺で新寺と呼称され，1926(大正15)年に現寺名に改称。広沢寺は藩主が崇敬した地蔵堂の別当寺で，近廻五ケ寺の1つであった。

### 天聖寺 ⑯
0178-24-3326
〈M▶P.244, 263〉 八戸市十六日町27 P
JR八戸線本八戸駅 🚶12分

＊安藤昌益の思想発祥の地 8世則誉守西の功績

　札の辻跡がある三日町と八日町の交差点から西へ向かうと，三日町と十三日町の交差点に出る。ここを左折すると，西側に「安藤昌益居宅跡」の標柱が立っている。昌益居宅跡を南へ行き，交差点を右折すると，左手に天聖寺(浄土宗)がある。中世は根城にあり善道寺といったが，承応〜明暦年間(1652〜58)に八戸城代三ケ尻弥兵衛の許可を得て，天誉南玄を開山として現在地へ移転，現寺名に改めた。近廻五ケ寺の1つ。8世則誉守西は，1743(寛保3)年に観音による衆生済度を説き『奥州南部糠部順礼次第』を著して糠部三十三観音を定め，翌年には安藤昌益とそのグループとの交流を示す『詩文聞書記』を著した。1758(宝暦8)年には，昌益とその弟子たちが同寺で討論会を開いたという。境内には，「昌益思想発祥の地」の碑が立っている。

　三日町と十三日町の交差点から西へ向かうと，十三日町と廿三日町の交差点に出る。ここを右折し北西へ3分ほど歩くと，左手に呉

# 八戸城下の町割と市日

コラム

市日にちなむ12の町名 町名の合算が9の奇数

　八戸城下の起源は、根城南部氏が遠野(現、岩手県)へ転封された後、1630(寛永7)年に盛岡藩主南部利直によって町割が完成したと伝えられている。1664(寛文4)年12月、八戸藩が創設されると、盛岡藩時代につくられた町割の基本がそのまま引き継がれ、八戸町は2万石の城下町となった。

　八戸の町割で特徴的なのは、町人町が、表町6町と裏町6町で割り出され、表町には廿三日町・十三日町・三日町・八日町・十八日町・廿八日町がおかれ、裏町には廿六日町・十六日町・六日町・朔日町・十一日町・廿一日町(現、下大工町)が整然と配置されていることである。日付にちなむ町名の数では、一城下町としては全国的にみても最多である。

　しかも、町割の興味深いところは、表町と裏町の町名を合算すると、下一桁が9の数となることである。廿三日町と廿六日町で49、十三日町と十六日町で29、三日町と六日町で9、八日町と朔日町で9、十八日町と十一日町で29、廿八日町と廿一日町で49となっている。上町では49、29、9と並び、さらに下町では9、29、49ときれいに数字が並ぶ。町名に日付をつけたことや組み合わせに規則性があることは、八戸の町が計画的な都市設計によって町割されたことを示している。

　町名の由来は、市の開設日によったものだといわれるが、町割された頃は、まだこの地方の貨幣経済が十分成熟していなかったために、町名ごとに市を立てるのは難しかったと考えられる。おそらく為政者は、町内が市のような賑わいをみせ、商業が活発に振興するようにと期待を込めて、市日にちなむ町名をつけたのであろう。

　下一桁を9とした意図は、いまだ不明である。ただ陰陽道では、奇数は縁起のよい数とされており、その極数の9を末広がりとして、町の繁栄を願ったものではないだろうか。

服商・銀行家の泉山家の更上閣主屋・門(ともに国登録)がある。主屋は泉山家の旧邸宅で、1897(明治30)年の建築。柱を貫かず、柱頭部に横木を落とし込む頭貫工法で、近代和風建築の典型とされる。門は1919(大正8)年の建築で、石材を中心に制作されている。

**神明宮** ⓱　　〈M▶P.244, 263〉 八戸市 廿六日町26-1
0178-22-8883　　JR八戸線本八戸駅 🚶17分

　十三日町と廿三日町の交差点から南西へ向かうと、左手に神明宮(祭神天照大神)がある。金浜から新井田、中居林へ移転し、

八戸藩の城下町とその周辺

1669(寛文9)年には長者山，1709(宝永6)年に現在地へ遷座された。当初は御伊勢堂とよばれ，伊勢神宮と同様に，20年ごとの式年遷宮や造営が行われるなど，八戸藩の重要な祈願所であった。別当は代々修験がつとめたが，1748(寛延元)年から中居伊勢守が神主として別当になり，神式に改められた。中居氏は領内の神官を統括する社人支配頭であり，安藤昌益の門人でもあった。

社殿は1866(慶応2)年に，八戸藩9代藩主南部信順によって建立されたもので，本殿は神明造である。境内には1834(天保5)年の建造で，のち長者山から移設されたという一間社流造の走る社がある。常夜灯は，1831(天保2)年に大坂の買次問屋柳屋又八が寄進したものである。毎年7月1日の深夜0時から，無病息災を祈って茅の輪をくぐる，水無月祓の茅の輪祭りが行われる。

神明宮を出て西へ4分ほど歩くと，新荒町の突き当りが惣門跡である。城下の防御上の最重要施設で，土塁・柵によって囲まれていた。ここから南へ直進する道が，参勤交代などで使われた旧登り街道である。惣門跡から南方に4分ほど歩くと，右手に枡形神社がある。城下への侵入を防ぐ最初の防御施設で，土塁・柵・堀に囲まれた枡形が設置されていた。現在境内には，土塁が一部残存している。

**八戸南部家の祈願所　7月に茅の輪祭り開催**

### 禅源寺 ⑱
0178-43-5732

〈M▶P.244, 263〉八戸市長者1-2-78　P

JR八戸線本八戸駅 🚶20分

**根城南部家以来の寺院　内五ケ寺の寺格**

神明宮の南側の鳥居を出て，小路を南へ進むと右手に八戸市立図書館がある。同館には，旧八戸藩主の八戸南部家文書や安藤昌益関係資料などが所蔵・寄託されている。ここをさらに南へ進むと，左側に禅源寺(臨済宗)がある。1428(正長元)年，根城城下町の町寺として禅源が開山。のち沢里を経て現在地へ移転。当初は禅源院と称したが，1734(享保19)年に現寺名に改称した。寺領50石を給与され，内五ケ寺の高い寺格をもった。境内には八戸藩2代藩主南部直政の娘の墓や，1842(天保13)年の敷石供養塔がある。

禅源寺の右側の高台に，光龍寺(曹洞宗)がある。1692(元禄5)年，名久井の法光寺の宿寺として，南部直政が創建した。1878(明治11)年，八戸出身の西有穆山を開山として独立寺院となった。山門を入ると左手に，法光寺の寺僧で，八戸藩の和算家真法恵賢の石

# 安藤昌益と八戸

コラム 人

自然世の理想を追求 武士支配の封建制批判

　江戸時代にあって徹底的な平等思想を唱え、武士が農民を支配する封建体制を激しく批判した思想家が、安藤昌益である。昌益は1950(昭和25)年のE. H. ノーマンの『忘れられた思想家』によって一躍有名になったが、その生涯には不明なことが多い。しかし、はっきりしていることは、1744(延享元)年頃から1758(宝暦8)年までの約15年間、八戸城下に住んでいたことである。十三日町に居住し、町医者として生計を立てながら、夫婦2人と息子1人、娘2人で暮らしていた。

　昌益が八戸にきた理由はわかっていない。来住当初は、天聖寺(浄土宗)で講演を行って八戸の知識人と交遊し、住職の則誉守西らから博学の儒学者として知られていた。しかし、しだいに社会批判を強め、1752(宝暦2)年に『統道真伝』や稿本『自然真営道』の執筆を始め、翌年には刊本『自然真営道』を京都で出版するほどまでに、その思想を深化させた。やがてみずから到達した思想を検証するために、全国の門人を八戸に集めて討論会を開いた。その開催は1758年頃とみられ、集まった門人は、地元以外では江戸・京都・大坂などにおよんだ。八戸の門人は藩医の神山仙庵を始め、藩士や僧侶・神官・町人ら城下の知識層が多かった。

　昌益の関心は、もっとも人間らしい生き方は何か、そのために社会はどうあるべきかということであった。「草木は春に芽生えて夏に成長し、秋に実を結んで冬に枯れる」。人間もこの世に生まれ、やがて老いて死ぬ。このような「自然」の大きな循環運動のなかで、人びとは田畑を耕しながら、「直耕」して生きていくのが自然のあり方であると説いた。男女差別も、士農工商の身分制度も、自然の摂理に反するものであった。

　ところが、現実には、この直耕する農民を支配し搾取している武士階級がおり、「法の世」を人為的につくって社会を支配しているのはなぜなのかと厳しく糾弾した。昌益が社会批判を急展開した契機には、1749(寛延2)年の「猪飢饉」を始め、八戸における悲惨な飢饉の体験があった。社会の基底を支える農民が餓死するという現実社会のなかに、幕藩制度の構造的矛盾を見抜いていたのである。

像がある。墓地には、八戸藩9代藩主南部信順の妻鶴の姫塚もある。

長者山新羅神社 ⑲
0178-22-1769
〈M▶P.244, 263〉八戸市長者1-6-10 P
JR八戸線本八戸駅 ★26分

　禅源寺前の道を東へ進み右折すると、杉山に覆われた長者山新羅

長者山新羅神社本殿

**八戸三社大祭の御旅所　加賀美流騎馬打毬開催**

神社がある。長者山は、市街地が広がる洪積台地の南方にある丘陵(45m)で、頂上の新羅神社を始め、山麓にある大慈寺・南宗寺・禅源寺・光龍寺とともに、静寂な一大寺社地を形成している。

　祭神は新羅三郎義光・素戔嗚尊ほか6柱。八戸藩初代藩主南部直房が八戸へ入国した際、十一日町に虚空蔵菩薩を勧請したのが始まりで、虚空蔵堂と称した。1678(延宝6)年に現在地へ移転。1683(天和3)年に新羅大明神、1694(元禄7)年に愛宕大明神を合祀して三社堂とよばれるようになった。別当は領内の本山派(天台宗)修験110人余りを統括する惣録で、領内十ケ寺の1つであった常泉院(別当領60石)。明治時代初期の神仏分離で新羅神社に改称された。

　本殿・拝殿(県重宝)は1827(文政10)年の造営で、資金調達のために富籤が行われた。同年には馬場も整備され、8代藩主南部信真が武芸奨励を目的として加賀美流騎馬打毬(県民俗)を始めた。現在、八戸三社大祭の中日(8月2日)に、古式に則り長者山の馬場で行われる。紅白2組・4騎ずつの騎馬武者が、先端に網のついた棒を使い、先に4つの毬を味方の毬門に投げ込んだ方を勝ちとする競技で、その勇壮な球技は毎年観衆の注目を集める。

加賀美流騎馬打毬

　境内には、1828年、鼇神社と同じ江戸商人らが寄進した狛犬がある。また、長者山へのぼる石段の参道男坂の入口を右手に行くと、旧山寺跡があり、元禄・天明・天保の大飢饉で餓死した数多くの領

270　八戸市とその周辺

民のための供養塔が残されている。

　市内では毎年2月17日から20日までの4日間，豊年満作を祈る小正月の田植えを芸能化した八戸のえんぶり（国民俗）が行われる。初日早朝に，えんぶり組が新羅神社に舞を奉納してから始まる神事芸能である。

### 南宗寺 ⑳
0178-22-5005
〈M▶P. 244, 263〉八戸市長者1-7-57　P
JR八戸線本八戸駅🚶25分

八戸藩の筆頭寺院
八戸南部家の菩提寺

　光龍寺を出て，西側の小路を南に進むと，左手に杉並木で覆われた参道があり，その奥に月溪山南宗寺（臨済宗）がみえる。八戸藩成立直後の1666（寛文6）年，初代藩主南部直房が父利直（盛岡藩主）の菩提を弔うため，東巌を開山として創建した。山号・寺名は，利直の法名「南宗院殿月溪晴公大居士」に由来する。もと類家の本寿寺の隣にあったが，1671年に現在地へ移転。寺領100石を給与された八戸南部家の菩提寺で，領内十ケ寺の筆頭であった。山門（県重宝）は1739（元文4）年に建立され，屋根は切妻造で典型的な禅宗様の四脚門である。寺宝として，2代藩主南部直政の生母霊松院が，1709（宝永6）年に寄進した唐織の二十五条袈裟，八戸城大広間で使用され狩野派絵師の手になるとされる戸板（杉戸15枚・桐戸2枚）がある。また，本堂内には糠部三十三観音第11番札所である横枕観音像を安置する。

　境内の裏手には，近世に御霊屋と称された八戸南部家墓所（県史跡）がある。初代藩主南部直房から11代麻子までのほぼ同型の五輪塔15基や角柱石塔20数基が，荘厳な雰囲気のなかに立ち並んでいる。

八戸南部家墓所

### 大慈寺 ㉑
0178-22-1856
〈M▶P. 244, 263〉八戸市長者1-6-59　P
JR八戸線本八戸駅🚶27分

　南宗寺参道を左手に曲がり，長者山麓を道なりに南東方へ進むと，

大慈寺山門

楼門様式の山門
輪蔵式経棚をもつ経蔵

左手に大慈寺(曹洞宗)がみえる。延宝年間(1673〜81)に松館村の大慈寺の宿寺として、同寺の4世明鑑が現在地に創建した。やがて住職が住んだため本寺のようになり、1888(明治21)年、独立寺院となった。

本堂は1805(文化2)年の建築。山門は1831(天保2)年に建築され、3間1戸の楼門で仁王像を安置する。山門を入ると左手に、1858(安政5)年に建築された経蔵があり、内部には八角形で回転式の経棚(輪蔵式構造)がある。1851(嘉永4)年から8年間かけて、托鉢や富籤などによって資金を集め建立された。その右に糠部三十三観音第9番札所の観音堂がある。

## 根城跡 ㉒

〈M▶P.245, 275〉八戸市根城字根城
JR八戸線八戸駅 🚌 三日町行根城 🚶 3分

根城南部家発祥の地
史跡根城の広場

八戸駅から八戸市の中心部へ向かい、馬淵川に架かる根城大橋を渡ると、左手に根城跡(国史跡)がみえてくる。根城は、1334(建武元)年、南部師行によって築かれたといわれる。西から、本丸・中館・東善寺館が連なり、道路を挟んだ南側に岡前館・沢里館がある。主要部分は1994(平成6)年10月、「史跡根城の広場」として整備された。

本丸跡には、1978(昭和53)年から始まった発掘調査の成果をもとに、安土・桃山時代の根城の様子が復元され、主殿を中心に、鍛冶工房・板蔵・納屋・馬屋などが整備された。内

根城跡(主殿)

獅嚙式三累環頭太刀把頭(丹後平古墳群出土)

部には、正月の儀式の場面が模型で再現され、さまざまな道具類も展示されている。

東側は武家屋敷地で、重臣沢里氏の居館といわれる沢里館跡がある。ここに立つ隅ノ観音堂は、根城廃城の際に移されたといわれ、糠部三十三観音第12番札所となっている。1751(寛延4)年建立の悪獣退散碑があり、イノシシなど野生動物による食害の深刻さを今に伝えている。かつての首切場といわれる無縁塚には、1750(寛延3)年の飢饉供養碑が立つ。

根城南部家伝来の「南部家文書」(国重文)をみると、南北朝の対立期、同家は南朝方につき、忠節を尽くしていたことがわかる。戦国時代、豊臣政権下で同家は三戸南部氏の家臣団に組み込まれ、徳川政権下の1627(寛永4)年、現在の岩手県遠野へ移された。

根城跡から南東へ約1.2kmの丘陵地北端には、鹿島沢古墳群がある。7世紀後半のもので、本州の北端に古墳文化が伝わっていたことを示す重要な遺跡である。根城字大久保と沢里字鹿島沢の地内にあったが、宅地造成により、鹿島沢側だけが残った。1956(昭和31)年の発掘当初は約10基の円墳があったが、現在は3基のみである。金銅製金具・杏葉・銅製釧・勾玉・管玉・切子玉など27点が一括して県の重宝に指定されている。

ここから南へ約1km行った根城ニュータウン内には、丹後平古墳群(国史跡)がある。8世紀前半の群集墳で、東北北部における奈良時代の葬制を知るうえで、重要な遺跡である。瑪瑙製の勾玉に加え、管玉・丸玉など、多くの玉類が出土した。1987年の発掘で15号墳から出土した獅嚙式三累環頭太刀把頭には金で装飾が施されており、朝鮮半島の新羅でつくられた可能性がある、全国的にみてもきわめて珍しい遺物である。

根城跡の東側に隣接する八戸市博物館は、1983(昭和58)年に開館した人文系総合博物館である。鮫町にある八戸及びその周辺地域の

漁撈用具と浜小屋（国民俗）の漁具の一部を始めとして，考古・歴史・民俗の展示も充実している。民謡や方言を収録した音声コレクションも聴くことができ，地域の歴史と生活を実感できる構成になっている。博物館脇の根城公園入口付近には，明治時代初頭に廃城となった八戸城（現，三八城公園）の東門が移築されている。

### 櫛引八幡宮 ㉓

〈M ▶ P.244, 275〉 八戸市八幡字八幡丁3-2
JR八戸線八戸駅🚌三日町行田面木，乗換え一日市行八幡社🚶2分

*南部領内の総鎮守 国宝の鎧兜2点を収蔵*

櫛引八幡宮本殿

田面木から国道104号線を南東に進むと，櫛引八幡宮（祭神誉田別尊ほか）の杉林が左手にみえてくる。第二次世界大戦前は郷社であり，「南部一之宮」ともよばれている。1192（建久3）年，南部家の祖光行が領内総鎮守として甲州（現，山梨県）から勧請し，その後1222（貞応元）年に現在地へ遷宮したという。1366（正平21）年8月の「四戸八幡宮神役注文案」（南部家文書）によれば，放生会の際には流鏑馬・相撲・競馬の興行があり，当時すでにかなりの賑わいをみせていたことがわかる。

江戸時代には社領1000石余りを支給され，名実ともにこの地域の中心社であった。そのため，1664（寛文4）年に八戸藩が盛岡藩から分立した後も，飛地として盛岡藩の支配のまま残された。江戸時代後期の漆戸茂樹著『北奥路程記』には，東西25間（約45m）・南北30間の社地を柵で囲んだ図が描かれており，旅の目印としても重要だった。現在は旧暦8月15日に例大祭が行われ，14・15日には流鏑馬が奉納されて，観客をおおいに沸かせている。

1648（慶安元）年の建立といわれる本殿は，桃山時代の建築様式をよく残している。本殿を含む旧拝殿・末社神明宮本殿・末社春日社

本殿・南門の計5棟が，国の重要文化財に指定されている。

宝物殿には，奈良春日大社の赤糸威鎧兜（たいしゃ／あかいとおどし／よろいかぶと）と並ぶ名品と称される赤糸威鎧兜大袖付（おおそでつき）（鎌倉時代末期，通称「菊一文字（きくいちもんじ）の鎧兜（ごしかみ）」）と，後村上天皇からの拝領と伝えられる白糸威褄取鎧兜大袖付（しろいと／つまとり）（南北朝時代，通称「卯（う）の花威」）がある。青森県の国宝はこの2点である。

ほかにも紫糸威肩白浅黄鎧兜（むらさきいと／かたしろあさぎ）（南北朝時代）・白糸威肩赤胴丸兜大袖付（かたあかどうまる）（南北朝時代後期～室町時代前期）・兜浅黄威肩赤大袖二枚付（おうえい）（南北朝時代）など国の重要文化財3点，「応永十二（1405）年」銘の鰐口（わにぐち／えいぐち），永徳年間（1381～84）の太刀（たち）（銘備州長船幸光（しゅうおさふねゆきみつ）），鎌倉時代末期～南北朝時代の舞楽面9面（ぶがくめん）（いずれも県重宝），青銅擬宝珠（せいどうぎぼし），本殿再建の奉行（ぶぎょう）野田直旨が奉納した「正保三（しょうほう）（1646）年」銘の鰐口など，豊富な寺宝が収められている。1788（天明8）年，幕府巡検使（じゅんけんし）に随行した古川古松軒（ふるかわこしょうけん）は「江戸を出でしより当八幡宮の宝物第一にて」（『東遊雑記（とうゆうざっき）』）と，寺宝の豊かさと名品ぶりをたたえている。

社務所横の明治記念館（旧八戸小学講堂，県重宝）は，八戸小学校の講堂として1879（明治12）年に立柱式が行われ，1881年に竣工した2階建ての建物である。外観は洋風，内部は和風で，設計は関野太郎が，建築は青木元次郎（もとじろう）が担当した。明治時代初期の木造洋風建築の様式をよく伝えている。この年の明治天皇東北巡幸の際，行在所（あんざいしょ）（天皇の仮宮（かりや））として使用された。1929（昭和4）～62年まで八戸市図書館として転用されたが，その後，保存を目的として現在地に移築・復元された。櫛引八幡宮から国道104号線を南東へ歩き，櫛引大橋の手前を左折して約1km行くと櫛引城跡がある。馬淵川の右岸に沿う段丘の末端に位置し，東は谷，西は馬淵川に面する断崖で

八戸藩の城下町とその周辺

ある。九戸政実を支持した櫛引氏の居城だったが、南部信直に敗れて滅亡し、1592(天正20)年に破却された。明治時代初期の『新撰陸奥国誌』には「矢倉館」とある。近隣の八幡遺跡からは1989(平成元)年、多数の製塩土器片が出土し、同じく殿見遺跡からは、1994年に人骨が出土して、話題を集めた。

### 是川遺跡 ㉔

〈M▶P.245, 279〉 八戸市是川字中居
JR八戸線本八戸駅🚌是川行考古館前🚶1分

縄文遺物の宝庫 国内最古の炭化米

八戸市中心部から南へ約5km、新井田川左岸のなだらかな丘陵地に広がる畑作地帯に、是川石器時代遺跡(国史跡)がある。大きく3つの遺跡に分けられ、北から堀田遺跡(縄文時代中〜後期)、中居遺跡(縄文時代晩期)、円筒土器の発見で知られる一王寺遺跡(縄文時代前〜中期)が連なっている。

中居遺跡はいわゆる亀ヶ岡式の特徴を有し、黒漆塗の土器、丹漆塗(漆にベンガラをまぜる)の土器、弓・飾太刀・籃胎漆器・櫛など丹漆塗の木器、樹皮を利用した編物など、縄文時代晩期の高度な技術を示す多くの優品が出土している。弥生時代前期の遠賀川式土器に似たものもあり、西日本との交流があったことをうかがわせる。1974(昭和49)年には、北西側の高所から縄文時代後期の墓が発見され、ベンガラがついた人骨が出土した。2002(平成14)年からの発掘では、70cmを超えるゴミ捨場の堆積や水さらし場の遺構が発見され、クリやトチが人為的に植えられていた状況が浮かびあがってきた。

是川遺跡の発見は、1920(大正9)年、泉山岩次郎・斐次郎兄弟が自邸の敷地を掘りおこしたのに端を発する。以後、多くの研究者の注目を集めたが、兄弟は遺物の持ち出しを禁じたため、膨大なコレクションが手元に残った。のちに遺物はすべて八戸市に寄贈され、

是川石器時代遺跡の石碑

合掌土偶（風張遺跡出土）

その多くが、1962（昭和37）年に陸奥国是川遺跡出土品として国の重要文化財に指定された。2011（平成23）年の追加指定分を含め、重要文化財の遺物は土器・土製品502点、木器・木製品91点、漆製品101点、石器・石製品261点、骨角製品8点の計963点である。なお、この際に名称も青森県是川遺跡出土品に変更された。これらは現在、是川縄文館に収蔵・展示されている。

川の対岸には、縄文時代後期の合掌土偶（国宝、高さ19.8cm・幅14.2cm、是川縄文館で展示）が出土した風張1遺跡がある。この遺跡からは、キビのプラントオパール（植物ケイ酸体。キビのものでは国内最古）とともに、国内最古となる約2800年前の炭化米がみつかり、縄文時代の北辺の稲作として注目された。1997（平成9）年、出土品のうち土器131個、土製品176個、石器55個、石製品301個、附として炭化米2粒の計665点が青森県風張1遺跡出土品として、国の重要文化財に指定された（2011年7月に合掌土偶が国宝に指定されたため、現在は664点）。

## 清水寺観音堂 ㉕

〈M▶P.245, 279〉 八戸市是川字中居18-1
JR八戸線本八戸駅🚌是川行清水寺前🚶1分

青森県最古の屋外建築
貴重な中世の禅宗様

是川遺跡から南へ走る道路を歩くこと約5分、右側に庚申塔がみえると、そこが清水寺（浄土真宗）の入口である。観音堂の別当寺として建立されたといわれ、1658（明暦4）年には、盛岡藩から御免高20石が与えられた。糠部三十三観音第2番札所で、現在の本尊は金銅救世観音像。もとは天台宗で、現宗派に改められたのは1869（明治2）年のことである。一王寺遺跡出土の深鉢形土器（縄文式土器、県重宝）を所蔵する（八戸市博物館に展示）。

本堂の左手を奥に進むと、杉木立の中に茅葺きの清水寺観音堂（国重文）がある。間口3間（約5.4m）・奥行3間、単層の宝形造で、礎石の上に円柱を立て、すべての柱の上部をすぼめる粽の技法が用いられている。北東北を代表する禅宗様建築として、中世の香りを今に伝えている。棟札には1581（天正9）年建立とあり、野外の木造建築としては県内最古だが、ほかに「延徳二（1490）年」「弘

八戸藩の城下町とその周辺

治元(1555)年」などの年紀をもつ絵馬51枚(八戸市博物館に展示)を所蔵しており、堂の創建は室町時代後期をくだることはないと考えられる。2004(平成16)年、堂内に安置されていた木造天部立像が平安時代末期の作と発表された。

## 十日市の一里塚 ㉖

〈M▶P.245, 279〉 八戸市十日市字天摩33-2
JR八戸線本八戸駅🚌斎場経由是川団地行植物公園通 🚶3分

**江戸時代の交通遺跡 県境を越える久慈街道**

本八戸駅から市街地をバスで抜け、植物公園通バス停で降りると、交差点の向こうに八戸植物公園がみえてくる。入口の右側には一里塚(県史跡)が1基残されている。

十日市の一里塚

江戸幕府が36町を1里(約4km)と定め、日本橋(現、東京都中央区)を基点とする一里塚の築造を命じたのは1604(慶長9)年のことで、南部地方では1610年に築造されたという(『篤焉家訓』)。青森県に残るものはおおむね底面の直径が10m前後、高さ2〜3m前後である。現在10カ所が県史跡に指定されているが、残存数はもっと多い。公園前を通る道路は、久慈街道とよばれる。江戸時代、八戸藩の領域は現在の岩手県北部まで広がっていた。浜通りの大豆・鉄・塩を八戸へ運ぶ人びとが、この街道を盛んに往来した。

## 新井田城跡 ㉗

〈M▶P.245, 279〉 八戸市新井田字館平
JR八戸線本八戸駅🚌三日町行終点、乗換え旭ヶ丘営業所行新井田 🚶5分

**根城南部家を支えた新田氏の居城**

八戸市の中心部から南東へ4km、新井田川に架かる新井田橋を渡ると、右手にスギに覆われた丘がみえてくる。新井田川を外堀として築かれた新井田城跡である。新井田バス停から進行方向へ向かって丁字路を右折し、細い道をのぼっていくと城跡に出る。

城は本丸と外館の2郭からなる。本丸の規模は東西150m・南北

新井田城跡周辺の史跡

130m。本丸跡には新井田小学校が立ち、堀も南側の一部が残るだけだが、中世城館の雰囲気は伝わってくる。南部師行の子政持（まさもち）が根城の支城として築いたといわれる。1337（建武4）年、政持は新田氏（にいだ）を称しており、築城もこの頃とみてよいだろう。

新井田城跡（土居）

　新田氏は根城南部氏を補佐する家柄で、跡継ぎがないときは新田氏から当主が立てられた。1627（寛永4）年に根城南部氏が遠野（現、岩手県）へ移されると、新田氏もこれに随行し、新井田城は廃された。しかし、1766（明和3）年、八戸藩6代藩主南部信依（のぶより）は隠居した父信興（のぶおき）の御殿をここに築いており、南部氏ゆかりの故地として尊重されていた。本丸西寄りに立つ新井田八幡宮（祭神誉田別尊）は新田氏の祖神で、新井田城の鎮守とみられる。1593（文禄2）年建立、

八戸藩の城下町とその周辺

1670(寛文10)年再興という。

## 松館大慈寺 ㉘

〈M ▶ P.245, 279〉八戸市松館字古里38
JR八戸線本八戸駅🚌中心街行十一日町，乗換え松館廻り
階上行松館🚶5分

> 2つの大慈寺
> 奇峰学秀の地蔵菩薩像

　新井田城跡をあとにし，松館行きのバスに乗ってしばらく行くと，新井田川支流の松館川沿いに開けた松館に入る。小規模の川筋に水田が広がり，後ろに山が迫る光景は，中世的開発のありようを偲ばせる。途中の岡田には，糠部三十三観音第3番札所岡田観音堂がある。また古里には，県内最古となる1394(明徳5・応永元)年の棟札(県重宝)がみつかった宮内観音堂がある。

　松館バス停でバスを降り，左側の山地をのぼって少し行くと，茅葺き屋根・寄棟造の山門がみえてくる。大慈寺(曹洞宗)は根城南部氏の菩提寺といわれ，秋田出陣の戦勝に感謝して建立されたと伝えられる。1412(応永19)年の「大慈寺梵鐘勧進奉賀帳」に南部氏の名前がみえ，根城南部氏の遠野移封後は，盛岡藩から寺領50石を受け，八戸藩に引き継がれて，領内十ケ寺の1つとされた。山門(県重宝)は1827(文政10)年建立の鐘楼門である。

　当寺6世奇峰学秀は仏像彫刻で知られ，生涯に千体仏の制作を3度行ったという。本堂には学秀作の地蔵菩薩像が安置されている。延宝年間(1673～81)に大慈寺の宿寺が糠塚村(現，八戸市)に建立され，住職は両方を行き来していたが，しだいに独立し，1888(明治21)年，松館大慈寺と糠塚大慈寺(現，長者1丁目)に分離した。

大慈寺山門

　松館川左岸の丘の麓には月山神社(祭神月夜見尊)がある。1605(慶長10)年の建立といわれ，もとは籠田月山堂と称した。根城南部氏が秋田出兵の戦勝報謝のため，1436(永享8)年に勧請したという。現在の社名と

なったのは明治時代初期と考えられている。

### 対泉院 ㉙ 〈M▶P.245, 279〉八戸市新井田字寺ノ上13-1
JR八戸線八戸駅🚌三日町行終点，乗換え上柳町経由旭ヶ丘営業所行対泉院前🚶1分

**大賀博士と古代ハス　飢饉の惨状と供養塔**

対泉院前バス停で降りると，杉木立の参道がすぐ目の前にみえる。対泉院(曹洞宗)は根城南部氏の一族新田氏の菩提寺として創建されたといわれ，根城南部氏の遠野移封によって廃されたが，盛岡藩から改めて寺領50石を受け，さらに八戸藩に引き継がれて，領内十ケ寺の1つとされた。

山門は寛政年間(1789〜1801)の建立といわれ，3間1戸の壮大な楼門である。その脇には，1784(天明4)年の餓死万霊等供養塔及び戒壇石(県史跡)がある。塔の碑文には天明飢饉の惨状が記されて，削り取られた部分には，人肉食に触れた記事があったという。「不許葷酒入山門」と刻まれた戒壇石の裏面には，大凶作の様子や貯穀をすすめる教訓が刻まれている。

本堂は1950(昭和25)年，宮大工中村松太郎が再建したもの。敷地内の池では，理学博士大賀一郎ゆかりの古代ハスが，見事な花を咲かせる。1951年3月，大賀博士が千葉県検見川遺跡を発掘した際，八戸市内の建設会社が協力した縁で，1970年，対泉院に移植された。

餓死万霊等供養塔(対泉院)

### 館鼻公園 ㉚ 〈M▶P.245, 283〉八戸市湊町字館鼻
JR八戸線陸奥湊駅🚶10分

**八戸藩の重要港　日和山と川口役所**

陸奥湊駅の正面を出て左に行き，右手の高台に至る道をのぼって行くと，館鼻公園がある。藩政時代は「日和山」と称され，廻船や漁船が出港する際，ここで天候を確認した。近年，江戸時代後期の方角石が復元された。公園内には，2代八戸市長として八戸築港に尽力した神田重雄の銅像や，水産界の功労者夏堀源三郎の銅像，1933(昭和8)年3月3日の三陸津波記念碑などが立っている。

新井田川を挟んで右岸はかつての湊村の本町，左岸が新丁(現，

八戸藩の城下町とその周辺

館鼻公園の方角石

小中野)で,湊橋によって結ばれている。本町東の高台は上ノ山とよばれ,江戸時代中期の造仏僧津要玄梁作の地蔵菩薩像を蔵する十王院(浄土宗)や,漁業神として尊崇を集める大祐神社(祭神豊宇気比売命),八坂神社(祭神素戔嗚尊)がある。

　館鼻公園下の川岸には川口神社(祭神速瀬織津比売神)が立ち,八戸藩が漁獲物を管理した川口役所(十分一役所)跡がある。新井田川の河口一帯には,大豆・肥料・鉄など多くの産物が集まった。対岸の馬尻には藩倉や,魚油を絞る〆粕場が並んでいた。かつて御膳堂と称した御前神社(祭神底筒男命)の奉納額を忠実に模写したという「湊川口風景図」には,その活況が描かれている。

　西隣の白銀地区に立つ三嶋神社(祭神市杵島姫命)は,1681(天和元)年の寄鯨の際に建立されたといい,しばしば大漁祈願の祈禱が行われた。嘉永年間(1848〜54)の三峰館寛兆筆「八戸浦之図」には,近隣の浜辺で地引網を行う様子も描かれている。湊・白銀・鮫の漁民の信仰を集める三嶋神社の祭礼は,浜通り最大の行事として親しまれ,現在に受け継がれている。

## 蕪嶋神社 ㉛

〈M ▶ P.245, 283〉八戸市鮫町字大作平
JR八戸線鮫駅 🚶 10分

天然記念物ウミネコ種差海岸の北端

鮫駅正面口から左折して約150m歩き,踏切を越えて海沿いの道を北東へ進むと,蕪島がみえてくる。周囲800m・高さ17mの陸繋島で,もとは吊橋が架かっていたが,1943(昭和18)

蕪島全景

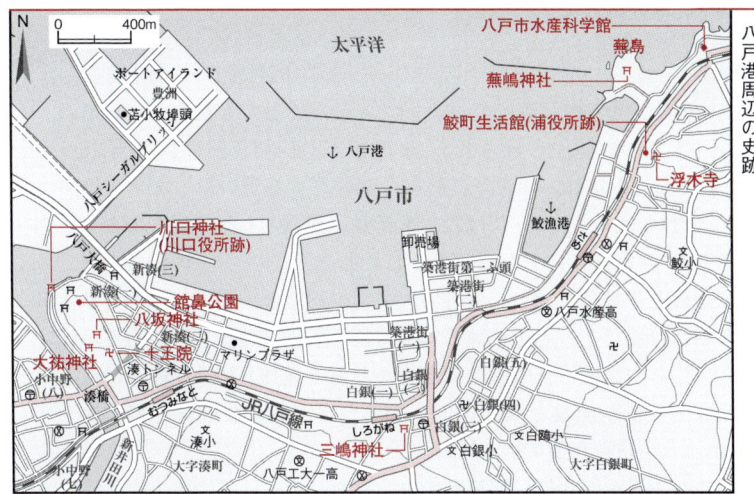

年の埋立てで陸続きとなった。約3万羽が飛来するウミネコ繁殖地（国天然）として知られる。島の周囲に柵をめぐらしてあるが，近くで生態を観察することができる。付近は2011（平成23）年3月11日の東北地方太平洋沖地震による津波で護岸ブロックや一部施設が破損するなど被害を受けたが，2013年5月に創設された「三陸復興国立公園」に組みこまれ，福島県相馬市まで続く長距離歩道「みちのく潮風トレイル」の起点に定められた。

　1931（昭和6）年に作曲された新民謡「はちのへ小唄」の碑を右にみながら島の頂にのぼると，蕪嶋神社（祭神市杵島姫命）がみえる。社伝によれば，1269（永仁4）年に厳島神社を勧請し，1706（宝永3）年に堂社が建立されたという。もとは弁財天をまつってあったが，明治時代初期の廃仏毀釈により，厳島神社となったが，1991（平成3）年に現社名に改められた。

　蕪島を後ろにして，堤防沿いに左へ曲がると，八戸の海と水産資源を紹介する八戸市水産科学館（愛称マリエント）がみえてくる。ここには1854（安政元）年以降，大砲場（領内8カ所）がおかれていた。その脇の坂をのぼり，バスが通る本道に戻ってしばらく行くと，葦毛崎展望台がある。第二次世界大戦中は海軍の通信施設があり，そのレンガ積みを利用したものである。1938（昭和13）年に建てられた鮫角灯台とともに，絶妙な風光美をかたちづくっている。

蕪島から種差へ伸びるリアス式の種差海岸(国名勝)は，日本画家東山魁夷が代表作「道」のモチーフとしたことでも知られている。また「大正の広重」と称された鳥瞰画家吉田初三郎は1933(昭和8)年にここを訪れ，1936年に料亭「潮観荘」を買い取ってアトリエにした(のち焼失)。一時はここを活動の拠点とし，後援者の1人である高松宮宣仁親王を招いたこともある。

　海辺の芝生地帯を過ぎ，鮫町字大久喜に出ると，幕末のものとみられる八戸及びその周辺地域の漁撈用具と浜小屋(国民俗)がある。大久喜から法師浜一帯の漁業者が集めた海士漁具・網，信仰・儀礼用具など，伝統漁業と浜の民俗を知るうえで貴重な資料群である(一部は八戸市博物館で展示)。

　ここから道を引き返して鮫町の中心部を目指し，日の出公園前の蕪島町バス停と上鮫バス停の間の坂までくると，蕪島が見渡せる位置に鮫町生活館がある。ここはかつての浦役所跡で，廻船の出入りや沖口銭(津出税)の徴収を行っていた。この辺り一帯が江戸時代の鮫湊で，船着場や倉庫が整備されていた。大型船は水深のある蕪島の陰に碇泊し，新井田川河口の川口湊からくる艀船に積荷を受け渡した。廻船問屋三四郎屋には，幕末の千石船万徳丸を描いた絵馬も伝わっている(八戸市博物館に展示)。

　筋向かいには幕末の僧南溟によって開山された浮木寺(曹洞宗)が立ち，境内には風流俳人として名高い乙因の句碑や，明治時代の遭難碑である郡司大尉短艇行溺死者供養碑がある。かつて蕪島にあった弁財天像もここに移された。

**小田八幡宮** ㉜ 　〈M►P.245〉八戸市河原木字小田18
JR八戸線本八戸駅🚌大杉平営業所行朔日町，乗換え西売市経由多賀台団地行小田🚶1分

戦国時代の棟札
八戸最古の俳諧献額

　小田バス停で下車すると，山の麓(高館段丘の南斜面)に小田八幡宮(祭神応神天皇)がある。縁起によれば，天喜年間(1053〜58)に源頼義が建立したといい，1553(天文22)年と1610(慶長15)年の棟札がある。南部領の鬼門を守る意味から庇護を受け，江戸時代には掃除料20石を給された。源義経が刻んだといわれる毘沙門天像をまつっていたことから毘沙門堂とよばれたが，明治時代初期の廃仏毀釈に

小田八幡宮

より現在の社名に改められた。根城跡地内の東善寺から拝領したという欄間2間のほか、1753（宝暦3）年の千風庵百々評俳諧献額を蔵する。八戸・三戸・五戸・久慈・花輪・盛岡・松前・秋田などから寄せられた800余句のうち、千風庵百々が72句を選んで評をつけたもので、八戸の俳諧献額としては最古である。また、境内の南には1854（嘉永7）年の仁王門がある。

ここから海辺へ抜け、馬淵川の河口部に近い八太郎に出ると、1833（天保4）年の仁勇庵供養碑が立っている。1830年、河川敷軍事演習中の大砲暴発事故で死んだ南部造酒助（戒名仁勇庵）を悼み、父である八戸藩8代藩主南部信真が建立した。

### 長七谷地貝塚 ㉝

〈M▶P.245〉八戸市市川町字長七谷地吹上　JR八戸線本八戸駅🚌大杉営業所行朔日町、乗換え桔梗野工業団地行車検登録事務所🚶1分

八戸湾の形成過程を示す縄文時代早期の遺跡

バスで市街地を出て、八戸市北部の桔梗野工業団地を目指すと、団地前の道路沿いに縄文時代早期の長七谷地貝塚（国史跡）がある。五戸川河口付近の、標高12～18mの低平な海岸段丘に位置している。貝塚の周囲では縄文時代早期の住居跡・土壙（地表面を掘りくぼめた穴）・炉穴や、時期不明の溝状ピットが検出されている。遺物の分析から、当時の八戸湾は現在よりも温暖で、縄文海進による内海・内湾の海浜地形を形成していたと推定される。貯蔵穴も発見されており、豊富な海洋資源を利用して、安定した大規模な生活を営んでいたことがわかっている。

内陸部の八戸市十日市にある赤御堂貝塚からは、縄

長七谷地貝塚出土土器

八戸藩の城下町とその周辺

文を多用した尖底深鉢形土器や、魚介類を主体とした動物遺体が出土している。また、近くの田面木には韮窪遺跡があり、粘土紐で動物や樹林の模様を施した縄文時代中期の深鉢形土器(県重宝)が出土している。

多賀台団地行きのバスに乗り尻引バス停で降りると、前谷地の水田地帯が広がる。1856(安政3)年、藤田又右衛門は五戸川の水を利用して上水門を築き、用水堰を開削した。

完成までに21年の歳月を要したこの堰は、長さ8km、160haを潤し、「又右衛門堰」とよばれた。これを記念した藤田又右衛門開墾記念碑は、1916(大正5)年、市川村神明川原水利組合が建立したものである。

### 七崎神社 ㉞

〈M▶P.244〉八戸市豊崎町字上永福寺127-2
JR八戸線・東北新幹線・青い森鉄道八戸駅🚌五戸行七崎🚶6分

十和田湖と南祖坊伝説 樹齢1000年と伝えるスギ

七崎バス停から南へ歩き、浅水川右岸の普賢院(真言宗)を右にみながら坂道をのぼると、山中に七崎神社(祭神伊弉冉尊)がある。古くは七崎観音、観音堂と称した。平安時代初期、四条中納言藤原諸江が、人身御供となった娘を観音としてまつったのが始まりという。十和田湖生成にちなむ南祖坊伝説もあり、地域の信仰を集めてきた。

藩政時代には盛岡永福寺の持堂として七崎山徳楽寺と称し、糠部三十三観音第15番札所となっていた。また「御浜入り」と称して、ここから八太郎村(現、八戸市河原木)の海岸まで、神輿の渡御が行われていた。明治時代初期の廃仏毀釈により本尊の聖観音像を普賢院に移し、現社名に改めた。境内には3本のスギの古木があり、

七崎神社

## えんぶり

コラム　芸

八戸・五戸などの代表的民俗芸能

　八戸や五戸などの南部地方には、「えんぶり」とよばれる民俗芸能がある。そのなかで代表的な八戸えんぶりは、1979(昭和54)年に国の重要無形民俗文化財に指定された。八戸えんぶりは毎年2月17日の早朝、長者山新羅神社での奉納に始まり、2月20日までの4日間、30組ほどが市内の商店街での一斉摺りや門付けを行う。また八戸公会堂での競演もある。八戸市と周辺の農村で行われる豊年満作を祈願する神事芸能である。小正月に豊作を願う予祝の田植踊が東北各地に伝えられているが、これも同じ系統の予祝芸である。

　「えんぶり」の名は、「朳」という農具を手にもって舞ったことからおこったといわれ、それがなまって「えんぶり」になったというのが定説である。農耕馬の頭を象徴する大きな烏帽子を着けた踊り手のことを太夫といい、一組3人または5人で編成される。そのほか、笛・太鼓・手平鉦・唄い手など、総勢15人～20人ほどで構成され、これを一組とよぶ。

　えんぶりには2系統あり、唄や摺りがゆっくりしたほうを「ナガえんぶり」といい、古来からの形態である。それに対して唄も摺りもテンポが速く、勇壮活発な形態を「ドウサイえんぶり」とよんでいる。

　今でこそえんぶりは、当地方を代表する民俗芸能ではあるが、1872(明治5)年、集会禁止令によって全廃されたことがある。その後、1881年、新羅神社の祭礼のおりに奉納することで、復活した。

　演目は、「摺り始め」「中の摺り」「摺り納め」があり、摺りの間に「恵比寿舞」「大黒舞」「松の舞」「杓子舞」「喜び舞」などの福芸や「苗取り」「田植え」などの作業踊り、「金輪きり」「豊年すだれ」「四方三番叟」「南部手踊り」「狂言」などの余興芸が入る。

八戸えんぶり

最大のものは樹齢1000年といわれる。七崎村(現、八戸市豊崎町)については、1297(永仁5)年「五戸諸郷検注注進状案」に「きたならさき」の地名がみえ、1301(正安3)年「きぬ女申詞書案」には「五戸ならさき」とある。1647(正保4)年の「南部領内総絵図」には「七崎村」とあるが、寛政年間(1789～1801)の「邦内郷村誌」には「楢崎村」とあり、地名の起源を考えるうえで興味深い。

# 3 五戸の史跡

五戸川流域には、戦国時代に三戸南部氏の家臣たちの城館が数多く築城され、近世には盛岡藩の代官所がおかれた。

## 五戸代官所跡 ㉟
0178-61-1040

〈M▶P.244, 288〉 三戸郡五戸町字舘1-1 **P**
JR八戸線・東北新幹線・青い森鉄道八戸駅🚌五戸駅行
五戸中央🚶3分

*盛岡藩五戸通の代官所幕末建造の門を展示*

五戸代官所跡の門

五戸町中心部の史跡

五戸中央バス停で下車して、市街地を南西に行くと、右手に五戸代官所跡がある。領国支配の強化に乗り出した三戸南部氏の当主南部信直が、1595(文禄4)年、木村杢之助秀勝に命じて、代官所周辺の町場とともに造成させたものである。これが現在の五戸町の市街地に継承されている。五戸代官所は、木村氏の居館(五戸舘跡)でもあり、1697(元禄10)年までの100年間、木村氏が代々世襲で代官を務めた。これが現在の五戸町の市街地に継承されている。天然の水濠である五戸川が眼下に流れ、周囲には空堀がめぐらさ

# 中世の五戸川流域の開発

コラム

**上流から開田が進捗 堰袋郷が最大の水田**

　戸来岳の麓から太平洋岸に至る五戸川流域一帯は、中世には五戸郷とよばれていた。この地方最古の郷村史料である1297（永仁5）年「五戸諸郷検注注進状案」によれば、五戸郷は、戸来郷・又重郷・中市郷・石沢郷・堰袋郷の5つの郷と、兎内・豊間内・七崎・新井田・大崎・大森・市河・小市・轟木の9つの集落から成り立っていた。現在の行政区域からいうと、その範囲は新郷村・五戸町・八戸市という1市1町1村にわたる広い地域である。

　郷のつく5地域は、水田面積が5町以上にわたって開かれており、公田（公有地）が50％以上におよんでいる所である。5郷とも、堰袋郷のある五戸川中流よりも上流に位置している。これに対して下流の市河や轟木といった地域は、水田面積が極端に少なく、公田はまったく存在しない。

　このことは、五戸川の中流地域よりも、上流地域が早くから中世農民によって開発されていたことを示し、下流の地域はほとんど開発の手がつけられていなかったことを物語っている。これは、水田開発の発達は上流から徐々に下流におよぶという一般的な法則に対応するものであった。

　五戸郷中最大の水田面積をもつのは、堰袋郷である。この郷は、現在の五戸町の原型となった集落で、五戸町字古堂・油出付近と推定されている。その水田面積は、11町5反9合で、五戸郷中では抜きん出て高い開田面積をもっていた。堰袋の名称は、用水堰によって袋状に囲まれた地域という意味からつけられたものと思われる。鎌倉時代の水田は、山合いの沢水や湧水地を起点に、用水堰が木の枝のようにつぎつぎと枝分かれし、地形の勾配を利用して各水田に自然に流下させていたため、水田はゆるやかな傾斜地につくられることが多かった。

　堰袋郷は、五戸川左岸の河岸段丘上の緩傾斜地に立地しており、このような用水堰によって灌漑される、中世特有の典型的村落の姿を示している。

れ、防御上の面から奥州街道が鉤形に町場内に導かれた。五戸代官所管轄地域は、五戸川・奥入瀬川流域の五戸通36カ村（約1万7500石）であった。

　代官所は1869（明治2）年に、一時斗南藩の藩庁になり、その後は県庁五戸支庁舎、五戸小学校、旧五戸町役場がおかれた。代官所の門は1862（文久2）年の建造で、現在、歴史みらいパークの一施設として修復・展示されている。併設する図書館には、南部直信とそ

の子利直が木村氏に宛てた書状が「木村文書」として所蔵され、同じく併設の木村秀政ホールには、第二次世界大戦後初の国産中型旅客機YS-11の発明者木村秀政の資料が展示されている。

### 五戸町消防団第一分団屯所 ㊱
0178-77-3961

〈M▶P.244, 288〉三戸郡五戸町字野月2
JR八戸線・東北新幹線・青い森鉄道八戸駅🚌五戸駅行上大町🚶1分

近代屯所の典型 ドーム屋根つきの鐘楼

五戸代官所跡から南西方へ5分ほど歩くと、上大町バス停の目の前に五戸町消防団第一分団屯所（県重宝）がある。1879（明治12）年に私設消防組の屯所として建設され、1913（大正2）年の五戸町大火による焼失後の1922年に、同じ様式で再建された。縦長窓・半円アーチ窓や下見板張りの外壁を採用し、県南地方の屯所の代表的デザインであるドーム屋根つきの鐘楼を備えている。

西隣には、旧郷社で、1733（享保18）年に京都伏見稲荷から勧請したという稲荷神社（祭神倉稲魂命）がある。五戸町内では毎年8月から9月にかかる3日間、いずれも同町内にある稲荷神社と八幡宮（祭神誉田別命）・神明宮の3社合同による五戸まつりが行われ、神輿渡御のほか山車の運行も行われる。

御旅所でもある八幡宮は、五戸川の川向かいの丘陵地にある。1507（永正4）年、五戸の新井田村を支配した木村氏の命により、八戸の轟木から五戸の下根岸へ遷され、のちに現在地に移転したという。木村氏の氏神であり、境内には、1690（元禄3）年に木村秀晴の妻菊が建立した供養塔がある。

五戸町消防団第一分団屯所

### 江渡家住宅 ㊲
0178-62-7965

〈M▶P.244, 288〉三戸郡五戸町荒町17-1
JR八戸線・東北新幹線・青い森鉄道八戸駅🚌五戸駅行荒町🚶1分

江渡家住宅

　荒町バス停で下車すると，手前に江渡家住宅(国重文)がある。江渡家は豪農でありながら，盛岡藩の所給人(在郷武士)として五戸代官所の下級役人もつとめた。住宅は1785(天明5)年頃の建造で，茅葺きの寄棟造。本玄関・玄関の間・座敷・奥座敷の接客部分が，格式の高さを誇っている。屋内には「天明六(1786)年」銘の江渡家算額が所蔵されている。

在郷武士の住宅
国指定重要文化財

　江渡家住宅の向かいに高雲寺(曹洞宗)がある。1504(永正元)年におこった飢饉の餓死者と，同年に死去した三戸南部氏の当主南部政康の供養のため，1507年，木村氏が本尊を百石(現，おいらせ町)から五戸の下根岸に移して建立したという。1597(慶長2)年，五戸代官所の移設にともない，さらに現在地に移された。このときの開山は養山玄想，開基は木村秀勝である。五戸代官木村氏の菩提寺で，墓地内には1599(慶長4)年に没した木村秀勝ら一族の墓石がある。

　高雲寺の道路向かいには専念寺(浄土宗)がある。京都から流浪してきた橘中納言道忠が，654年頃，小川原湖畔に庵を結んだのが始まりとされ，のち百石の根岸，八戸の轟木，五戸の新井田を経て，現在地に移転したという。1570(元亀元)年の開創で，開基は発誉且応，開山は三浦千太夫とされる。

**宝福寺** ㊳
0178-67-2009
〈M▶P.244〉三戸郡五戸町浅水字浅水32-1　P
JR八戸線・東北新幹線・青い森鉄道八戸駅🚌五戸駅行終点，乗換え西越線上浅水🚶3分

戦国武士南部氏の菩提寺
植物画が描かれた天井

　上浅水バス停がある道路が旧奥州街道であり，浅水には宿駅がおかれていた。バス停から西へ行くと，右手に宝福寺(曹洞宗)がある。開山は，南部町法光寺2世安芘昌舜。1523(大永3)年，南部政康の3男で，あらたに浅水城主となった南長義から寺領30石を寄進されて再興された。寄棟造の本堂(県重宝)は1859(安政6)年の建造で，格天井には極彩色の植物画144枚が鮮やかに描かれてい

宝福寺本堂

る。浅水城跡は宝福寺の東方の丘陵突端部にあり、1591(天正19)年の九戸政実らの一揆の際には、九戸方の櫛引清長から攻撃を受けたが、もちこたえた。

## 旧圓子家住宅 ㊴
0178-77-3357

〈M▶P.244〉三戸郡五戸町大字倉石中市字中市62-7
JR八戸線・東北新幹線・青い森鉄道八戸駅🚌五戸駅行終点、乗換え戸来線中市🚶2分

上級の在郷武士の住宅 近世の古文書を展示

　五戸町の中心部からバスで五戸川沿いに西へ向かうと石沢バス停があり、その左手の石沢館跡に立つのが駒形神社である。毎年8月31日の例祭では、盛岡藩の藩牧又重野の放牧馬を追い詰める様を芸能化した、石沢の南部駒踊(県民俗)が奉納される。

　石沢集落を過ぎ、中市バス停で下車して小道を北へ行くと、盛岡藩の所給人であった旧圓子家住宅(県重宝)がある。1859(安政6)年頃の建造で、切妻面をみせた屋根がある来客用の玄関が、知行高100石余りという格式の高さを示している。屋敷内には、樹齢650～750年のわむら(上村)のカシワの木(県天然)がある。

　なお、五戸川を挟んだ丘陵上には、三戸南部氏の家臣中市氏の城館である中市城跡があり、さらに上流には五戸代官木村氏の一族が城主であった又重城跡・戸来館跡がある。五戸川沿いに設置された五戸館・石沢館を含む5城館は、戦国時代、北方の備えとして本城の三戸城へ侵入する敵に対する防御ラインを形成していた。

旧圓子家住宅

八戸市とその周辺

## あとがき

　青森県高等学校地方史研究会が中心となって，新書版の『青森県の歴史散歩』が刊行されたのは1990年1月のことである。その後，三内丸山遺跡（青森市）・十三湊遺跡（市浦村。現，五所川原市）や高屋敷館遺跡（浪岡町。現，青森市）など，県内外の人びとの注目を浴びる発掘が相次ぎ，2000年3月には，「増補」頁を付け加えた2版が発行された。多くの方々に利用された証である。

　しかし，まもなく山川出版社では，『歴史散歩』の判型を大きくするなど，新しい体様のもとに全面的な改訂を行うことになった。そのため，執筆者をかなり入れ替えて，新しい『青森県の歴史散歩』編集委員会がスタートしたのは2002年4月のことであった。

　当初は2年で完成させる予定であったが，執筆者の職場がかわったり，校務が忙しくなったりしたため，原稿の集まるのが遅れに遅れ，集稿の目処がついたのは4年後の2006年4月であった。この間，諸般の事情で，執筆を断念せざるを得なくなった方も出る有様で，編集部には多大なご迷惑をおかけした。

　ご承知のように「平成の大合併」があり，青森県も，行政区域が67市町村から40市町村へと大幅に変化した。そのため，歴史的地名が失われた所も出てきた。しかし，この本を片手に，「青森県の歴史を散歩する」ことは可能である。青森までではあるが，新幹線も開通しており，ガイドブックとして，県内外の多くの方々に利用していただくことができれば幸いである。

　2007年3月

青森県高等学校地方史研究会
『青森県の歴史散歩』編集委員会

代表　福井敏隆

## 【青森県のあゆみ】

### 原始

　青森県で初めて旧石器が確認されたのは，1959(昭和34)年の大森勝山遺跡(弘前市，国史跡)である。その後，長者久保遺跡(東北町)・大平山元Ⅲ遺跡(外ヶ浜町，国史跡)など，約30カ所で後期旧石器時代の遺跡が確認されている。物見台遺跡(東通村)や大平山元Ⅲ遺跡からの出土品は，津軽海峡成立期(約1万2000年前)のものと推定され，北海道と本州の交流を示すものとして，今後の研究がまたれる。

　青森県は，縄文時代の遺跡がきわめて多い。草創期では，大平山元Ⅰ遺跡(国史跡)・長者久保遺跡などが知られる。早期のものでは，日計遺跡・白浜遺跡(ともに八戸市)など南部地方に多く，出土した土器は尖底深鉢型が特徴的である。長七谷地貝塚(国史跡)・赤御堂貝塚(ともに八戸市)や下田代納屋遺跡(東通村)などでは，竪穴住居跡も確認されている。

　前期は円筒下層式土器が発達し，一王寺遺跡(八戸市)・熊沢遺跡(青森市)・オセドウ貝塚(五所川原市)・石神遺跡(つがる市)などの遺跡がある。国特別史跡の三内丸山遺跡(青森市)では，前期から中期にかけての大集落跡が発見された。

　中期は前半に円筒上層式土器が発達し，その後，大木系土器文化が出現する。この時期の遺跡は，規模も大きくなり数も多い。三内沢部遺跡・近野遺跡(青森市)，山崎遺跡(今別町)・二ツ森貝塚(七戸町)・石神遺跡などが代表的なものである。また，風張(1)遺跡(八戸市)は，中期から後期を中心とする遺跡で，合掌する土偶(国宝)と炭化米の出土で注目されている。

　後期の土器は，壺型・浅鉢型・注口土器・香炉型土器など，形態が多様化し，竪穴住居は円形プランになっている十腰内Ⅰ式期のものが多い。また，国史跡の小牧野遺跡(青森市)のような，環状列石などの祭祀的構築物もみられる。青森県の特徴である甕棺葬(洗骨した人骨を大型の甕に改葬する)は，山野峠遺跡(青森市)・堀合1号遺跡(平川市)などから発見されている。

　晩期の土器は，国史跡の亀ヶ岡遺跡(つがる市)出土のものが広く知られ，「亀ヶ岡式土器」とよばれる。甕・壺・鉢・皿のほか，急須型土器，高坏，香炉型土器，遮光器土偶なども出土し，多くは，国重文や県重宝である。国史跡の是川遺跡(八戸市)からは，弓・櫛・腕輪・籃胎漆器など，漆や朱を塗った木製品が多く出土し，国重文に指定されている。

　弥生時代前期の遺跡では，1988(昭和63)年に砂沢遺跡(弘前市)から水田跡が発見され，出土品はのち国重文に指定された。瀬野遺跡(むつ市)では籾痕をもつ土器が出土しているが，北海道の続縄文文化である恵山文化と関連する石器も確認された。中期の遺跡では，国史跡の垂柳遺跡(田舎館村)があり，1958(昭和33)年に200粒以上の焼米と籾痕のついた土器が発見され，1981年には水田跡が発見された。その後

の調査で、方形の一辺3～4mの水田656枚が確認された。弥生時代後期の土器として、外崎沢遺跡（むつ市）や念仏間遺跡（東通村）で出土した磨消縄文土器がある。

青森県には、いわゆる古墳時代に築造された古墳は分布しないが、細越遺跡（青森市）や森ヶ沢遺跡（七戸町）などから古墳時代の土師器・須恵器が発見されている。時代がくだり、8世紀末～9世紀前半の築造と考えられる鹿島沢古墳群（八戸市）があり、鉄製の刀や土師器・須恵器・金銅製杏葉・玉類が出土している。国史跡の丹後平古墳群（八戸市）は1987（昭和62）年に発見され、24基の円墳からなる。出土した直刀や蕨手刀、獅噛式三累環頭柄頭太刀が注目され、7世紀末～8世紀前半のものと推定される。原遺跡（平川市）からは、蕨手刀・土師器坏・丸玉などや古墳跡が発見されており、7世紀～9世紀初めの古墳と考えられている。

## 古代

青森県の古代は「蝦夷」の社会であった。『日本書紀』斉明天皇元(655)年に、難波宮で津苅の蝦夷6人に冠位を授けたとあり、津苅（津軽）の地名が初めて出てくる。同4年以降の阿倍比羅夫の征夷記事に関連して、郡領を定め、有間浜で蝦夷たちを盛大に饗したとある。また、同5年7月3日条に引用されている「伊吉連博徳書」には、津加留の地名を冠した蝦夷がいたことも記されている。

『続日本紀』養老4(720)年の記事に、渡島津軽の津司諸君鞍男ら6人を靺鞨国に派遣したことがみえるが、この後は『日本後紀』弘仁5(814)年11月17日条の津軽狄俘の記事、『日本三代実録』元慶2(878)年の元慶の乱関係の記事まで津軽は登場しない。元慶の乱は渡島の蝦夷が、秋田城などをおそった反乱であるが、朝廷では、津軽の夷俘が渡島の蝦夷に加担することを危惧した。

8世紀の時期は考古学的に、第1型式の土師器が使用されており、鉄斧・蕨手刀なども各地で出土している。浅瀬石遺跡（黒石市）・李平Ⅱ遺跡（平川市）・松原遺跡（東北町）などでは、小集落の形成を推定させる方形竪穴住居跡が発掘されている。

奈良時代になると、青森県の蝦夷のなかにも、中央政府と朝貢関係を結んでいた俘囚がいたと考えられる。鹿島沢古墳群や丹後平古墳群にみられる古墳を築造する、それまでにみられない風習がそれを物語っている。

征夷大将軍坂上田村麻呂は、802（延暦21）年に鎮守府を多賀城（宮城県）から胆沢城（岩手県）に移し、爾薩体・閉伊地方の平定を図った。爾薩体は、岩手県北部から青森県南部にかけての地域とされている。田村麻呂が青森県域に入った証拠はないが、県内には田村麻呂にまつわる伝承は多い。811（弘仁2）年に征夷大将軍文室綿麻呂が志波城（岩手県）を拠点として、爾薩体・閉伊地方を平定した。その際に都母という地名が史書に出てくるが、現七戸町坪がその地であるといわれている。

9～10世紀の青森県では、第2型式の土師器が盛行していたが、青森県独自のものとして把手付鉢型土器がある。鉄器も多く、鏃・鐺、鎧の小札など、武具が、工具とともに出土している。これらの鉄器は砂鉄を原料とした可能性が高い。岩木

青森県のあゆみ

山北麓では、製鉄遺跡である杢沢遺跡(鰺ヶ沢町)が発見された。また、前田野目遺跡(五所川原市)などでは、須恵器の登り窯跡が確認されている。

第2型式の土師器には、「田」「幸」などの文字が墨書されている例があり、須恵器の破片を利用した硯も出土し、文字の使用が認められる。なかには「大佛」「寺」などの文字もあり、仏教思想の流入もうかがわれる。この頃には、北海道を中心とする擦文土器が南下してきており、青森県では土師器の出土分布と重なりあっている。

県内各地に多数存在する9～10世紀の遺跡のうち、竪穴住居群を空堀で囲んだ例がある。近野遺跡(青森市)ではこの館とよばれる区画内に、61棟の竪穴住居跡が発掘され、大規模な集落の存在を示唆する。また、大館(蓬田村)は、70m四方の大きな郭が幅6m以上の堀で囲まれた平安時代の豪族の邸宅と推定される。館は、県内一円に多数存在し、現在までに約400を数える。

元慶の乱後、東北地方は平穏であったが、1051(永承6)年からは前九年合戦が始まり、1083(永保3)年からは後三年合戦と、動乱の時代が続いた。その過程で成長したのが平泉(岩手県)に拠点をもった藤原氏である。この奥州藤原氏が青森県域を支配下に入れたという確証はないが、『吾妻鏡』文治5(1189)年9月17日条に、藤原清衡が白河関(現、福島県)から外ヶ浜まで20日余りの行程の道筋に、1町ごとに笠卒塔婆を建てたという記述があり、勢力は外ヶ浜までおよんでいたらしい。

## 中世

1189(文治5)年の奥州合戦の後、鎌倉幕府は奥州惣奉行に葛西清重と伊沢家景を任じ、陸奥国全体を支配させた。青森県全域が北条氏の得宗領に組み込まれるのは、13世紀中期頃～後期とみられる。現在確認できる地頭代と得宗領は、安藤氏・工藤氏(津軽鼻和郡)、曽我氏・平氏・片穂氏(津軽平賀郡)、結城氏・工藤氏(津軽田舎郡)、横溝氏・平氏・工藤氏・結城氏(糠部郡)などである。弘前市の長勝寺にある「嘉元四(1306)年」銘の銅鐘(国重文)には、14世紀初頭の得宗被官の名が列記されている。南部・津軽両地方ともに北条時頼廻国伝説が伝わり、青森県の中世が鎌倉幕府の動きと密接に結びついていたことが推測される。

地頭代に任命された武士のなかで、注目すべきは津軽安藤氏である。系譜上は、長髄彦の兄安日の後裔、安倍貞任の子高星丸を始祖とするが、本来は土着の豪族の出身で、『吾妻鏡』文治5年8月条にみえる、阿津賀志山合戦で活躍した「山案内者」安藤次が直接の祖と考えられている。鎌倉幕府は安藤氏を、津軽を含む北辺全体の蝦夷を統括する蝦夷管領に任命しており、特異な存在として扱っていたとみられる。鎌倉時代末期には、安藤氏は蝦夷管領職をめぐり惣領家と庶子家が争い、「津軽大乱」をおこした。この乱は、2度の幕府軍の派遣によって鎮静化したが、幕府滅亡の遠因の1つに数えられている。

安藤氏は藤崎を拠点とし、14世紀頃には岩木川水運を利用して十三湊に進出し

た。近年の発掘調査によって，安藤氏が居を構えたのは旧十三小学校周辺と考えられ，ここからは多数の青磁・白磁の輸入陶磁器，瀬戸焼・珠洲焼・中国製天目茶碗・朝鮮産高麗青磁などが出土した。海上交通で活躍した安藤氏関係の遺跡は，日本海側では若狭（現，福井県），太平洋側では松島の雄島（現，宮城県）にまでおよぶ。

13世紀中頃〜15世紀初頭の板碑（板石塔婆）が，津軽平野中央部から南部と西海岸に多数分布している。板碑は関東地方が発祥の地といわれ，関東の御家人が得宗領の地頭代などとして下向したことによりもたらされたと考えられている。天台宗・浄土宗・時宗の布教とも関連しており，死者の供養や追善のため，また逆修といって，生前に死後の安穏を願って建立される場合もあった。深浦町関には，安藤氏一族のものかと推定される板碑もある。

陸奥国は，古代から馬産地として知られた。糠部地方の，一戸〜九戸の九部（戸）制と東・西・南・北の四門制は従来，甲斐国波木井郷（現，山梨県）で牧監をつとめていた南部氏が下向し，牧の設置にともない行った広域地域区分という見解が強かった。しかし，近年の研究成果では，少なくとも奥州藤原氏の時代にはこの区分がなされていた可能性が高いと考えられている。

建武の新政によって，1333（正慶2・元弘3）年，義良親王を奉じた陸奥守北畠顕家が奥州へ下向し，翌年多賀城に国府が再興された。このとき，顕家の国代として糠部地方に入部したのが南部氏である。津軽では，曽我寺が大光寺曽我氏（嫡家）と岩楯曽我氏（庶家）に分かれて争い，朝廷方に与した庶家が勝利を得て，所領を安堵された。同じく朝廷方の工藤氏は工藤貞行が，安藤氏は安藤高季が所領安堵され，蝦夷管領職は安藤氏から離れた。この時期，下北半島・津軽半島と津軽地方西側が安藤氏，津軽地方東側が曽我氏，同地方中央部は工藤氏，外ヶ浜と糠部地方の大部分は，南部氏が支配していたとみられる。

建武の新政の崩壊によって，津軽地方では曽我貞光・安藤家季のように，足利尊氏に与する勢力がふえて，南朝方の南部氏と激しく対立した。曽我氏と工藤氏はともに1360（延文5・正平15）年頃に没落し，安藤氏と南部氏が津軽を支配した。その後，十三湊の安藤氏と三戸の南部氏による対立・抗争が続いたが，1432（永享4）年，または1443（嘉吉3）年には安藤氏は蝦夷島（北海道）へ退いた。

天文年間（1532〜55）に浪岡北畠氏が書き記したといわれる『津軽郡中名字』には，津軽地方の中央部から北西地域を南部（大浦）盛信，中央部から南側地域を南部政行，中央部から北東地域を北畠具永が支配していたとある。建武の新政崩壊後に南部氏が庇護した浪岡北畠氏は，北畠顕家の子孫（浪岡御所）と弟顕信の子孫（川原御所）の2系統があった。

三戸南部氏は，24代晴政・25代晴継があいついで没すると，晴政の娘婿田子信直（南部信直）が跡を継いだ。このため，一族に確執が生じ，この内紛に乗じた南部為信が津軽地方で台頭し，やがて南部氏から独立して津軽氏を称した。

1590(天正18)年，小田原征討によって天下を統一した豊臣秀吉が，「奥州仕置」を実施するが，南部信直と津軽為信は秀吉により所領安堵を受け，近世大名として生き残ることに成功した。翌年，南部信直に敵対して挙兵した九戸政実は，秀吉による討伐を受けて滅亡し，南部氏一族の明暗を象徴するものとなった。

## 近世

1600(慶長5)年，関ヶ原の戦いで東軍についた津軽為信と南部信直は，ともに藩政を推進していった。関ヶ原の戦功によって，上野国勢多郡(現，群馬県)に2000石を加増されて4万7000石の大名となった津軽氏は，為信の死後，1609年に信枚が弘前藩2代藩主となり，1611年に徳川家康の養女満天姫を正室とし，幕府との関係を密接なものにした。信枚は，同年高岡(1628〈寛永5〉年弘前と改称)に築城し，城下町を建設した。1625(寛永2)年に江戸への御膳米廻漕の拠点として青森を開港し，翌年青森の町づくりを始めた。以後，青森は東廻り海運の港町として，また蝦夷地への渡航地として重視された。

南部信直は，九戸城を福岡城と改めて居城とした後，世子利直に不来方(盛岡)城を築かせ，中世以来の三戸から盛岡へ本拠を移した。1634年に幕府から公認された石高は，10郡10万石であった。1664(寛文4)年，28代(盛岡南部氏3代)重直が継嗣を定めぬまま没すると，その後継をめぐって藩論が分かれたが，幕府は遺領10万石を分け，8万石を弟重信に相続させ，2万石を次弟直房に分封して八戸藩をあらたに創設した。

こうして近世の青森県は，八戸周辺を領地とする八戸藩，三戸郡(三戸通・五戸通)と北郡(七戸通・野辺地通・田名部通)を領地とする盛岡藩，津軽郡(平賀庄・鼻和庄・田舎庄)を領地とする弘前藩の3藩で構成されることになった。なお，1809(文化6)年に弘前藩から1万石の支藩黒石藩が誕生した。

弘前藩では4代藩主信政が，約50年間(1656〜1710)にわたる治世で，法令や諸制度を整え，新田開発を行い，「中興の英主」とされる。岩木川の治水・貞享検地・屏風山植林などを行ったほか，養蚕・製糸・機織の指導者として野本道玄らを招き，産業の振興も図った。また，信政は山鹿素行の門人となり，素行の縁者・門人を多数召し抱えたほか，吉川神道を学び，吉川惟足から高照霊社の神号を受けた。死後，高岡の地(弘前市)に埋葬され，高照神社に祭神としてまつられている。

盛岡藩は夏場の偏東風により生産力が低く，米はたびたび凶作に見舞われたため，雑穀の畑作生産が中心であった。とくに大豆は「南部大豆」として藩が買い上げた。米と雑穀を補ったのが，馬産と豊富な森林であった。藩は住谷野・木崎野など9つの牧場を直営し，民有の馬(里馬)も牛馬改役をおいて，春秋2回領内の総馬改を実施した。下北半島のヒバは早くから北陸地方へ移出されていたが，明暦の大火(1657年)後の需要増加や東廻り海運の発達などによって，移出が大幅に増加した。そのため1760(宝暦10)年に，下北半島のヒバは留山となり，伐採が禁止された。こ

のほか藩の財源となったものに、銅と大豆(「御登大豆」ともいった)があった。銅は「御登銅」とよばれ、尾去沢銅山(秋田県)の銅を、陸路野辺地湊まで運び、大坂へ廻送した。大畑・大間・佐井・川内などが「田名部諸湊」として、下北半島と上方を結ぶ日本海交通の拠点となった。

八戸藩も畑作に多く依存し、妙野・広野に藩営牧場を経営した。とくに注目されるのは、1675(延宝3)年から実施された金目高制である。米納にかえて、特産物の砂金1匁を銭1貫360文に換算して納入させる方法であった。

江戸時代中期以降になると、各藩とも財政難に陥り、藩政改革が行われた。弘前藩では、7代藩主信寧の治世40年間(1744～84)は、凶作・飢饉・風水害などによってとくに財政が窮乏した。これを打開するために、1753(宝暦3)～58年にかけて勘定奉行乳井貢を中心とした「宝暦の改革」が行われた。標符(藩札の機能をもつ帳面)や諸品通の制度を実施したが、かえって領国経済は混乱し、改革は失敗に終わった。その後、東日本を中心におこった天明の大飢饉(1782年)によって、領内人口の約3分の1にあたる8万人余りの餓死者を出すと、大飢饉の最中に8代藩主となった信明と、その跡を継いだ9代寧親は、「寛政の改革」を推進した。改革は、備荒貯蓄と藩士土着制を実施したことに特徴があるが、土着制は成功せず、改革は失敗に終わった。なお、宝暦年間(1751～64)には、八戸で安藤昌益が町医者として活動しており、のちの『自然真営道』や『統道真伝』などを著す思想涵養の場として、八戸は重要な役割をはたしている。

天保の大飢饉(1832～39年)では、弘前藩では3万人以上の死者が出た。1839(天保10)年、11代藩主順承は徹底した倹約を実施し、荒田の復旧・新田の開発、備荒貯蓄制度の充実を図った。この「天保の改革」の成果によって、弘前藩は幕末の凶作を乗り切ることができたといわれている。

盛岡藩では、元禄年間(1688～1704)の数度の大凶作で餓死者が出た。1755(宝暦5)年には未曽有の冷害に見舞われ、領内人口の約6分の1にあたる6万人が餓死した。弘前藩でもこのときは大きな被害が出ている。天明・天保の大飢饉でも、盛岡藩では多数の死者が出た。江戸時代を通じて盛岡藩は、百姓一揆が全国でもっとも多い214件発生したが、青森県域では、三戸通3件・五戸通4件・七戸通4件・野辺地通1件・田名部通5件の計17件と少ない。

盛岡藩の新田開発で注目されるのは、1855(安政2)年に着手された三本木原の開拓である。藩士新渡戸傳・十次郎父子が奥入瀬川から取水して穴堰を通し、三本木原に用水(現、稲生川)を引き、12町四方の町割を行った。

八戸藩でも、元禄・天明・天保の大飢饉では多くの餓死者を出した。8代藩主信真は、1819(文政2)～34(天保5)年に、中老野村軍記を中心とする「文政の改革」(御主法替)を行った。改革の主眼は大豆の専売制であった。また、大野鉄山(岩手県)を藩の直営とし、鉄の生産と移出を藩が独占した。この改革によって藩財政は

一時好転したが，天保の大飢饉の影響で財政は再び悪化し，1834年には惣百姓一揆がおこって，軍記は失脚した。

本州の北端に位置する弘前藩と盛岡藩は，江戸時代後期以降，蝦夷地警備の任務を負った。弘前藩は1669(寛文9)年のシャクシャインの乱に際して出兵をしているが，1792(寛政4)年のラクスマンの根室来航以後，出兵は頻繁になっていった。

幕府は，1802(享和2)年に蝦夷奉行(のち松前奉行)をおいて，東蝦夷地を直轄地とし，1804(文化元)年には，弘前・盛岡両藩に永久警備を命じた。1807年幕府は，松前藩から西蝦夷地をも収公して全蝦夷地を直轄地とし，翌年両藩のほか，仙台藩・会津藩にも警備を命じた。この年，盛岡藩は20万石，弘前藩は10万石に高直しをするが領地はそのままであったので，軍役の負担増となり財政を圧迫していった。

ペリーの浦賀(現，神奈川県)来航を機に，幕末の政局はめまぐるしく変転した。1867(慶応3)年10月の大政奉還，12月の王政復古は東北にも新しい局面をもたらし，1868年5月，奥羽鎮撫総督に対する25藩からなる奥羽越列藩同盟が結成された。しかし，各藩とも藩論は必ずしも一定しておらず，弘前藩はのちに勤王へと大転換した。盛岡藩は，同盟から離脱した秋田藩を攻撃したが敗退し，のちの白石13万石への減転封の原因をつくった。朝敵となった会津藩は，20万石から3万石へ減封のうえ，北郡(七戸藩領をのぞく)・三戸郡(八戸藩領をのぞく)・二戸郡(金田一村付近)に領地替えとなり，斗南藩と称した。

弘前・盛岡両藩は勤王と佐幕の路線の違いから，野辺地戦争をおこした。1869(明治2)年5月18日，榎本武揚らの降伏により箱館戦争も終わり，版籍奉還が行われた。これによって，青森県域は，弘前藩・黒石藩・八戸藩・七戸藩(1819年に南部信隣が蔵米足しを受けて大名に列した)・斗南藩の5藩による統治が行われることになった。

## 近・現代

新政府は1871(明治4)年廃藩置県を断行し，青森県域には，弘前県・黒石県・八戸県・七戸県・斗南県の5県が成立した。同年9月にこの5県に，館県(旧松前藩)を合併して，新弘前県が誕生し，現岩手県二戸郡から北海道の渡島・檜山地方を含む大県となった。同県はまもなく青森県と改称し，県庁も弘前から青森に移転した。1873年に館県を開拓使へ，1876年に二戸郡を岩手県へ編入し，現在の青森県が誕生した。

廃藩置県後も新政府の基盤は弱く，1873年の征韓論によって西郷隆盛らが下野すると，西南日本では旧士族の反乱が続いた。1877(明治10)年には，最後の士族反乱である西南戦争がおこり，青森県でも真田太古(大幸)が西郷隆盛に呼応して挙兵を計画したが，未然に検挙された。

西南戦争の終結によって，反政府運動は武力から言論へと転換し，自由民権運動が高まった。青森県では津軽の共同会・八戸の暢伸社がその代表であった。共同

会は東奥義塾(旧藩校稽古館)を母体に，菊池九郎・本多庸一を中心として活動し，1879年3月には青森に県内の有志が集まり，国会開設の建白書提出を可決した。しかし，共同会は1881年の「国会開設の詔」と，それに続く政党の結成と政府の弾圧によって，1883年に解散した。暢伸社は，1882年の馬の競市の手数料徴収問題「馬産紛争」で，旧藩以来の慣例を公認させ力を伸ばし，源晟・奈須川光宝らの土曜会へと発展した。自由民権運動が全県的に結集したのが，1888年の県知事鍋島幹に対抗した「無神経事件」である。県知事の官報掲載記事が県民を侮辱したとして民権派が反発し，大同団結を説く後藤象二郎も来県した。

　青森県産業の代表の1つがリンゴ栽培である。1875(明治8)年から翌年にかけて，内務省勧業局から配布された苗木をもとに，士族授産の主旨で始まった。山野茂樹・菊池楯衛ら旧弘前藩士の努力があり，その後，豪農・豪商栽培から小農栽培へと発展し，今日の基礎を築いた。

　三方を海に囲まれた青森県は漁業県でもある。現在，イカとサバを中心に全国有数の水揚げを誇る八戸漁港は，1919(大正8)年に着工，1933(昭和8)年に竣工した。江戸時代にはホタテ貝の干貝柱が俵物の1つとして中国に輸出されていたが，その後生産が衰退した。しかし，1943年北海道のサロマ湖産ホタテ貝の稚貝が陸奥湾に放流され，これが現在続いている陸奥湾のホタテ貝養殖の基礎となった。なお，近年は大間のマグロが注目を集めている。

　米は，青森県の主要生産物になるまでには幾多の苦難があった。たびたびの冷害・凶作に見舞われたことは，明治・大正・昭和時代を通じて枚挙に暇がない。こうしたなかで，耐冷性の水稲品種である「藤坂1号」が，県農事試験場藤坂支場(十和田市)で生まれたのは，1942(昭和17)年であった。さらに，早生・耐冷・多収の3条件を備えた画期的な品種「藤坂5号」が誕生したのは，1949年である。現在も，うまい米を目指して品種の改良は続けられている。

　工業化が近代化を図る指針であるという視点でみれば，青森県はまさしく後進県であった。地理的条件の悪さ，経済的基盤の弱さもあった。「地方の時代」とよばれる今日も，基本的な条件は何もかわっていない。1964年に発足した八戸市の新産業都市建設は一定の成果を収めたが，「むつ小川原開発」は「核燃料サイクル基地」に変容し，「原子力発電所」の建設も東通村で稼働を始めたばかりである。これまで，「フジ製糖工場」(1963年)，「むつ製鉄」(1964年)など，始動後に挫折した事業は多い。しかし，東北自動車道は青森まで開通し，青森空港は滑走路も3000mに延長され，電波誘導システムのCAT−Ⅲの導入(2007〈平成19〉年)により，欠航率が大幅に縮小される予定である。また，2002(平成14)年に東北新幹線が八戸まで開通し，2010年には青森までの開通が予定されている。厳しい財政状況の下，企業誘致や観光開発など課題は多いが，きれいな水と空気，おいしい食材に恵まれた青森県は，今もさらなる飛躍を目指している。

## 【地域の概観】

### みちのくの小京都—弘前

東津軽と青森市をのぞく、弘前を中心とした地域を指す。岩木山麓、岩木川上流とその支流、平川支流の河岸段丘、平川が流れる平川市碇ケ関地区・大鰐町の段丘と平野部に出た山麓があり、その線上に、原始・古代の遺跡が存在する。大森勝山遺跡（弘前市）からは、旧石器時代後期の石器類と縄文時代晩期の環状列石、砂沢遺跡（同市）からは、弥生時代前期の水田跡が発見された。

鎌倉時代、この地域は北条氏の得宗領となり、中別所（弘前市）の板碑群、長勝寺の嘉元鐘、持寄城などから、中世の様子を知ることができる。室町時代後期には南部氏による津軽支配が確立し、石川城がその中心となった。その後、南部氏の一族大浦為信によって津軽地方が統一され、1590（天正18）年に豊臣秀吉から津軽支配の承認を受けて、近世大名津軽氏が誕生する。

弘前藩初代藩主津軽為信の跡を継いだ2代藩主信枚によって、1611（慶長16）年に弘前城は完成した。城下の様子は時代とともに変化したが、19世紀初め以降になると、武家屋敷・町屋・寺社の配置はほとんど変化はなく、明治時代まで政治・経済・文化の中心として発展した。弘前城跡、西茂森の長勝寺構など、近世の文化遺産が現在も数多く残っている。

廃藩置県後、まもなく弘前県から青森県となり、県庁が弘前から青森に移った。明治時代初期から、県の農業生産の基幹であるリンゴ栽培が、弘前を中心に始まった。1894（明治27）年に奥羽本線の青森・弘前間が開通し、1897年には弘前市に陸軍第八師団が設置され、「軍都」とよばれた。1921（大正10）年に官立弘前高等学校が開校して、文化的刺激が高まるが、弘前が「学都」に生まれかわるのは、1949（昭和24）年の国立弘前大学開学以降である。2006（平成18）年の岩木町・相馬村との合併を契機に、弘前市は津軽地方の中心都市として、産業・観光も含めたあらたな発展が期待される。

### 津軽の東根—黒石・平川周辺

八甲田連峰の西麓で、津軽平野の南東部に位置した黒石・平川が中心となる。岩木山麓を西根というのに対して東根といわれている。

山麓地帯や洪積台地を中心に縄文時代の遺跡が数多くみられ、細野遺跡（青森市浪岡）・花巻遺跡（黒石市）がその代表である。弥生時代が始まる時期は確定できなくなったが、田舎館村を中心に中期末の遺跡群がみられ、とくに垂柳遺跡（国史跡）の水田跡の発見は、北方での稲作の歴史を書き換えることになった。

奈良・平安時代の遺跡からは、土師器・須恵器が出土し、庶民の住居跡としては竪穴式が一般的である。源常平遺跡（青森市）、牡丹平南・浅瀬石遺跡（黒石市）などが知られている。

鎌倉時代には、浪岡は北条氏の得宗領で、その地頭代として勢力を振るった安

藤氏の支配下にあったと推定され、黒石は曽我氏が支配していた。室町時代になると、北畠氏の浪岡城が一大拠点となった。現在でも有力な寺社には、中世の面影が残っている。戦国時代末期に、南部領を併合する形で、大浦(津軽)為信によって津軽地方は統一された。

藩政時代、弘前藩3代藩主津軽信義の子信英は、1656(明暦2)年、4代藩主信政が幼少のため後見役をつとめ、同時に5000石の分知を得て、黒石津軽家の祖となった。黒石には陣屋がおかれ、1809(文化6)年には1万石の大名に昇格した。大鰐・弘前・藤崎・浪岡は「羽州街道」で結ばれ、大鰐・乳井・尾上・黒石・浪岡は「乳井通り」で通じている。

近代に入ると、黒石は廃藩置県により黒石県から弘前県、さらに青森県へと併合され、南津軽郡役所がおかれたものの、1894(明治27)年の奥羽本線開通で路線からはずれたために衰退する。しかし、県立りんご試験場・農業試験場が設置され、青森県の農産業に貢献してきた。1979(昭和54)年、乳井通りに並行する形で東北自動車道が開通し、地域の社会・経済に大きな影響を与えた。また黒石は、国道102号線バイパスの完成により、いっそう弘前との結びつきを強め、浪岡は青森市中心街・五所川原市・弘前市の中間点として発展が期待されている。

## 津軽新田地帯と西海岸

弘前市以北で津軽平野北部と西海岸台地に位置し、五所川原市・つがる市を中心とした西津軽郡を指す。原始時代は、十三湖が津軽平野まで大きく入り込んでいた。このため、屏風山砂丘と津軽平野が接する場所と津軽平野と金木台地が接する場所に、原始時代の遺跡が多く存在する。十三湖北岸と西海岸台地上にも、縄文時代晩期の遺跡として有名な亀ヶ岡遺跡(つがる市)を始め、多くの遺跡がある。

古代では、前田野目窯跡群(五所川原市)は平安時代後半～鎌倉時代前半の津軽地方を代表する窯跡群とされ、我が国最北の須恵器窯跡として重要である。

津軽平野や西海岸には、中世に造営された城館跡が点在し、飯詰高館城(五所川原市)や、安藤氏の藤崎城(藤崎町)・福島城(五所川原市)、大浦氏の種里城(鰺ヶ沢町)などが知られる。これらの城は、当時三津七湊に数えられた十三湊と深くかかわっていたと考えられる。また、南北朝時代の板碑が、西海岸の旧市浦村(現、五所川原市)から深浦町にかけて残存している。

江戸時代に入ると、七里長浜の砂丘地帯に、弘前藩4代藩主津軽信政が植林を実施し、屏風山とよばれる防砂林が形成された。この屏風山が、津軽平野を現在のような穀倉地帯にかえたといっても過言ではない。津軽平野で収穫された米は、十三湊や鰺ヶ沢湊から北前船によって、大坂や江戸、さらに松前(現、北海道松前町)方面に積み出された。十三湊は十三街道と岩木川で結ばれ、西浜街道沿いには鰺ヶ沢湊や深浦湊があった。

明治時代以降、十三湊は湊としての役目を終え、鰺ヶ沢・深浦も活気を失ってい

った。これにかわり五能線(弘前・東能代間)が，1936(昭和11)年に全通した。

現在では，1954年に市制施行した五所川原市が，西海岸の鰺ヶ沢町・深浦町にかわり，西北五地域の政治・経済の中心となってきた。しかし，「平成の大合併」によって，つがる市が誕生し，鰺ヶ沢町には七里長浜港も建設され，あらたな発展が望まれる。

## そとが浜―陸奥湾周辺

そとが浜(外ヶ浜・外カ浜・外浜などと表記)とは，青森市油川から，陸奥湾沿岸を北上し，蟹田・今別・三厩に至る地域を指し，行政区分では青森市・蓬田村・外ヶ浜町・今別町にあたる。「そとが浜」といえば，古代から日本の北の果てとイメージされており，西行法師も「むつのくの　奥ゆかしくぞ　思ほゆる　壺の石文　外の浜風」と歌っている。いかにも茫漠とした野浜に古物が立っている風景を想起させる。しかし，それ以前にも，原始時代からこの地に人びとが住んでいて，すぐれた文化をもっていたことが，各地の遺跡調査から明らかになっている。大平山元遺跡や宇鉄遺跡(ともに外ヶ浜町)からは，貴重な旧石器や土器などが発見され，考古学の常識を大きくかえた。

そとが浜の歴史の輪郭が，しだいに明らかになるのは鎌倉時代である。この時代のそとが浜は北条氏の得宗領で，安藤氏が地頭代として勢力を維持した。安藤氏の居館跡と伝えられる尻八館跡からは，14世紀の中国の龍泉窯産の青磁浮牡丹紋香炉などが発掘され，往時の繁栄を物語っている。安藤氏は，南北朝時代に没落するが，その後，そとが浜は室町時代を通じて南部氏の支配下に入った。

江戸時代になると，そとが浜は南部氏から独立した津軽氏の領地となり，青森・蟹田・今別・三厩は領内の重要な湊口として位置づけられた。とくに青森は，西浜の鰺ヶ沢と並んで両浜と称され，大量の物資や人びとが行き交う湊町となった。また，三厩は松前藩(現，北海道松前町)主が参勤交代の際に通過する湊で，本陣がおかれたほか，蝦夷地との直接的接点として多くの人びとで賑わった。この頃，今別・三厩辺りにはアイヌが住んでいた。アイヌは少なくとも18世紀中期までは，オットセイや真珠，珍しい蝦夷渡りの交易品などを携えて，弘前藩主に御目見得した。

幕末になると北辺にも対外危機が迫り，三厩にも外国人が上陸した。異国船が発見されると，多くの藩兵が警備のために動員され，沿岸各所には陣屋や狼煙台が築かれ，竜飛や平舘には台場も構築された。

1871(明治4)年7月の廃藩置県によって，弘前藩は消滅し，あらたに弘前県となった。同年11月には県庁が弘前から青森に移され，さらに青森県が誕生した後も，政治的な重要さは揺るがなかった。青森は近代化の波のなかで，東北本線・奥羽本線の鉄道開通や青森・函館間の定期船(青函連絡船の前身)就航などを迎え，しだいに政治・経済の中心として発展し，1898年に青森町から青森市となった。

その後，紆余曲折を経ながらも，青森市は豊かな市民社会を構築していったが，

1945(昭和20)年7月28日深夜,アメリカ軍の空襲により市域の多くが焦土となり,市民731人が犠牲となった。

　第二次世界大戦後の青森市は,県都として目覚ましい復興を遂げ,現在は南接する浪岡町と合併し,人口は約31万4000人を数える。そとが浜も様変わりし,1985年,全長53.85mの青函トンネルの開通,1988年のJR津軽海峡線の開業を受けて,青森市とそとが浜は北海道と直結し,2010(平成22)年の東北新幹線青森開通(予定)ともあいまって,今後の発展に大きな期待がもたれている。

## 下北半島

　下北半島のむつ市を中心とし,上北郡・下北郡を含む地域である。東は太平洋,北は津軽海峡,西は平舘海峡・日本海,南は陸奥湾とほぼ四方を海に囲まれた半島であり,津軽海峡を挟んで北海道と対峙している。

　下北半島が現在のような形になったのは,約1万年前のことである。津軽海峡の形成後,初めてこの海峡を渡ったのは,旧石器時代後期の人びとであった。約1万8000年~1万2000年前と考えられる物見台遺跡(東通村)からは,ナイフ形石器などが発掘されている。

　縄文時代は,晩期のドウマンチャ貝塚(大間町)などを始めとする,数多くの遺跡があり,北海道系の縄文土器も多数出土している。弥生時代前期の瀬野遺跡(むつ市)からは,稲籾痕のある土器が発掘され,稲作文化の伝播がうかがえる。

　現在のところ,下北では古墳も奈良時代の遺跡も確認されていない。平安時代の遺跡も少なく,最花遺跡(むつ市)など数えるほどである。しかし,割石遺跡(大間町)などで擦文土器が数多く出土している。北海道に分布していた続縄文土器が,土師器文化の北上に影響を受け,7~8世紀頃に擦文土器として成立したものと考えられている。9~12世紀の土器が多く,この頃,下北半島は擦文土器文化圏に完全に入っていたことになる。

　鎌倉時代になると,下北一円は宇曽利郷とよばれ,糠部郡に属していた。北条氏の得宗領であり,地頭代として安藤氏が配されていた。安藤氏は,鎌倉幕府の東夷成敗権に基づいて蝦夷管領の地位を与えられ,十三湊を根拠地として東北各地に勢力を誇った。安藤氏は,日本海交易によってその富を蓄えていたが,下北の産物はその流通の一端をになっていた。

　安藤氏が全盛を誇っていた14~15世紀頃の浜尻屋貝塚(東通村尻屋崎)は,アワビを主体とする貝塚である。貝塚に接してアワビを煮炊きしたと推定される竈状の遺構や掘立柱建物跡・井戸跡などがみられ,全国各地の陶磁器が出土していることなどから,遠隔地向けの交易品として干鮑の加工が行われていたことが知られる。

　下北は安藤氏の支配から根城南部氏の支配を経て,盛岡南部(当初,三戸南部)氏の支配となり,江戸時代は盛岡藩領となった。北郡田名部通に属し,田名部通

地域の概観　305

はさらに、代官所のおかれた田名部と西通・東通・北通に分けられた。

　四方を海に囲まれた下北半島の歴史は、海運との関わり、そして蝦夷地との関わりが強い。1645(正保2)年、大畑・大間・奥戸・大平・九艘泊が田名部五湊に指定され、1699(元禄12)年には、九艘泊がのぞかれ、川内・佐井・牛滝が加わって七湊となった。これらの湊には全国から廻船が入津し、多くの廻船問屋が軒を並べた。下北は蝦夷地への寄港地としても重要であったが、1803(享和3)年、ロシアの南下対策として、江戸幕府から箱館への渡航地点として佐井が指定されて以降、蝦夷地警備に向かう東北諸藩の藩士や幕臣らが、下北を頻繁に往来した。

　1868(明治元)年の戊辰戦争後、下北は弘前藩、翌年黒羽藩(現、栃木県)の支配となるが、斗南藩(旧会津藩)が立藩されると、1870年から旧会津藩士たちが下北の地に移住してきた。藩庁は、1871年田名部円通寺におかれた。会津若松から移住し、厳寒と窮乏生活に耐えた人びとの労苦は、今に伝えられている。

　近代に入って海運の時代が去り、鉄道の時代が到来すると、下北半島は「陸の孤島」とも称される僻遠の地となり、広大な土地はさまざまな開発の対象地となっていった。東通村と大間町で進められている原子力発電所の誘致・建設は、その最たるものであろう。開発をめぐって対立もあり、原子力船「むつ」の定繋港をめぐる日本原子力開発事業団と地元漁民との攻防は、その象徴として記憶に新しい。また下北は、第二次世界大戦前には大湊要港部、戦後には海上自衛隊大湊地方隊がおかれ、北方の防衛に重要な位置を占めている。

## 三本木原周辺と十和田湖

　十和田湖を水源とする奥入瀬川が流れ、三本木原台地上の十和田市・三沢市および上北郡の南部と、縄文海進時代に形成された小川原湖以西の上北郡北部を指す。

　原始・古代では、石器群が出土した縄文時代草創期の長者久保遺跡(東北町)、縄文時代前期～中期の二ツ森貝塚(七戸町)があり、5世紀頃の南北の交流を示す森ケ沢遺跡(七戸町)・阿光坊古墳群(おいらせ町)では、7～10世紀の100基を超す群集墳が確認されている。

　鎌倉時代には、北条氏の得宗領となり、南北朝時代以降は甲斐国(現、山梨県)から赴いた三戸南部氏の支配下に入った。このことは、中世文書や中世城館跡(十和田市の奥瀬・沢田・赤沼・切田・滝沢・伝法寺など)の存在によって知ることができる。南部地方は、古代から馬産地としても知られていた。七戸町の見町観音堂・小田子不動堂に残る南部小絵馬は、馬産が盛んであったことを示すものである。

　近世には盛岡藩領となり、北郡に属し、現在の十和田市・三沢市・おいらせ町などにわたる木崎野には、最大の藩営牧場が設置された。野辺地湊は、秋田県の尾去沢鉱山から採掘された銅を、西廻り海運で大坂まで運ぶ積出港として繁栄した。1819(文政2)年には、盛岡藩の支藩として七戸藩がおかれ、幕末期には盛岡藩領において、新渡戸傳・十次郎父子が三本木原の開拓に成功した。

戊辰戦争(1868〜69年)終盤の野辺地戦争で,弘前藩と盛岡藩の対立が終わり,青森県という行政単位になってからは,畜産事業としての奥羽牧場(七戸町),稲の耐寒品種を開発した県営農業試験場藤坂支場(十和田市),北方防衛の要としての三沢基地(三沢市)の存在が知られている。昭和40年代の新全国総合開発計画による,陸奥湾・小川原湖周辺の工業化構想(むつ小川原開発)は,その後,大型石油備蓄基地の建設や,六ヶ所村の核燃料サイクル施設へと引き継がれた。2005(平成17)年末には,この地域に含まれる仏沼(三沢市)が,湿地保存を目的とするラムサール条約の指定湿地に登録された。

## 八戸市とその周辺

青森県南東部に位置し,南西には三戸郡の町村,北東には八戸市がある地域を指す。西の奥羽山脈から東の太平洋岸に至る当地域内には,南の岩手県から馬淵川が流れ,この地域の歴史と文化をはぐくんできた。

原始時代には,是川遺跡(八戸市)に代表されるように,高度な縄文文化が花開き,8〜9世紀頃のものとしては,河口近くに鹿島沢・丹後平古墳群(八戸市)がある。

古代末期から戦国時代にかけては,馬淵川を中心とした地域は糠部とよばれていたが,中世初期まではその動静はよくわからない。かろうじて蝦夷征討による軍事的影響や,平泉(岩手県)の奥州藤原氏による政治的・文化的影響が推定されるのみである。

鎌倉時代以降になると,南部氏の動向が目立ってくる。南部氏は甲斐源氏の一族であるが,八戸に拠点をおいた根城南部氏と,三戸の三戸南部氏とに分かれる。根城南部氏は建武政権期に八戸根城を根拠地とし,鎌倉時代初期から五戸や三戸・八戸などに所領をもっていた北条氏の領地を手中に収め,やがて下北半島にもその勢力を拡大していった。三戸南部氏は戦国時代から急速に台頭し,しだいに根城南部氏を圧倒して,1591(天正19)年の九戸政実の乱(九戸一揆)を平定した後は,糠部を統一し,盛岡藩政への土台を築いた。

1664(寛文4)年,盛岡藩から八戸藩が分離・創設されると,八戸とその近隣地は八戸藩の支配地となり,当地域内には両藩が併存することになった。寒冷地のため,当地域は稲作農業に不利であったが,大豆などの畑作物や干鰯・〆粕などの海産物,材木などを豊富に産出した。馬産も盛んで,両藩には住谷野・妙野などの藩営牧場が開設された。その名声はすでに古代末期から三戸立の馬,糠部の駿馬として知られ,室町時代には「糠部九箇部馬焼印図」が編集されていた。

太平洋に面した八戸市は,漁業と海運に恵まれて発展した。明治時代以降に近代的港湾が整備されると,日本有数の水産都市となり,1964(昭和39)年の新産業都市指定を契機に,県内随一の工業都市へと発展した。このため,周辺地域は八戸市の産業経済圏に包含され,近隣地域はベッドタウン化している。

【文化財公開施設】　　　　　　　　　　　　　　①内容，②休館日，③入館料

弘前城史料館(弘前城天守閣)　〒036-8356弘前市下白銀町1-1(弘前公園内)　TEL0172-33-8733　FAX0172-33-8799　①弘前藩関係資料(刀剣・書画・棟札など)，天守内部公開，②11月24日～3月31日，③有料

弘前市立博物館　〒036-8356弘前市下白銀1-6　TEL0172-35-0700　FAX0172-35-0707　①津軽地方の歴史資料・美術工芸品，②月曜日(祝日の場合は翌日)，年末年始，展示替期間，③有料

弘前市立郷土文学館　〒036-8356弘前市下白銀町2-1　TEL0172-37-5505　FAX0172-36-8360　①弘前ゆかりの作家の資料や文学雑誌など，②12月29日～1月3日，③有料

青森銀行記念館　〒036-8198弘前市元長町26　TEL・FAX0172-33-3638　①貨幣・紙幣，②火曜日，12月1日～3月31日(雪灯籠まつり期間中は開館)，③有料

長勝寺　〒036-8273弘前市西茂森1-23-8　TEL0172-32-0813　①津軽為信木像・津軽家位牌堂・嘉元鐘など，②無休，③有料

石場家住宅　〒036-8332弘前市亀甲町88　TEL0172-32-1488　FAX0172-34-7579　①江戸時代後期の弘前藩の商家遺構，②1月1・2日，③有料

旧岩田家住宅　〒036-8333弘前市若党町31　TEL0172-82-1642　FAX0172-82-3118　①江戸時代後期の弘前藩の武家住宅遺構，②月・木曜日(7～10月)，月～金曜日(11～3月)，8月13日，12月29日～1月3日，③無料

旧伊東家住宅　〒036-8333弘前市若党町80　TEL0172-82-1642　FAX0172-82-3118　①江戸時代後期の弘前藩の藩医住宅遺構，②火・金曜日(7～10月)，月～金曜日(11～3月)，8月13日，12月29日～1月3日，③無料

藤田記念庭園考古館　〒036-8356弘前市上白銀町8-1　TEL0172-37-5525　FAX0172-37-5526　①池泉回遊式庭園と弘前市内遺跡出土の考古資料，②月曜日，11月24日～4月中旬，③有料

高照神社宝物殿　〒036-1343弘前市高岡字神馬野87　TEL0172-83-2465　①弘前藩4代藩主津軽信政の肖像・遺品類(刀剣・武具・絵図・古文書など)，②火曜日，11月1日～4月上旬，③有料

白神山地ビジターセンター　〒036-1411中津軽郡西目屋村田代字神田61-1　TEL0172-85-2810　FAX0172-85-2833　①世界自然遺産の白神山地の紹介，②月曜日(祝日の場合は翌日)，12月29日～1月3日，③無料

常盤ふるさと資料館あすか　〒038-1204南津軽郡藤崎町水木字村元15-1　TEL0172-65-4567　FAX0172-65-2080　①高木志朗の木版画，著名人の絵画・版画など，②月曜日，祝日(特別展開催期間をのぞく)，12月29日～1月3日，特別展開催前日，③無料

青森市中世の館　〒038-1311青森市浪岡大字浪岡字岡田43　TEL0172-62-1020　FAX0172-62-1021　①浪岡町域の考古・歴史などの資料，浪岡城跡出土品，②月曜日，第3日曜日，12月28日～1月4日，③有料

田舎館村埋蔵文化財センター・田舎館村博物館　〒038-1111南津軽郡田舎館村大字高樋字大曲63　TEL0172-43-8555　FAX0172-43-8556　①垂柳遺跡(水田跡)出土品と遺構の露出展示，田舎館村域の民具・民俗資料，②月曜日(祝日の場合は翌日)，12月29日～1月3日，③有料

津軽こけし館　〒036-0412黒石市袋字富山72-1　TEL0172-54-8181　FAX0172-59-5304　①青森県津軽系をはじめとする全国11系統のこけし，および盛秀太郎に関する資料，②月曜日（4～11月は無休），12月30日～1月1日，③有料

平川市郷土資料館　〒036-0102平川市光城2-30-1　TEL0172-44-1221　FAX0172-44-8780　①平賀地域の考古・歴史・民俗などの資料，②月曜日，12月28日～1月4日，③無料

つがる市木造亀ヶ岡考古資料室　〒038-3283つがる市木造岡屏風山195　TEL・FAX0173-45-3450　①亀ヶ岡遺跡出土の考古資料，近くに復元した竪穴住居，②月曜日，祝日の翌日，12月28日～1月3日，③有料

つがる市縄文住居展示資料館（カルコ）　〒038-3138つがる市木造若緑59-1　TEL0173-42-6490　FAX0173-42-3069　①亀ヶ岡遺跡出土の考古資料，竪穴住居模型，②月曜日，祝日の翌日，12月28日～1月4日，③有料

つがる市森田歴史民俗資料館　〒038-2816つがる市森田町森田月見野340-2　TEL0173-26-2201　FAX0173-49-1212　①縄文時代前・中期の石神遺跡出土品と民俗資料，②月・火・木・金曜日，12月29日～1月3日，③有料

鰺ヶ沢町郷土文化保存伝習館光信公の館　〒038-2725西津軽郡鰺ヶ沢町種里字大柳90　TEL0173-79-2535　①鰺ヶ沢町域の考古・歴史などの資料，②11月1日～4月30日，③有料

深浦町歴史民俗資料館（北前の館）　〒038-2324西津軽郡深浦町深浦字苗代沢80-1　TEL・FAX0173-74-3882　①深浦町域の自然・考古・歴史・民俗などの資料，北前船の模型，②12月28日～1月4日，③有料

円覚寺奉納海上信仰資料収蔵庫（寺宝館）　〒038-2324西津軽郡深浦町深浦字浜町275-2　TEL0173-74-2029　FAX0173-74-2032　①室町時代の厨子，船絵馬など，②無休，③有料

風待ち舘　〒038-2324西津軽郡深浦町深浦字浜町272-1　TEL0173-74-3553　FAX0173-74-3320　①北前船の模型・古伊万里などの北前船交易関係資料，②無休，③有料

板柳町立郷土資料館　〒038-3672北津軽郡板柳町灰沼字岩井70　TEL0172-72-0330　FAX0172-72-1170　①板柳町域の生活用具・農具・消防用具，考古などの資料，②日・月・水・金曜日，祝日，12月29日～1月3日，③無料

中泊町博物館　〒037-0305北津軽郡中泊町大字中里字紅葉坂210　TEL0173-69-1111　FAX0173-69-1115　①中泊町域の自然・考古・歴史・民俗・産業などの資料，②月曜日，祝日，第4木曜日，12月28日～1月4日，③有料

五所川原市太宰治記念館「斜陽館」　〒037-0202五所川原市金木町字朝日山412-1　TEL0173-53-2020　FAX0173-53-2055　①太宰治関係資料，津島家調度品など，②12月29日～1月3日，③有料

旧平山家住宅　〒037-0035五所川原市湊字千鳥144-1　TEL0173-34-8870　①江戸時代後期の弘前藩豪農平山家の住宅遺構，②月曜日，祝日の翌日，12月29日～1月3日，③無料

五所川原市歴史民俗資料館　〒037-0035五所川原市湊字千鳥102-1　TEL0173-35-9555　FAX0173-53-2995　①五所川原地域の考古・歴史・民俗などの資料，②月曜日（祝日の場合は翌日），祝日の翌日，第4水曜日，12月27日～1月4日，③有料

五所川原市市浦歴史民俗資料館　〒037-0403五所川原市十三土佐1-298　TEL0173-62-2775　FAX0173-62-3151　①十三湊遺跡出土品と安藤氏関係資料，②12月1日～3月31日，③有

料

立佞武多の館　〒037-0063五所川原市大町21-1　TEL0173-38-3232　FAX0173-38-4646　①立佞武多の保管・展示・製作など，②1月1日，③有料

三内丸山遺跡縄文時遊館　〒030-0031青森市三内丸山305　TEL017-781-6078　FAX017-781-6103　①三内丸山遺跡出土品，②年末年始，③無料

青森県立郷土館　〒030-0802青森市本町2-8-14　TEL017-777-1585　FAX017-777-1588　①青森県の考古・歴史・民俗・産業などの資料，②12月29日〜1月3日，館内整理日，燻蒸期間，③有料

みちのく北方漁船博物館　〒038-0002青森市沖館2-2-1　TEL017-761-2311　FAX017-761-2312　①青森県・北海道を中心としたムダマハギ型漁船や漁具，②12月16日〜3月14日，③有料

青森県近代文学館　〒030-0184青森市荒川字藤戸119-7(青森県立図書館内)　TEL017-739-4211　FAX017-739-8353　①青森県出身作家の関係資料や文学雑誌など，②第4木曜日，12月29日〜1月3日，③無料

財団法人棟方志功記念館　〒030-0813青森市松原2-1-2　TEL017-777-4567　FAX017-734-5611　①棟方志功の作品と関係資料，②月曜日(祝日，ねぶた祭期間中の8月2〜7日をのぞく)，12月28日〜1月3日，③有料

青森市森林博物館　〒038-0012青森市柳川2-4-37　TEL017-766-7800　FAX017-766-7803　①森林と人間・雪とスキーなどのテーマ展示，②月曜日(休日の場合は翌日)，12月28日〜1月4日，③有料

平内町歴史民俗資料館　〒039-3321東津軽郡平内町小湊字小湊80　TEL017-755-2111　FAX017-755-3954　①平内町域の考古・歴史・民俗などの資料，②第1・3月曜日，第2・4日曜日，祝日，12月28日〜1月4日，③有料

蓬田村文化伝承館　〒030-1201東津軽郡蓬田村広瀬字坂元25　TEL0174-27-3210　①蓬田村域の考古・民具などの資料，②火曜日(祝日の場合は翌日)，12月29日〜1月3日，③無料

大山ふるさと資料館　〒030-1307東津軽郡外ヶ浜町字蟹田大平沢辺34-3　TEL0174-22-2577　FAX0174-31-1229　①蟹田地域の考古(大平山元遺跡出土品など)・民俗などの資料，②月曜日，年末年始，③無料

青函トンネル記念館　〒030-1700東津軽郡外ヶ浜町字三厩龍浜99　TEL0174-38-2301　FAX0174-38-2303　①世界最長海底トンネルの構想から完成に至る関係資料，および作業坑，②11月11日〜4月24日，③有料

むつ市大畑公民館笹沢魯羊資料展示室　〒039-4401むつ市大畑町中島108-5　TEL0175-34-2321　FAX0175-34-2322　①下北地方史の先駆者笹沢魯羊が収集した資料や著書，②土・日曜日，祝日，12月29日〜1月3日，③無料

むつ科学技術館　〒035-0022むつ市関根字北関根693　TEL0175-25-2091　FAX0175-25-2092　①原子力船「むつ」関係資料，各種科学実験の実施，②月曜日(祝日の場合は翌日)，12月28日〜1月4日，③有料

佐井村海峡ミュージアム　〒039-4711下北郡佐井村大字佐井字大佐井112　TEL0175-38-4506　FAX0175-38-4512　①佐井村域の歴史・民俗などの資料，蝦夷錦，三上剛太郎の

遺品など，②月曜日(祝日の場合は翌日)，4月1～4日，11月1日～3月31日，③無料

三沢市歴史民俗資料館　〒033-0022三沢市三沢字淋代平116-2955　TEL・FAX0176-59-3670　①小川原湖周辺の考古・歴史・民俗などの資料，②月曜日(祝日の場合は翌日)，12月29日～1月3日，③有料

三沢市寺山修司記念館　〒033-0022三沢市三沢字淋代平116-2955　TEL0176-59-3434　FAX0176-59-3440　①寺山修司関係資料，②月曜日(祝日の場合は翌日)，12月29日～1月3日，③有料

青森県立三沢航空科学館　〒033-0022三沢市三沢字北山158　TEL0176-50-7777　FAX0176-50-7559　①航空機とその関係資料，各種科学実験の実施・体験，②月曜日(祝日の場合は翌日)，12月29日～1月3日，③有料

小川原湖民俗博物館　〒033-0044三沢市古間木山56　TEL0176-51-1111　FAX0176-52-6756　①小川原湖周辺および旧南部領の民俗資料，②無休，③有料

三沢市斗南藩記念観光村先人記念館　〒033-0164三沢市谷地頭4-298-652　TEL0176-59-3009　FAX0176-59-3045　①広沢安任・地域の発展に尽くした人びとの資料，②月曜日(祝日の場合は翌日)，12月29日～1月3日，③有料

十和田市立新渡戸記念館　〒034-0031十和田市東三番町24-1　TEL・FAX0176-23-4430　①新渡戸傳から3代にわたる三本木原開拓・新渡戸稲造関係資料，②月曜日(祝日は開館)，12月29日～1月3日，③有料

十和田市称徳館　〒034-0106十和田市深持字梅山1-1　TEL0176-26-2100　FAX0176-26-2110　①ウマに関する資料や十和田市周辺の郷土資料，②月曜日(祝日の場合は翌日)，12月1日～3月31日，③有料

十和田市十和田湖民俗資料館　〒034-0301十和田市奥瀬字栃久保80　TEL・FAX0176-74-2547　①旧笠石家住宅，旧南部領の民俗資料，②火曜日(祝日の場合は翌日)，12月29日～1月3日，③有料

十和田科学博物館　〒018-5501十和田市奥瀬字十和田16　TEL0176-75-1111　FAX0176-75-1118　①十和田湖周辺の地質・地形・動物などの資料，②無休，③有料

絵馬館　〒039-2501上北郡七戸町字荒熊内67-94　TEL0176-62-5858　FAX0176-62-5860　①見町観音堂と小田子不動堂に奉納された南部小絵馬，七戸町立鷹山宇一記念美術館・スペイン民芸資料館と併設，②月曜日(祝日の場合は翌日)，年末年始，③有料

野辺地町立歴史民俗資料館　〒039-3131上北郡野辺地町字野辺地1-3　TEL・FAX0175-64-9494　①野辺地町域の考古・歴史・民俗などの資料，②月曜日(祝日の場合は翌日も)，祝日，12月29日～1月4日，③有料

六戸町郷土資料館　〒039-2371上北郡六戸町犬落瀬字柴山3-9　TEL0176-55-5511　FAX0176-55-5514　①六戸町域の考古・歴史・民俗などの資料，②月～金曜日，第1・3土曜日，12月29日～1月3日，③有料

東北町歴史民俗資料館　〒039-2401上北郡東北町上野字上野191-30　TEL・FAX0176-56-5598　①東北町域の考古・歴史・民俗などの資料，大塚甲山関係資料，②火曜日，祝日，12月28日～1月3日，③有料

六ヶ所村立郷土館　〒039-3212上北郡六ヶ所村尾駮字野附535　TEL0175-72-2306　FAX0175

-72-2307　①六ヶ所村域の自然・考古・歴史・民俗などの資料，竪穴住居の復元，②月曜日，祝日の翌日，12月27日～1月4日，③無料

大山将棋記念館　〒039-2222上北郡おいらせ町字下前田144-1　TEL0178-52-1411　①将棋に関する資料，大山康晴15世名人の足跡を示す資料，②月曜日(祝日の場合は翌日)，12月29日～1月3日，③有料

三戸町立歴史民俗資料館(温故館)　〒039-0112三戸郡三戸町梅内字城ノ下34-29　城山公園内　TEL0179-22-2739　FAX0179-23-4196　①考古・民俗・自然などの資料，南部氏関係資料，②月曜日，祝日の翌日，停電日，12月1日～3月31日，③有料

三光寺　〒039-0104三戸郡南部町小向字正寿寺　TEL0179-23-3773　①南部利直・利康霊屋，②無休，③有料

階上町民俗資料収集館　〒039-1201三戸郡階上町赤保内字耳ヶ吠6-2　TEL0178-88-2698　FAX0178-88-1803　①階上町の考古・歴史・民俗などの資料，②土・日曜日，祝日，年末年始，③無料

八戸市博物館　〒039-1166八戸市根城字東構35-1　TEL0178-44-8111　FAX0178-24-4557　①八戸地方の考古・歴史・民俗などの資料，②月曜日(第1月曜日をのぞく)，祝日の翌日，12月27日～1月4日，③有料

八戸市南郷歴史民俗資料館　〒031-0202八戸市南郷区島守字小山田7-1　TEL・FAX0178-83-2443　①南郷区域の考古・歴史・民俗などの資料，②月曜日(第1月曜日をのぞく)，祝日の翌日，12月27日～1月4日，③有料

櫛引八幡宮国宝館　〒039-1105八戸市八幡字八幡丁3　TEL0178-27-3053　FAX0178-27-0652　①国宝赤糸威鎧兜・白糸威褄取鎧兜ほか，②無休，③有料

八戸市縄文学習館　〒031-0023八戸市是川字中居3-1　TEL0178-96-1484　FAX0178-96-6361　①是川考古館・歴史民俗資料館を併設，是川遺跡出土品を中心とした資料，②月曜日(第1月曜日をのぞく)，祝日の翌日，12月27日～1月4日，毎月末日(土・日曜日をのぞく)，③有料

## 【無形民俗文化財】

国指定

[重要文化財]
八戸のえんぶり　　八戸市・三戸郡　　2月17～20日
青森のねぶた　　青森市　　8月2～7日
弘前のねぷた　　弘前市　　8月1～7日
岩木山の登拝行事　　津軽地方全域　　旧7月30日～8月1日
下北の能舞　　下北郡・むつ市・上北郡　　正月(随時)
泉山の登拝行事　　三戸郡三戸町泉山　　7月25日
八戸三社大祭の山車行事　　八戸市　　7月31日～8月3日
津軽海峡及び周辺地域における和船製作技術　　津軽海峡周辺地域
[記録作成等の措置を講ずべき無形の民俗文化財]
田子神楽　　三戸郡田子町田子字七日市　　旧7月中旬
南部駒踊　　十和田市洞内　　9月第2土(随時)

津軽神楽　　弘前市常盤坂　随時
平内の鶏舞　　三戸郡階上町平内　8月14・15日
下北の能舞　　下北郡東通村，上北郡横浜町・野辺地町・六ヶ所村　12月〜1月，秋の神社祭典時
泉山の登拝習俗　　三戸郡三戸町泉山　7月25日(旧暦6月12日)
津軽のイタコの習俗　　青森県　随時
津軽の地蔵講の習俗　　青森県　随時
久渡寺のオシラ講の習俗　　弘前市坂元　5月15・16日
南部切田神楽　　十和田市切田字下切田　9月15日(随時)
青森県南部地方の虫送り　　青森県　6〜7月頃
津軽の七日堂祭　　弘前市・平川市　旧暦1月7日，29日
気比神社の絵馬市の習俗　　上北郡おいらせ町上久保　7月第1土・日
青森県南部地方の虫送り　青森県　6月上旬

県指定

南部駒踊　　八戸市河原木字高館65　9月14・15日(随時)／三沢市三沢字浜三沢　8月15日(随時)／三戸郡階上町赤保内(随時)／三戸郡五戸町倉石字石沢(随時)
高田獅子(鹿)踊　　青森市高田　旧8月14日(随時)
吉野田獅子(鹿)踊　　青森市浪岡吉野田(随時)
尾崎獅子(熊)踊　　平川市尾崎　旧8月14日(随時)
八幡崎獅子(熊)踊　　平川市八幡崎(随時)
種市獅子(鹿)踊　　弘前市種市(随時)
一野渡獅子(熊)踊　　弘前市一野渡　8月14・15日(随時)
古懸獅子(熊)踊　　平川市古懸(随時)
水木獅子(鹿)踊　　南津軽郡藤崎町水木(随時)
大沢獅子(熊)踊　　弘前市大沢(随時)
浅井獅子(鹿)踊　　五所川原市浅井(随時)
悪戸獅子(熊)踊　　弘前市悪戸(随時)
三ッ目内獅子(熊)踊　　南津軽郡大鰐町三ッ目内(随時)
広船獅子(熊)踊　　平川市広船　旧8月16日(随時)
岩崎の獅子(鹿)踊　　西津軽郡深浦町大間越・久田(随時)
上十川獅子踊　　黒石市上十川(随時)
嘉瀬奴踊　　五所川原市金木町嘉瀬　8月14日(随時)
念仏鶏舞　　上北郡東北町大浦字家の前(随時)
金ヶ沢鶏舞　　三戸郡新郷村戸来字金ヶ沢　4月19日，8月14・15日(随時)
加賀美流騎馬打毬　　八戸市　8月2日(随時)
東通神楽　　下北郡東通村　1月上旬，8月15・16日(随時)
鮫の神楽　　八戸市鮫町字上鮫　4月第3日曜日(随時)
斗内獅子舞　　三戸郡三戸町斗内　9月13〜15日
金木さなぶり荒馬踊　　五所川原市金木町朝日山　3月上旬(随時)
田子の虫追い　　三戸郡田子町相米字細野・原字飯豊　7月頃

大川原の火流し　　黒石市大川原　8月16日
岩崎の鹿島祭　　西津軽郡深浦町　5月下旬〜6月上旬
福浦の歌舞伎　　下北郡佐井村長後(随時)
法霊神楽　　八戸市内丸2丁目(おがみ神社)　8月1日
東通のもちつき踊　　下北郡東通村　1月15・16日
東通村の獅子舞　　下北郡東通村入口・袰部(随時)
横浜町の獅子舞　　上北郡横浜町百目木・向平(随時)
横浜町の神楽　　上北郡横浜町有畑・浜田・鶏沢・大豆田・檜木(随時)
黒石ねぷた　　黒石市　7月30日〜8月5日
田名部の山車行事　　むつ市　8月18〜20日
川内の山車行事　　むつ市　9月15日前後の土・日曜日
佐井の山車行事　　下北郡佐井村　9月14〜16日
脇野沢の山車行事　　むつ市　8月15〜17日
大畑の山車行事　　むつ市　9月14〜16日
風間浦の山車行事　　下北郡風間浦村　8月旧盆頃, 10月10・11日
今別町の荒馬　　東津軽郡今別町　8月4〜7日
相内の虫送り　　五所川原市　6月第1土曜日
岡三沢神楽　　三沢市岡三沢　2月最終日曜日
鰺ヶ沢白八幡宮の大祭行事　　西津軽郡鰺ヶ沢町　8月14〜16日(4年に1回)

【おもな祭り】(国・県指定無形民俗文化財に関するものをのぞく)────
常盤八幡宮年縄奉納裸参り　　南津軽郡藤崎町　1月1日
鬼沢の裸参り　　弘前市　旧1月1日
ろうそくまつり　　弘前市沢田地区　旧1月15・16日
乳穂ヶ滝氷祭り　　中津軽郡西目屋村　2月中旬
奥津軽虫と火まつり　　五所川原市　6月下旬
川倉賽の河原地蔵尊例大祭　　五所川原市　旧6月22〜24日
大湊ねぶた　　むつ市　8月上旬
五所川原立佞武多　　五所川原市　8月3〜8日
大間稲荷神社大祭　　下北郡大間町　8月8〜11日
中里地域まつり(なにもささ踊り)　　北津軽郡中泊町　8月中旬
みんまや義経まつり　　東津軽郡外ヶ浜町　8月14・15日
小泊地域まつり(港まつり)　　北津軽郡中泊町　8月14〜16日
十三の砂山まつり　　五所川原市　8月14〜16日
のへじ祇園まつり　　上北郡野辺地町　8月18〜21日
三沢まつり　　三沢市　8月下旬
五戸まつり　　三戸郡五戸町　8月下旬〜9月上旬
七戸秋まつり　　上北郡七戸町　9月3〜6日
十和田市秋まつり　　十和田市　9月上旬
馬市まつり　　つがる市　9月上旬

名川秋まつり　　三戸郡南部町　9月8〜10日
さんのへ秋まつり　　三戸郡三戸町　9月9〜11日
百石祭　おいらせ町　9月14〜17日
猿賀神社十五夜大祭　　平川市　旧8月14〜16日

## 【有形民俗文化財】（〔　〕は管理者）

### 国指定
泊のまるきぶね　　青森市〔青森県〕
南部のさしこ仕事着コレクション　　三沢市〔三沢市〕
円覚寺奉納海上信仰資料　　西津軽郡深浦町〔円覚寺〕
津軽・南部のさしこ着物　　青森市〔田中玄〕
南部七戸見町観音堂庶民信仰資料　　上北郡七戸町　見町観音堂講〔七戸町〕
南部七戸小田子不動堂奉納絵馬　　上北郡七戸町　小田子不動堂講〔七戸町〕
八戸及び周辺地域の漁撈用具と浜小屋　　八戸市〔八戸市〕
津軽海峡及び周辺地域のムダマハギ型漁船コレクション　　青森市〔財団法人みちのく北方漁船博物館財団〕

### 県指定
順礼札　　三戸郡南部町〔恵光院〕
笈　　三戸郡南部町〔恵光院〕
甓機　　三戸郡田子町〔田子町教育委員会〕
アイヌの腰刀　　むつ市〔佐藤シガ子〕
泊の丸木舟　　上北郡六ヶ所村〔六ヶ所村〕
銀鋄斗包印籠刻蝦夷腰刀拵　　むつ市〔佐藤義栄〕
南部地方の紡織用具及び麻布　　青森市〔加藤　一〕
高照神社奉納額絵馬　　弘前市〔高照神社〕
舟ヶ沢の丸木舟　　上北郡東北町〔東北町〕
青森の刺しこ着　　青森市〔青森市〕
東通村目名不動院伝来能舞面　　下北郡東通村〔東通村〕
順礼札（隅ノ観音堂）　　三戸郡南部町〔堀内重男〕

## 【無形文化財】

### 国指定
〔記録作成等の措置を講ずべき無形文化財〕
郁田流筝曲　　青森市　葛西はるゑ

## 【重要伝統的建造物群保存地区】

### 国指定
弘前市仲町伝統的建造物群保存地区　　弘前市馬喰町全域・若党町及び小人町各一部
黒石市中町伝統的建造物群保存地区　　黒石市中町・浦2丁目・甲徳兵衛町及び横町の各一部

【散歩便利帳】

[県外の問い合わせ]
青森県東京観光案内所　　〒102-0071東京都千代田区富士見2-3-11 青森県会館　TEL03-5276-1788・FAX03-5276-1789

[県内の問い合わせ]
青森県環境生活部県民生活文化課県史編さんグループ　　〒030-8570 青森市長島1-1-1　TEL017-734-9238・FAX017-734-8063
青森市教育委員会　　〒038-8505青森市柳川2-1-1　TEL017-761-4835・FAX017-761-4792
青森市教育委員会浪岡教育事務所　　〒038-1392青森市浪岡大字浪岡字稲村101-1　TEL0172-62-3004・FAX0172-62-8166
弘前市教育委員会　　〒036-1313弘前市賀田1-1-1　TEL0172-44-1221・FAX0172-44-8780
八戸市教育委員会　　〒031-8686八戸市内丸1-1-1　TEL0172-52-2111・FAX0172-52-3777
黒石市教育委員会　　〒036-0307黒石市大字市ノ町5-2　TEL0172-52-2111・FAX0172-52-3777
五所川原市教育委員会　　〒037-0202五所川原市金木町朝日山319-1　TEL0173-35-2111・FAX0173-53-2995
五所川原市市浦庁舎　　〒037-0401五所川原市相内349-1　TEL0173-35-2111・FAX0173-72-2115
十和田市教育委員会　　〒034-0392十和田市大字奥瀬字中平70-3　TEL0176-72-2313・FAX0176-72-3123
三沢市教育委員会　　〒033-8666三沢市桜町1-1-38　TEL0176-53-5111・FAX0176-52-3963
むつ市教育委員会　　〒035-8686むつ市中央1-8-1　TEL0175-22-1111・FAX0175-22-1488
むつ市川内庁舎　　〒039-5201むつ市榎木153　TEL0175-42-3113・FAX0175-42-4282
むつ市大畑庁舎　　〒039-4401むつ市大畑町中島108-5　TEL0175-34-2321・FAX0175-34-2322
むつ市脇野沢庁舎　　〒039-5331むつ市脇野沢渡向107-1　TEL0175-44-2110・FAX0175-44-3898
つがる市教育委員会　　〒038-3138つがる市木造若緑52　TEL0173-49-1194・FAX0173-49-1212
平川市教育委員会　　〒036-0102平川市光城2-30-1　TEL0172-44-1221・FAXX0172-44-8780
平内町教育委員会　　〒039-3321東津軽郡平内町大字小湊字下槻12-1　TEL017-755-2565・FAX017-755-2078
外ヶ浜町教育委員会　　〒030-1393東津軽郡外ヶ浜町字蟹田高銅屋44-2　TEL0174-31-1233・FAX0174-31-1238
今別町教育委員会　　〒030-1502東津軽郡今別町大字今別字今別166　TEL0174-35-2157・FAX0174-35-3923
蓬田村教育委員会　　〒030-1203東津軽郡蓬田村大字郷沢字浜田136-76　TEL0174-31-3111・FAX0174-31-3112
鰺ヶ沢町教育委員会　　〒038-2792西津軽郡鰺ヶ沢町本町209-2　TEL0173-72-2111・FAX0173-72-7277
深浦町教育委員会　　〒038-2324西津軽郡深浦町大字深浦字苗代沢84-2　TEL0173-74-2111・FAX0173-74-3050
板柳町教育委員会　　〒038-3672北津軽郡板柳町大字灰沼字岩井61　TEL0172-72-1800・FAX0172-72-1801

中泊町教育委員会(中泊町博物館)　〒037-0305北津軽郡中泊町大字中里字紅葉坂210　TEL0173-69-1112・FAX0173-69-1115

鶴田町教育委員会　〒038-3595北津軽郡鶴田町大字鶴田字早瀬200-1　TEL0173-22-2111・FAX0173-22-6007

西目屋村教育委員会　〒036-1411中津軽郡西目屋村大字田代字稲元143　TEL0172-85-2858・FAX0172-85-3132

藤崎町教育委員会　〒038-1214南津軽郡藤崎町大字常磐字三西田35-1　常磐生涯学習文化会館内　TEL0172-65-3100・FAX0172-65-3798

大鰐町教育委員会　〒038-0211南津軽郡大鰐町大字大鰐字前田51-8　TEL0172-48-3201・FAX0172-48-3215

田舎館村教育委員会(田舎館村埋蔵文化財センター)　〒038-1121南津軽郡田舎館村大字畑中字藤本159-1　TEL0172-58-2250・FAX0172-58-2394

野辺地町教育委員会(野辺地町立歴史民俗資料館)　〒039-3131上北郡野辺地町字野辺地1-3　TEL0175-64-9494・FAX0175-64-9494

七戸町教育委員会　〒039-2592上北郡七戸町字七戸31-2　TEL0176-62-9702・FAX0176-62-6256

おいらせ町教育委員会　〒039-2289上北郡おいらせ町上明堂60-6　TEL0178-56-4276・FAX0178-56-4268

六戸町教育委員会　〒039-2371上北郡六戸町大字犬落瀬字前谷地61　TEL0176-55-5511・FAX0176-55-5514

横浜町教育委員会　〒039-4141上北郡横浜町字美保野57-8　TEL0175-78-6622・FAX0175-78-6112

東北町教育委員会(東北町歴史民俗資料館)　〒039-2401上北郡東北町大字上野字上野191-30　TEL0176-56-5598・FAX0176-56-3692

六ヶ所村教育委員会　〒039-3212上北郡六ヶ所村大字尾駮字野附478-2　TEL0175-72-2111・FAX0175-72-2246

大間町教育委員会　〒039-4601下北郡大間町大字大間字大間91　TEL0175-37-2103・FAX0175-37-4661

東通村教育委員会　〒039-4292下北郡東通村大字砂子又字沢内5-34　TEL0175-27-2111・FAX0175-27-3027

風間浦村教育委員会　〒039-4502下北郡風間浦村大字易国間字大川目28-5　TEL0175-35-2210・FAX0175-35-2123

佐井村教育委員会　〒039-4711下北郡佐井村大字佐井字糠森20　TEL0175-38-4506・FAX0175-38-4512

三戸町教育委員会　〒039-0112三戸郡三戸町大字在府小路町43　TEL0179-20-1157・FAX0179-20-1147

五戸町教育委員会　〒039-1513三戸郡五戸町字古舘21-1　TEL0178-62-2111・FAX0178-62-2114

田子町教育委員会　〒039-0201三戸郡田子町大字田子字柏木田169　TEL0179-20-7070・FAX0179-20-7075

南部町教育委員会　〒039-0195三戸郡南部町大字沖田面字沖中46　TEL0179-34-2132・FAX0179-34-3127
階上町教育委員会　〒039-1201三戸郡階上町大字道仏字天当平1-87　TEL0178-88-2698・FAX0178-88-1803
新郷村教育委員会　〒039-1801三戸郡新郷村大字戸来字風呂前10　TEL0178-78-2111・FAX0178-78-3294

## 【参考文献】

『青森県中世金石造文化財』(青森県立郷土館調査報告第27集)　青森県立郷土館編　青森県立郷土館　1990

『青森県の板碑』(青森県立郷土館調査報告第15集)　青森県立郷土館編　青森県立郷土館　1983

『青森県の近代化遺産』(近代化遺産総合調査報告書)　青森県教育庁文化課編　青森県教育委員会　2000

『青森県の中世城館』(青森県文化財調査報告書昭和57年度)　青森県教育委員会編　青森県教育委員会　1983

『青森県の歴史』　長谷川成一・村越潔・小口雅史・斉藤利男・小岩信竹　山川出版社　2000

『青森県「歴史の道」調査報告書──羽州街道,乳井通り,大豆坂通り,松前街道──奥州街道(2)』　青森県立郷土館編　青森県教育委員会　1983

『青森県「歴史の道」調査報告書──西浜街道(鰺ヶ沢街道),百沢街道,黒石・山形街道,十三街道,下之切通り(小泊道)』　青森県立郷土館編　青森県教育委員会　1984

『青森県「歴史の道」調査報告書──奥州街道(1),鹿角街道,上り街道(八戸街道),久慈街道』　青森県立郷土館編　青森県教育委員会　1985

『青森県「歴史の道」調査報告書──北浜街道,田名部道,北通道,西通道』　青森県立郷土館編　青森県教育委員会　1986

『稲生川と土淵堰　大地を拓いた人々』(特別展図録)　青森県立郷土館編　青森県立郷土館　1994

『岩手県の歴史』　細井計・伊藤博幸・菅野文夫・鈴木宏　山川出版社　1999

『撮された青森　絵はがきと写真で見る近代』(特別展図録)　青森県立郷土館編　青森県立郷土館　2000

『永禄日記』(「みちのく叢書」第1集〈復刻〉)　青森県文化財保護協会編　国書刊行会　1979

『蝦夷錦と北方交易』(特別展図録)　青森県立郷土館編　青森県立郷土館　2003

『奥民図彙』(青森県立図書館郷土双書第5集)　比良野貞彦著・青森県立図書館編　青森県立図書館　1973

『角川日本地名大辞典2　青森県』　「角川日本地名大辞典」編纂委員会編　角川書店　1985

『北の内海世界　北奥羽・蝦夷ヶ島と地域諸集団』　入間田宣夫・小林真人・斉藤利男編　山川出版社　1999

『北の環日本海世界　書きかえられる津軽安藤氏』　村井章介・斉藤利男・小口雅史編　山川出版社　2002

『三陸海岸と浜街道』(街道の日本史5)　瀧本壽史・名須川溢男編　吉川弘文館　2004

『下北　自然・文化・社会』(復刊)　九学会連合下北調査委員会編　平凡社　1989

『下北半島』　青森県立郷土館編　青森県立郷土館　1991

『下北半嶋史』　笹沢魯洋　下北郷土会　1952

『下北・渡島と津軽海峡』(街道の日本史4)　浪川健治編　吉川弘文館　2001

『新撰陸奥国誌』1-6(みちのく叢書第15-20集)　岸俊武　青森県文化財保護協会　1964-66

『菅江真澄遊覧記』(1)-(5)　　内田武志訳・宮本常一編　平凡社　1965-68
『図説日本の歴史 2　青森県の歴史』　　盛田稔・長谷川成一編　河出書房新社　1991
『図説　三戸・八戸の歴史』　　盛田稔監修　郷土出版社　2005
『中世都市十三湊と安藤氏　歴博フォーラム』　　国立歴史民俗博物館編　新人物往来社　1994
『津軽安藤氏と北方社会　藤崎シンポジウム「北の中世を考える」』　　小口雅史編　河出書房新社　1995
『津軽俗説選』1・2(『新編青森県叢書』第1・2巻所収)　　新編青森県叢書刊行会編　歴史図書社　1973・74
『津軽一統志』(『新編青森県叢書』第1巻所収)　　新編青森県叢書刊行会編　歴史図書社　1974
『津軽・松前と海の道』(街道の日本史3)　　長谷川成一編　吉川弘文館　2001
『東奥沿海日誌』　　松浦武四郎著・吉田武三編　時事通信社　1969
『東北の街道　道の文化史いまむかし』　　渡辺信夫監修　東北建設協会編　無明舎出版　1998
『東北遊日記』(『新編青森県叢書』第3巻所収)　　新編青森県叢書刊行会編　歴史図書社　1974
『東遊雑記　奥羽・松前巡見私記』(東洋文庫)　　古川古松軒　平凡社　1964
『日本書紀』(新訂増補国史大系第1巻上・下)　　黒板勝美編　吉川弘文館　1951
『日本歴史地名大系2　青森県の地名』　　虎尾俊哉監修　平凡社　1982
『後鑑』(新訂増補国史大系第34-37巻)　　黒板勝美・国史大系編修会編　吉川弘文館　1964-66
『平山日記』(『みちのく叢書』第17集〈復刻〉)　　青森県文化財保護協会編　国書刊行会　1983
『弘前藩』　　長谷川成一　吉川弘文館　2004
『弘藩明治一統誌』1-14(青森県立図書館郷土双書第12-25集)　　内藤官八郎著・青森県立図書館編　青森県立図書館　1980-85
『ぶらっと建物探訪　古い建物のはなし』　　古跡昭彦　堅香子草プラン　2005

※『青森県史』『新青森市史』『新編弘前市史』などの県市町村史(誌)・遺跡発掘調査報告書・雑誌論文の類は省略した。

## 【年表】

| 時代 | 西暦 | 年号 | 事項 |
|---|---|---|---|
| 旧石器時代 | | | 長者久保遺跡(東北町)・大森勝山遺跡(弘前市)・大平山元Ⅰ～Ⅲ遺跡(外ヶ浜町)・物見台遺跡(東通村) |
| 縄文時代 | | | 三内丸山遺跡(青森市)・石神遺跡(つがる市)・最花遺跡(むつ市)・十腰内遺跡(弘前市)・是川遺跡(八戸市)・亀ヶ岡遺跡(つがる市) |
| 弥生時代 | | | 砂沢遺跡(弘前市)・垂柳遺跡(田舎館村)・宿野辺遺跡(むつ市)・切田遺跡(十和田市) |
| 古墳時代 | | | 長者森遺跡(弘前市)・小友遺跡(弘前市) |
| | 655 | (斉明元) | 蝦夷朝廷に帰順、津苅の蝦夷6人に冠位授与 |
| | 658 | ( 4 ) | 阿倍比羅夫、蝦夷を討つ。津軽大領・少領に論功行賞 |
| | 659 | ( 5 ) | 阿倍比羅夫、津軽の蝦夷を饗応 |
| 奈良時代 | 710 | 和銅3 | 平城遷都 |
| | | | 群集墳の築造始まる、鹿島沢古墳群(八戸市)・丹後古墳群(八戸市)・原遺跡(平川市) |
| 平安時代 | 794 | 延暦13 | 平安遷都 |
| | 802 | 21 | 坂上田村麻呂、蝦夷を討つ |
| | 814 | 弘仁5 | 朝廷、津軽狄俘に備え、胆沢城(岩手県奥州市)・徳丹城(同県矢巾町)に糒・塩を送る |
| | 878 | 元慶2 | 出羽国で元慶の乱発生、津軽の夷俘の動向が懸念される |
| | 10～11世紀 | | 環壕集落(防御性集落)の出現、高屋敷館遺跡(青森市)・荼毘館遺跡(弘前市)・石川長者森遺跡(弘前市) |
| | 1051 | 永承6 | 前九年合戦始まる(～1062年)、安藤氏の祖高星丸、藤崎に逃れるという |
| | 1083 | 永保3 | 後三年合戦始まる(～1087年) |
| | 1185～90 | 文治年間 | この頃、藤原秀栄、十三福島城を築くという |
| 鎌倉時代 | 1189 | 文治5 | 奥州藤原氏滅亡。源頼朝、宇佐美実政を津軽惣地頭職とする |
| | 1190 | 建久元 | 大河兼任の乱おこる |
| | 1192 | 3 | 源頼朝、征夷大将軍となる |
| | 1219 | 承久元 | 曽我広忠、平賀郡岩館村の地頭代職となる |
| | 1288 | 正応元 | 源光氏、中別所に板碑を建てる |
| | 1289 | 2 | 三戸長栄寺の石碑が建てられる |
| | 1306 | 嘉元4 | 藤崎護国寺の嘉元鐘が鋳造される(弘前市長勝寺に現存) |
| | 1312～17 | 正和年間 | この頃、安藤氏、十三新城を築くという |
| | 1322 | 元亨2 | 安藤氏の蝦夷沙汰権職相続をめぐり内紛、津軽大乱に拡大 |
| 南北朝時代 | 1333 | 正慶2 元弘3 | 後醍醐天皇方と鎌倉幕府方の争乱続く。幕府滅亡 |
| | 1336 | 建武3 | 南北朝の争乱、曽我貞光・安藤家季、南方の南部師行らと戦 |

| | | 延元元 | う |
|---|---|---|---|
| | 1373 | 応安6 | 北畠氏，浪岡に入る(応永年間〈1394〜1428〉とも) |
| | | 文中2 | |
| 室町時代 | 1392 | 明徳3 | 南北朝合体 |
| | | 元中9 | |
| | 1432 | 永享4 | 南部義政，安藤盛季を蝦夷地に追う(1443年とも) |
| | 1436 | 8 | 安藤康季，勅命により若狭羽賀寺を再建 |
| | 1457 | 康正3 | 南部政経，蠣崎氏(松前氏の祖)を蝦夷地に追う |
| | 1467 | 応仁元 | 応仁の乱始まる(〜1477年) |
| | 1491 | 延徳3 | 南部光信，鰺ヶ沢の種里に入る(津軽側の史料) |
| | 1502 | 文亀2 | 光信，大浦城を築き，子の盛信をおく(津軽側の史料) |
| | | | 南部高信，大光寺の葛西氏を滅ぼす(南部側の史料) |
| | 1530 | 享禄3 | 恐山円通寺再建 |
| | 1571 | 元亀2 | 大浦(津軽)為信，石川城を攻略(津軽側の史料) |
| | 1573 | 天正元 | 室町幕府滅亡 |
| 安土・桃山時代 | 1578 | 6 | 為信，浪岡北畠氏を滅ぼす(津軽側の史料) |
| | 1582 | 10 | 南部信直，南部家26代を継ぐ |
| | 1590 | 18 | 豊臣秀吉，小田原征討。津軽為信・南部信直が前後して参陣，本領を安堵される |
| | 1591 | 19 | 九戸政実の乱，為信と信直も出陣。秀吉の全国統一完了 |
| | 1596 | 慶長元 | 為信，浅瀬石の千徳氏を滅ぼす。津軽統一完了(一説に1597年) |
| | 1597 | 2 | 信直，盛岡に築城 |
| 江戸時代 | 1600 | 5 | 関ヶ原の戦い。徳川家康の覇権確立 |
| | 1611 | 16 | 高岡(弘前)城完成，津軽信枚，堀越城から移る。信枚，家康の養女満天姫を正室に迎える |
| | 1617 | 元和3 | 南部利直，八戸氏から下北の支配権を奪い，八戸浦を与える |
| | 1625 | 寛永2 | 青森開港。弘前藩，太平洋海運を利用し江戸へ御膳米を廻漕 |
| | 1627 | 4 | 利直，八戸直義(直栄)を八戸根城から遠野(岩手県)へ移す。弘前城の天守閣，落雷で焼失 |
| | 1628 | 5 | 高岡を弘前と改称。岩木山神社楼門落成，弘前長勝寺三門落成 |
| | 1632 | 9 | 南部利康霊屋落成(1631年とも) |
| | 1641 | 18 | 南部・津軽とも大凶作。青森善知鳥神社再建 |
| | 1650 | 慶安3 | 弘前藩尾太鉱山，盛岡藩下北の砂鉄開発 |
| | 1664 | 寛文4 | 盛岡藩，盛岡8万石と八戸2万石に分立 |
| | 1666 | 6 | 円空，津軽・下北巡遊，各地で仏像をつくる |
| | 1667 | 寛文7 | 弘前大円寺(現，最勝院)の五重塔完成 |
| | 1671 | 11 | 津軽信政，青森に御仮屋を設ける |
| | 1684 | 貞享元 | 弘前藩，新検地実施(1687年完了) |
| | 1688 | 元禄元 | 八戸藩主南部直政，5代将軍徳川綱吉の側用人となる |

| | | | |
|---|---|---|---|
| | 1691 | 元禄4 | 盛岡藩,駒改め制度を設ける |
| | 1695 | 8 | 南部・津軽とも大凶作 |
| | 1710 | 宝永7 | 津軽信政没,高照霊社(明治以降は高照神社)にまつられる |
| | 1726 | 享保11 | この頃,盛岡藩,三戸住谷野牧でペルシャ馬を飼育 |
| | 1748 | 寛延元 | 八戸藩,高辻帳を作成 |
| | 1753 | 宝暦3 | 弘前藩,乳井貢を登用し,宝暦の改革を実施(〜1758年)。標符・諸品通制度を実施 |
| | 1760 | 10 | 盛岡藩,下北の檜山制度を改め,藩有とする |
| | 1783 | 天明3 | 天明の大飢饉始まる。南部・津軽で餓死者多数 |
| | 1785 | 5 | 菅江真澄,初めて弘前藩に来遊,以後多くの紀行文を著す |
| | 1787 | 7 | 最上徳内,野辺地に居住し,著作を著す |
| | 1788 | 8 | 古川古松軒,幕府巡検使に随行して弘前藩・盛岡藩・八戸藩に来遊 |
| | 1793 | 寛政5 | 幕命により,弘前・盛岡・八戸藩,領内沿岸を警備 |
| | 1796 | 8 | 弘前藩校,稽古館開校 |
| | 1799 | 11 | 幕府,蝦夷地を直轄とし,弘前・盛岡藩蝦夷地警備始まる |
| | 1800 | 12 | 伊能忠敬,弘前藩の沿岸測量を行う |
| | 1808 | 文化5 | 盛岡藩20万石,弘前藩10万石に高直り |
| | 1809 | 6 | 黒石の津軽氏,1万石の大名となる |
| | 1810 | 7 | 弘前城天守閣再建(実際は新規造営) |
| | 1813 | 10 | 津軽で最大の百姓一揆,民次郎一揆おこる |
| | 1819 | 文政2 | 八戸藩,財政再建のため,野村軍記を登用 |
| | 1821 | 4 | 相馬大作事件おこる。幕府,蝦夷地を松前藩に返還,弘前・盛岡藩の蝦夷地警備撤収 |
| | 1829 | 12 | 八戸藩校文武講習所,開校 |
| | 1832 | 天保3 | 天保の飢饉始まる,南部・津軽で被害甚大 |
| | 1834 | 5 | 八戸藩で惣百姓一揆(稗三合一揆)発生 |
| | 1852 | 嘉永5 | 吉田松陰,宮部鼎蔵と津軽・南部の沿岸警備状況を探索 |
| | 1853 | 6 | 新渡戸傳,三本木原の開拓に着手。ペリー浦賀に来航 |
| | 1855 | 安政2 | 弘前・盛岡などの諸藩,再び蝦夷地警備を命ぜられる |
| | 1867 | 慶応3 | 大政奉還 |
| 明治時代 | 1868 | 明治元 | 野辺地戦争おこる |
| | 1869 | 2 | 七戸藩成立,藩主南部信民。松平容大移封され,下北などで斗南藩3万石となる。版籍奉還 |
| | 1871 | 4 | 廃藩置県。陸奥国は5県時代を経て,青森県(県庁青森)となる |
| | 1872 | 5 | 東奥義塾開校。この頃,キリスト教が弘前に広まる。広沢安任,三沢に洋式牧場を開く |
| | 1875 | 8 | 西洋果樹の苗木,配布される(リンゴ3本) |
| | 1876 | 9 | 明治天皇,県内巡幸(1881年再巡幸) |
| | 1878 | 11 | 青森に陸軍歩兵第五連隊設置 |

| | 1879 | 明治12 | 国立第五十九銀行(弘前)・国立第百五十銀行(八戸)開業 |
|---|---|---|---|
| | 1884 | 17 | 青森に青森県立中学校開校(現, 県立弘前高校) |
| | 1886 | 19 | 青森県尋常師範学校開校(現, 弘前大学教育学部) |
| | 1888 | 21 | 『東奥日報』創刊 |
| | 1889 | 22 | 大日本帝国憲法公布。弘前, 市制をしく |
| | 1891 | 24 | 東北本線全通 |
| | 1894 | 27 | 日清戦争開戦。奥羽線(青森・弘前間)開通, 八戸線開通。青森合浦公園完成 |
| | 1895 | 28 | 弘前城跡を弘前公園として開園 |
| | 1896 | 29 | 三陸大津波。弘前に陸軍第八師団設置決定。七戸に奥羽種馬牧場(のちの種畜牧場)設置 |
| | 1898 | 31 | 青森, 市制をしく |
| | 1901 | 34 | 弘前に青森県高等女学校開校(現, 県立弘前中央高校) |
| | 1902 | 35 | 陸軍歩兵第五連隊, 八甲田山雪中行軍で遭難, 199人死亡 |
| | 1904 | 37 | 日露戦争開戦 |
| | 1905 | 38 | 奥羽線全通。大湊要港部開設 |
| | 1908 | 41 | 国鉄による青函連絡船運航開始。『奥南新報』創刊 |
| | 1911 | 44 | 青森女子師範学校開校(現, 弘前大学教育学部) |
| 大正時代 | 1912 | 大正元 | 油川貞策陸軍中尉(大鰐町出身), スキーの技術を初めて本県にもたらす。黒石線(川辺・黒石間)開通 |
| | 1914 | 3 | 第一次世界大戦開戦 |
| | 1915 | 4 | 八戸櫛引八幡宮の赤糸威鎧・白糸褄取鎧, 国宝に指定。青森築港起工。陸軍特別大演習で大正天皇, 弘前に滞在 |
| | 1918 | 7 | 弘前の観桜会開始。黒石に県リンゴ試験園開設。陸奥鉄道(川部・五所川原間)開通 |
| | 1919 | 8 | 八戸鮫港修築起工 |
| | 1921 | 10 | 官立弘前高等学校(現, 国立弘前大学)開校。大湊線(野辺地・大湊間)開通。日の出セメント, 八戸で操業開始 |
| | 1922 | 11 | 十和田鉄道(古間木・三本木間)開通 |
| | 1923 | 12 | 弘前に県立工業試験場開設。東北大学浅虫臨海実験所完成 |
| | 1924 | 13 | 八戸大火, 1200余戸焼失。五能線部分(五所川原・陸奥森田間)開通 |
| | 1925 | 14 | 大鰐で全日本スキー大会開催。青函連絡船の貨車航送開始。大町桂月, 蔦温泉で死去 |
| 昭和時代 | 1927 | 昭和2 | 弘南鉄道(弘前・尾上間)開通 |
| | 1928 | 3 | 青森市に青森県立図書館開館 |
| | 1929 | 4 | 八戸, 市制をしく |
| | 1930 | 5 | 南部鉄道(尻内・五戸間)開通, 八戸線久慈(岩手県)まで延長。津軽鉄道(五所川原・金木間)開通, 翌年中里まで延長。八戸で全日本スピードスケート大会開催 |

| 1931 | 昭和6 | ミス・ビードル号，淋代から初の太平洋無着陸横断飛行に成功。県苹果試験場(のちのリンゴ試験場)開場 |
|---|---|---|
| 1933 | 8 | 三陸沖地震，大津波の被害甚大 |
| 1935 | 10 | 秩父宮，弘前歩兵第三十一連隊大隊長として赴任 |
| 1936 | 11 | 十和田湖・八甲田山，国立公園に指定される。五能線(川部・東能代間)全通 |
| 1937 | 12 | 日華事変。弘前城の天守・櫓・城門，国宝(現，国重文)に指定 |
| 1938 | 13 | 県内初のラジオ放送局，弘前に開局 |
| 1939 | 14 | 日東化学八戸工場落成。大畑線(大湊・大畑間)開通 |
| 1940 | 15 | 浪岡城跡，国史跡に指定 |
| 1941 | 16 | 太平洋戦争開戦，三沢に海軍航空基地完成。根城跡・七戸城跡，国史跡に指定 |
| 1944 | 19 | 青森医学専門学校(現，弘前大学医学部)開校 |
| 1945 | 20 | 青森市大空襲，全市焦土と化す。終戦，米軍県内に進駐 |
| 1946 | 21 | 五所川原大火，814戸焼失 |
| 1947 | 22 | 昭和天皇来県。初の公選知事に津島文治当選 |
| 1949 | 24 | 国立弘前大学開学 |
| 1951 | 26 | 津軽線(青森・蟹田間)開通，十和田観光電鉄(古間木・三本木)営業開始 |
| 1952 | 27 | 弘前電鉄(弘前・大鰐間)開通。弘前城跡，国史跡に指定 |
| 1953 | 28 | 十和田・岩木川地域が国土総合開発地域に指定。稲の耐寒品種藤坂5号冷害に威力発揮。県内初の民放，ラジオ青森(現，青森放送)開局。高村光太郎，十和田湖畔に「乙女の像」を制作 |
| 1954 | 29 | 台風15号で青函連絡船洞爺丸沈没。五所川原・黒石，市制をしく |
| 1955 | 30 | 三本木，市制をしき，翌年十和田市と改称 |
| 1956 | 31 | 青森市に陸上自衛隊第9混成旅団本部開設 |
| 1958 | 33 | 三沢，市制をしく。津軽線三厩まで延長 |
| 1959 | 34 | 大湊と田名部，市制をしき，翌年むつ市と改称(全国初の平仮名の市)。目屋ダム，貯水を開始。NHK・RAB，テレビ放送を開始 |
| 1960 | 35 | チリ地震津波来襲，八戸港大被害 |
| 1962 | 37 | 南部縦貫鉄道(七戸・千曳間)開通 |
| 1963 | 38 | 国立八戸工業高等専門学校開校。リンゴ生産3000万箱突破 |
| 1964 | 39 | 八戸市新産業都市に決定。青森空港開港。青函トンネル，本州側調査坑着工。東京オリンピック開催 |
| 1966 | 41 | 県内で全国高校総体開催 |
| 1967 | 42 | 大湊港，原子力船母港に決定 |
| 1968 | 43 | 十勝沖地震，大被害。下北半島，国定公園に指定 |

| | 1970 | 昭和45 | 米の減反政策開始。板画家棟方志功(青森市),文化勲章受章 |
|---|---|---|---|
| | 1971 | 46 | 青森県制100周年 |
| | 1972 | 47 | むつ小川原地域の総合開発決定 |
| | 1973 | 48 | 青森市に青森県立郷土館開館。弘西林道(弘前・岩崎間)完工 |
| | 1977 | 52 | 第32回(あすなろ)国体開催,青森県天皇杯を獲得 |
| | 1981 | 56 | 原子力船「むつ」の新母港,関根浜(むつ市)に決定 |
| | 1982 | 57 | 東北新幹線(大宮・盛岡間)開通 |
| | 1983 | 58 | 日本海中部地震 |
| | 1984 | 59 | 国鉄黒石線・大畑線民営化 |
| | 1986 | 61 | 東北自動車道(浦和・青森間)全通 |
| | 1987 | 62 | 新青森空港暫定開港 |
| | 1988 | 63 | 青函連絡船廃止され,JR津軽海峡線開業。青函博覧会開催 |
| 平成時代 | 1989 | 平成元 | 市制・町村制施行100周年。東北自動車道(安代・八戸間)開通 |
| | 1993 | 5 | 白神山地,世界遺産に登録 |
| | 2000 | 12 | 弘前市に青森県武道館開館 |
| | 2001 | 13 | 三内丸山遺跡,国特別史跡に指定 |
| | 2002 | 14 | 東北新幹線,盛岡から八戸まで延長 |
| | 2003 | 15 | 青森で第5回冬季アジア大会開催 |
| | 2004 | 16 | 「平成の大合併」開始,五戸町と倉石村が合併し新五戸町誕生 |
| | 2006 | 18 | 弘前市・岩木町・相馬村が合併し新弘前市誕生,県内40市町村となる。トリノ冬季オリンピック女子カーリング競技でチーム青森活躍。青森市に青森県立美術館開館 |
| | 2007 | 19 | 青森市で世界女子カーリング選手権開催。弘前市で陸羯南生誕150年・没後100年記念事業開催 |
| | 2008 | 20 | 六ヶ所村に国際核融合研究センター開設。青森市でG8エネルギー相会合開催。十和田湖の境界が定まり,青森県と秋田県の県境が確定 |
| | 2009 | 21 | 八戸市風晴1遺跡出土の土偶,国宝に指定 |
| | 2010 | 22 | 東北新幹線,八戸から新青森まで延長,東北新幹線全通 |
| | 2011 | 23 | 東日本大震災,八戸市・三沢市・おいらせ町・階上町で被害 |
| | 2013 | 25 | 種差海岸(国名勝)・蕪島ウミネコ繁殖地(国天然)・階上岳県立自然公園が三陸復興国立公園に指定される |

## 【索引】

### —ア—

青森銀行記念館(旧第五十九銀行本店本館)
　……………………………………17, 29
青森県農業試験場藤坂支場 ………… 219
青森県立郷土館(旧青森銀行本店) …… 98,
　146, 148, 150, 152, 161, 164, 177, 203
青森県立航空科学館 ………………… 213
青森県立美術館 ……………………… 145
青森市立八甲田山雪中行軍遭難資料館 ‥156
赤倉神社 ……………………………… 61
赤根沢の赤岩 ………………………… 166
赤御堂貝塚 …………………………… 285
秋田雨雀記念館 ……………………… 75
浅所海岸 ………………………… 142, 143
浅水城跡 ………………………… 291, 292
芦野公園 ………………………… 119, 120
浅瀬石城跡 …………………………… 79
愛宕公園 ……………………………… 239
油川城跡 ……………………………… 160
阿倍比羅夫 ……………………… 125, 145
新屋城跡 ……………………………… 90
新屋八幡宮 …………………………… 90
安藤(安東)氏 …… 24, 66, 67, 71, 110, 122,
　123, 125, 128, 161, 163, 172, 185
安藤昌益 ………………… 264, 266, 268, 269

### —イ—

飯詰高館城跡 ………………………… 132
渾神の清水 …………………………… 90
碇ケ関関所(面番所)跡 ……………… 92
生魂神社 …………………………… 84, 85
池ノ平の一里塚 ……………………… 220
石神遺跡 ………………………… 102, 103
石川城(大仏ケ鼻城)跡・大仏公園 …… 42, 43
石川啄木の歌碑 ……………………… 239
石坂洋次郎文学碑 …………………… 30
石沢館跡 ……………………………… 292
石場家住宅 ………………………… 9, 10
板柳町立郷土資料館 ………………… 116

市浦歴史民俗資料館 ………………… 124
一王寺遺跡 ……………………… 276, 277
一戸五右衛門屋敷跡 ………………… 248
一戸時計店時計台 …………………… 37
稲生川取水口 ………………………… 222
田舎館城跡 …………………………… 85
田舎館村埋蔵文化財センター弥生館 …… 84
稲荷神社(三戸郡五戸町) …………… 290
稲荷神社(三戸郡三戸町) …………… 253
稲荷神社(下北郡大間町) …………… 202
稲荷神社(弘前市北新寺町) ………… 32
今別八幡宮 …………………………… 167
岩木山 ……………… 42, 54-56, 59, 62, 75, 143
岩木山神社 ……………… 23, 42, 53, 55, 62, 166

### —ウ—

羽州街道 ……………… 6, 66, 68-70, 92, 141
宇曽利山湖 …………………………… 180
善知鳥神社 ………………… 145, 146, 153
姥ヶ岳神社 …………………………… 254
屛石 ……………………………… 170, 171
宇和堰(旧境堰) ……………………… 75
雲祥寺 ………………………………… 118

### —エ—

悦心院(中寺) …………………… 193, 194
江渡家住宅 ……………………… 290, 291
円覚寺(黒石市) ……………………… 74
円覚寺(西津軽郡深浦町) ………… 111-113
円空 ………… 34, 72, 90, 108, 160, 162, 163,
　170-172, 180, 183, 205, 207
延寿院 ………………………………… 108
円通寺 ……………… 179-182, 187, 198, 204
円明寺 ……………………………… 32, 33

### —オ—

奥入瀬渓流 ……………………… 224, 226
奥州街道 …… 140, 141, 143, 219, 220, 225, 227,
　233, 235, 241, 248, 250, 252, 289, 291
大石神社(下北郡風間浦村) ………… 200
大石神社(弘前市) ………………… 60, 61

索引　327

| | |
|---|---|
| 大浦城跡 | 51, 52 |
| 大浦(南部)光信 | 14, 23, 51, 108, 109 |
| 大平山元遺跡 | 164, 165 |
| 大星神社 | 154 |
| 大間貝塚 | 202 |
| 大間越関所(番所)跡 | 114 |
| 大間崎 | 201, 202 |
| 大町桂月の墓 | 222 |
| 大森勝山遺跡 | 61 |
| 大山ふるさと資料館 | 165 |
| 大鰐温泉 | 91, 157 |
| 岡田観音堂 | 280 |
| 竈神社 | 261, 262, 265, 270 |
| 小川原湖民俗博物館 | 213 |
| 沖館神明宮 | 90 |
| 憶念寺 | 192 |
| 尾崎神社 | 127 |
| オセドウ貝塚 | 121 |
| 恐山 | 179-182, 195, 197 |
| 小田子不動堂 | 230-233 |
| 遠光寺 | 82 |
| 女館貝塚 | 189 |

—カ—

| | |
|---|---|
| 海中寺 | 238 |
| 海伝寺 | 216 |
| 海童神社 | 116 |
| 海満寺 | 128 |
| 革秀寺 | 5, 24, 50, 147 |
| 籠立場の一里塚 | 252 |
| 風張1遺跡 | 277 |
| 傘松峠 | 158 |
| 花山院忠長 | 75, 78, 80-82, 86 |
| 鹿島沢古墳群 | 273 |
| 鹿島神社 | 68 |
| 柏正八幡宮 | 102 |
| 春日社(櫛引八幡宮末社, 八戸市) | 274 |
| 春日神社(むつ市) | 197 |
| 風待ち舘 | 113 |
| 月山神社(三戸郡三戸町) | 251 |
| 月山神社(八戸市) | 280 |

| | |
|---|---|
| 金木歴史民俗資料館 | 119 |
| 金谷貝塚 | 189 |
| 金平成園(沢成園) | 74 |
| 蕪島 | 282-284 |
| 蕪嶋神社 | 282, 283 |
| 釜臥山神社 | 182 |
| 釜淵観音堂 | 254 |
| 亀ヶ岡石器時代遺跡 | 97, 98 |
| 亀ヶ岡城跡 | 98, 99 |
| 唐糸御前史跡公園 | 67, 68 |
| 唐馬の碑 | 248 |
| 唐川城跡 | 123 |
| 川内八幡宮 | 192, 193 |
| 川口役所(十分一役所)跡 | 282 |
| 川倉地蔵堂 | 120 |
| 川島雄三記念室 | 184 |
| 川原御所之跡 | 70 |
| 川守田館跡 | 248 |
| 願栄寺 | 264, 266 |
| 巌鬼山神社 | 61, 62 |
| 感随寺 | 78 |
| 観音林遺跡 | 130 |
| 観福寺 | 251 |
| 観瀾山館跡 | 163, 164 |
| 願龍寺 | 126 |

—キ—

| | |
|---|---|
| 黄金(木金)橋 | 247, 248 |
| 義経寺 | 162, 170, 171 |
| 鬼神社 | 59, 60, 62 |
| 北金ヶ沢の古碑群 | 110 |
| 北氏館(剣吉館)跡 | 260 |
| 北畠顕家 | 45, 70, 110 |
| 北畠氏墓所 | 72 |
| 北畠守親 | 70, 72 |
| 木作(造)御仮屋・代官所跡 | 96 |
| 義民民次郎の墓 | 59, 60 |
| 旧青森県尋常中学校本館(鏡ケ丘記念館) | 31, 32 |
| 旧伊東家住宅 | 12, 13 |
| 旧岩田家住宅 | 12, 13 |

| | |
|---|---|
| 旧梅田家住宅 | 12 |
| 旧小山内家住宅 | 29, 30 |
| 旧海軍大湊要港部水源地堰堤 | 186 |
| 旧笠石家住宅 | 222 |
| 旧河内屋橋本合名会社 | 263, 264 |
| 旧制弘前高等学校外国人教師館 | 38 |
| 旧第九十銀行三戸支店 | 252 |
| 旧東奥義塾外人教師館 | 6, 18-20 |
| 旧斗南藩史跡 | 186 |
| 旧平山家住宅 | 129, 130 |
| 旧弘前偕行社(弘前厚生学院記念館) | 38, 39 |
| 旧弘前市立図書館 | 6, 18, 19 |
| 旧圓子家住宅 | 292 |
| 旧山寺跡 | 270 |
| 橋雲寺 | 27, 36, 52 |
| 教円寺 | 135 |
| 教応寺 | 35 |
| 脇沢寺(禅寺, 山寺) | 194 |
| 京徳寺 | 26 |
| 玉岑寺 | 251 |

── ク ──

| | |
|---|---|
| 櫛引城跡 | 275 |
| 櫛引(武田)甚三郎信建の墓 | 118 |
| 櫛引八幡宮 | 274, 275 |
| 久渡寺 | 36, 62 |
| 国吉の板碑群 | 46 |
| 九戸政実 | 228, 249, 276, 292 |
| 弘法寺 | 120 |
| 熊野奥照神社 | 5, 13, 14, 47 |
| 熊野宮(弘前市茜町) | 30 |
| 熊野神社(南津軽郡藤崎町) | 68 |
| 求聞寺 | 55 |
| 黒石市消防団第3分団第3消防部屯所 | 78 |
| 黒石城跡 | 76 |
| 黒石神社 | 76 |

── ケ ──

| | |
|---|---|
| 恵光院 | 251, 257 |
| 月窓寺 | 216 |
| 月峰院 | 26 |
| 気比神社 | 214, 215 |

| | |
|---|---|
| 玄中寺 | 265, 266 |
| 玄徳寺 | 69 |

── コ ──

| | |
|---|---|
| 高雲寺 | 291 |
| 更上閣(旧泉山邸) | 267 |
| 広沢寺 | 266 |
| 高沢寺 | 104, 105 |
| 幸畑陸軍墓地 | 156 |
| 光龍寺 | 268, 270, 271 |
| 小金山神社 | 158 |
| 国上寺 | 36, 74, 91, 92 |
| 小栗山神社 | 42 |
| 護国神社 | 8 |
| 五所川原須恵器窯跡群 | 132 |
| 五所川原(元町)八幡宮 | 134, 135 |
| 五所川原歴史民俗資料館 | 130 |
| 悟真寺 | 252 |
| 小田八幡宮 | 284 |
| 後藤伍長銅像 | 156, 157 |
| 金刀比羅宮(野辺地八幡宮末社) | 240 |
| 五戸代官所跡・五戸館跡 | 288 |
| 五戸町消防団第一分団屯所 | 290 |
| 駒形神社 | 292 |
| 五輪堂遺跡 | 88 |
| 是川縄文館 | 277 |
| 是川石器時代遺跡 | 276, 277 |
| 金剛寺 | 230 |
| 金光上人墳墓 | 72 |

── サ ──

| | |
|---|---|
| 西光院 | 71, 72 |
| 西光寺(上北郡野辺地町) | 239 |
| 西光寺(弘前市) | 35, 71 |
| 最勝院 | 5, 14, 27-30, 36, 87 |
| 最花貝塚 | 189 |
| 西福寺 | 34, 35 |
| 佐井村海峡ミュージアム | 202-204 |
| 坂上田村麻呂 | 44, 46, 52, 54, 59, 62, 68, 70, 84, 86, 88, 90, 106, 111, 132, 142, 145, 154, 235, 236, 255, 259, 260 |
| 笹沢魯羊記念資料室 | 199 |

| | |
|---|---|
| 佐滝本店 | 252 |
| 猿賀神社 | 42, 86, 87 |
| 猿ヶ森砂丘・ヒバ埋没林 | 189, 190 |
| 三光寺 | 255 |
| 三新田神社 | 97 |
| 三内丸山遺跡 | 144, 145 |
| 三戸城跡・温故館 | 246-248 |
| 三戸大神宮 | 251 |
| 三戸町立歴史民俗資料館 | 247 |
| 三本木稲荷神社 | 217 |
| サンモール田子の資料館 | 254 |

—シ—

| | |
|---|---|
| 慈願寺 | 136 |
| 地蔵院 | 79 |
| 七戸城(柏葉城)跡 | 227-229 |
| 七戸神明宮 | 228 |
| 七戸町文化村(「道の駅しちのへ」) | 232, 233 |
| 七里長浜 | 99-102, 107, 124, 127 |
| 柴崎城跡 | 128 |
| 下北半島国定公園 | 197, 201 |
| 下田代納屋遺跡 | 189 |
| 十王院 | 282 |
| 十三湖 | 48, 51, 121-124, 126, 127, 133 |
| 受源院 | 34 |
| 松陰室 | 17 |
| 浄円寺 | 103 |
| 正覚寺(青森市) | 147 |
| 正覚寺(下寺, むつ市) | 194 |
| 正教寺 | 199 |
| 正行寺 | 127 |
| 上皇宮 | 44 |
| 常光寺(青森市) | 147 |
| 常光寺(上北郡野辺地町) | 239 |
| 聖寿寺館跡 | 255-257 |
| 常信寺 | 205 |
| 浄仙寺 | 82, 83, 89 |
| 聖徳公園 | 150 |
| 浄徳寺 | 33 |
| 常念寺 | 178 |
| 正八幡宮(西津軽郡鰺ヶ沢町) | 105 |
| 常福院 | 155 |
| 聖福寺 | 216 |
| 正法院 | 162 |
| 浄満寺 | 159, 160 |
| 稱名寺 | 67 |
| 常楽寺 | 183, 207 |
| 浄龍寺 | 35 |
| 正蓮寺 | 35 |
| 尻八館跡 | 161 |
| 尻屋崎 | 188, 189 |
| 白八幡宮 | 105, 106 |
| 真教寺 | 35 |
| 心月院 | 266 |
| 心光寺 | 198 |
| 真如庵 | 208 |
| 神明宮(黒石市前町) | 76, 80 |
| 神明宮(下北郡佐井村) | 208 |
| 神明宮(八戸市廿六日町) | 265, 267, 268 |
| 神明宮(櫛引八幡宮末社, 八戸市八幡) | 274 |
| 神明宮(弘前市西城北) | 5, 15 |
| 仁勇庵供養碑 | 285 |
| 新羅三郎義光 | 263, 270 |
| 眞蓮寺 | 67 |

—ス—

| | |
|---|---|
| 瑞楽園 | 57 |
| 瑞龍寺 | 216, 230 |
| 菅江真澄 | 47, 67, 97, 128, 142-144, 181, 205, 207, 241 |
| 酸ヶ湯温泉 | 157 |
| 砂沢遺跡 | 61 |
| 砂田窯跡 | 131 |
| 隅ノ観音堂 | 257 |
| 住吉神社 | 38 |
| 諏訪神社(青森市栄町) | 151-153 |
| 諏訪神社(三戸郡南部町剣吉) | 260 |
| 諏訪神社(三戸郡南部町玉掛) | 257 |

—セ・ソ—

| | |
|---|---|
| 青岸寺 | 160, 161 |

| | |
|---|---|
| 青岩寺 | 227 |
| 誓願寺 | 5, 21, 22 |
| 清水寺 | 277 |
| 清藤氏書院庭園(盛秀園) | 85 |
| 盛美園 | 85, 86 |
| 堰神社 | 68 |
| 関の古碑群・関の杉 | 109 |
| 攝取院 | 67, 71 |
| 禅源寺 | 268-270 |
| 専徳寺 | 35, 36 |
| 千人塚 | 252 |
| 専念寺 | 291 |
| 泉竜寺 | 192 |
| 蒼前平の一里塚 | 235 |
| 湊迎寺 | 122, 126 |
| 宗徳寺 | 26, 27 |

―タ―

| | |
|---|---|
| 大安寺 | 198, 199 |
| 大円寺 | 14, 28, 29, 91 |
| 袋宮寺 | 30-32 |
| 大光寺城跡 | 89 |
| 大慈寺(八戸市長者) | 270-272, 280 |
| 大慈寺(八戸市松館) | 272, 280 |
| 大祐神社 | 282 |
| 対泉院 | 281 |
| 太素塚(新渡戸傳の墓) | 218, 219 |
| 大仏院 | 42 |
| 太平洋無着陸横断飛行記念標柱 | 214 |
| 平舘台場(砲台)跡 | 165 |
| 多賀神社 | 46, 47 |
| 高照神社 | 52, 53, 55 |
| 高橋家住宅 | 78 |
| 高屋敷館遺跡 | 69 |
| 高山稲荷神社 | 100, 101 |
| 鷹山宇一記念美術館 | 233 |
| 滝井館跡 | 116 |
| 田子屋野貝塚 | 98 |
| 太宰治記念館「斜陽館」(旧津島家住宅) | 117, 118 |
| 太宰治の文学碑公園 | 171, 172 |
| 「太宰の宿」ふかうら文学館(旧秋田屋旅館) | 114 |
| 田子城跡 | 254 |
| 竜飛岬 | 127, 171, 172 |
| 舘鼻公園 | 281 |
| 田名部神社 | 176-178 |
| 種差海岸 | 284 |
| 種里城跡 | 108, 109 |
| 種里八幡宮 | 109 |
| タプコプ創遊村 | 255 |
| 垂柳遺跡 | 84 |
| 丹後平古墳群 | 273 |
| 檀林寺跡[伝] | 126 |

―チ―

| | |
|---|---|
| 千曳神社 | 235, 236 |
| 茶右衛門館(森山館)跡 | 115 |
| 長栄寺 | 250, 251 |
| 長円寺 | 133 |
| 長慶天皇 | 44, 45, 70, 72, 134 |
| 澄月寺 | 219 |
| 長七谷地貝塚 | 285 |
| 長者山新羅神社 | 261, 265, 268-271, 287 |
| 長勝寺 | 5, 10, 22-27, 32, 50, 51, 54, 58, 109, 118, 133, 162 |
| 長徳寺 | 25 |
| 長福寺(下北郡佐井村) | 204, 205, 207 |
| 長福寺(つがる市) | 103 |
| 長流寺 | 266 |
| 智隆寺 | 81 |

―ツ―

| | |
|---|---|
| 津軽家霊屋 | 24, 25 |
| 津軽国定公園 | 111 |
| 津軽こけし館 | 82 |
| つがる市木造亀ヶ岡考古資料館 | 98, 99 |
| つがる市森田歴史民俗資料館 | 102 |
| 津軽(大浦)為信 | 4, 9, 13, 15, 16, 21-26, 32-35, 40, 43, 50-53, 60, 62, 67, 68, 70, 71, 79, 85, 87, 90, 102, 106, 109, 116, 133, 147, 155, 159, 160, 163 |
| 津軽伝承工芸館 | 82 |

| | |
|---|---|
| 津軽信寿 | 7, 61, 81, 89, 111, 113 |
| 津軽信枚 | 4, 5, 13-17, 21, 23-25, 29, 34, 40, 46, 50-52, 56, 70, 87, 92, 96, 98, 106, 111, 115, 167 |
| 津軽(十郎左衛門)信英 | 74, 76 |
| 津軽信政 | 6, 14, 18, 25, 27, 31, 32, 34, 47, 52, 53, 76, 96, 99, 111, 113, 143 |
| 津軽信寧 | 48, 105, 147 |
| 津軽信義 | 24, 25, 31, 32, 34, 78, 89-91, 111 |
| 津軽藩ねぷた村 | 10, 13 |
| 津軽寧親 | 8, 32, 39, 82, 129, 154 |
| 椿神社 | 141 |
| 椿山 | 141, 142 |

— テ —

| | |
|---|---|
| 貞昌寺 | 21, 34, 35, 59 |
| 寺山修司記念館 | 212 |
| 天聖寺 | 257, 266, 269 |
| 伝相寺 | 206 |
| 天徳寺 | 34 |
| 天王神社 | 229 |
| 伝法寺一里塚 | 219 |
| 伝法寺館跡 | 219 |
| 天間館の一里塚 | 234, 235 |
| 天満宮(弘前市) | 27 |

— ト —

| | |
|---|---|
| 土井遺跡 | 116 |
| 当古寺 | 141 |
| 東照宮(弘前市) | 15, 16 |
| 藤先寺 | 26 |
| 東伝寺 | 200 |
| ドウマンチャ貝塚 | 189, 202 |
| 十日市の一里塚 | 278 |
| 斗賀神社 | 259, 260 |
| 徳増寺 | 34 |
| 十三湊 | 66, 67, 102, 107, 124-126, 133, 167, 172 |
| 斗南藩記念観光村先人記念館 | 213 |
| 殿見遺跡 | 276 |
| 苫米地館跡 | 260 |
| 十和田湖 | 156, 157, 220-224, 226, 286 |
| 十和田湖民俗資料館 | 222 |
| 十和田市官庁街通り | 217, 218, 226 |
| 十和田市郷土館 | 217, 218 |
| 十和田市称徳館 | 220, 221 |
| 十和田市立新渡戸記念館 | 218, 219 |
| 十和田神社 | 223 |
| 十和田八幡平国立公園 | 157, 226 |

— ナ —

| | |
|---|---|
| 中居遺跡 | 276 |
| 中里城跡 | 120 |
| 中野神社 | 74, 82 |
| 中別所の板碑群 | 57 |
| 中町のこみせ | 77, 78 |
| 長谷沢神社 | 74 |
| 浪岡城跡 | 70-72 |
| 浪岡八幡宮 | 70, 106 |
| 七崎神社 | 286 |
| 成田家庭園 | 36 |
| 南宗寺 | 270, 271 |
| 南台寺 | 119 |
| 南部御霊屋 | 230 |
| 南部(七戸)重信 | 198, 206, 228, 230 |
| 南部利直 | 247, 248, 254-256, 262, 263, 267, 271, 289 |
| 南部利康 | 247, 255, 256 |
| 南部直房 | 262, 263, 270, 271 |
| 南部信直 | 246, 248-250, 254, 276, 288, 289 |
| 南部政長 | 228 |
| 南部政光 | 228, 230, 232 |
| 南部(新田)政持 | 278 |
| 南部(三郎)光行 | 246, 263, 274 |
| 南部師行 | 45, 228, 249, 272, 278 |

— ニ —

| | |
|---|---|
| 新井田城跡 | 278, 280 |
| 新舘神社 | 227 |
| 新井田八幡宮 | 279 |
| 乳穂ヶ滝 | 47 |
| 日本基督教団弘前教会教会堂 | 20 |
| 日本聖公会弘前昇天教会教会堂 | 37, 38 |
| 日本中央の碑歴史公園 | 236 |

| | |
|---|---|
| 二枚橋遺跡 | 189 |
| 乳井神社 | 84, 88 |
| 乳井貢の碑 | 48, 49 |
| 韮窪遺跡 | 286 |

―ヌ・ネ・ノ―

| | |
|---|---|
| 縫道石山 | 195, 208 |
| 温湯温泉 | 80, 81 |
| 根城跡 | 272, 273, 284 |
| 野内関所跡 | 140, 141 |
| 野辺地戦争戦死者の墓所 | 242 |
| 野辺地町立歴史民俗資料館 | 237 |
| 野辺地八幡宮 | 240 |

―ハ―

| | |
|---|---|
| 白山姫神社 | 82 |
| 八戸市水産科学館(マリエント) | 283 |
| 八戸市博物館 | 273, 274, 277, 284 |
| 八戸城跡(三八城公園) | 261-263, 274 |
| 八戸南部家墓所 | 271 |
| 八幡宮(五所川原市飯詰) | 133 |
| 八幡宮(五所川原市金木町) | 119 |
| 八幡宮(三戸郡五戸町) | 290 |
| 八幡宮(南津軽郡藤崎町) | 66 |
| 八幡宮(むつ市大畑町) | 196, 198 |
| 八幡神社(十和田市切田) | 219, 220 |
| 八幡堂遺跡 | 189, 206 |
| 花松神社 | 234 |
| 浜町の常夜燈 | 240 |
| 春日内観音堂 | 123 |

―ヒ―

| | |
|---|---|
| 日吉神社 | 122, 123 |
| 百沢寺跡 | 54 |
| 百石町展示館(旧青森銀行津軽支店) | 18 |
| 檜山御前五輪塔 | 250 |
| 兵主神社 | 183 |
| 屏風山(屏風山砂丘) | 99, 100 |
| 弘前学院外人宣教師館 | 20, 39, 40 |
| 弘前カトリック教会 | 21 |
| 弘前城跡 | 4-10, 23, 40 |
| 弘前市立観光館・山車展示館 | 6, 15, 18-20 |
| 弘前市立博物館 | 6, 32, 41 |
| 弘前市立弘前図書館・弘前市立郷土文学館 | 6, 19 |
| 弘前八幡宮 | 5, 14, 15, 18, 28, 47, 106 |
| 弘前藩御仮屋跡の碑 | 146 |
| 弘前藩・盛岡藩藩境塚 | 140, 242 |
| 廣澤安任 | 213, 233 |
| 広船神社 | 90 |
| 廣峯神社 | 72 |

―フ―

| | |
|---|---|
| 深浦町歴史民俗資料館・深浦町美術館 | 113, 114 |
| 福島城跡 | 121, 122, 124 |
| 福田館跡 | 260 |
| 藤崎城跡 | 66 |
| 藤田又右衛門開墾記念碑 | 286 |
| 二ツ森貝塚 | 232 |
| 吹切沢遺跡 | 189 |
| 浮木寺 | 284 |
| 普門院(山観) | 25 |

―ヘ・ホ―

| | |
|---|---|
| 遍照寺 | 35 |
| 報恩寺 | 25, 30, 32 |
| 法眼寺 | 79, 81, 82 |
| 法源寺 | 36 |
| 法光寺(三戸郡南部町) | 258, 268, 291 |
| 法光寺(南津軽郡藤崎町) | 67 |
| 宝福寺 | 291, 292 |
| 法立寺 | 33 |
| 北洋館(旧水交社) | 186 |
| 菩提寺 | 179, 180, 182, 197, 207 |
| 法性寺 | 205 |
| 発信寺 | 205 |
| 堀田遺跡 | 276 |
| 法峠寺 | 73 |
| 仏宇多(仏ヶ浦) | 195, 206, 208 |
| 堀越城跡 | 40 |
| 本覚寺(八戸市) | 264 |
| 本覚寺(東津軽郡今別町) | 168, 171 |
| 本覚寺(むつ市) | 193 |
| 本行寺 | 33, 34, 78 |

| | |
|---|---|
| 本三戸八幡宮 | 257 |
| 梵珠山 | 69, 86, 132 |
| 本寿寺 | 266 |
| 本門寺 | 199 |

― マ ―

| | |
|---|---|
| 前田野目窯跡群 | 130, 131 |
| 枡形神社 | 268 |
| 真清田神社 | 255 |
| 松倉神社 | 69, 131, 132 |
| 大豆坂街道 | 69, 70, 158 |
| 鞠野沢窯跡 | 131 |
| 満行院 | 34 |
| 万蔵寺 | 26, 68 |

― ミ ―

| | |
|---|---|
| 三沢市歴史民俗資料館 | 212 |
| 三嶋神社 | 282 |
| 水木沢遺跡 | 189 |
| 水木館跡 | 68 |
| 御嶽神社 | 260 |
| みちのく北方漁船博物館 | 150 |
| 湊神社 | 126 |
| 蓑ヶ坂 | 252 |
| 宮内観音堂 | 280 |
| 三八城神社 | 262, 263 |
| 美山湖 | 47, 48 |
| 御幸公園 | 74–76 |
| 妙経寺 | 73, 78, 79 |
| 明教寺 | 35 |
| 明誓寺 | 159, 160 |
| 妙龍寺 | 132, 133 |
| 見町観音堂 | 232, 233 |

― ム ―

| | |
|---|---|
| ムシリ遺跡 | 189 |
| 夢宅寺 | 143 |
| むつ科学技術館 | 191 |
| むつ市文化財収蔵庫(旧海軍大湊要港部乙館舎) | 186 |
| むつ市立図書館 | 184 |
| 棟方志功記念館 | 153, 154 |
| 胸肩神社(弘前市) | 38 |
| 胸肩神社(南津軽郡田舎館村) | 85 |

― メ・モ ―

| | |
|---|---|
| 明治記念館(旧八戸小学講堂) | 275 |
| 持子沢須恵器窯跡 | 132 |
| 物見台遺跡 | 189 |
| 持寄城(藤沢館, 女子館)跡 | 45 |

― ヤ ―

| | |
|---|---|
| 薬王院 | 15, 16, 32 |
| 薬師寺 | 80, 81 |
| 八坂神社(八戸市) | 282 |
| 八坂神社(弘前市) | 5, 27, 29 |
| 箭根森八幡宮 | 204, 206 |
| 八幡遺跡 | 276 |

― ヨ ―

| | |
|---|---|
| 揚亀園 | 10 |
| 陽広寺 | 260 |
| 横内城(鏡城)跡 | 155 |
| 蓬田城(蓬田館, 大館城, 大館)跡 | 163 |

― ラ・リ ―

| | |
|---|---|
| 来迎寺(黒石市) | 78, 84 |
| 来迎寺(八戸市) | 264 |
| 来生寺 | 107 |
| 雷電宮 | 142, 143 |
| 理念寺 | 217 |
| りんご公園 | 10, 29 |
| りんご史料館 | 80 |
| 隣松寺 | 25 |

― レ・ロ ―

| | |
|---|---|
| 歴史みらいパーク | 289 |
| 蓮華庵 | 122 |
| 蓮華寺 | 147, 148 |
| 蓮乗院 | 87 |
| 蓮心寺 | 147, 148 |
| 六角堂(栄螺堂) | 26 |

― ワ ―

| | |
|---|---|
| 若山牧水文学碑 | 135 |
| 脇野沢遺跡 | 189 |
| 早稲田観音堂 | 257 |
| 和徳稲荷神社 | 16 |

## 【執筆者】(五十音順)

### 編集委員長
福井敏隆 ふくいとしたか(前県立弘前南高校)

### 編集・執筆委員
岩川亘宏 いわかわのぶひろ(県立中里高校)
小野知行 おのともゆき(前県立黒石高校)
柏谷慎一 かしわやしんいち(元県立七戸高校)
坂本壽夫 さかもとひさお(県立青森高校)
瀧本壽史 たきもとひさふみ(県立青森東高校)
三浦忠司 みうらただし(八戸歴史研究会)

### 執筆者
熊谷隆次 くまがいりゅうじ(八戸工業大学第二高校)
小又伸一 こまたしんいち(県立八戸東高校)
清野耕司 せいのこうじ(県立青森西高校)
滝尻善英 たきじりよしひで(県立田名部高校)
竹村俊哉 たけむらとしや(青森県立郷土館)
本田伸 ほんだしん(青森県立郷土館)

**協力者** 赤平智尚・大矢邦宣・木村真明・工藤寿伸

## 【写真所蔵・提供者】(五十音順, 敬称略)

青森県教育庁文化財保護課
青森県立郷土館
青森県立美術館
青森市教育委員会
円覚寺
大石神社
大鰐町教育委員会学務生涯学習課
櫛引八幡宮
黒石市農林商工部商工観光課
五所川原市教育委員会
財団法人棟方志功記念館
財団法人棟方板画館
佐井村大佐井青年会
佐井村産業建設課
三戸町総務課
社団法人青森観光コンベンション協会
常念寺
白八幡宮
大円寺
太宰治記念館「斜陽館」
つがる市森田歴史民俗資料館
デーリー東北新聞社
十和田市観光商工部観光推進課
十和田市立新渡戸記念館
夏坂写真館
南部町教育委員会
七戸町教育委員会
野辺地町観光協会
八戸市観光課
八戸市教育委員会
八戸市博物館
平川市役所尾上総合支所商工観光課
弘前市観光政策課
弘前市立博物館
三沢市寺山修司記念館
むつ市

(2013年9月現在)

本書に掲載した地図の作成にあたっては,国土地理院長の承認を得て,同院発行の50万分の1地方図,20万分の1地勢図,数値地図25000(空間データ基盤)を使用したものである(平18総使,第78-3044号)(平18総使,第79-3044号)(平18総使,第81-3044号)。

歴史散歩②
あおもりけん  れきしさんぽ
青森県の歴史散歩

| 2007年5月25日　1版1刷発行 | 2014年2月28日　1版3刷発行 |

編者─────青森県高等学校地方史研究会
発行者────野澤伸平
発行所────株式会社山川出版社
　　　　　　〒101-0047　東京都千代田区内神田1-13-13
　　　　　　電話　03(3293)8131(営業)　　03(3293)8135(編集)
　　　　　　http://www.yamakawa.co.jp/　　振替　00120-9-43993
印刷所────図書印刷株式会社
製本所────株式会社ブロケード
装幀─────菊地信義
装画─────岸並千珠子

＊

Ⓒ 2007 Printed in Japan　　　　　　　　　ISBN 978-4-634-24602-7
・造本には十分注意しておりますが，万一，落丁・乱丁などがございましたら，
　小社営業部宛にお送りください。送料小社負担にてお取り替えいたします。
・定価は表紙に表示してあります。

# 青森県全図

| 凡例 | |
|---|---|
| ──── | 都道府県界 |
| ──── | 市郡界 |
| ----- | 町村界 |
| ──── | JR線路 |
| ──── | 高速道路 |
| ──── | 有料道路 |
| ④ | 国道 |
| ◎ | 県庁 |
| ○ | 小島 |

縮尺 1:900,000　0　20km

## 北海道
- 大千軒岳 1072
- 松前郡 松前町
- 福島町
- 渡島海峡
- よしおかかいてい
- 白神岬

## 青森県

### 外ケ浜町
- 龍飛崎
- たっぴかいてい
- 三厩湾

### 今別町
- みんまや
- 丸屋形岳 718
- いまべつ
- つがるいまべつ

### 北津軽郡 中泊町
- 四ツ滝山 670
- ふたまた

### 東津軽郡 外ケ浜町
- 蓬田村
- 大倉岳 647
- かに
- つがるなかさと

### 五所川原市
- 十三湖
- 七里長浜
- 田光沼
- かなぎ
- 津軽鉄道
- あぶらかわ
- しんあお
- 梵珠山 468
- だいしゃか
- なみおか
- 奥羽本線

### つがる市
- こしょがわら
- きづくり
- あじがさわ
- 赤石川
- 五能線

### 鰺ヶ沢町
- 桝形山 820
- おいらせ
- 鶴田町
- 津軽富士見湖
- 北津軽郡 板柳町
- 藤崎町
- 南津軽郡
- かわよけ
- 田舎館村

### 西津軽郡 深浦町
- ふかうら
- なし
- むついわさき
- 舮作崎
- 向白神岳 1248
- 白神岳 1232

### 弘前山 / 岩木山 1625
- 津軽岩木スカイライン
- ちゅうおうひろさき
- ひろさき

### 弘前市
### 中津軽郡 西目屋村
- 長慶森
- 二ツ森 1086
- いわだて

### 平川市
- 矢捨
- おおわにおんせん
- 大鰐町
- 東北自動車道

## 秋田県
- 八峰町
- 藤里町
- 北秋田市
- 大館市
- さわら
- 能代市
- 奥羽本線
- いがきのうら
- ふたつい
- たかのす
- はやぐち
- おおだて
- おうぎだ
- のしろ
- 米代川

## 日本海
- 久六島
- 深浦町
- せんじょうじき

N ↑